Ungeschriebene Zuständigkeiten der Hauptversammlung bei der Sanierung der Aktiengesellschaft

Studien zum deutschen und europäischen Gesellschafts- und Wirtschaftsrecht

Herausgegeben von Ulrich Ehricke

Band 11

PETER LANG
Frankfurt am Main · Berlin · Bern · Bruxelles · New York · Oxford · Wien

Philipp Jansen

Ungeschriebene Zuständigkeiten der Hauptversammlung bei der Sanierung der Aktiengesellschaft

PETER LANG
Internationaler Verlag der Wissenschaften

Bibliografische Information der Deutschen Nationalbibliothek
Die Deutsche Nationalbibliothek verzeichnet diese Publikation in der Deutschen Nationalbibliografie; detaillierte bibliografische Daten sind im Internet über <http://www.d-nb.de> abrufbar.

Zugl.: Köln, Univ., Diss., 2007

D 38
ISSN 1614-581X
ISBN 978-3-631-57391-4

www.peterlang.de

Meinen Eltern und Hanna

Vorwort

Die Arbeit hat der Rechtswissenschaftlichen Fakultät der Universität zu Köln im Sommersemester 2007 als Dissertation vorgelegen.

Mein besonderer Dank gilt meiner Doktormutter Frau Prof. Dr. Barbara Grunewald, von der auch der Vorschlag zu dieser Arbeit stammt. Ich möchte mich bei ihr vor allem für die außerordentliche nette Betreuung und die schnelle Erstellung des Erstgutachtens bedanken.

Auch Herrn Prof. Dr. Ulrich Ehricke möchte ich für die äußerst zügige Erstellung des Zweitgutachtens und die Aufnahme in die Schriftenreihe „Studien zum deutschen und europäischen Gesellschafts- und Wirtschaftsrecht“ danken.

Weiterhin möchte ich mich in besonderem Maße bei meiner Freundin Hanna Gilles bedanken. Sie hat mich während der Erstellung der Doktorarbeit in jeder erdenklichen Hinsicht unterstützt. Ohne die zahllosen Gespräche und die moralische Unterstützung wäre die Fertigstellung der Arbeit in dieser Form nicht möglich gewesen.

Schließlich möchte ich mich bei meinen Eltern Gisela Volbert-Jansen und Wolfgang Jansen für ihre umfassende Unterstützung bedanken. Mein besonderer Dank gilt dabei meinem Vater für die vielen wertvollen fachlichen Diskussionen.

Köln, im Juli 2007 Philipp Jansen

Inhaltsverzeichnis

1. Teil: Einleitung und Problemaufriss

Die Anerkennung von ungeschriebenen Zuständigkeiten der Hauptversammlung durch den BGH in seiner sogenannten Holzmüller-Entscheidung[1] aus dem Jahre 1982 hat eine der größten wissenschaftlichen Diskussionen in der Geschichte des Aktienrechts entfacht.[2] In diesem Urteil hat der BGH entschieden, dass der Vorstand bestimmte Geschäftsführungsmaßnahmen, die tief in die Aktionärsrechte eingreifen, unabhängig von den gesetzlichen und satzungsmäßigen Zuständigkeiten nicht ohne die Befassung der Hauptversammlung vornehmen darf.[3] Durch die beiden sogenannten Gelatine-Entscheidungen[4] hatte der BGH im Jahre 2004 die Möglichkeit, die Holzmüller-Doktrin zu präzisieren. Die Annahme einer ungeschriebenen Zuständigkeit der Hauptversammlung ist danach nur ausnahmsweise und in engen Grenzen anzuerkennen.[5] Auch diesen Entscheidungen folgte in der jüngsten Literatur eine umfangreiche Diskussion über die Voraussetzungen für ungeschriebene Zuständigkeiten der Hauptversammlung.[6] Dass diese Diskussion nicht abgeschlossen ist und somit die Voraussetzungen für die Annahme von ungeschriebenen Zuständigkeiten nicht abschließend geklärt sind, verdeutlichen aktuelle Beispiele, bei denen Unklarheit über die Beteiligung der Hauptversammlung bei einzelnen Geschäftsführungsmaßnahmen besteht.[7]

In Deutschland haben im Jahr 2004 415 Aktiengesellschaften Insolvenz angemeldet.[8] Die Zahl der der AG-Insolvenzen hat sich dabei im Vergleich zu früher erhöht.[9] Auf-

---

[1] BGHZ 83, 122 („Holzmüller").

[2] Vgl. nur *Beusch* FS Werner, 1984, S. 1; *Ebenroth* AG 1988, 1, 3 f.; *Geßler* FS Stimpel, 1985, S. 771; *Großfeld/Brondics* JZ 1982, 589; *Götz* AG 1984, 85; *Heinsius* ZGR 1984, 383, 388; *Hüffer* AktG, 6. Auflage, 2004, § 119 Rn. 18; *Koppensteiner*, in: Kölner Komm. AktG, 2. Auflage, 2000, Vorbem. § 291 Rn. 21; *Kropff* ZGR 1984, 112, 123; *Kubis*, in: MüKo AktG, § 119 Rn. 35 f. m. w. N.; *Lutter* FS Stimpel, 1985, S. 825, 843; *ders.* ZHR 151 (1987), 444, 452; *Martens* ZHR 147 (1983), 377, 426; *Mertens*, in: Kölner Komm. AktG, § 76 Rn. 51; *Mülbert*, in: Großkomm. AktG, § 119 Rn. 19; *Rehbinder* ZGR 1983, 93; *Reichert*, in: Becksch. Hdb. AG, § 5 Rn. 44. m. w. N.; *Semler* BB 1983, 1566, 1573; *Sünner* AG 1983, 169; *Werner* ZHR 147 (1983), 429; *ders.*, in: Großkomm. AktG, § 121 Rn. 20; *H.P. Westermann* ZGR 1984, 352, 380 f; *ders.* ZHR 156 (1992), 203, 214 f.

[3] BGHZ 83, 122 („Holzmüller").

[4] BGH NZG 2004, 575 („Gelatine I"); BGHZ 159, 30 („Gelatine II");.

[5] Vgl. 1. Leitsatz BGHZ 159, 30 („Gelatine II").

[6] Vgl. *Altmeppen* ZIP 2004, 999; *Arnold* ZIP 2005, 1573; *Becker/Horn* JuS 2005, 1067; *Bungert* BB 2004, 1345; *Fleischer* NJW 2004, 2335; *Pentz*, in: Fleischer § 17 Rn. 149; *Fuhrmann* AG 2004, 339; *Goette* DStR 2004, 927; *ders.* DStR 2005, 603; *ders.* AG 2006, 522, 523; *Götze* NZG 2004, 585; *Habersack* AG 2005, 137; *Hirte* EWiR § 179 2004, 1161; *Hüffer* AktG, § 119 Rn. 18 ff.; *Just* EWiR 2004, 573; *Koppensteiner* Konzern 2004, 381; *Kort* AG 2006, 272; *Liebscher* ZGR 2005, 1; *Pentz* BB 2005, 1397; *Reichert* AG 2005, 150; *Simon* DStR 2004, 1482; *ders.* DStR 2004, 1528.

[7] SZ 11.01.2006, Beteiligung der Hauptversammlung an der Abspaltung des Speichergeschäfts bei Infineon; FTD 05.05.2006 Beteiligung der Hauptversammlung beim Verkauf des Immobilienvermögens bei KarstadtQuelle.

[8] Statistisches Bundesamt; abrufbar unter http://www.destatis.de/basis/d/insol/insoltab1.php; zuletzt abgerufen am 24.10.2006.

grund der allgemeinen schlechten wirtschaftlichen Lage kommt es in vielen Unternehmen immer häufiger zu Krisensituationen, die die Existenz bedrohen. In solchen Situationen wird heutzutage vermehrt versucht, den Rechtsträger durch eine erfolgreiche Sanierung vor der Insolvenz zu schützen. Sanierung ist der Sammelbegriff für alle Maßnahmen unternehmenspolitischer, führungstechnischer, organisatorischer, finanz- und leistungswirtschaftlicher Art, die der Wiederherstellung existenzerhaltender und späteren Gewinn versprechender Grundlagen des Unternehmens dienen.[10] Entscheidend ist dabei, dass die angestrebten Maßnahmen im Vorfeld einer drohenden Insolvenz durchgeführt werden und eine solche verhindern sollen. Die Sanierungskonzepte sehen nicht selten eine Vielzahl von Einzelmaßnahmen, wie die Veräußerung profitabler Unternehmensteile oder anderer fungibler Wirtschaftsgüter oder Strukturänderungen innerhalb des Rechtsträgers vor.

Bei der Planung solcher Maßnahmen durch die Verwaltung stellt sich die Frage, in wieweit die Hauptversammlung vor dem Hintergrund der Entwicklung der Holzmüller-Doktrin den einzelnen Maßnahmen oder dem gesamten Sanierungskonzept zustimmen muss.[11] Fraglich ist dabei zunächst, in welchen Fällen überhaupt eine Zustimmung der Hauptversammlung erforderlich ist. Gibt es Einzelmaßnahmen, die so ins Gewicht fallen, dass sie nach den Voraussetzungen des Gelatine-Urteils eine Hauptversammlungszuständigkeit begründen? Stellt ein Sanierungskonzept eine grundlegende Maßnahme dar, die einer Mitwirkung der Aktionäre in der Hauptversammlung bedarf?

Darüber hinaus stellt sich die Frage, wie eine bestehende, ungeschriebene Zuständigkeit praktisch umgesetzt werden soll. Da sich im Fall der Sanierung der Rechtsträger zumeist in einer akuten Krisensituation befindet, müssen möglichst schnell Entscheidungen getroffen und durchgeführt werden. Die Einberufung einer Hauptversammlung kostet durch die umfangreichen Vorlaufzeiten, wie die Einberufungsfrist von 30 Tagen gemäß § 123 Abs. 1 AktG, viel Zeit. Auch die Änderungen der Vorschriften über die Einberufungsfrist durch das Gesetz zur Unternehmensintegrität und Modernisierung des Anfechtungsrechts (UMAG) vom 22. September 2005[12] haben daran nichts geändert.

Erschwerend kommt hinzu, dass der Vorstand gemäß § 92 Abs. 2 AktG verpflichtet ist, spätestens drei Wochen nach Eintritt der Zahlungsunfähigkeit die Eröffnung des Insolvenzverfahrens zu beantragen. Innerhalb dieser Frist kann jedoch eine Hauptversammlung nach dem Aktiengesetz nicht einberufen werden.

Zu beachten ist aber, dass sich unter dem Vorzeichen einer drohenden Insolvenz in der Struktur der Aktiengesellschaft die Rechte und Pflichten der Beteiligten verschieben.[13]

---

[9] Vgl. zu börsennotierten Aktiengesellschaften in der Insolvenz *Weber* ZGR 2001, 422 ff.; siehe auch *K. Schmidt* AG 2006, 597.
[10] *Fechner*, in: Hess/Fechner, A. III Rn.26.
[11] Vgl. *Görg* FS Greiner 2005, S. 51; auch schon *Ebenroth* AG 1988, 1, 5.
[12] BGBl. I 2005, S. 2802 ff.
[13] *Görg* FS Greiner 2005, S. 51, 53.

Deutlich wird das beispielsweise beim Ausschluss des Bezugsrechts der Aktionäre nach § 186 AktG, der durch einen Sanierungszweck gerechtfertigt sein kann.[14] Weiterhin kann dies auch bei den Regelungen über die vereinfachte Kapitalherabsetzung gemäß §§ 229 ff. AktG beobachtet werden. Diese ist nur zu Sanierungszecken zulässig.[15] Schließlich ist hier die Girmes-Rechtsprechung des BGH zu nennen.[16] Demnach ist es dem Minderheitsaktionär aufgrund der unter den Aktionären bestehenden Treuepflicht nicht erlaubt, eine sinnvolle und mehrheitlich angestrebte Sanierung der Gesellschaft aus eigennützigen Gründen zu verhindern.[17]

Gegenstand der vorliegenden Arbeit ist daher, Lösungsmöglichkeiten für den Konflikt zwischen den Mitwirkungsbefugnissen der Hauptversammlung und der Durchführung zeitnaher, effektiver Sanierungsmaßnahmen durch den Vorstand aufzuzeigen und diese auf ihre praktische Anwendbarkeit zu überprüfen.

Der zweite Teil der Arbeit konzentriert sich dabei auf die Darstellung der Literatur und Rechtsprechung zu den ungeschriebenen Mitwirkungsbefugnissen der Hauptversammlung. Dabei wird zunächst auf die Literatur eingegangen, die schon sehr bald nach In Kraft treten des Aktiengesetz 1965 das Kompetenzdefizit der Hauptversammlung erkannt hat. Danach werden die die Holzmüller-, Macrotron- und Gelatine-Entscheidungen des BGH und die jeweiligen Meinungen der Literatur zu diesen Urteilen dargestellt. Aufgrund der überaus umfangreichen Literatur zu der Holzmüller-Entscheidung werden hier nur einzelne Aspekte der Entscheidung herausgegriffen und die Grundlinien der dazu erschienen Literatur erläutert. Eine umfassende Darstellung der Literatur mit eigenen Stellungnahmen erfolgt dann zu den Gelatine-Entscheidungen. Schließlich werden die Voraussetzungen zusammenfassend dargestellt, die nach dem jetzigen Stand der Literatur und Rechtsprechung vorliegen müssen, um eine ungeschriebene Zuständigkeit der Hauptversammlung zu begründen.

Der dritte Teil der Arbeit befasst sich zunächst mit dem Begriff der Sanierung und stellt Sanierungskonzepte und typischen Maßnahmen in Sanierungsfällen dar. Danach wird untersucht, ob diese Maßnahmen, unter Berücksichtigung des Ergebnisses des ersten Teils, einer Mitwirkung der Hauptversammlung bedürfen. Danach werden Lösungsmöglichkeiten für den Fall einer bestehenden Zuständigkeit der Hauptversammlung bei Sanierungsmaßnahmen dargestellt. Schließlich wird anhand zweier verschiedener Zeiträume die praktische Anwendbarkeit der aufgezeigten Lösungsmöglichkeiten untersucht.

[14] BGHZ 83, 319, 323 („Holzmann"); *Bungeroth*, in: Geßler/Hefermehl/Eckhardt/Kropff, AktG, § 186 Rn. 131; *Hüffer* AktG, § 186 Rn. 31; *Lutter*, in: Kölner Komm. AktG, § 186 Rn. 70.

[15] *Grunewald* 2. C. Rn. 172; *Hüffer* AktG, § 229 Rn. 1; *Krieger*, in: Münch. Hdb. GesR AG, § 61 Rn. 1; *Lutter*, in: Kölner Komm AktG, Vorb. § 229 Rn. 1; *Oechsler*, in: MüKo AktG, Vor § 222 Rn. 11. vgl. ausführlich zur vereinfachten Kapitalherabsetzung *Geißler* NZG 2000, 719.

[16] BGHZ 129, 136 („Girmes").

[17] BGHZ 129, 136, 137 („Girmes") Leitsatz b), vor dieser Entscheidung bereits *Timm* WM 1991, 481, 484.

2. Teil: Voraussetzungen von ungeschriebenen Zuständigkeiten der Hauptversammlung

§ 1 Organisation der Aktiengesellschaft

Das deutsche Aktiengesetz geht von einer Dreigliederung der Organisation der Aktiengesellschaft aus: Vorstand, Aufsichtsrat und Hauptversammlung. Dabei sind die Zuständigkeiten eigentlich eindeutig verteilt und zwingend gegeneinander abgegrenzt.

Dem Vorstand ist gemäß § 76 Abs. 1 AktG die eigenverantwortliche Leitung der Gesellschaft zugewiesen. Er unterliegt der laufenden Kontrolle durch den Aufsichtsrat, der gemäß § 84 AktG die Mitglieder des Vorstands bestellt und abberuft und gemäß § 111 AktG die Geschäftsführung des Vorstands überwacht. Die Hauptversammlung beschließt über die grundsätzlichen Fragen der Gesellschaft und wählt den Aufsichtsrat.[18]

Im Verhältnis zwischen Vorstand und Hauptversammlung geht das Aktiengesetz davon aus, dass die Hauptversammlung zwar Grundsatzorgan ist, ihr aber anders als der Generalversammlung im Aktienrecht vor 1937 keine Allzuständigkeit zukommt.[19] Vielmehr sind nach der gesetzlichen Intention zunächst alle Fragen der Geschäftsführung zwingend dem Vorstand vorbehalten.[20] Eine Zuständigkeit der Hauptversammlung kommt dagegen grundsätzlich nur bei gesetzlich vorgesehenen Zustimmungsvorbehalten und im Falle eines freiwilligen Verlangens nach § 119 Abs. 2 AktG in Betracht.

I. Geschriebene Zuständigkeiten des Vorstands

Der Vorstand der Aktiengesellschaft leitet gemäß § 76 AktG die Gesellschaft unter eigener Verantwortung. Er ist das „Zentrum unternehmerischer Leitungsmacht".[21]

Die Regelung der Zuständigkeiten des Vorstands erfolgt durch Generalklauseln. In der üblichen gesellschaftsrechtlichen Terminologie ist der Vorstand zunächst einmal für die Geschäftsführung und die Vertretung der Gesellschaft zuständig (§§ 77 Abs. 1, 78 Abs. 1 AktG).[22] Jedoch geht das Aktiengesetz mit der Formulierung des § 76 Abs. 1 AktG bewusst über diese Begriffe hinaus.[23] Der Vorstand ist auch für die Leitung der Gesellschaft zuständig. Fraglich ist, was unter Leitung zu verstehen ist.

Teilweise wird vertreten, dass sich der Begriff der Leitung mit der Geschäftsführung deckt, wenn man ihn nicht auf die Verwaltung beschränkt, sondern im weitesten Sinne versteht.[24] Danach umfasst er jede auf die Verwirklichung des Gesellschafts-

---

[18] Begr. RegE AktG 1965, *Kropff*, S. 95.
[19] vgl. *Priester* ZHR 163 (1999), 187, 196.
[20] *Simon*, in: Heckschen/Simon, UmwR, § 4 Rn. 1.
[21] Vgl. *Fleischer* NJW 2004, 2335, 2337.
[22] *Raiser/Veil* § 14 Rn. 1.
[23] *Raiser/Veil* § 14 Rn. 1.
[24] *Hefermehl*, in: Geßler/Hefermehl/Eckhardt/Kropff, AktG, § 76 Rn. 10; *Semler* 1996, Rn. 6.

zwecks gerichtete Tätigkeit, gleichviel, ob sie rechtsgeschäftlicher oder rein tatsächlicher Natur ist. Gegen eine Gleichsetzung von Leitung und Geschäftsführung spricht schon, dass das Gesetz beide Begriffe in unterschiedlichem Zusammenhang einführt und keine Anhaltspunkte im Gesetz für eine Begriffsidentität zu finden sind.[25] Weiterhin ist nach allgemeinem Sprachverständnis unter Leitung etwas anderes zu verstehen als unter der Geschäftsführung.

Nach herrschender Meinung wird die Leitung als Teil der Geschäftsführung verstanden.[26] Geschäftsführung ist danach jede rechtsgeschäftliche oder tatsächliche Tätigkeit für die Aktiengesellschaft, Leitung als herausgehobener Teilbereich betrifft die Führungsfunktion der Gesellschaft durch den Vorstand.[27] Diese umfasst zum einen die Festlegung der grundsätzlichen Richtlinien der Unternehmenspolitik unter Berücksichtigung des Unternehmensinteresses.[28] Zum anderen beinhaltet es die geschäftliche Initiative, die durch den Vorstand ergriffen werden soll, d. h. die Wahrnehmung der eigentlichen unternehmerischen Funktion.[29]

Die Unterscheidung zwischen Geschäftsführungsaufgaben und Leitungsaufgaben hat Bedeutung für das Verhältnis zu den anderen Organen. Indem § 76 Abs. 1 AktG die Leitungsaufgabe ausschließlich dem Vorstand zuweist, werden die anderen Organe von der Leitung der Aktiengesellschaft ausgeschlossen.[30]

II. Geschriebene Zuständigkeiten der Hauptversammlung

Die Hauptversammlung in der Aktiengesellschaft beschließt über grundsätzliche Fragen der Gesellschaft und wählt den Aufsichtsrat.[31] Darüber hinaus ist sie die „Herrin der Satzung".[32]

Die Regelung der Zuständigkeit der Hauptversammlung durch das Aktiengesetz erfolgt enumerativ.[33] Gemäß § 119 Abs. 1 AktG beschließt die Hauptversammlung nur in den im Gesetz und in der Satzung ausdrücklich bestimmten Fällen. Es besteht daher keine Allgemeinzuständigkeit, etwa derart, dass die Hauptversammlung alles zu regeln und zu beschließen hat, was nicht Vorstand und Aufsichtsrat ausdrücklich übertragen ist.[34] Auch ist der gesetzlichen Regelung keine generelle Kompetenz der Hauptversammlung für grundlegende Entscheidungen zu entnehmen.[35]

---

[25] Vgl. *Kort*, in: Großkomm. AktG, § 76 Rn. 29.
[26] *Fleischer* ZIP 2003, 1, 3; *Henze* BB 2000, 209; *Hüffer* § 76 Rn. 7; *Kort*, in: Großkomm. AktG, § 76 Rn. 30; *Mertens*, in: Kölner Komm. AktG, § 76 Rn. 4.
[27] *Hüffer* § 76 Rn. 7; *Kort*, in: Großkomm. AktG,§ 76 Rn. 30; *Wiesner*, in: Münch. Hdb. GesR AG, § 19 Rn. 12.
[28] Vgl. *Kort*, in: Großkomm. AktG, § 76 Rn. 30.
[29] Vgl. *Raiser/Veil* § 14 Rn. 1.
[30] *Wiesner*, in: Münch. Hdb. GesR AG, § 19 Rn. 12.
[31] Begr. RegE AktG 1965, *Kropff*, S. 95.
[32] Vgl. *Fleischer* NJW 2004, 2335, 2337.
[33] Vgl. *Hirte* KapitalGesR, Rn. 3.220.
[34] *Henn* Rn. 688.
[35] Vgl. *Hüffer* FS Ulmer, 2003, S. 279, 289.

In Fragen der Geschäfts führung hat die Hauptversammlung im Grundsatz keine Kompetenz, da diese Kompetenz, wie oben dargelegt,[36] in der Aktiengesellschaft dem Vorstand zugewiesen ist. § 119 Abs. 2 AktG gibt dem Vorstand aber die Möglichkeit, der Hauptversammlung Fragen der Geschäftsführung zur Entscheidung vorzulegen.

Die Zuständigkeiten der Hauptversammlung lassen sich in drei Bereiche unterteilen.[37] Zunächst besteht eine Kompetenzzuweisung an die Hauptversammlung in Fragen der Veränderungen der rechtlichen Struktur der Gesellschaft, §§ 179, 207 Abs. 2, 222 Abs. 1,2, 229 Abs. 3, 237 Abs. 2 und 4, 293, Abs. 1, 295, 319 Abs. 1, 320 Abs. 1, AktG § 13 UmwG. Dies sind vor allem Veränderungen der Satzung und soweit die Gesellschaft die unterworfene Gesellschaft ist, solche Regelungen, die die Satzung überlagern.

Weiterhin besteht eine Zuständigkeit für Maßnahmen mit bedeutenden wirtschaftlichen Auswirkungen für die Gesellschaft und damit auch für die Aktionäre, §§ 179a, 293 Abs. 2, 319 Abs. 2, 320 Abs. 2 AktG.

Schließlich unterliegt auch die Frage einer etwaigen Verwässerung der Einfluss- und Vermögensrechte der Aktionäre dem Zuständigkeitsbereich der Hauptversammlung, §§ 182 Abs. 1 und 2, 192, 193, 202 Abs. 1 und 2, 221 Abs. 1 AktG.

Teilweise wird die Hauptversammlung auch als „oberstes Organ" der Aktiengesellschaft bezeichnet.[38] Da aber der Hauptversammlung aufgrund § 119 Abs. 1 AktG die Kompetenz-Kompetenz fehlt und gemäß § 83 Abs. 2 AktG die Folgepflicht des Vorstands auf die Ausführung der von der Hauptversammlung in ihrem Zuständigkeitsbereich beschlossenen Maßnahmen beschränkt ist, ist man sich in der Sache einig, dass das Aktiengesetz keine hierarchische Organverfassung kennt und auch die Charakterisierung der Hauptversammlung als oberstes Organ keine rechtlichen Schlussfolgerungen für das Verhältnis der Hauptversammlung zu den anderen Organen erlauben würde.[39]

§ 2 Geschichtliche Entwicklung der ungeschriebenen Hauptversammlungszuständigkeiten

Die Zuweisung der Zuständigkeiten an die Hauptversammlung nach dem Enumerationsprinzip führt zwangsläufig dazu, dass der Vorstand bestimmte Maßnahmen nach dem Wortlaut des Gesetzes auch ohne Hauptversammlungsbeschluss durchführen kann, obwohl sie den gesetzlich geregelten Eingriffen in Mitgliedschafts- und Vermö-

---

[36] § 1 I S. 5 f.

[37] Vgl. zu dieser Einteilung *Zimmermann/Pentz* FS Müller, 2001, 151, 161 f.

[38] *v. Rechenberg*, 1986, S. 165 (These 1); *Semler*, in: Münch. Hdb. GesR AG, § 34 Rn. 4.

[39] *Hüffer* AktG, § 118, Rn. 4, § 119 Rn. 1; *Lutter* FS Quack, 1991, S. 301, 312 f.; *Mülbert*, in: Großkomm. AktG, Vor §§ 118-147 Rn. 43; *Müller* FS Semler, 1993, S. 195, 198; vgl. auch BVerfG NJW 2000, 349, 350; für eine Machtbalance zwischen den Organen auch *Semler*, in: Münch. Hdb. GesR AG, § 34 Rn. 5.

gensinteressen an Intensität vergleichbar sind.[40] Dieses mögliche Kompetenzdefizit der Hauptversammlung wurde bereits alsbald nach Inkrafttreten des Aktiengesetzes 1965 im Schrifttum erkannt.[41] Bei der Untersuchung von einzelnen Geschäftsführungs- und Konzernleitungsmaßnahmen wurde die Notwendigkeit der Beteiligung der Hauptversammlung für Maßnahmen der Geschäftsführung herausgearbeitet, die sich zwar innerhalb des satzungsmäßigen Unternehmensgegenstandes bewegten, aber von grundlegender Bedeutung waren.

I. Mitspracherecht der Hauptversammlung bei der Ausgliederung eines wesentlichen Unternehmens

Kropff hielt schon im Jahr 1971 für den Fall der Ausgliederung eines wesentlichen Unternehmens das fehlende Mitspracherecht der Hauptversammlung für unbefriedigend.[42] Unter Ausgliederung wurde hier die Übertragung eines Teils der unternehmerischen Betätigung auf eine andere Gesellschaft verstanden.[43] Nach der damaligen Rechtslage bedurfte keine Form der Ausgliederung bei der ausgliedernden Gesellschaft der Zustimmung ihrer Hauptversammlung, solange keine Satzungsänderung erforderlich war.

Aufgrund der großen Bedeutung, die eine Ausgliederung eines wesentlichen Unternehmensteils für die Aktionäre hat, sollte dies grundsätzlich nur mit Zustimmung der Hauptversammlung möglich sein.[44] Der Beschluss sollte, wie bei Strukturänderungen, einer Mehrheit von mindestens drei Viertel des bei der Beschlussfassung vertretenen Grundkapitals bedürfen. Jedoch sollte auch hier schon auf einen Hauptversammlungsbeschluss verzichtet werden, wenn das auszugliedernde Unternehmen im Verhältnis zum Gesamtvermögen geringfügig ist. Als Bagatellgrenze wurde hier etwa 10% des in der Bilanz ausgewiesenen Aktivvermögens herangezogen. *Kropff* hielt jedoch eine Zustimmung der Hauptversammlung nur für die Ausgliederung gegen Gewährung von Anteilsrechten für erforderlich.[45] Die Veräußerung des Unternehmens gegen Entgelt stelle aus Sicht der Aktionäre eine weniger einschneidende Maßnahme dar, da das Entgelt wieder in Produktionsmittel reinvestiert werden kann. Deswegen sollte für diesen Fall eine Zustimmung der Hauptversammlung nicht erforderlich sein.

II. Mitwirkung der Aktionäre im Fall von fusionsrechtlichen Verbindungen

Lutter sprach sich erstmals im Jahr 1973 für eine Mitwirkung der Aktionäre im Fall von fusionsähnlichen Verbindungen von Unternehmen aus.[46] Die fusionsähnlichen

---

[40] *Binge/Thölke*, in: MAH AktR, § 25 Rn. 56.
[41] *Kubis*, in: MüKo AktG, § 119 Rn. 31.
[42] *Kropff* FS *Geßler*, 1974, S. 111, 120.
[43] *Kropff* FS *Geßler*, 1974, S. 111, 113.
[44] *Kropff* FS *Geßler*, 1974, S. 111, 124.
[45] *Kropff* FS *Geßler*, 1971, S. 111, 125.
[46] *Lutter* DB-Beil. Nr. 21/1973; *ders.* FS Barz, 1974, S.199, 208 ff.; *ders.* FS Westermann, 1974, S. 347, 357.

Verbindungen wurden auf der Ebene der Mitgliedschaft, des Vermögens und der Leitung der Gesellschaft aufgeteilt und untersucht.

Auf der Ebene der Mitgliedschaft sollte für den Fall des Erwerbs von Mitgliedschaftsrechten einer anderen Gesellschaft im Austausch gegen eigene Mitgliedschaftsrechte das Mitwirkungsrecht der Aktionäre ausgedehnt werden und die Fusionsregeln aus § 340 AktG a. F. anzuwenden sein.[47] Danach sollte in diesem Fall ein Hauptversammlungsbeschluss für die Maßnahme erforderlich sein. Auch hier sollte jedoch von einem solchen Beschluss abgesehen werden, wenn die Zahl der zum Erwerb erforderlichen Mitgliedschaften nur ganz gering ist und die Beteiligungsstruktur praktisch nicht betroffen ist.

Auf der Ebene der Leitung sollte eine Mitwirkung der Aktionäre der Muttergesellschaft durch einen Beschluss der Hauptversammlung auch bei einem hälftigen Tausch der Mitgliedschaften an einer Tochtergesellschaft erforderlich sein, wenn in den beteiligten Unternehmen schon bisher entscheidende Teile der unternehmerischen Tätigkeit über die Tochtergesellschaft als Betriebsgesellschaft abgewickelt werden.[48] Diese Konzernleitungsmaßnahme habe in ihrer Wirkung vollen Fusionscharakter, ohne dass die Aktionäre Stellung nehmen können, da weder die §§ 291 - 293 AktG a. F. und § 340 AktG a. F. noch § 361 AktG a. F.[49] unmittelbar Anwendung finden. Das Gesetz verdeutliche in den genannten Vorschriften, dass bei derart weitreichenden Gestaltungen die Mitwirkung der Aktionäre sichergestellt werden müsse. Dieser Rechtsgedanke sei auch auf Unternehmensverbindungen anzuwenden, die zwar dem gesetzlichen Katalog nicht entsprechen, aber weitreichende Wirkung auf den Ertrag und die Mitgliedschaft haben. In diesen Fällen sollte ein Beschluss der Hauptversammlung mit mindestens drei Vierteln des in der Versammlung vertretenen Kapitals notwendig sein.

III. Begriff der ungeschriebenen Zuständigkeiten

Der Begriff der ungeschriebenen Mitwirkungsbefugnisse der Hauptversammlung wurde zuerst von *Ulmer* verwendet.[50] Dieser stimmte *Lutter*[51] im Grundsatz zu, das Dogma der Allzuständigkeit der Verwaltung beim Fehlen einer ausdrücklichen Kompetenz der Hauptversammlung in Frage zu stellen und Mitwirkungsrechte der Aktionäre überall da anzuerkennen, wo die Gesellschaftsstruktur selbst durch die Unternehmensverbindung betroffen wird.[52] Nach *Ulmer* blieb die Frage nach Art und Umfang eines ungeschriebenen Kompetenzkatalogs der aktienrechtlichen Hauptversammlung gestellt.[53]

---

[47] *Lutter* DB-Beil. Nr. 21/1973 S. 7.
[48] *Lutter* DB-Beil. Nr. 21/1973 S. 13 f.; *ders.* in: FS Westermann, 1974, S. 347, 367.
[49] Entspricht dem heutigen § 179a AktG.
[50] *Ulmer* AG 1975, 15.
[51] *Lutter* DB-Beil. Nr. 21/1973.
[52] Vgl. *Ulmer* AG 1975, 15, 16.
[53] Vgl. *Ulmer* AG 1975, 15, 16.

IV. Beteiligung der Hauptversammlung bei bestimmten Strukturmaßnahmen

Auch *Timm* hat sich, aufbauend auf die Überlegungen von *Lutter*[54] und *Kropff*[55], für eine Beteiligung der Hauptversammlung bei bestimmten Strukturmaßnahmen im Konzern ausgesprochen.[56] Ausgehend von dem Fall einer Kapitalerhöhung in einer Tochtergesellschaft dürfe der Vorstand der Obergesellschaft autonom nur solche Kapitalmaßnahmen in der Tochtergesellschaft durchführen, die nicht in den mitgliedschaftlich geschützten Bereich eindringen.[57] In Grenzfällen habe der Vorstand abzuwägen, ob die Maßnahme Strukturcharakter habe und damit der Hauptversammlung nach § 119 Abs. 2 AktG vorzulegen sei. In Extremfällen könne sich dieses Prüfungsermessen soweit verdichten, dass der Vorstand verpflichtet ist die Hauptversammlung anzurufen mit der Folge, dass die Verletzung des Antrags nach § 119 Abs. 2 AktG als pflichtwidrig anzusehen wäre.[58] Entscheidendes Kriterium soll hierbei die Größe und der Umfang der Maßnahme im Verhältnis zum „Gesamtunternehmen Konzern" sein.[59] Grenze derartiger Schranken für die Geschäftsführungsbefugnisse des Vorstands sei dabei aber immer die eigenverantwortliche Leitungsmacht nach § 76 Abs. 1 AktG.[60]

§ 3 Holzmüller-Entscheidung

Der BGH hat im Jahre 1982 die dargestellten Überlegungen[61] zur Erweiterung der Kompetenz der Hauptversammlung in der sogenannten Holzmüller-Entscheidung[62] aufgenommen. Darin hat der BGH erstmals ungeschriebene Mitwirkungsbefugnisse der Hauptversammlung anerkannt.

I. Sachverhalt

Der Holzmüller-Entscheidung[63] lag der folgende Sachverhalt zu Grunde:

Der Kläger war Aktionär einer Aktiengesellschaft, deren Unternehmensgegenstand unter anderem der Betrieb einer Umschlag- und Lagerungsanlage für Holz- und andere Güter sowie die Vermittlung, Durchführung und Finanzierung von Holzgeschäften war. In einer Satzungsänderung, der der Kläger zugestimmt hat, wurde folgender Passus in die Satzung aufgenommen: „Die Aktiengesellschaft ist ferner berechtigt, andere Unternehmen zu errichten und zu erwerben sowie sich an anderen Unternehmen zu beteiligen. Sie kann ihren Betrieb ganz oder teilweise solchen Gesellschaften überlassen".

[54] *Lutter* FS Barz, 1974, S. 211 f.
[55] *Kropff* FS Geßler. 1971, S. 111 f.
[56] *Timm* 1980, S.176; *ders.* AG 1980, 172, 182 f.
[57] *Timm* AG 1980, 172, 184.
[58] *Timm* 1980, S. 176.
[59] *Timm* AG 1980, 172, 184.
[60] *Timm* 1980, S. 178.
[61] § 2 S. 7 ff.
[62] BGHZ 83, 122 („Holzmüller").
[63] BGHZ 83, 122 („Holzmüller").

Dabei erläuterte ein Vorstandsmitglied in der betreffenden Hauptversammlung den Zweck dieser Satzungsänderung damit, sie sei Voraussetzung für eine Ausgliederung des Hafenbetriebs aus der AG und dessen Überführung in eine neu zu gründende KGaA, wobei die AG als Holding das entsprechende Anlagevermögen als Sacheinlage gegen Erwerb eines dementsprechenden Aktienpaktes einbringen wolle. Sodann errichtete die AG eine KGaA, deren Komplementärin eine 100prozentige Tochter der beklagten AG war und erwarb gegen Einbringung des Seehafenbetriebes der AG als Sacheinlage ein entsprechendes Aktienpaket der KGaA.

Der Kläger hielt die Ausgliederung des Seehafenbetriebes, der rund 80% des Substanzwertes des Aktivvermögens der Gesellschaft ausmachte, ohne die Zustimmung der Hauptversammlung für unwirksam. Er sah darin einen Verstoß gegen § 361 AktG a. F.,[64] eine unerlaubte Änderung des Unternehmensgegenstandes und einen Verstoß gegen §138 BGB und trug vor, die Ausgliederung diene dem Zweck, eine Kapitalerhöhung ohne Beteiligung der Minderheitsaktionäre durchzuführen und so deren Bezugsrecht zu beseitigen.

Weiterhin beantragte der Kläger unter anderem hilfsweise festzustellen, dass alle Maßnahmen der Tochtergesellschaft, die bei ihr selbst eines Hauptversammlungsbeschlusses mit qualifizierter Mehrheit bedarf, auch der Hauptversammlung der Beklagten, also der Muttergesellschaft mit entsprechender Mehrheit, vorzulegen seien.

II. Entscheidungsgründe

Der BGH hat sich zu diesem Sachverhalt wie folgt geäußert.

1. Hauptantrag

Bezüglich des Hauptantrages sah der BGH in der fehlenden Zustimmung durch die Hauptversammlung keinen Verstoß gegen § 361 AktG a. F.[65], da die AG eben nicht ihr ganzes Vermögen übertragen hat, sondern einen Unternehmensteil, der „nur" 80% des Vermögens ausgemacht hat.[66] Der Sinn und Zweck des § 361 AktG a. F. wurde in dem Schutz der Gesellschafter davor gesehen, dass die Gesellschaft ohne ihren Willen das Gesellschaftsvermögen als die Grundlage ihrer satzungsmäßigen Unternehmenstätigkeit völlig aus der Hand gibt.[67] Wenn Gegenstand der Vermögensübertragung wie hier ein lebendes Unternehmen sei, finde § 361 AktG a. F. keine Anwendung, wenn die Gesellschaft mit dem zurückbleibenden Gesellschaftsvermögen ihre in der Satzung festgelegten Ziele weiterhin, wenn auch in eingeschränktem Maße, verfolgen kann.

Der BGH lehnte auch eine entsprechende Anwendung des § 361 AktG a. F. für den Fall ab, dass ein wesentlicher oder den Schwerpunkt bildender Vermögensteil ausgegliedert wurde. Dies wurde zum einen mit dem insoweit eindeutigen Gesetzeswortlaut begründet. Zum anderen würde die Annahme einer Analogie Abgrenzungsschwierig-

[64] Entspricht dem heutigen § 179a AktG.
[65] Entspricht dem heutigen § 179a AktG.
[66] BGHZ 83, 122 („Holzmüller").
[67] BGHZ 83, 122, 128 („Holzmüller").

keiten hervorrufen, die zu einer Rechtsunsicherheit führt und im Hinblick auf § 361 AktG a. F. zu einer eingeschränkten Vertretungsmacht des Vorstands führen würde.

Schließlich wurde auch eine Zustimmungspflicht aufgrund einer „faktischen Satzungsänderung" vom BGH abgelehnt. Die veränderte Satzung deckte die Maßnahme der Geschäftsleitung in vollem Umfang. Somit ist durch die Maßnahme die Satzung auch nicht faktisch verändert worden.

Der BGH hat dennoch eine Pflicht des Vorstands zur Vorlage der Ausgliederung an die Hauptversammlung angenommen. Wo die Voraussetzungen für eine gesetzliche Vorlagepflicht nicht voll erfüllt, aber ein ihr nahe kommender Sachverhalt gegeben sei, könne für den Vorstand eine Vorlage an die Hauptversammlung zur Pflicht werden. Grundsätzlich stehe es gemäß § 119 Abs. 2 AktG im Ermessen des Vorstands, ob eine Entscheidung der Hauptversammlung über eine Maßnahme der Geschäftsleitung herbeigeführt wird. Es gebe jedoch „grundlegende Entscheidungen, die durch die Außenvertretungsmacht des Vorstands, seine Geschäftsführungsbefugnis wie auch durch den Wortlaut der Satzung formal noch gedeckt sind, gleichwohl so tief in die Mitgliedschaftsrechte der Aktionäre und deren im Anteilseigentum verkörpertes Vermögensinteresse eingreifen, dass der Vorstand vernünftigerweise nicht annehmen kann, er dürfe sie in ausschließlich eigener Verantwortung treffen, ohne die Hauptversammlung zu beteiligen".[68] In solchen Fällen würde der Vorstand seine Sorgfaltspflicht verletzen, wenn er von der Möglichkeit des § 119 Abs. 2 AktG keinen Gebrauch macht. Der BGH sah die Ausgliederung des Seehafenbetriebs als eine solche grundlegende Maßnahme an, da sie den wertvollsten Betriebszweig darstellte und die Grundstruktur der Gesellschaft von Grunde auf änderte. Der BGH stellte jedoch fest, dass die Verletzung der internen Vorlagepflicht die Vertretungsmacht des Vorstands nach außen hin nicht beeinträchtigt. Der Hauptantrag blieb im Ergebnis daher ohne Erfolg.

2. Hilfsantrag

Bezüglich des Hilfsantrages führte der BGH aus, dass die Aktionäre der Obergesellschaft verlangen dürfen, an wichtigen Grundlagenentscheidungen in den Tochtergesellschaften, die sich auf die eigene Rechtsstellung nachhaltig auswirken können, in der gleichen Form intern beteiligt zu werden, wie es in der Obergesellschaft für entsprechende Entscheidungen bestimmt ist.[69] Dies bejaht der BGH aber nur in den Fällen, in denen wesentliche Betriebsteile auf eine 100prozentige Tochtergesellschaft verlagert werden. Ausdrücklich offen gelassen wird, ob dies auch gilt, wenn das Vermögen der Tochtergesellschaft anders als durch eine Ausgliederung entstanden ist, wenn es sich nicht um eine zu 100% beherrschte Tochtergesellschaft handelt oder die Hauptversammlung bereits der Konzernbildung zugestimmt hat. Beispielhaft für solche Grundlagenentscheidungen nennt der BGH die Kapitalerhöhung in einer Tochtergesellschaft, den Abschluss von Unternehmensverträgen, die Weiterübertragung des gesamten Gesellschaftsvermögens und die Auflösung des Tochterunternehmens. Zur

[68] BGHZ 83, 122, 131 („Holzmüller").
[69] BGHZ 83, 122, 138 („Holzmüller").

Begründung wird ausgeführt, dass sonst eine Betriebsausgliederung für die Verwaltung ein allzu leichter Weg wäre, die gesetzlichen Mitwirkungsrechte der Aktionäre in bestimmten Angelegenheiten auszuschalten. Hier weise das Aktiengesetz eine Lücke auf, die es in Anlehnung an seine Systematik und Wertungen zu schließen gelte.

Auch der Hilfsantrag des Klägers blieb ohne Erfolg. Sämtliche Konzernleitungsmaßnahmen einer Zustimmung der Hauptversammlung zu unterwerfen, ginge zu weit. Nach Ansicht des BGH gibt es durchaus Maßnahmen, die eine qualifizierte Mehrheit der Hauptversammlung verlangen, sich jedoch nur unwesentlich oder gar nicht auf die rechtlichen und wirtschaftlichen Verhältnisse der Obergesellschaft und ihrer Aktionäre auswirken, wie beispielsweise die Sitzverlegung oder die Firmenänderung.

III. Kritik der Literatur und Rechtsprechung

Die Holzmüller-Entscheidung löste, wie oben dargelegt,[70] in der Literatur einen der größten wissenschaftlichen Diskussionen in der Geschichte des Aktienrechts aus.[71] Die Instanzgerichte folgten weit überwiegend der Entscheidung des BGH, lediglich die Reichweite der Grundsätze wurde unterschiedlich beurteilt.[72]

Die Meinungen im Schrifttum waren zunächst gespalten. Teilweise wurde die Entscheidung begrüßt,[73] jedoch überwogen in der Literatur die ablehnenden oder doch sehr zurückhaltenden Würdigungen deutlich.[74] Während die Entscheidung im Ergebnis nunmehr in der Literatur und Praxis weitgehend auf Zustimmung trifft,[75] sind die folgenden Einzelfragen nach wie vor nur unzureichend geklärt.

---

[70] 1.Teil S. 1.

[71] Vgl. nur *Beusch* FS Werner, 1984, S. 1; *Ebenroth* AG 1988, 1, 3 f.; *Geßler* FS Stimpel, 1985, S. 771; *Großfeld/Bondics* JZ 1982, 589; *Götz* AG 1984, 85; *Heinsius* ZGR 1984, 383, 388; *Hüffer* AktG, 6. Auflage 2004, § 119 Rn. 18; *Koppensteiner*, in: Kölner Komm. AktG, 2. Auflage, 2000, Vorbem. § 291 Rn. 21; *Kropff* ZGR 1984, 112, 123; *Kubis*, in: MüKo AktG, § 119 Rn. 35 f. m. w. N.; *Lutter* FS Stimpel, 1985, S. 825, 843; *ders.* ZHR 151 (1987), 444, 452; *Martens* ZHR 147 (1983), 377, 426; *Mertens*, in: Kölner Komm. AktG, § 76 Rn. 51; *Mülbert*, in: Großkomm. AktG, § 119 Rn. 19; *Rehbinder* ZGR 1983, 93; *Reichert*, in: Becksch. Hdb. AG, § 5 Rn. 44. m. w. N.; *Semler* BB 1983, 1566, 1573; *Sünner* AG 1983, 169; *Werner* ZHR 147 (1983), 429; *Werner*, in: Großkomm. AktG, § 121 Rn. 20; *H.P. Westermann* ZGR 1984, 352, 380 f; *ders.* ZHR 156 (1992), 203, 214 f.

[72] Vgl. OLG Celle DB 2001, 804; OLG München AG 1995, 232; OLG Köln ZIP 1993, 110, 112; LG Duisburg AG 2003, 390; LG Düsseldorf AG 1999, 94, 95; LG Heidelberg AG 1999, 135, 137; LG Hamburg AG 1997, 238; LG Frankfurt AG 1993, 287, 288; LG Köln AG 1992, 238, 239.

[73] *Geßler* FS Stimpel, 1985, S. 771; *Großfeld/Bondics* JZ 1982, 589; *Hüffer* AktG, 6. Auflage, 2004, § 119 Rn. 18; *Lutter* FS Stimpel, S. 825, 843; *ders.* ZHR 151 (1987), 444, 452; *Rehbinder* ZGR 1983, 93.

[74] *Beusch* FS Werner, 1984, S. 1; *Ebenroth* AG 1988, 1, 3 f.; *Götz* AG 1984, 85; *Heinsius* ZGR 1984, 383, 388; *Koppensteiner*, in: Kölner Komm. AktG, 2. Auflage, 2000, Vorbem. § 291 Rn. 21; *Kropff* ZGR 1984, 112, 123; *Mertens*, in: Kölner Komm. AktG, § 76 Rn. 51; *Martens* ZHR 147 (1983), 377, 426; *Semler* BB 1983, 1566, 1573; *Sünner* AG 1983, 169; *Werner* ZHR 147 (1983), 429; *ders.*, in: Großkomm. AktG, § 121 Rn. 20; *H.P.Westermann* ZGR 1984, 352, 380 f; *ders.* ZHR 156 (1992), 203, 214 f.

[75] Vgl. *Semler*, in: Münch. Hdb. GesR AG, § 34 Rn.39; *K. Schmidt*, GesR, § 28 V 2 b S. 87; *Habersack*, in: Emmerich/Habersack Vor 311 Rn. 33; *Hüffer* AktG, § 119 Rn. 16 ff.; *ders* FS Ulmer, 2003,

Aufgrund der überaus umfangreichen Literatur, die sich mit der Holzmüller-Entscheidung auseinander gesetzt hat, kann in der folgenden Darstellung nur auf die Grundargumentationslinien zu den jeweiligen Aspekten eingegangen werden. Zudem sind durch die Gelatine-Entscheidungen[76] des BGH im Jahre 2004 die Voraussetzungen für die ungeschriebenen Zuständigkeiten präzisiert worden. Die Darstellung der Kritik an der Holzmüller-Entscheidung bildet somit nur die Grundlage für die ausführliche Darstellung der Meinungen der Literatur zu den Gelatine-Entscheidungen.

1. Schutzzweck

Umstritten war in der Literatur zunächst, welchen Zweck der BGH mit dem Erfordernis der Mitwirkung der Hauptversammlung in der Holzmüller-Entscheidung verfolgt hat. Der BGH hat die ungeschriebene Zuständigkeit der Hauptversammlung bei einem tiefen Eingriff in die Mitgliedschaftsrechte und deren im Anteilseigentum verkörpertes Vermögensinteresses angenommen.[77] Kern des Streites um den Schutzzweck in der Literatur war, ob der BGH durch die Holzmüller-Entscheidung nur der Mediatisierung von Mitgliedschaftsrechten begegnen wollte oder ob der BGH über die zugrunde liegende Fallgestaltung hinaus eine grundsätzliche Entscheidung für die ungeschriebene Zuständigkeit der Hauptversammlung in bestimmten Fallkonstellationen treffen wollte.

a. Beschränkung auf die Mediatisierung von Mitgliedschaftsrechten

Ein großer Teil der Literatur beschränkt den Schutzzweck der Holzmüller-Entscheidung, ganz im Einklang mit dem entschiedenen Sachverhalt nur auf Fälle der Mediatisierung von Mitgliedschaftsrechten.[78] Die Mediatisierung von Mitgliedschaftsrechten sei Folge der mit einer Gruppenbildung verbundenen Zuständigkeitsverlagerung.[79] Während ursprünglich das eingesetzte Kapital der direkten Kontrolle und Beeinflussung der Aktionäre unterlag, sei es nunmehr Sache des Vorstands die Rechte

S. 279, 286; *Kubis*, in: MüKo AktG, § 119 Rn. 40; *Lutter* FS BGH II 2000, S. 238; *Raiser*, 3. Auflage, 2001, § 16 Rn. 13.

[76] BGHZ 159, 30 („Gelatine II").

[77] Teilweise wurde in der frühen Literatur nach der Holzmüller-Entscheidung eine Trennung zwischen einer Hauptversammlungszuständigkeit im Hinblick auf die „Konzernbildungskontrolle" und die „Konzernleitungskontrolle" vorgenommen. Danach sollen unterschiedliche Grundlagen für die Zuständigkeit der Hauptversammlung bestehen und verschiedene Voraussetzungen für die Beteiligung vorliegen. Vgl. *Werner* ZHR 147 (1983), 429 ff.; *Martens* ZHR 147 (1983), 377 ff.; *Kubis*, in: MüKo AktG, § 119 Rn. 31 ff. mit einer sprachlich getrennten Darstellung; vgl. zur Darstellung des Problems auch *Brauer* 2005, S. 100 ff. Hier wird aber mit der weit überwiegenden Meinung von einem einheitlichen Ansatz ausgegangen. Vgl. nur *Fleischer* ZHR 165 (2001), 513, 522; *Habersack* WM 2001, 545; *ders*, in: Emmerich/Habersack Vor § 311 Rn. 34; *Hüffer* AktG, § 119 Rn. 18; *Lutter/Leinekugel* ZIP 1998, 805 f.; *Wank* ZGR 1988, 314, 361; im Ergebnis so auch *Brauer* 2005, S. 103.

[78] *Habersack*, in: Emmerich/Habersack Vor § 311 Rn. 34; *ders.* auch nach den Gelatine-Entscheidungen AG 2005, 137, 139; ebenso *Groß* AG 1994, 266, 273; Joost ZHR 163 (1999), 164, 172; *Krieger*, in: Münch. Hdb. GesR AG, § 69 Rn. 7; mehr auf die Rechtsschutzfunktion abstellend *Mertens*, in: Kölner Komm. AktG, § 76 Rn. 51; *Noack* ZIP 2002, 1873, 1878.

[79] *Habersack*, in: Emmerich/Habersack Vor § 311 Rn. 34.

aus der Beteiligung an der Tochtergesellschaft, die an die Stelle des investierten Kapitals getreten ist, auszuüben. Den Aktionären drohe mithin eine Verkürzung ihrer mitgliedschaftlichen Herrschaftsbefugnisse, die es gegebenenfalls durch die Begründung ungeschriebener Zuständigkeiten zu kompensieren gelte.

Hintergrund dieser Ansicht ist ein mitgliedschaftliches bzw. verbandrechtliches Verständnis der Aktionärsstellung.[80] Der Aktionär wird danach nicht primär als Anleger sondern vielmehr als Teilhaber der Gesellschaft gesehen. Diese Sichtweise ergebe sich auch aus der Konzeption des Aktiengesetzes, beispielsweise aus dem Zustimmungserfordernis nach § 221 Abs. 1 AktG oder den strikten Voraussetzungen eines „vereinfachten" Bezugsrechtsausschlusses nach § 186 Abs. 3 S. 4 AktG.[81] Da die Mediatisierung von Mitgliedschaftsrechten nicht auf Konzernsachverhalte beschränkt ist, können die Holzmüller-Grundsätze nach dieser Ansicht insbesondere auch bei unverbundenen Aktiengesellschaften Anwendung finden.[82]

b. Erweiterung des Schutzzwecks

Andere Teile der Literatur sehen in der Holzmüller-Entscheidung dagegen die Anerkennung der Zuständigkeit der Hauptversammlung über die Fälle der Mediatisierung von Mitgliedsschaftsrechten hinaus.

aa. Schutz der Vermögensinteressen

Nach einer insbesondere von *Mülbert* vertretenen Ansicht, ist der Schutzzweck der Holzmüller-Entscheidung im Schutz der Vermögensinteressen der Aktionäre zu sehen.[83] Die Zuständigkeit der Hauptversammlung sei danach nur gegeben, wenn die Vermögensinteressen der Aktionäre betroffen sind. Eine Beschränkung des Vermögensschutzes auf Maßnahmen der Mediatisierung von Mitgliedsschaftsrechten erfolgt danach nicht. Vielmehr kommt es auf die Art der Maßnahme nicht an, einzig der Schutz des Vermögensinteresses der Aktionäre steht im Vordergrund.

Hintergrund dieser Meinung ist das Konzept der „hybriden Aktionärsstellung".[84] Danach lässt sich die Rechtsstellung des Aktionärs im AktG 1965 nicht allein in verbandsrechtlichen Kategorien erfassen.[85] Verbandsrechtliche Ordnungsmuster und Wertungsprinzipien bilden hiernach lediglich den Ausgangspunkt, den das Gesetz mit vermögensbezogenen, auf den Aktionär in seiner Rolle als Kapitalanleger ausgerichte-

---

[80] *Habersack* AG 2005, 137, 139 f.; auch für ein mitgliedschaftliches Verständnis *Hüffer* FS Kropff, 1997, S. 128, 132 ff.
[81] *Habersack* AG 2005, 137, 139.
[82] *Habersack*, in: Emmerich/Habersack Vor § 311 Rn. 34; Joost ZHR 163 (1999), 164, 172.
[83] *Mülbert*, in: Großkomm. AktG, § 119 Rn. 33; *ders.*1996, S. 416 ff.; *ders.* FS Ulmer, 2003, S. 433, 434 f.; vgl. auch *Zimmermann/Pentz* FS Müller, 2001, 151, 166 ff.
[84] *Mülbert* 1996, S. 154 ff.; *ders.* FS Ulmer, 2003, S. 433, 434.
[85] *Mülbert* FS Ulmer, 2003, S. 433, 434; wohl auch *Mertens* AG 1990, 49, 52; *Schiessel* AG 1999, 442, 445 f.

ten Regelungselementen weitgehend modifiziere.[86] Soweit den Aktionären überhaupt Minderheitenschutz gewährt würde, stehe vielfach der Schutz ihrer Vermögensinteressen gegen nachteilige Eingriffe der Verwaltung ganz im Vordergrund.

Nach dieser Meinung soll eine Sachkontrolle der Hauptversammlung ganz entbehrlich sein, soweit die geplanten Maßnahmen einen hinreichenden Ausgleich für Vermögenseinbußen vorsehen und sich an der Maximierung des Marktwertes der Aktie orientieren.[87] Ansatzpunkt dieser Meinung ist somit eine anlegergeprägte Sichtweise des Aktionärs.[88]

bb. Anerkennung der Hauptversammlung als „Grundorgan" im Konzern

Ein anderer Teil der Literatur, allen voran *Lutter*, versteht die Holzmüller-Entscheidung als eine Anerkennung eines Bereiches grundlegender Geschäftsführungsaufgaben im Konzern, für den die Aktionäre der Obergesellschaft durch die Hauptversammlung als sogenanntes „Grundorgan" zuständig sein sollen.[89] Es wird danach zwischen einem Geschäftsführungsbereich und einem Strukturbereich dergestalt unterschieden, dass der Geschäftsführungsbereich weiterhin allein beim Vorstand verbleibt, er aber im Strukturbereich keine originäre und keinesfalls alleinige Kompetenz hat. Diese ungeschriebene Zuständigkeit soll der Hauptversammlung vor allem bei der Kontrolle, der Bildung und Leitung des von ihr geführten Konzerns zustehen. Jedoch wird eine solche Zuständigkeit auch in der unverbundenen Aktiengesellschaft angenommen.[90]

Begründet wird diese Ansicht mit systematischen Überlegungen bezüglich des Konzerns.[91] Zwar habe der Konzern in dem Vorstand der Obergesellschaft ein Leitungsorgan und in dem Aufsichtsrat der Obergesellschaft ein Überwachungsorgan. Jedoch aufgrund der Tatsache, dass der Konzern zwar Unternehmensform jedoch keine Rechtsform sei, gebe es im Konzern keine „Eigner-Versammlung". Dieses Defizit gegenüber der unverbundenen Aktiengesellschaft führe zu der Frage, wer im Konzern für die „Grundentscheidungen" verantwortlich sein soll. Zur Lösung werden die Zuständigkeitsregelungen der Einheits-Aktiengesellschaft als vom Gesetzgeber aufgestelltes Regelungsprinzip auf diese „Lücke der rechtlichen Ordnung" übertragen. Danach soll die Hauptversammlung der Obergesellschaft, deren reguläre Zuständigkeiten im Konzern verblassen, nicht anders als Vorstand und Aufsichtsrat der Konzernobergesell-

---

[86] *Mülbert* FS Ulmer, 2003, S. 433, 434.

[87] So *Habersack* AG 2005, 137, 139 mit Verweis auf *Mülbert* FS Röhricht 2005, S. 421 ff.

[88] *Mülbert* FS Ulmer, 2003, S. 433, 434; im Ergebnis auch *Beusch* FS Werner, 1984, S. 1, 15; *Teichmann* AG 2004, 67, 75.

[89] *Lutter* FS Stimpel, 1985, S. 825, 833; *ders.* FS Westermann, 1974, S. 347 ff.; *ders./Leinekugel* ZIP 1998, 225, 230; *ders./Leinekugel* ZIP 1998, 805 f.; *Raiser* 3. Auflage, 2001, § 16 Rn. 12, § 53 Rn. 33 (anders jetzt aber *Raiser/Veil* § 16 Rn. 10 ff.); *Schwark/Geiser* ZHR 161 (1997), 739, 761 f.; *Seydel* 1995, S. 386; *Wahlers* 1995, S. 94 ff.; wohl auch *Priester* ZHR 163 (1999), 185, 196.

[90] *Lutter/Leinekugel* ZIP 1998, 805 f.

[91] *Lutter* FS Stimpel, 1985, S. 825 ff.

schaft auch, die bislang offene Position eines Konzernorgans für „Grundsatzfragen" übernehmen.

cc. Schutz der Mitgliedschaftsrechte der Aktionäre

Schließlich wird der Schutzzweck der ungeschriebenen Zuständigkeiten in dem Individualschutz der Aktionäre vor Eingriffen in ihre Mitgliedschaftsrechte gesehen, die durch eine übermäßige Inanspruchnahme der Vorstandsbefugnisse ausgelöst werden.[92] Es handelt sich dabei um Beeinträchtigungen der mitgliedschaftlichen Position der Aktionäre, die ebenso schwer sind wie die im Gesetz geregelten Fälle.[93] Nach dieser Meinung kommt es nicht darauf an, dass die Mitgliedschaftsrechte durch eine Mediatisierung beeinträchtigt werden, sondern der Sinn und Zweck der ungeschriebenen Zuständigkeiten wird in einem umfassenden Schutz der Mitgliedschaftsrechte vor jeglicher Art von Eingriff gesehen. Dieser Schutz sei nicht auf Konzernsachverhalte zu beschränken, sondern vielmehr auch in der unabhängigen Aktiengesellschaft anzuwenden. Der Holzmüller-Entscheidung sei danach keine grundlegende Anerkennung einer Grundlagenkompetenz der Hauptversammlung zu entnehmen.[94] Vielmehr ist nach dieser Meinung immer eine Beeinträchtigung der Mitgliedschaftsrechte erforderlich.

2. Dogmatische Herleitung

Einer der umstrittensten Aspekte der Holzmüller-Entscheidung ist weiterhin die dogmatische Herleitung der ungeschriebenen Zuständigkeiten der Hauptversammlung. Auch unter denjenigen, die der Holzmüller-Doktrin im Grundsatz zustimmen, besteht über die Rechtsgrundlage kein Einvernehmen.[95]

a. Meinung des BGH und der ihm folgenden Rechtsprechung

Der BGH und ihm folgend die Rechtsprechung der Instanzgerichte stützt sich in seiner Argumentation auf § 119 Abs. 2 AktG.[96] Danach wandelt sich das Vorlageermessen in eine Vorlagepflicht um, wenn es sich um eine grundlegende Entscheidung handelt. Begründet wird dieser Ansatz mit dem Schutz der Mitgliedschaftsrechte der Aktionäre und deren im Anteilseigentum verkörpertes Vermögensinteresse.

---

[92] *Hüffer* AktG, § 119 Rn. 18; ders. FS Ulmer, 2003, S. 279, 286; *Kort*, in: Großkomm. AktG, § 76 Rn. 83; AnwKomm. AR/*Pluta* § 119 Rn. 35; wohl auch *Brauer* 2005, 104 f.; *Weißhaupt* NZG 1999, 804, 806.

[93] *Kort*, in: Großkomm. AktG, § 76 Rn. 83.

[94] *Hüffer* FS Ulmer, 2003, S. 279, 286.

[95] Vgl. *Kubis*, in: MüKo AktG, § 119 Rn. 40.

[96] BGHZ 83, 122, 131 („Holzmüller"); OLG Celle DB 2001, 804; OLG München AG 1995, 232; OLG Köln AG 1993, 86; LG Hannover AG 2001, 150; LG Düsseldorf AG 1999, 94; LG Hamburg AG 1997, 238; LG Köln AG 1992, 238; LG Frankfurt 1993, 287; a. A. LG Karlsruhe AG 98, 99; 101.

b. Ansichten in der Literatur

Diese Meinung wurde in der Literatur nur vereinzelnd geteilt[97], der weit überwiegende Teil der Literatur lehnt diesen Ansatz ab.[98]

aa. Ablehnung der Lösung über § 119 Abs. 2 AktG

Zwar finde die Verdichtung des Vorlageermessens aus § 119 Abs. 2 AktG zu einer Vorlagepflicht eine konstruktive Parallele in der öffentlich-rechtlichen Lehre von der Ermessensreduzierung auf Null.[99] Mindestvoraussetzung wäre demnach aber, dass diese Norm dem Vorstand das Entscheidungsermessen auch im Interesse der Aktionäre einräumt.[100]

Jedoch steht die Norm in Zusammenhang mit der Verantwortlichkeit des Vorstands nach § 93 AktG und bezweckt zunächst den Ausschluss seiner Verantwortlichkeit bei einem Handeln auf der Grundlage eines Hauptversammlungsbeschlusses nach § 93 Abs. 4 S.1 AktG.[101] Zudem ermögliche die Norm die Flexibilisierung der aus §§ 76 Abs. 1, 119 Abs. 1 AktG resultierende starre Zuständigkeitsverteilung kraft Entscheidungsverlangen des Vorstands.[102] § 119 Abs. 2 AktG schütze daher ausschließlich die Interessen der Vorstandsmitglieder.[103] Wenn daher § 119 Abs. 2 AktG nicht die Interessen der Aktionäre schütze, so könne es entgegen der Annahme des BGH auch keine darauf bezogene Ermessensreduzierung des Vorstands geben.[104] Darüber hinaus spricht auch der Wortlaut der Vorschrift eindeutig gegen eine Begründung einer Vorlagepflicht aus dieser Norm.

---

[97] *Butzke*, in: Obermüller/Werner/Winden, L Rn. 77; *Groß* AG 1996, 111, 113; *Großfeld/Bondics* JZ 1982, 589, 591; *Hüffer* AktG, 6. Auflage, 2004, § 119 Rn. 18; *Reichert* ZHR-Beiheft 68, 25, 45; *ders.* AG 2005, 150, 151.

[98] *Altmeppen* DB 1998, 49, 50 f.; *Ebenroth* AG 1988, 1, 3; *Geßler* FS Ulmer, 2003, S. 771, 780; *Heinsius* ZGR 1984, 383, 393 ff.; *Henze* FS Ulmer, 2003, S. 211, 218; *Hirte* 1996, S. 159 f.; *Hübner* FS Stimpel, 1985, S. 791, 794 f.; *Joost* ZHR 163 (1999), 164, 169; *Kubis*, in: MüKo AktG, § 119 Rn. 41; *Krieger*, in: Münch. Hdb. GesR AG, § 69 Rn. 6; *Liebscher* 1995 S. 78 ff.; *Lutter* FS Stimpel, 1985, S. 825, 843; *ders.* FS Fleck, 1988, 169, 182; *Lutter/Leinekugel* ZIP 1998, 805, 806; *Mecke* 1992, S. 152; *Mertens*, in: Kölner Komm. AktG, § 76 Rn. 52; *Mülbert*, in: Großkomm. AktG, § 119 Rn. 23; *ders.* 1996, S. 30, 31; *Priester* ZHR 163 (1999), 187, 195; *Raiser* 3. Auflage, 2001, § 16 Rn. 13; *Rehbinder* ZGR 1983, 92, 99; *K. Schmidt*, GesR, § 28 V 2 b S. 872; *Seydel* 1995, S. 421 ff.; *Timm* 1980, S. 169 f.; *Wahlers* 1995, S. 168 ff.; *H.P. Westermann* ZGR 1984, 352, 358, 364; *Wiedemann* 1988, S. 52; *Zimmermann/Pentz* FS Müller, 2001, S. 151, 159.

[99] *Mülbert*, in: Großkomm. AktG, § 119 Rn. 23.

[100] *Mülbert*, in: Großkomm. AktG, § 119 Rn. 23.

[101] *Joost* ZHR 163 (1999), 164, 169; vgl. zum Normzweck auch *Mülbert*, in: Großkomm. AktG, § 119 Rn. 7 ff. m. w. N.

[102] *Mülbert*, in: Großkomm. AktG, § 119 Rn. 23.

[103] Vgl. *Joost* ZHR 163 (1999), 164, 169; *Mecke* 1992, S. 153.

[104] *Joost* ZHR 163 (1999), 164, 169.

bb. Alternative Rechtsgrundlagen

In der Literatur wurden folgende alternativen Rechtsgrundlagen diskutiert:

aaa. Gesetzesüberschreitende Rechtsfortbildung

Teilweise wird vertreten, dass Rechtsgrundlage für die ungeschriebene Hauptversammlungszuständigkeiten eine gesetzesüberschreitende Rechtsfortbildung durch die Rechtsprechung und Rechtswissenschaft ist.[105] Aufgrund der Entwicklungen der rechtlichen Gestaltungen können gesetzliche Regelungen dieser nur hinterherhinken.[106] Deshalb können diese Tatbestände nur durch die Rechtsprechung im Einzelfall erfasst und geregelt werden.

bbb. Analogie zu aktiengesetzlichen und umwandlungsrechtlichen Normen

Der überwiegende Teil der Literatur begründet mit Differenzierungen die ungeschriebene Zuständigkeit mit Einzel- oder Gesamtanalogien zu aktiengesetzlichen oder umwandlungsrechtlichen Normen.[107]

Teilweise werden die ungeschriebenen Zuständigkeiten durch eine Einzelanalogie zu verschiedenen aktienrechtlichen Normen begründet. Einige bilden dabei eine Analogie zu § 179 AktG. [108] Andere wollen die ungeschriebenen Zuständigkeiten durch eine singuläre Analogiebildung zu einzelnen Normen im Einzelfall begründen.[109]

Der weit größere Teil der Literatur[110] und auch ein Teil der Rechtsprechung[111] stellen aber auf eine Gesamtanalogie zu den Zuständigkeiten der Hauptversammlung in Strukturangelegenheiten (insbesondere §§ 179, 179a, 293 Abs. 2, 319 Abs. 1, Abs. 2 AktG, §§ 13 Abs. 1, 65 Abs. 1 UmwG) ab. Danach kann aus diesen Normen auf eine

---

[105] *Geßler* FS Ulmer, 2003, S. 771, 780; *Seydel* 1995, S. 433 ff.; *Zimmermann/Pentz* FS Müller, 2001, S. 151, 165; im Ergebnis auch *Joost* ZHR 163 (1999), 169.

[106] *Geßler* FS Ulmer, 2003, S. 771, 780.

[107] *Altmeppen* DB 1998, 49, 50 f.; *Henze* FS Ulmer, 2003, S. 211 218 f.; *Kort*, in: Großkomm. AktG, § 76 Rn. 82; *Kubis*, in: MüKo AktG, § 119 Rn. 41; *Krieger*, in: Münch. Hdb. GesR AG, § 69 Rn. 6; *Liebscher* 1995, S. 80 ff.; *Lutter* FS Stimpel, 1985, S. 825, 843.; *ders.* FS Fleck, 1988, 169, 182; *Lutter/Leinekugel* ZIP 1998, 805, 806; *Mecke* 1992, S. 196; *Mertens*, in: Kölner Komm. AktG, § 76 Rn. 52; *Mülbert*, in: Großkomm. AktG, § 119 Rn. 23; *ders.* 1996, S. 30, 31; *Priester* ZHR 163 (1999), 187, 195; *K. Schmidt*, GesR, § 28 V 2 b S. 872; *Timm* 1980, S. 169 f.; *ders.* ZHR 153 (1989), 60, 69; *Wahlers* 1995, S. 177 ff.

[108] *Kubis*, in: MüKo AktG, § 119 Rn. 41; *Mecke* 1992, S. 196.

[109] *Kort*, in: Großkomm. AktG, § 76 Rn. 82; *Timm* 1980, S. 169 ff.

[110] *Altmeppen* DB 1998, 49, 50 f.; *Henze* FS Ulmer, 2003, S. 211, 219; *Krieger*, in: Münch. Hdb. GesR AG, § 69 Rn. 6; *Liebscher* 1995, S. 84 ff.; *Lutter* FS Fleck 1988, 169, 182; *Lutter/Leinekugel* ZIP 1998, 805, 806; *Mertens*, in: Kölner Komm. AktG, § 76 Rn. 52; *Mülbert*, in: Großkomm. AktG, § 119 Rn. 23; *ders.* 1996, S. 30, 31; *Priester* ZHR 163 (1999), 187, 195; *Raiser* 3. Auflage, 2001, § 16 Rn. 13; *K. Schmidt*, GesR, § 28 V 2 b S. 872; *Timm* ZHR 153 (1989), 60, 69; *Wahlers* 1995, S. 177 ff.; **a. A.** *Joost* ZHR 163 (1999), 164, 174, der die Gesamtanalogie als krassen Widerspruch zur enumerativen Reglung der Zuständigkeit der Hauptversammlung und daher als gesetzesfremd ansieht.

[111] LG Karlsruhe AG 1998, 99, 101.

originäre Mitwirkungskompetenz der Hauptversammlung für Entscheidungen geschlossen werden, die die Struktur der Gesellschaft betreffen.[112]

3. Rechtsfolgen eines Verstoßes gegen die Vorlagepflicht

Trotz der verschiedenen Ansichten bezüglich der dogmatischen Herleitung der ungeschriebenen Zuständigkeiten besteht in der Rechtsprechung und Literatur überwiegend Einigkeit über die Rechtsfolgen eines Verstoßes gegen die Vorlagepflicht.

a. Ansicht des BGH

Der Ansatz des BGH wertet einen Verstoß gegen die Vorlagepflicht als eine gesellschaftsinterne Angelegenheit, die keine Auswirkungen auf die Wirksamkeit der jeweiligen Geschäftsführungsmaßnahme im Außenverhältnis hat.[113] Die Vertretungsmacht des Vorstands kann danach nur in den im Gesetz ausdrücklichen genannten Fällen beschränkt werden.

b. Ansicht der Literatur

Auch nach der ganz überwiegend in der Literatur vertretenen Ansicht führt ein Verstoß gegen die zwingende Vorlagepflicht nicht zur Nichtigkeit der Maßnahme im Außenverhältnis.[114] Dies folge aus der unbeschränkten Vertretungsmacht des Vorstands nach § 82 Abs. 1 AktG und den Regeln des Verkehrsschutzes.[115]

4. Beschlussmehrheit

Umstritten war weiterhin, welche Mehrheit in der Hauptversammlung für einen Holzmüller-Beschluss erforderlich ist. Die verschiedenen Meinungen basieren auf den oben dargelegten unterschiedlichen Ansichten über die dogmatische Grundlage der ungeschriebenen Zuständigkeiten der Hauptversammlung. Das von der Rechtsprechung und der Literatur jeweils als erforderlich betrachtete Quorum entspricht den Mehrheiten für einen Hauptversammlungsbeschluss, die die jeweiligen Ansatzpunkte der dogmatischen Grundlagen erfordern.

a. Ansicht des BGH

Der BGH hat sich in der Holzmüller-Entscheidung lediglich bezüglich der Konzernleitungsmaßnahmen zu der Höhe der erforderlichen Mehrheit geäußert. [116] Danach sollen

[112] *Priester* ZHR 163 (1999), 187, 195.
[113] BGHZ 83, 122, 132 („Holzmüller").
[114] *Geßler* FS Stimpel, 1985, 771, 787 f.; *Groß* AG 1994, 266, 267; *Henze* FS Ulmer, 2003, 211, 221; *Joost* ZHR 163 (1999), 164, 184 f.; *Krieger*, in: Münch. Hdb. GesR AG, § 69 Rn. 12; *Priester* ZHR 163 (1999), 187, 202; *Raiser/Veil* § 16 Rn. 19; *Sünner* AG 1983, 169, 170; zum ganzen kritisch *Habersack*, in: Emmerich/Habersack Vor § 311 Rn. 53.
[115] *Geßler* FS Stimpel, 1985, 771, 787 f.
[116] BGHZ 83, 122, 138 („Holzmüller").

die Aktionäre der Obergesellschaft an wichtigen Grundentscheidungen in der Tochtergesellschaft, die sich auf die eigene Rechtsstellung nachhaltig auswirken können, in denselben Formen und mit denselben Mehrheiten intern beteiligt werden, wie es für entsprechende Entscheidungen in der Obergesellschaft bestimmt ist. Da es für alle anderen Maßnahmen keine eindeutige Aussage gibt, muss sich das Mehrheitserfordernis aus dem Begründungsansatz ergeben. Wie oben dargelegt[117], stützt der BGH seine Argumentation auf § 119 Abs. 2 AktG. Ein Beschluss nach § 119 Abs. 2 AktG bedarf gemäß § 133 Abs. 1 AktG einer einfachen Mehrheit, wenn in der Satzung nicht eine größere Mehrheit bestimmt ist. Nach der Ansicht des BGH bedarf ein Beschluss über eine Holzmüller-Maßnahme somit nur der Zustimmung der einfachen Mehrheit.

b. Ansichten in der Literatur

Die Ansichten in der Literatur unterscheiden sich nach den jeweils vertretenen Rechtsgrundlagen für die ungeschriebenen Zuständigkeiten der Hauptversammlung

aa. Einfache Mehrheit

Die dem BGH bezüglich der dogmatischen Herleitung folgende Rechtsprechung und Literatur, schließt sich auch bezüglich der erforderlichen Mehrheit der Meinung des BGH an.[118] Die Handlungsfähigkeit der Gesellschaft solle nicht ohne Not durch Statuierung besonderer Mehrheitserfordernisse über das Maß eingeschränkt werden, was nach der Holzmüller-Entscheidung erforderlich sei.[119] Darüber hinaus verbleibe es trotz notwendiger Befassung der Hauptversammlung bei einer Maßnahme der Geschäftsführung und es handele sich nicht um eine sogenannte Strukturmaßnahme.[120]

bb. Qualifizierte Mehrheit

Nach der Ansicht der überwiegenden Literatur bedarf ein solcher Beschluss in der Hauptversammlung der Zustimmung einer qualifizierten Mehrheit.[121] Dies ergibt sich zwangsläufig aus der Analogie zu den gesetzlich normierten Grundlagenentscheidungen, die ausnahmslos eine Drei-Viertel-Mehrheit verlangen (§§ 179, 179a, 293 Abs. 2, 319 Abs. 1, Abs. 2 AktG, §§ 13 Abs. 1, 65 Abs. 1 UmwG). Begründet wird diese

---

[117] § 3 III 2. a. S. 17.

[118] Vgl. OLG Karlsruhe AG 2003, 388, 389; *Arnold* ZIP 2005, 1573, 1575; *Butzke*, in: Obermüller/Werner/Winden, L Rn. 83; *Hüffer* AktG, 6. Auflage, 2004 § 119 Rn. 20; Groß AG 1996, 111, 118; *Semler*, in: Münch. Hdb. GesR AG, § 34 Rn. 42; auch *Liebscher* 1995, S. 92 aber auf eine Gesamtanalogie als dogmatische Grundlage abstellend.

[119] *Semler*, in: Münch. Hdb. GesR AG, § 34 Rn. 42.

[120] *Hüffer* AktG, 6. Auflage, 2004, § 119 Rn. 20.

[121] *Altmeppen* DB 1998, 49, 50 f.; *Henze* FS Ulmer S. 211, 220; *Kubis*, in: MüKo AktG, § 119 Rn. 53; *Krieger*, in: Münch. Hdb. GesR AG, § 69 Rn. 11; *Lutter* FS Fleck 1988, 169, 182; *Lutter/Leinekugel* ZIP 1998, 805, 806; *Mecke* 1992, S. 196; *Mertens*, in: Kölner Komm. AktG, § 76 Rn. 52; *Mülbert*, in: Großkomm. AktG, § 119 Rn. 23; *ders.* 1996, S. 438 f.; *Priester* ZHR 163 (1999), 187, 195; *Raiser/Veil* § 16 Rn. 18; *K. Schmidt*, GesR, § 28 V 2 b S. 872; *Timm* 1980, S. 169 f.; *Wahlers* 1995, S. 190 ff.

qualifizierte Mehrheit unter anderem damit, dass auch eine für die anstehende Maßnahme vorweggenommene Präzisierung des satzungsmäßigen Unternehmensgegenstandes und der damit verbundenen Eröffnung einer alleinigen Vorstandskompetenz eben diese Mehrheit erfordern würde.[122]

5. Berichtspflichten

Neben der Frage der erforderlichen Mehrheit für einen entsprechenden Beschluss der Hauptversammlung im Fall einer ungeschriebenen Zuständigkeit ist es in der Rechtsprechung und Literatur nach der Holzmüller-Entscheidung umstritten, welchen Bekanntmachungs-, Informations- und Berichtspflichten der Vorstand im Bezug auf die zustimmungsbedürftige Maßnahme unterliegt.[123] Die Frage, welche Informationen die zur Mitwirkung berufenen Aktionäre beanspruchen können, hat große praktische Auswirkungen. Zunächst ist diese Frage entscheidend für die Vorbereitung der Hauptversammlung. Das Erstellen umfassender Berichte über die zustimmungspflichtigen Tatsachen kann beispielsweise die Einberufung der Hauptversammlung verzögern, da diese ab dem Zeitpunkt der Einberufung den Aktionären zugänglich zu machen sind.[124] Darüber hinaus birgt eine umfassende Berichtspflicht zudem die Gefahr von Fehlern, die dann ein Anfechtungsrisiko des Beschlusses darstellen könnten.

Ausgangspunkt für die Beantwortung der Frage, welchen Informationspflichten der Vorstand unterliegt, ist die Pflicht des Vorstands, die Hauptversammlung mit den Informationen zu versorgen, die die Aktionäre für eine sachgerechte Entscheidung brauchen.[125] Mit *Hüffer* sind bei der Konkretisierung der Informationspflichten drei verschiedene qualitative Stufen zu unterscheiden.[126] Zunächst ist fraglich, ob der Vorstand einer erweiterten Bekanntmachungspflicht analog § 124 Abs. 2 Satz 2 AktG unterliegt. Fraglich ist weiterhin, ob der Vorstand darüber hinaus zur Erstattung eines schriftlichen „Holzmüller-Berichts" verpflichtet ist. Schließlich ist umstritten, ob der Vorstand, wenn Beschlussgegenstand ein Vertrag ist, verpflichtet, ist diesen in der Hauptversammlung auszulegen.

a. Erweiterte Bekanntmachungspflicht analog § 124 Abs. 2 Satz 2 AktG

Fraglich ist zunächst, ob der Vorstand einer erweiterten Bekanntmachungspflicht analog § 124 Abs. 2 Satz 2 AktG unterliegt. Nach dieser Vorschrift ist der wesentliche Inhalt eines Vertrages bekanntzumachen, wenn die Hauptversammlung über einen Vertrag abschließen soll, der nur mit Zustimmung der Hauptversammlung wirksam

[122] *Kubis*, in: MüKo AktG, § 119 Rn. 55.
[123] Vgl. aus der Rechtsprechung BGHZ 146, 288; OLG München AG 1995, 232; LG Karlsruhe ZIP 1998, 385; LG Frankfurt NZG 1998, 113; vgl. aus der Literatur nur *Kubis*, in: MüKo AktG, § 119 Rn. 49 ff.; *Hüffer* AktG, 6. Auflage 2004, § 119 Rn. 19; *Habersack*, in: Emmerich/Habersack Vor § 311 Rn. 47 jeweils m. w. N.
[124] Vgl. dazu *Ek*, in: Hölters XI Rn. 139.
[125] BGHZ 146, 288; *Hüffer* AktG, § 119 Rn. 19; *ders.* FS Ulmer 2003, S. 279, 299.
[126] Zu dieser Aufteilung vgl. *Hüffer* AktG, § 119 Rn. 19.

wird. Wie bereits oben dargelegt,[127] führt ein Verstoß gegen die Vorlagepflicht nach der Holzmüller-Entscheidung im Außenverhältnis nicht zur Unwirksamkeit der Maßnahme. Eine direkte Anwendung der Vorschrift kommt daher nicht in Betracht.[128] Jedoch wird nach allgemeiner Meinung in der Rechtsprechung und Literatur eine analoge Anwendung der Vorschrift auf Strukturmaßnahmen, die der Zustimmung der Hauptversammlung nach der Holzmüller-Rechtsprechung unterliegen, angenommen.[129] Auch wenn die Wirksamkeit dieser nicht vom Votum der Aktionärsvertretung abhängt, greifen die vertraglich verkörperten Strukturmaßnahmen doch per definitionem tief in die Mitgliedsrechte der Aktionäre ein.[130] Aufgrund dieser weit reichenden Folgen besteht aus Sicht der Aktionäre ein vergleichbares Interesse möglichst frühzeitig und sachgerecht Kenntnis vom wesentlichen Vertragsinhalt zu erlangen, wie bei den kraft geschriebener Kompetenzen zustimmungsbedürftigen Verträgen über Strukturmaßnahmen. Dieselbe Bekanntmachungspflicht trifft den Vorstand, sofern nicht ein einzelnen Vertrag, sondern ein strukturänderndes Konzept Gegenstand des Hauptversammlungsbeschlusses ist.[131]

b. Schriftlicher „Holzmüller-Bericht"

Äußerst umstritten ist in der Rechtsprechung und Literatur dagegen die Frage, ob der Vorstand über die erweiterte Bekanntmachungspflicht hinaus verpflichtet ist, einen schriftlichen „Holzmüller-Bericht" zu erstellen und diesen von der Einberufung an in den Geschäftsräumen der Gesellschaft zur Einsichtnahme auszulegen und auf Anforderung eines Aktionärs diesen abschriftlich zu übersenden hat. Unter einem „Holzmüller-Bericht" ist dabei eine über die Darstellung der Strukturmaßnahme hinausgehende Vorweg-Begründung des dem Beschlussgegenstand zugrunde liegenden Konzepts zu verstehen.[132]

Der überwiegende Teil der Literatur und auch ein Teil der Rechtsprechung nimmt eine solche Verpflichtung des Vorstands an.[133] Begründet wird diese Ansicht mit einer Analogie zu den Strukturmaßnahmen aus dem Aktien- und Umwandlungsgesetz, die

---

[127] § 3 III. 3. S. 20 ff.

[128] Vgl. *Groß*, AG 1996, 111, 114 f.; *Kubis*, in: MüKo AktG, § 119 Rn. 50; *Horbach* BB 2001, 893, 896 f.

[129] BGHZ 146, 288, 294 f.; OLG München AG 1995, 232, 233; LG Karlsruhe ZIP 1998, 385, 387 ff.; *Groß*, AG 1996, 111, 114 ff.; *Habersack*, in: Emmerich/Habersack Vor § 311 Rn. 47; *Hüffer* AktG, § 119 Rn. 19; *ders.* FS Ulmer 2003, S. 279, 299 f.; *Kort*, in: Großkomm. AktG, § 76 Rn. 86; *Krieger*, in: Münch. Hdb. GesR AG, § 69 Rn. 11; *Kubis*, in: MüKo AktG, § 119 Rn. 50; *Lutter* FS Fleck, 1988, 169, 175 ff.; *Tröger* ZIP 2001, 2029, 2030 f.; *Weißhaupt* NZG 1999, 804, 808; wohl auch *Horbach* BB 2001, 893, 896 f.

[130] *Tröger* ZIP 2001, 2029, 2031; OLG München AG 1995, 232, 233.

[131] *Kubis*, in: MüKo AktG, § 119 Rn. 50.

[132] Vgl. *Lutter* FS Fleck, 1988, 169, 176; *Weißhaupt* NZG 1999, 804, 808.

[133] LG Karlsruhe ZIP 1998, 385, 388; LG Frankfurt NZG 1998, 113, 115 f.; *Groß* AG 1996, 111, 116 ff.; *Habersack* DStR 1998, 533, 535 Fn. 38; *Habersack*, in: Emmerich/Habersack Vor § 311 Rn. 47; *Krieger*, in: Münch. Hdb. GesR AG, § 69 Rn. 11; *Lutter* FS Fleck, 1988, 169, 176 ff.; *Lutter/Leinekugel* ZIP 1998, 805, 814 f.; *Reichert*, in: Semler/Volhard, Arbhdb. HV, § 5 Rn. 73; *Weißhaupt* NZG 1999, 804, 808; *Tröger* ZIP 2001, 2029, 2034 ff.

eines schriftlichen Bericht bedürfen, §§ 186 Abs. 4 Satz 2, 293a AktG und §§ 8, 63, 127, 192 UmwG.

Ein Teil der Rechtsprechung und Literatur lehnt eine entsprechende Berichtspflicht des Vorstands dagegen ab.[134] Die vorzulegende Maßnahme bleibe auch bei der Befassung der Hauptversammlung mit dieser eine Geschäftsführungsmaßnahme.[135] Deshalb könne ein Informationsstandard wie bei einer sogenannten Strukturmaßnahme nicht gefordert werden.

Schließlich vertritt ein Teil der Literatur eine differenzierende Ansicht.[136] In den Fällen, in denen der Vorstand eine konzeptionelle Strukturmaßnahme ohne konkrete Vertragsabreden zur Zustimmung durch die Hauptversammlung stellt, soll danach ein Vorstandsbericht schon wegen des hohen Abstraktionsgrades der vorgestellten Maßnahme erforderlich sein. Ist dagegen ein konkreter Vertrag oder Vertragsentwurf Zustimmungsgegenstand, so soll ein entsprechender Beschluss der Hauptversammlung entbehrlich sein.

c. Auslegung von Verträgen

Über die die Bekanntmachung des wesentlichen Inhalts hinaus sieht das Aktiengesetz für einige gesetzlich geregelte Hauptversammlungskompetenzen vor, dass die zur Zustimmung anstehenden Verträge bzw. Vertragsentwürfe von der Einberufung an zur Einsichtnahme bei der Gesellschaft ausliegen und jeder Aktionär hiervon die Übersendung einer Abschrift verlangen kann (§§ 52 Abs. 2 Satz 2 und 3, 293 f Abs. 1 Nr. 1 AktG und § 63 Abs. 1 Nr. 1 UmwG). Umstritten ist, ob den Vorstand im Fall einer ungeschriebenen Zuständigkeit der Hauptversammlung ebenfalls eine entsprechende Verpflichtung zur Auslegung trifft. Diese Frage stellt sich naturgemäß bei der Beteiligung der Hauptversammlung an einer konzeptionellen Strukturmaßnahme grundsätzlich nicht, da es hier keine entsprechenden Vertragsdokumente gibt. Darüber hinaus beschränkt sich die zustimmungsbedürftige Maßnahme regelmäßig nicht auf einen Vertrag, sondern besteht aus mehreren Einzelmaßnahmen, über die die Hauptversammlung insgesamt zu beschließen hat.[137] Gleichwohl stehen entsprechende Verträge im Zentrum vieler solcher Strukturmaßnahmen.

Ein Teil der Rechtsprechung und Literatur nimmt eine solche Auslegungspflicht des Vorstands an.[138] Begründet wird dies damit, dass den Aktionären wichtige Regelungen des Vertrags vorenthalten werden könnten, wenn der Vorstand das Erfordernis der Bekanntmachung des „wesentlichen Inhalts" des Vertrags zu restriktiv auslegt.

---

[134] LG Hamburg AG 1997, 238; *Hüffer* AktG, § 119 Rn. 19; *ders.* FS Ulmer 2003, S. 279, 299 f.; *Horbach* BB 2001, 893, 897 f.; *Priester* ZHR 163 (1999), 187, 200 f.; wohl auch *Zeidler* NZG 1998, 91, 93; *Bungert* NZG 1998, 367, 370.

[135] *Hüffer* AktG, § 119 Rn. 19.

[136] *Kubis*, in: MüKo AktG, § 119 Rn. 51; wohl auch *Kort*, in: Großkomm. AktG, § 76 Rn. 86.

[137] *Horbach* BB 2001, 893, 898.

[138] OLG Frankfurt AG 1999, 278, 279 f.; OLG München AG 1996, 327 f.; LG Frankfurt NZG 1998, 113, 115 f.; wohl auch *Krieger*, in: Münch. Hdb. GesR AG, § 69 Rn. 11.

Der BGH und der überwiegende Teil der Literatur lehnen dagegen eine grundsätzliche Verpflichtung des Vorstands zur Auslegung der Verträge ab.[139] Teilweise wird dies damit begründet, dass bei einer Zustimmung der Hauptversammlung aufgrund einer ungeschriebenen Zuständigkeit um eine Strukturentscheidung und nicht um die Zustimmung zu einzelnen Verträgen gehe. Daher sei die Kenntnis des genauen Vertragsinhalts entbehrlich. Nach dieser Meinung ist es lediglich unter besonderen Umständen im Einzelfall möglich, dass eine solche Verpflichtung des Vorstands besteht.[140]

6. Wesentlichkeitsgrenzen

Umstritten ist in der Literatur und Rechtsprechung weiterhin, welche quantitativen Anforderungen an eine Holzmüller-Maßnahme zu stellen sind. Einigkeit besteht jedenfalls darin, dass nicht jede unbedeutende Maßnahme, deren Holzmüller-Pflichtigkeit „dem Grund nach" diskutiert wird, eine Zustimmungspflicht auslöst.[141] Dies ist gerade der Unterschied zu den geschriebenen Zuständigkeiten der Hauptversammlung, die unabhängig von den Auswirkungen der Maßnahme eine Zuständigkeit hervorrufen sollen. Umstritten ist in der instanzgerichtlichen Rechtsprechung[142] und in der Literatur[143] aber, wie die sogenannte Wesentlichkeitsschwelle definiert werden soll.

a. Anknüpfungspunkt

Zunächst besteht Uneinigkeit, welche Kennzahl bei der Berechnung zugrunde gelegt werden soll. Als Aufgreifkriterien werden etwa der Unternehmenswert[144], die Bilanzsumme[145], das Eigenkapital[146], der Ertrag[147] oder die Beschäftigtenzahl[148] bzw. die historische Prägung des Unternehmens[149] als allein maßgebende oder komplementäre Kriterien genannt.[150]

---

[139] BGHZ 146, 288, 295 f.; *Hüffer* AktG, § 119 Rn. 19; *Kubis*, in: MüKo AktG, § 119 Rn. 53; *Weißhaupt* NZG 1999, 804, 808; *Groß* AG 1996, 111, 116 f.; *Horbach* BB 2001, 893, 898 f.

[140] Vgl. *Hüffer* AktG, § 119 Rn. 19; *Kubis*, in: MüKo AktG, § 119 Rn. 53.

[141] Vgl. *Liebscher* ZGR 2005, 1, 9.

[142] OLG Köln ZIP 1993, 110, 112; LG Düsseldorf AG 1999, 94 ; LG Frankfurt AG 1998, 45; LG Karlsruhe AG 1998, 99; LG Franfurt ZIP 1993, 830, 832.

[143] Vgl. nur *Geßler* FS Stimpel, 1985, S. 771, 787; *Habersack*, in: Emmerich/Habersack Vor § 311 Rn. 47; *Krieger*, in: Münch. Hdb. GesR AG, § 69 Rn. 8; *Kubis*, in: MüKo AktG, § 119 Rn. 46; *Semler*, in: Münch. Hdb. GesR AG, § 34 Rn. 41.

[144] *Semler*, in: Münch. Hdb. GesR AG, § 34 Rn. 41.

[145] *Kubis*, in: MüKo AktG, § 119 Rn. 46.

[146] *Geßler* FS Stimpel, 1985, S. 771, 787.

[147] *Habersack*, in: Emmerich/Habersack Vor § 311 Rn. 47.

[148] *Krieger*, in: Münch. Hdb. GesR AG, § 69 Rn. 8.

[149] LG Duisburg AG 2003, 390, 391.

[150] Vgl. zu den verschiedenen Ansätzen *Liebscher*, in: Münch. Hdb. GesR AG, § 14 Rn. 55; *Reichert*, in: Becksch. Hdb. AG, § 5 Rn. 72.

b. Schwellenwert

Darüber hinaus ist streitig, welche prozentualen Schwellen für eine Abgrenzung heranzuziehen sind. Die Festlegung von Schwellenwerten wird wiederum durch die unterschiedlichen dogmatischen Herleitungen der ungeschriebenen Hauptversammlungszuständigkeiten maßgeblich geprägt.[151] Wer sich für eine Ermessenreduzierung im Rahmen des § 119 Abs. 2 AktG ausspricht, kommt naturgemäß zu höheren Schwellenwerten, da die besondere Tiefe der Verletzung des Mitgliedschaftsrechte zu begründen ist.[152] Dagegen werden bei der Annahme einer Gesamtanalogie geringere Schwellenwerte herangezogen, da die jeweiligen analogiefähigen Normen keine Bagatellgrenzen kennen.[153] Bei der Festlegung von Schwellenwerten sind vier große Meinungsgruppen zu bilden.

Zunächst wird vertreten, dass lediglich Bagatellfälle von 10% auszugrenzen sind.[154] Dies wird überwiegend mit der gesetzlichen Wertung des § 52 Abs. 1 AktG begründet, wonach der Gesetzgeber für den Fall einer Nachgründung eine Ausnahme in eben dieser Höhe für erforderlich gehalten hat.[155]

Andere wollen die Fälle ausgrenzen, die nur 20% bis 33% betreffen.[156] Ein wiederum anderer Teil stellt auf einen Wertanteil von 50% ab.[157]

Schließlich wird vertreten, dass der ganz überwiegende Wert des Unternehmens, das heißt 75% und mehr, betroffen sein muss.[158] Hintergrund der letztgenannten Ansicht ist die Sicherung des Ausnahmecharakters der Maßnahme, die eine ungeschriebene Hauptversammlungszuständigkeit begründet.[159]

7. Maßnahmenkatalog

Die für die Praxis bedeutendste Frage war, welche Arten von Maßnahmen von der ungeschriebenen Zuständigkeit der Hauptversammlung erfasst werden. In der Literatur wurden nach der Holzmüller-Entscheidung viele Konstellationen diskutiert, in denen eine ungeschriebene Zuständigkeit der Hauptversammlung bestehen könnte.[160] Die Beantwortung der Frage, ob in den einzelnen Konstellationen eine ungeschriebene Zu-

---

[151] *Kubis*, in: MüKo AktG, § 119 Rn. 46.

[152] Vgl. *Hüffer* FS Ulmer S. 295.

[153] Vgl. *Geßler* FS Stimpel, 1985, S. 771, 787.

[154] *Geßler* FS Stimpel, 1985, S. 771, 787; *Habersack*, in: Emmerich/Habersack, 3. Auflage, 2003, Vor § 311 Rn. 40; *Mülbert*, 1996, S. 436f; *Seydel* 1995, S. 434.

[155] *Geßler* FS Stimpel, 1985, S. 771, 787.

[156] LG Frankfurt AG 1998, 45, 46; *Krieger*, in: Münch. Hdb. GesR AG, § 69 Rn. 8; *Lutter* FS Stimpel, 1985, S. 825, 850; *Raiser* 3. Auflage, 2001, § 16 Rn. 14; *Mecke* 1992, S. 191ff.; für ein Erheblichkeit von mindestens 25% *Hirte* 1996, S. 180 ff.

[157] LG Düsseldorf AG 1999, 94, 95; *Groß* AG 1994, 266, 272; *Henze* FS Ulmer, 2003, S. 211, 223; *Reichert* ZHR-Beiheft 68, 25, 45; *Semler*, in: Müchn. Hdb. GesR AG, § 34 Rn. 41; *Veil* ZIP 1998, 361, 369.

[158] *Hüffer* FS Ulmer, 2003, S. 279, 295; *ders.* AktG, § 119 Rn. 18b.

[159] *Hüffer* AktG, 6. Auflage, 2004, § 119 Rn. 18b.

[160] Vgl. *Groß* AG 1994, 266; *Habersack*, in: Emmerich/Habersack Vor § 311 Rn. 37 ff.; *Hüffer* AktG, 6. Auflage, 2004, § 119 Rn. 18a; *ders.* FS Ulmer, 2003, S. 279, 286; *Kubis*, in: MüKo AktG, § 119 Rn. 44; *Mülbert*, in: Großkomm. AktG, § 119 Rn. 30; *Simon*, in: Heckschen/Simon, UmwR, § 4 Rn. 57 ff.

ständigkeit der Hauptversammlung besteht, wurde dabei insbesondere von den verschiedenen Ansichten bezüglich des Schutzzwecks geprägt. Eine Begrenzung des Schutzzwecks auf Fälle der Mediatisierung von Mitgliedschaftsrechten führte zu einer restriktiven Annahme von theoretisch denkbaren sog. Holzmüller-Maßnahmen. Eine Erweiterung des Schutzzwecks führte entsprechend zu einem weiten denkbaren Anwendungsbereich.

Die Entscheidung des BGH erfolgte zu verschiedenen Geschäftsführungsmaßnahmen. Zum einen bezog sich die Entscheidung des BGH auf die Abspaltung des Seehafenbetriebes und die Verlagerung auf die neu gegründete Tochtergesellschaft.[161] Es handelt sich dabei um eine klassische Ausgliederung von Betriebsvermögen. Zum anderen bezog sich die Entscheidung auf bevorstehende Konzernleitungsmaßnahmen. Hier wurde eine Zuständigkeit der Hauptversammlung der Obergesellschaft für den Fall einer Kapitalerhöhung in der Tochtergesellschaft angenommen.[162] Im Übrigen ließ der BGH offen, welche Maßnahmen in der Tochtergesellschaft an die Zustimmung der Hauptversammlung der Obergesellschaft zu binden sind.[163] Lediglich beispielhaft werden Unternehmensverträge, Weiterübertragung des Gesellschaftsvermögens oder ein Auflösungsbeschluss in der Tochtergesellschaft genannt. Dabei wurde ausdrücklich festgestellt, dass sich die Ausführungen nur auf den zu entscheidenden Sachverhalt beziehen. Dieser beinhaltet eine Ausgliederung des substanz- und ertragsmäßig bei weitem wertvollsten Teils des Betriebsvermögens auf eine zu diesem Zweck errichtete zu 100% beherrschte Tochtergesellschaft.[164]

Die Rechtsprechung[165] und überwiegende Literatur[166] folgte dem BGH bezüglich der entschiedenen Maßnahmen. Fraglich blieb jedoch, welche weiteren Maßnahmen von den ungeschriebenen Zuständigkeiten der Hauptversammlung erfasst werden.

Der Katalog von Maßnahmen, der eine ungeschriebene Hauptversammlungszuständigkeit hervorrufen kann, wurde seit dem Holzmüller-Urteil stetig erweitert.[167] Insbesondere wurden in der Literatur der Erwerb und die Veräußerung von Beteiligungen, der Börsengang von Tochtergesellschaften sowie das sogenannte Delisting diskutiert.

Die Darstellung der Ansichten der Literatur, ob in den genannten Fallkonstellationen eine ungeschriebene Zuständigkeit der Hauptversammlung besteht, erfolgt im

[161] BGHZ 83, 122, 131 („Holzmüller“).
[162] BGHZ 82, 122, 141 ff. („Holzmüller“).
[163] BGHZ 83, 122, 140 („Holzmüller“).
[164] BGHZ 83, 122, 139 („Holzmüller“).
[165] Vgl. OLG Celle DB 2001, 804; OLG München AG 1995, 232; OLG Köln ZIP 1993, 110, 112; LG Duisburg AG 2003, 390; LG Düsseldorf AG 1999, 94, 95; LG Heidelberg AG 1999, 135, 137; LG Hamburg AG 1997, 238; LG Frankfurt AG 1993, 287, 288; LG Köln AG 1992, 238, 239.
[166] Vgl. zum Meinungsstand *Kubis*, in: MüKo AktG, § 119 Rn. 61 ff.; *Simon*, in: Heckschen/Simon, UmwR, § 4 Rn. 57 ff.; *Zimmermann/Pentz* FS Müller 2001, 151, 153 ff.
[167] Vgl. Übersicht in *Mülbert*, in: Großkomm. AktG, § 119 Rn. 30; *Reichert*, in: Becksch. Hdb. AG, § 5 Rn 48 ff.

zweiten Teil der Bearbeitung. Dort wird insbesondere auf die Maßnahmen eingegangen, die im Falle der Sanierung der Aktiengesellschaft durchgeführt werden.

Die Meinungen der Literatur zum Fall des Delisting werden im Folgenden im Rahmen der Besprechung der Macrotron-Entscheidung erläutert.

§ 4 Macrotron-Entscheidung

Der BGH hat den Gedanken der ungeschriebenen Hauptversammlungszuständigkeiten zunächst in der Macrotron-Entscheidung[168] und dann später in den Gelatine-Entscheidungen[169] aufgegriffen und fortentwickelt. Im Rahmen der Macrotron-Entscheidung aus dem Jahre 2002 hat sich der BGH mit der Zuständigkeit der Hauptversammlung im Falle eines Delisting einer börsennotierten Aktiengesellschaft beschäftigt.[170] Ob in diesem Fall eine ungeschriebene Zuständigkeit der Hauptversammlung nach den Holzmüller-Grundsätzen besteht, war bis dato in der Literatur äußerst umstritten.[171] Der BGH hat eine Zuständigkeit der Hauptversammlung zwar bejaht, jedoch nicht nach den Holzmüller-Grundsätzen, sondern aus verfassungsrechtlichen Überlegungen.[172]

I. Entscheidungsgründe

In der Macrotron-Entscheidung hat der BGH die grundsätzlichen gesellschaftsrechtlichen Vorraussetzungen für den Rückzug von der Börse festgelegt.[173] Danach ist für das Delisting ein Hauptversammlungsbeschluss notwendig.[174] Dieser bedürfe keiner sachlichen Rechtfertigung und keines Vorstandsbericht. Zudem sei ein Beschluss mit einfacher Mehrheit ausreichend. Darüber hinaus bedürfe es aber zum Schutz der Minderheiten zusätzlich zum Hauptversammlungsbeschluss eines Kaufangebotes der Gesellschaft oder des Großaktionärs, um den Aktionären eine Entschädigung für den Verlust der Verkehrsfähigkeit der Aktien zu bieten. Die Angemessenheit der Abfindung müsse zudem in eines gerichtlichen Verfahren überprüfbar seien.

Begründet wurde die Zuständigkeit der Hauptversammlung jedoch weder mit einem Eingriff in die Innenstruktur noch mit einem Eingriff in die Mitverwaltungsrechte der

---

[168] BGHZ 157, 43 („Macrotron“).

[169] BGH NZG 2004, 575 („Gelatine I“); BGHZ 159, 30 („Gelatine II“).

[170] BGHZ 157, 43 („Macrotron“).

[171] Für eine Zuständigkeit nach den Holzmüller-Grundsätzen *Lutter* FS Zöllner, 1998, S. 363, 380 f; *ders./Leinekugel* ZIP 1998, 805, 806; *Vollmer/Grupp* ZGR 1995, 459, 475; *Steck* AG 1998, 460, 461; so auch die Vorinstanz der Macrotron-Entscheidung OLG München AG 2001, 364, 365; *Schwark/Geiser* ZHR 161 (1997), 739, 763 nehmen eine Zuständigkeit der Hauptversammlung nur bei treuewidrigem Verhaltens des Vorstandes an; a. A. *Groß* ZHR 165 (2001), 141, 165; *Henze* FS Ulmer, 2003, 211, 242; *Hopt* FS Drobnig, 1998, S. 525, 526f.; *Martinius/Schiffer* DB 1999, 2460, 2461; *Mülbert* ZHR 165 (2001), 104, 129; *Simon*, in: Heckschen/Simon, UmwR, § 4 Rn. 87; *Streit* ZIP 2002, 1279, 1287; *Wirth/Arnold* ZIP 2000, 111, 114 f.

[172] BGHZ 157, 43 („Macrotron“).

[173] Vgl. *Ek* § 4 Rn. 142; *Krämer/Theiß* AG 2003, 225, 228.

[174] BGHZ 157, 43, 53 („Macrotron“).

Aktionäre.[175] Die Struktur der Gesellschaft würde dadurch, dass sie sich von der Börse zurückziehe, nicht verändert. Weiterhin würde ebenso wenig der Bestand des Mitgliedschaftsrechts oder das Mitgliedschaftsrecht als relatives Beteiligungsrecht berührt, der Vermögenswert verwässert bzw. ausgezehrt oder die mitgliedschaftliche Stellung des Aktionärs durch Mediatisierung seiner Mitwirkungsrechte geschwächt. Der BGH lehnt damit ausdrücklich eine Begründung der ungeschriebenen Hauptversammlungszuständigkeit mit den Grundsätzen der Holzmüller-Doktrin ab.

Die ungeschriebene Zuständigkeit ergebe sich vielmehr aus verfassungsrechtlichen Überlegungen.[176] Der Verkehrsfähigkeit der Aktien einer an der Börse zugelassenen Aktiengesellschaft sei mit dem Bundesverfassungsgericht für die Wertbestimmung der Anteile eine besondere Bedeutung beizumessen.[177] Der Verkehrswert und die jederzeitige Möglichkeit der Realisierung seien danach Eigenschaften, die wie das Aktieneigentum selbst verfassungsrechtlichen Schutz genießen. Wenn der Verkehrswert somit als Teil der Eigentumsgarantie des Art 14 Abs. 1 GG geschützt sei, verdiene dieser auch einen besonderen Schutz im Verhältnis zwischen Gesellschaft und Aktionären. Dieser Schutz der mitgliedschaftlichen Vermögenswerte liege aber nicht in den Händen der Geschäftsleitung, sondern der Hauptversammlung. Somit habe über die Durchführung des Delisting die Hauptversammlung durch Beschluss zu entscheiden.

II. Kritik in der Literatur

Die Macrotron-Entscheidung hat in der Literatur unterschiedliche Bewertungen erfahren. Während ein Teil der Literatur die Entscheidung ablehnt[178], stimmen andere Teile der Literatur dem BGH zu.[179]

1. Literatur vor der Macrotron-Entscheidung

Die Ansichten der Literatur zu der Macrotron-Entscheidung sind vor dem Hintergrund des vor der Macrotron-Entscheidung bestehenden Schrifttums zu sehen. Ob im Fall des Delisting eine Zuständigkeit der Hauptversammlung bestand, war, wie oben schon erwähnt,[180] äußerst umstritten.

---

[175] BGHZ 157, 43, 54 ff. („Macrotron").
[176] BGHZ 157, 43, 54 ff. („Macrotron").
[177] BGHZ 157, 43, 54; („Macrotron"); BVerfGE 100, 289, 305.
[178] *Adolff/Tieves* BB 2003, 797, 798; *Arnold* ZIP 2005, 1573, 1576; *Bürges* NJW 2003, 1642, 1643; *Brauer* 2005, S. 93; *Ek* § 4 Rn. 143; *Habersack*, in: Emmerich/Habersack Vor § 311 Rn. 38; *ders.* AG 2005, 137, 141; *Krämer/Theiß* AG 2003, 225, 237; *Liebscher* ZGR 2005, 1, 19; *Pfüller/Anders* NZG 2003, 459.
[179] *Hüffer* AktG, § 119 Rn. 24; *Kubis*, in: MüKo AktG, § 119 Rn. 84; *K. Schmidt* NZG 2003, 601; *Simon*, in: Heckschen /Simon, UmwR, § 4 Rn. 87 f.
[180] § 4 S. 28 ff.

Ein Teil der Literatur fasste das Delisting nicht als gravierenden Struktureingriff auf und lehnte danach eine Zuständigkeit der Hauptversammlung in diesem Fall ab.[181] Bei einem Verlust der Börsennotiz könne man kaum von einem tiefen Eingriff in die Aktionärsrechte ausgehen und es liege jedenfalls keine Maßnahme im Kernbereich der Unternehmenstätigkeit vor.[182] Vielmehr werden nur die Interessen des Aktionärs an der wirtschaftlichen Verkehrsfähigkeit seiner Aktien berührt, die aber durch das börsenrechtliche Marktentlastungsverfahren ausreichend geschützt würden.[183]

Der überwiegende Teil der Literatur nahm aber die Zuständigkeit der Hauptversammlung nach den Holzmüller-Grundsätzen an.[184] Mit dem vollständigen Börsenrückzug gehe eine tatsächliche Beschaffenheitsveränderung der Aktiengesellschaft einher, die zumindest für die Minderheitsaktionäre eine erhebliche Interessensbeeinträchtigung bedeute.[185] Zwar bleibe der gesellschaftsrechtliche Typus der Aktiengesellschaft gleich, jedoch ergebe sich durch die Umwandlung von einer publikumsoffenen zu einer geschlossenen Aktiengesellschaft eine beträchtliche faktische Strukturänderung.

2. Kritik an der Macrotron-Entscheidung

Die Kritik der Literatur zu der Macrotron-Entscheidung ist vor dem Hintergrund der oben dargestellten Meinungsgruppen zu sehen.[186]

Die Ablehnung einer Zuständigkeit der Hauptversammlung im Fall des Delisting nach den Holzmüller-Grundsätzen durch den BGH[187] hat eine gegensätzliche Bewertung erfahren. Der Teil der Literatur, der eine Hauptversammlungszuständigkeit nach den Holzmüller-Grundsätzen grundsätzlich ablehnt, folgt dem BGH in diesem Punkt.[188] Die Befürworter eine Hauptversammlungszuständigkeit nach den Holzmüller-Grundsätzen lehnen folgerichtig die Aussagen des BGH ab.[189]

---

[181] *Groß* ZHR 165 (2001), 141, 165; *Henze* FS Ulmer, 2003, 211, 242; *Hopt* FS Drobnig, 1998, S. 525, 526 f.; *Martinius/Schiffer* DB 1999, 2460, 2461; *Mülbert* ZHR 165 (2001), 104, 129; *Simon*, in: Heckschen/Simon, UmwR, § 4 Rn. 87; *Streit* ZIP 2002, 1279, 1287; *Wirth/Arnold* ZIP 2000, 111, 114 f.

[182] *Henze* FS Ulmer, 2003, S. 211, 242.

[183] *Wirth/Arnold* ZIP 2000, 111, 115.

[184] *Semler*, in; Semler/Volhard, Arbhdb. HV, § 1 Rn. 255; v. *Schenk*, in: Semler/Volhard, Arbhdb. Unternehmensübernahmen, § 24 Rn. 16; *Lutter/Leinekugel* ZIP 1998, 805, 806; *Lutter* FS Zöllner, 1998, S. 363, 380 f.; *Steck* AG 1998, 460, 461; *Vollmer/Grupp* ZGR 1995, 459, 475; so auch die Vorinstanz der Macrotron-Entscheidung OLG München AG 2001, 364, 365; *Schwark/Geiser* ZHR 161 (1997), 739, 763 nehmen eine Zuständigkeit der Hauptversammlung nur bei treuewidrigem Verhaltens des Vorstandes an.

[185] *Steck* AG 1998, 460, 461.

[186] § 4 II 1. S. 29 f.

[187] BGHZ 157, 43, 54 („Macrotron").

[188] Vgl. *Bürges* NJW 2003, 1642, 1643; *Krämer/Theiß* AG 2003, 225, 235.

[189] Vgl. *Hüffer* AktG, § 119 Rn. 24; *Liebscher* ZGR 2005, 1, 19.

Die dogmatische Herleitung des BGH, der die Hauptversammlungszuständigkeit aus verfassungsrechtlichen Überlegungen begründet, wird dagegen von beiden Meinungsgruppen abgelehnt.[190]

Diese Sichtweise ist für den einen Teil der Literatur die Folge einer generellen Ablehnung einer Hauptversammlungszuständigkeit im Fall des Delisting.[191] Mit dem BGH wird danach eine Holzmüller-Maßnahme abgelehnt, da es dem Delisting für sich genommen schon an einer den konzernrechtlichen Strukturmaßnahmen eigenen und auf die Mitgliedschaft ausstrahlende Umgestaltung der Gesellschaft ermangele.[192] Darüber hinaus wird die dogmatische Herleitung des BGH aus verfassungsrechtlichen Gründen abgelehnt, da die Verkehrsfähigkeit der Aktie durch das Delisting keineswegs aufgehoben würde, vielmehr entfalle nur die Veräußerungsmöglichkeit über die Börse.[193] Die Ablehnung des anderen Teils der Literatur basiert auf der Meinung, dass der Fall des Delisting eine Hauptversammlungszuständigkeit nach den Holzmüller-Grundsätzen auslöst.[194] Wenn eine Zuständigkeit nach den Holzmüller-Grundsätzen gegeben ist, bedürfe es danach keiner Zuständigkeit aus verfassungsrechtlichen Überlegungen. Zwar würden die Aktionäre ihre Mitgliedschaft behalten, aber ihre Veräußerungsfreiheit weitgehend und mit beträchtlichen negativen Vermögensfolgen einbüßen.[195] Deshalb sei eine Zuordnung zum Holzmüller-Komplex gerechtfertigt.

3. Auswirkungen auf die Voraussetzungen für die ungeschriebene Zuständigkeit der Hauptversammlung

Für die Fortentwicklung der ungeschriebenen Zuständigkeit der Hauptversammlung enthält die Macrotron-Entscheidung eine wichtige Aussage. In dieser Entscheidung erkennt der BGH eine ungeschriebene Zuständigkeit außerhalb der Holzmüller-Doktrin an. Zwar wurde in der jüngsten Zeit das Verhältnis zwischen der Holzmüller- und Macrotron-Entscheidung in der Literatur nochmals aufgegriffen und diskutiert.[196]

Teilweise wird dort vertreten, dass die Zuständigkeit der Hauptversammlung sowohl in der Holzmüller-Entscheidung als auch in der Macrotron-Entscheidung auf einem einheitlichen Rechtsgrund basieren solle.[197] Dies sei der durch die Maßnahme bewirkte Eingriff in die Mitgliedschaft, einerseits durch die Mediatisierung der Mit-

---

[190] *Adolf/Tieves* BB 2003, 797, 798 f.; *Arnold* ZIP 2005, 1573, 1576; *Bürges* NJW 2003, 1642, 1643; *Ek* § 4 Rn. 143; *Habersack*, in: Emmerich/Habersack Vor § 311 Rn. 38; *ders.* AG 2005, 137, 141; *Krämer/Theiß* AG 2003, 225, 236; *Liebscher* ZGR 2005, 1, 19; vgl. auch *Brauer* 2005, S. 88 ff.

[191] *Arnold* ZIP 2005, 1573, 1576; Bürges NJW 2003, 1642, 1643; *Habersack*, in: Emmerich/Habersack Vor § 311 Rn. 38; *ders.* AG 2005, 137, 141; *Krämer/Theiß* AG 2003, 225, 237.

[192] *Habersack* AG 2005, 137, 141.

[193] *Habersack* AG 2005, 137, 141; *Ek* § 4 Rn. 143.

[194] *Hüffer* AktG, § 119 Rn. 24; *Liebscher* ZGR 2005, 1, 19; *Adolff/Tieves* BB 2003, 797, 800 stellen zwar auf eine Ermessensreduzierung im Rahmen des § 119 Abs 2 AktG ab, jedoch aus einer anderen Begründung.

[195] *Hüffer* AktG, § 119 Rn. 24.

[196] Vgl. *Arnold* ZIP 2005, 1573, 1575, *Habersack* AG 2005, 137; *Reichert* AG 2005, 150.

[197] *Hüffer* FS Ulmer, 2003, S. 279, 293 f.; *Liebscher* ZGR 2005, 1, 19; *K. Schmidt* NZG 2003, 601, 603.

wirkungsrechte andererseits durch die Beeinträchtigung der Verkehrsfähigkeit des Aktieneigentums.[198]

Dagegen wird jedoch von einem anderen Teil der Literatur vorgetragen, dass eine Trennung zwischen den beiden Ansätzen zu erfolgen hat.[199] Es seien nicht sämtliche Fälle von ungeschriebenen Zuständigkeiten „über einen Leisten zu scheren" und damit den durch Holzmüller begründeten und in der Gelatine-Entscheidung fortgesetzten Ansatz zu verwässern.[200] Vielmehr sei zwischen der Zuständigkeit der Hauptversammlung im Bereich der strukturändernden Maßnahmen (Holzmüller) und dem auf Art. 14 GG gestütztem Eigentumsschutz der Aktionäre (Macrotron) zu unterscheiden.[201] In der Macrotron-Entscheidung hat der BGH ausdrücklich die Begründung der Hauptversammlungszuständigkeit nach den Grundsätzen der Holzmüller-Entscheidung abgelehnt.

Zwar ist der erstgenannten Meinung zuzugeben, dass ein grundsätzlich gemeinsamer Ansatz in dem Schutz der Aktionäre vor Beeinträchtigungen zu erkennen ist. Dieses schließt jedoch eine Differenzierung zwischen den verschiedenen Aktionärsinteressen nicht aus. Insbesondere die ausdrückliche Abgrenzung zum Schutzzweck der Holzmüller-Entscheidung verdeutlicht, dass in der Macrotron-Entscheidung ein anderer, unabhängiger Ansatz gewählt wurde. Es geht hier nicht um den Eingriff in die Mitgliedschaftsrechte der Aktionäre, sondern um den reinen Schutz des Vermögensinteresses, das durch die Beeinträchtigung der Verwertungsmöglichkeit gefährdet wird. Es handelt sich hierbei um die Beeinträchtigung von Interessen der Aktionäre im Außenverhältnis und nicht wie im Fall von Holzmüller um die Verringerung von Befugnissen innerhalb der Gesellschaft. Mit der letztgenannten Meinung liegen daher zwei verschiede Ansatzpunkte für die ungeschriebenen Zuständigkeiten der Hauptversammlung vor.

Der BGH hat somit in der Macrotron-Entscheidung eine eigenständige Fallgruppe für ungeschriebene Zuständigkeiten der Hauptversammlung neben den Holzmüller-Grundsätzen anerkannt.

§ 5 Gelatine-Entscheidungen

Entscheidende Bedeutung für die Fortentwicklung der ungeschriebenen Zuständigkeiten der Hauptversammlung durch den BGH hatten jedoch die sogenannten Gelatine-Entscheidungen[202] des BGH aus dem Jahre 2004. In diesen beiden Entscheidungen des BGH vom 26. April 2004, die inhaltlich weit überwiegend übereinstimmen, hat sich der BGH umfassend mit den Holzmüller-Grundsätzen auseinander gesetzt. In den Ent-

---

[198] *Liebscher* ZGR 2005, 1, 19.
[199] *Reichert* AG 2005, 150, 154; vorher schon *K. Schmidt* NZG 2003, 601, 606.
[200] *Reichert* AG 2005, 150, 154.
[201] *K. Schmidt* NZG 2003, 601, 606.
[202] BGH NZG 2004, 575 („Gelatine I"); BGHZ 159, 30 („Gelatine II").

scheidungen geht der BGH auf die zu dem Holzmüller-Urteil ergangene Rechtsprechung und Literatur ein und präzisiert die Voraussetzungen für die ungeschriebenen Zuständigkeiten der Hauptversammlung weiter. Der BGH stellt in den Entscheidungen klar, dass die bisherige Holzmüller-Rechtsprechung bestehen bleibt, sich jedoch auf eng begrenzte Ausnahmefälle beschränkt.[203]

I. Sachverhalt

Den Gelatine-Entscheidungen[204] lag folgender Sachverhalt zugrunde: Die Kläger erhoben in beiden Fällen Anfechtungsklage gegen einen Beschluss der Hauptversammlung wegen nicht ausreichender Mehrheit. Bei der beklagten Aktiengesellschaft handelte es sich um eine auch operativ tätige Konzernholding. Der Unternehmensgegenstand der Gesellschaft konnte laut § 2 Abs. 2 der Satzung auch durch Tochtergesellschaften bzw. Zweigniederlassungen erfüllt werden.

In der ersten Gelatine-Entscheidung[205] ging es um eine Ermächtigung des Vorstands zur Einbringung einer von der beklagten Aktiengesellschaft gehaltenen Beteiligung in eine 100prozentige Tochtergesellschaft. Das betroffene Unternehmen, an dem die beklagte Aktiengesellschaft mit 49% beteiligt war, trug ca. 44% zum Konzernumsatz bei, beschäftigte ca. 55% der Konzernmitarbeiter und wies eine Bilanzsumme von ca. 31% der Konzernbilanz aus. Der Ermächtigungsbeschluss wurde mit einer Mehrheit von 66,4% der Stimmen gefasst. Nach Meinung der Kläger handelt es sich jedoch um eine Maßnahme von so erheblichem Gewicht für die Aktionäre der Muttergesellschaft, dass die Grundsätze der Holzmüller-Entscheidung beachtet werden müssen. Demnach wäre der Beschluss nur mit einer Dreiviertelmehrheit des vertretenen Kapitals wirksam gefasst worden.

Bei der zweiten Gelatine-Entscheidung[206] wollte der Vorstand durch den angefochtenen Beschluss die Genehmigung einer Maßnahme erzielen. Der Vorstand der beklagten Aktiengesellschaft hatte die Beteiligung an einer 100prozentigen Tochtergesellschaft in eine andere 100prozentige Tochtergesellschaft eingebracht („Verenkelung"). Die im Urteil mitgeteilten Kennzahlen, wie Bilanzsumme, Umsatz, Jahresüberschuss der aufnehmenden Tochtergesellschaft bewegen sich im Vergleich zu den entsprechenden Konzernzahlen zwischen 8% und ca. 22%. Der Beschluss wurde mit einer Mehrheit von ca. 70% gefasst. Die Kläger sahen in der Maßnahme ein Teil eines weit reichenden Gesamtkonzepts zu einer grundlegenden Umstrukturierung des Konzerns und Umwandlung der Gesellschaft in eine reine Holdinggesellschaft. Wegen des erheblichen Gewichts der Maßnahme für die Aktionäre der Muttergesellschaft sehen die Aktionäre die Holzmüller-Grundsätze für anwendbar und verlangten auch hier eine Dreiviertelmehrheit des vertretenen Kapitals.

---

[203] Vgl. 1. Leitsatz BGH NZG 2004, 575 („Gelatine I"); BGHZ 159, 30 („Gelatine II").
[204] BGH NZG 2004, 575 („Gelatine I"); BGHZ 159, 30 („Gelatine II").
[205] BGH NZG 2004, 575 („Gelatine I").
[206] BGHZ 159, 30 („Gelatine II").

II. Entscheidungsgründe

Der BGH hat in beiden Fällen entschieden, dass die Revision unbegründet sei und damit die Klagen abgewiesen.[207] Da die Entscheidungsgründe fast wortgleichen Inhalt sind, werden diese im Folgenden nur anhand einer Entscheidung dargestellt.[208]

Zunächst wurde das Erfordernis einer qualifizierten Mehrheit gemäß § 179 Abs. 2 AktG abgelehnt. Die Beschlüsse der Hauptversammlung seien von dem in § 2 der Satzung festgelegten Unternehmensgegenstand umfasst und es läge keine tatsächliche Änderung der Satzung vor. Die Satzung steckt danach die Grenzen für das Vorstandshandeln ab, in denen der Vorstand in Ausübung der ihm übertragenden Leitungsmacht in eigener Verantwortung die Geschäfte zu führen hat. Die Entscheidung, ob Beteiligungsbesitz selbst gehalten werde oder besser auf einer tieferen hierarchischen Ebene innerhalb des Konzerns geführt werden soll, ist nach der Satzung eine vom Vorstand allein verantwortungsbewusst zu treffende Entscheidung. Danach seien die Beschlüsse wirksam zustande gekommen. Somit wurde auch das Erfordernis einer qualifizierten Mehrheit nach den Holzmüller-Grundsätzen abgelehnt. Dabei ging der BGH ausgiebig auf vier Aspekte der Holzmüller-Doktrin ein.

Als erstes hat sich der BGH zum Schutzzweck der Holzmüller-Doktrin geäußert. Durch die notwendige Mitwirkung der Hauptversammlung solle der mit der Ausgliederung entscheidend wichtiger Teile der Gesellschaft auf nachgelagerte Beteiligungsgesellschaften notwendigerweise verbundenen Mediatisierung des Einflusses der Aktionäre begegnet werden.[209] Zugleich solle der Schutz der Anteilseigner vor einer durch grundlegende Entscheidungen des Vorstands eintretenden nachhaltigen Schwächung des Wertes ihrer Beteiligung gewährleistet werden. Anders lautende Literaturmeinungen, insbesondere die, die eine grundsätzliche Zuständigkeit der Hauptversammlung für Grundsatzentscheidungen annehmen, werden ausdrücklich abgelehnt.

Bezüglich der Art der Geschäftsführungsmaßnahmen, die eine Zuständigkeit der Hauptversammlung begründen sollen, äußert sich der BGH jedoch nicht, da dies nicht entscheidungsrelevant sei.[210]

Weiterhin hat der BGH zur Rechtsgrundlage einer solchen Zuständigkeit Stellung bezogen. Dabei geht der BGH sowohl auf den in der Holzmüller-Entscheidung gewählten Ansatz der Ermessensreduzierung des § 119 Abs. 2 AktG, als auch auf den im Schrifttum überwiegend vertretenen Ansatz einer Gesamtanalogie ein und lehnt diese als eigenständige Ansätze ab.[211] Die besondere Zuständigkeit der Hauptversammlung wird vielmehr als eine Kombination der beiden Ansätze verstanden, die als das Ergebnis einer offenen Rechtsfortbildung anzusehen ist.

Darüber hinaus geht der BGH auf das Erfordernis einer Bagatellgrenze ein. Dabei wird die Annahme von Schwellenwerten zwischen 10% und 50% ausdrücklich abge-

[207] BGH NZG 2004, 575 („Gelatine I"); BGHZ 159, 30 („Gelatine II").
[208] BGHZ 159, 30 („Gelatine II").
[209] BGHZ 159, 30 40 („Gelatine II").
[210] BGHZ 159, 30, 41(„Gelatine II").
[211] BGHZ 159, 30, 41 f. („Gelatine II").

lehnt.[212] Es müsse vielmehr ein Bereich erreicht werden, der in seiner Bedeutung für die Gesellschaft die Ausmaße der Ausgliederung in der Holzmüller-Entscheidung erreiche.

Schließlich äußerte sich der BGH noch zu der erforderlich Mehrheit für einen Holzmüller-Beschluss. Wenn die Zustimmung der Hauptversammlung ausnahmsweise für eine Geschäftsführungsmaßnahme einzuholen sei, bedürfe diese mit der herrschenden Literaturmeinung einer Dreiviertelmehrheit des vertretenen Grundkapitals.[213]

Anhand der dargelegten Voraussetzungen für die Annahme eines Holzmüller-Beschlusses, hat der BGH das Erfordernis einer qualifizierten Mehrheit in den vorliegenden Sachverhalten abgelehnt.[214] Zwar handele es sich um Maßnahmen, die grundsätzlich eine Mediatisierung der Mitgliedschaftsrechte hervorrufen. Jedoch handele es sich hier nicht um Strukturmaßnahmen in dem oben dargelegten erforderlichen Umfang.[215] Grundsätzlich ausgeschlossenen wurde das Erfordernis einer Zustimmung durch die Hauptversammlung für den Fall einer Übertragung von Geschäftsanteilen von einer 100prozentigen Tochter auf eine andere ebenfalls 100prozentige Tochtergesellschaft.

III. Kritik und Stellungnahmen

Die Gelatine-Entscheidungen sind in der Rechtsprechung[216] und in der Literatur fast einhellig begrüßt worden.[217] Vor allem die restriktive Anwendung der Holzmüller-Grundsätze und die Betonung des Ausnahmecharakters der Zuständigkeit der Hauptversammlung bei Geschäftsführungsmaßnahmen erhalten dabei in der Literatur Zustimmung.[218] Einigen Aspekten der Entscheidung, wie zum Beispiel der dogmatischen Herleitung, steht das Schrifttum dagegen überwiegend kritisch gegenüber.[219]

Der BGH geht in den Entscheidungsgründen der Gelatine-Entscheidungen ausführlich auf verschiedene umstrittene Aspekte der Holzmüller-Entscheidung ein. Während einige der oben aufgezeigten Meinungsstreitigkeiten dadurch wohl geklärt sind, bleiben andere umstrittene Punkte auch nach den Gelatine-Entscheidungen offen.

---

212 BGHZ 159, 30, 45 („Gelatine II").
213 BGHZ 159, 30, 45 („Gelatine II").
214 BGHZ 159, 30, 46 f. („Gelatine II").
215 BGHZ 159, 30, 46 („Gelatine II").
216 OLG Schleswig AG 2006, 120, 123; OLG Frankfurt a. M. DB 2005, 1207, 1209; OLG Stuttgart AG 2005, 693, 695; LG München I NZG 2006, 873.
217 *Altmeppen* ZIP 2004, 999; *Arnold* ZIP 2005, 1573, 1579; *Götze* NZG 2004, 585, 589; *Liebscher* ZGR 2005, 1, 33; *Habersack* AG 2005, 137, 149; *Fleischer* NJW 2004, 2335, 2339; *Fuhrmann* AG 2004, 339, 342; *Reichert* AG 2005, 150, 160; *Semler/Peltzer* § 2 Rn. 314; *Simon* DStR 2004, 1482 und DStR 2004, 1528, 1530; *Weißhaupt* AG 2004, 585, 591; wohl auch *Bungert* BB 2004, 1345; *Goette* DStR 2004, 927, 928; *Hirte* EWiR § 179 AktG 2004, 1161, 1162; *Just* EWiR § 119 AktG 2004, 573; *Pentz*, BB 2005, 1397, 1403; kritisch *Koppensteiner* Konzern 2004, 381.
218 Vgl. *Arnold* ZIP 2005, 1573, 1574; Götze NZG 2004, 685.
219 *Fleischer* NJW 2004, 2335, 2337; *Hirte* EWiR § 179 AktG 2004, 1161, 1162; *Koppensteiner* Konzern 2004, 381, 383 f.; *Liebscher* ZGR 2005, 1, 20 f.; im Ergebnis auch *Arnold* ZIP 2005, 1573, 1579.

1. Umstrittene Aspekte

a. Schutzzweck der ungeschriebenen Zuständigkeiten der Hauptversammlung

Der BGH ging in den Gelatine-Entscheidungen zunächst auf den Schutzzweck der Holzmüller-Doktrin ein. Wie oben dargelegt, bestand nach der Holzmüller-Entscheidung in der Literatur ein umfangreicher Streit, welchen Schutzzweck der BGH mit der Entscheidung verfolgen wollte.[220] Grund für die heftige Diskussion ist, dass der Schutzzweck entscheidendes Kriterium für den Umfang der Anwendbarkeit der Holzmüller-Grundsätze ist.

Die Darstellung des Schutzzwecks hat deshalb auch vor den Überlegungen zu der dogmatischen Grundlage zu erfolgen. Die Bestimmung der dogmatischen Grundlage kann immer nur das nachzeichnen, was auf der vorgelagerten Begründungsebene, nämlich der Schutzzweckbestimmung entschieden worden ist.[221] Wenn geklärt ist, welcher Zweck mit den ungeschriebenen Zuständigkeiten verfolgt wird, können diese in den dogmatischen Kontext eingefasst werden.

aa. Ansicht des BGH

Der BGH äußert sich in den Gelatine-Entscheidungen bezüglich des Schutzzwecks wie folgt.[222] Die – angesichts der wohlaustarierten Kompetenzverteilung in der Aktiengesellschaft nur ausnahmsweise in Betracht kommende – Einschaltung der Hauptversammlung bei derartigen Geschäftsführungsmaßnahmen des Vorstands solle der bei der Verabschiedung des Gesetzes nicht erkannten besonderen Fallgruppe Rechnung tragen, dass das Handeln des Vorstands zwar durch die Vertretungsmacht, den Wortlaut der Satzung und die Geschäftsführungsbefugnis formal noch gedeckt sei, die Maßnahme aber so tief in die Mitgliedsrechte der Aktionäre und deren im Anteilseigentum verkörpertes Vermögensinteresse eingreife, dass die Auswirkungen an die Notwendigkeit einer Satzungsänderung heranreiche. Durch diese notwendige Mitwirkung der Hauptversammlung solle der mit der Ausgliederung auf nachgelagerte Beteiligungsgesellschaften notwendigerweise verbundenen Mediatisierung des Einflusses der Aktionäre, denen es als Satzungsgeber zukommt, Gegenstand und Grenzen des Handelns der für die Gesellschaft handelnden Leitungsorgane zu bestimmen, begegnet werden. Zugleich soll es aber auch um den Schutz der Anteilseigner vor nachhaltiger Schwächung des Anteilswertes bei grundlegenden Vorstandsentscheidungen gehen.

Ausdrücklich wurde die oben dargelegte Meinung abgelehnt,[223] die aus der Holzmüller-Entscheidung über den konkreten Fall der Ausgliederung hinaus eine Bestätigung für die Lehre entnommen hat, nicht nur in der Aktiengesellschaft, sondern auch in dem von ihr geführten Konzern gebe es einen weiten Bereich grundlegender Geschäftsführungsaufgaben, an denen mitzuwirken die Aktionäre durch die Hauptver-

---

[220] § 3 III. 1. S. 14 ff.
[221] *Habersack* AG 2005, 137, 143.
[222] BGHZ 159, 30, 40 („Gelatine II").
[223] § 3 III. 1. b. bb. S. 16.

sammlung der herrschenden Gesellschaft berufen seien.[224] Die ablehnende Haltung des BGH ist schon aus der äußerst zurückhaltenden Bemerkung des Senats zu erkennen, dass der Senat nicht gehalten sei, umfassend zu erörtern, inwieweit dieses Modell einer „konzernspezifischen Binnenordnung“ nach geltendem Recht begründbar sei. Es sei aber nicht zu verkennen, dass das Erfordernis einer internen Beteiligung der Hauptversammlung in bestimmten gesetzlich nicht geregelten Fällen deren Einfluss auf die Konzernbildung und –leitung zu verstärken vermag. Diese Wirkung trete jedoch lediglich als Reflex der Beteiligung der Aktionäre ein.

bb. Ansicht der Literatur

Dazu, wie diese Aussagen des BGH bezüglich des mit der Anerkennung von ungeschriebenen Zuständigkeiten verfolgten Schutzzwecks in den Gelatine-Entscheidungen zu verstehen sind, gibt es in der Literatur unterschiedliche Ansichten.

Ein Teil der Literatur sieht darin eine Begrenzung des Schutzzwecks auf die Fälle der Mediatisierung[225] und sieht damit den Schutzzweck für die ungeschriebenen Zuständigkeiten als „geklärt“ an.[226] Der Wertverwässerungseffekt geht danach mit der Mediatisierung der Mitgliedschaftsrechte einher und stellt keinen eigenständigen Schutzzeck dar.

Andere verstehen die Aussagen des BGH nicht als eine Begrenzung des Schutzzwecks auf die Fälle der Mediatisierung. Nach *Raiser/Veil* kommt vielmehr eine Zuständigkeit neben den Fällen der Mediatisierung grundsätzlich immer auch in Betracht, wenn eine Verwässerung der Mitgliedsrechte drohe.[227] Nach *Fleischer* soll die ungeschriebenen Zuständigkeit bei einer Reihe von modernen Grundlagenentscheidungen bestehen, die den Investmentkontrakt zwischen Anteilseignern und Gesellschaft so einschneidend verändern, dass der Vorstand als Verwalter fremden Vermögens vor ihrer Durchführung erst bei den Anlegern Rücksprache nehmen müsse.[228] *Liebscher* sieht den Schutzzweck dagegen in einem generellen Schutz der Aktionäre vor der Beeinträchtigung der Mitgliedschaft.[229]

Schließlich steht ein Teil der Literatur der Annahme von ungeschriebenen Zuständigkeiten der Hauptversammlung auch nach den Gelatine-Entscheidungen grundsätzlich ablehnend gegenüber.[230] Die Kritik gründet sich dabei insbesondere auf das fehlende Schutzbedürfnis der Aktionäre vor Maßnahmen, die ihre Mitgliedschaftsrechte mediatisieren sollen.[231]

---

[224] BGHZ 159, 30, 39 („Gelatine II“).
[225] *Arnold* ZIP 2005, 1573, 1574; *Habersack* AG 2005, 137, 140; *Reichert* AG 2005, 150, 155.
[226] *Arnold* ZIP 2005, 1573, 1574.
[227] *Raiser/Veil* § 16 Rn. 13.
[228] *Fleischer* NJW 2004, 2335, 2336.
[229] *Liebscher* ZGR 2005, 1, 19.
[230] *Simon* DStR 2004, 1528, 1529; *Koppensteiner* Konzern 2004, 381.
[231] *Simon* DStR 2004, 1528, 1529.

aaa. Begrenzung auf Mediatisierung von Mitgliedschaftsrechten

Ein Teil der Literatur sieht den Zweck der durch die Gelatine-Entscheidungen präzisierten Holzmüller-Doktrin allein in dem Schutz des Einflusses der Aktionäre vor der Mediatisierung ihrer Mitgliedschaftsrechte.[232] Dieses Kriterium müsse im Sinne einer notwendigen Voraussetzung ungeschriebener Zuständigkeiten gesehen werden, so dass solche Zuständigkeiten nur bei Vorliegen eines Verwässerungseffektes anzuerkennen sind.[233]

Die Bemerkung des BGH, dass auch der Schutz der Anteilseigner vor einer nachhaltigen Schwächung des Beteiligungswertes gewährleistet werden solle, wird nach dieser Meinung nicht als zusätzliches, neben die Verwässerung der mitgliedschaftlicher Teilhaberechte tretendes Aufgreifkriterium verstanden.[234] Diese Bemerkung soll allein dem Umstand geschuldet werden, dass den in Betracht kommenden Maßnahmen nicht nur eine Verwässerung der Mitgliedschaftsrechte eigen sei, sondern auch die Gefahr der Schwächung des Anteilswertes damit einhergehe. Für diese Ansicht spräche auch, dass der BGH in späteren Urteilspassagen nur noch auf den Eingriff in die mitgliedschaftlichen Befugnisse der Aktionäre eingehe und die Schwächung des Anteilswertes nicht thematisiere. [235]

bbb. Mediatisierung und Verwässerung von Mitgliedsrechten

Nach *Raiser/Veil* kommt eine Mitwirkung der Hauptversammlung unter zwei Aspekten in Betracht.[236] Diese könne zum einen begründet sein, wenn mit einer Geschäftsführungsmaßnahme ein Mediatisierungseffekt verbunden ist. Zum anderen wenn eine Verwässerung der Mitgliedsrechte drohe.

ccc. Veränderungen des Investmentkontraktes

Nach *Fleischer* ist der Begründungsansatz des BGH auf Gruppenbildungssachverhalte zugeschnitten.[237] Jedoch enthalte die Holzmüller-Doktrin einen verallgemeinerungsfähigen Begründungskern, der über ihren historischen Ausgangsfall hinausweise. Dies sei die Einsicht, dass es eine Reihe von modernen Grundlagenentscheidungen gebe, die den Investmentkontrakt zwischen Anteilseignern und Gesellschaft so einschneidend verändern, dass der Vorstand als Verwalter fremden Vermögens vor ihrer Durchführung erst mit den Anlegern Rücksprache nehmen müsse.

---

[232] *Arnold* ZIP 2005, 1573, 1574; *Becker/Horn* JuS 2005, 1068, 1069; *Habersack* AG 2005, 137, 140; *Just* EWiR 2004, 573, 574; *Reichert* AG 2005, 150, 155.
[233] *Habersack* AG 2005, 137, 140.
[234] *Habersack* AG 2005, 137, 139, zustimmend *Arnold* ZIP 2005, 1573, 1574 Fn. 16.
[235] *Habersack* AG 2005, 137, 139.
[236] *Raiser/Veil* § 16 Rn. 13.
[237] *Bungert* NJW 2004, 2335, 2336.

Begründet wird diese Ansicht zum einen dadurch, dass der Hauptversammlung für bestimmte Entscheidungen der erforderliche Sachverstand fehle. Bei Transaktion von beträchtlichen Größenordnungen handele es sich ebenso um eine Investment- wie eine Managemententscheidung, bei der der Vorstand keinen Wissensvorsprung gegenüber den Anteilseignern habe. Deshalb sei die Hauptversammlung in solchen Fällen zu beteiligen. Zum anderen gebe es Situationen, bei denen sich der Vorstand bei seiner Entscheidungsfindung beträchtlichen Interessenkonflikten ausgesetzt sieht, etwa beim Verkauf wesentlicher Vermögensbestandteile. Hier befinde sich das Management „gleichsam in einer „last Period“ oder „end game“-Situation, die einen mittelfristigen Gleichlauf von Vorstands und Anteilseignerinteressen nicht länger gewährleistet und nach einer gründlicheren (Hauptversammlungs-) Kontrolle verlange“.[238]

ddd. Beeinträchtigung der Mitgliedschaft

Ein Teil der Literatur sieht den Zweck der Holzmüller- und Gelatine-Entscheidungen in dem generellen Schutz der Aktionäre vor einer Beeinträchtigung der Mitgliedschaftsrechte[239] und bzw. oder der Vermögensrechte der Aktionäre.[240] Danach gehe es bei der Annahme von ungeschriebenen Zuständigkeiten um die Verwirklichung eines Individualschutzes der Aktionäre.[241]

eee. Negierung des Bedürfnisses für ungeschriebene Zuständigkeiten

Simon steht dem vom BGH vertretenen Schutzzweck kritisch gegenüber. Er sieht für den Schutz der Aktionäre vor der Mediatisierung ihrer Mitgliedschaftsrechte kein Bedürfnis.[242] Vielmehr stelle der satzungsmäßige Unternehmensgegenstand ein notwendiges aber auch hinreichendes Instrument zur Wahrung der Aktionärsrechte dar. Wenn dieser eine Mediatisierung des Unternehmensvermögens zulasse und sich der Vorstand in diesem ihm vorgegebenen Rahmen bewege, so bestehe kein weiteres Bedürfnis für präventive Eingriffe in die Kompetenzverteilung. Bedeutung komme den Gelatine-Entscheidungen nur bei der Frage zu, unter welchen Umständen eine Satzungsdurchbrechung des Vorstands vorliegt, die eine Zuständigkeit der Hauptversammlung nach § 179 AktG begründe.

cc. Stellungnahme

Der Bestimmung des Schutzzwecks kommt bei der Darstellung, unter welchen Voraussetzungen die ungeschriebenen Zuständigkeiten der Hauptversammlung anzunehmen sind, eine essentielle Bedeutung zu. Eine Beschränkung des Schutzzwecks ausschließlich auf die Konstellationen, in denen es zu einer Mediatisierung von Mitgliedsrechten kommt, würde den Anwendungsbereich der Holzmüller-Grundsätze sehr stark

---

[238] So ausdrücklich *Bungert* NJW 2004, 2335, 2336.
[239] *Liebscher* ZGR 2005, 1, 19; *Kort* AG 2006, 272, 274; wohl auch *Goette* AG 2006, 522, 527.
[240] *Hüffer* AktG, § 119 Rn. 18; *Fuhrmann* AG 2004, 339, 340.
[241] *Liebscher* ZGR 2005, 1, 23; *Hüffer* AktG, § 119 Rn. 18.
[242] *Simon* DStR 2004, 1528, 1529.

einengen. Dagegen würde die Annahme ungeschriebener Zuständigkeiten bei jeglicher Art von Eingriff in Mitgliedrechte, wenn sie eine entsprechende Intensität haben, den Anwendungsbereich deutlich ausweiten.

Ob der Schutzzweck durch die Ausführungen des BGH in den Gelatine-Entscheidungen mit *Arnold* als „geklärt"[243] anzusehen ist, erscheint aufgrund der offenen Formulierung des BGH und der abweichenden Äußerungen in der Literatur zweifelhaft und ist daher eingehend zu erörtern. Die Darstellung der eigenen Stellungnahme unterteilt sich dabei in zwei Abschnitte. Zunächst wird dargestellt, wie die Ausführungen des BGH zu verstehen sind und ob der BGH sich abschließend zum Schutzzweck der ungeschriebenen Zuständigkeiten geäußert hat. Danach wird dargelegt, welche der genannten Ansichten zu folgen ist.

aaa. Auslegung der Meinung des BGH in den Gelatine-Entscheidungen

Fraglich ist somit zunächst, welchen Schutz der BGH mit der Annahme von ungeschriebenen Zuständigkeiten bezweckt. Die Ausführungen des BGH sind in diesem Punkt nicht eindeutig und sehr offen formuliert. Der BGH bekräftigt, dass die Annahme ungeschriebener Zuständigkeiten den Fallgestaltungen Rechnung trage, in denen das Vorstandshandeln zwar formal von der Satzung noch gedeckt sei, aber einen so tiefen Eingriff in die Mitgliedschaftsrechte der Aktionäre und deren im Anteilseigentum verkörpertes Vermögensinteresse darstelle, dass die Auswirkungen an eine Satzungsänderung heranreichen.[244] Mit dieser Aussage wiederholt der BGH zunächst die bekannten Ausführungen zu den Voraussetzungen für ungeschriebene Zuständigkeiten aus der Holzmüller-Entscheidung. Gleichzeitig werden die Voraussetzungen im Vergleich zur Holzmüller-Entscheidung verschärft, indem die Nähe zu einer Satzungsänderung gefordert wird. Danach führt der BGH aus, dass durch die notwendige Mitwirkung der Hauptversammlung der Mediatisierung des Einflusses der Aktionäre begegnet werden solle. Schließlich solle zugleich der Schutz der Anteilseigner vor einer durch grundlegende Entscheidungen des Vorstands eintretenden Schwächung des Wertes der Beteiligung gewährleistet werden. Fraglich ist, in welchem Verhältnis die Aussagen zueinander stehen.

(1) Schutz der Vermögensinteressen als eigener Schutzzweck?

Zunächst könnte man die Ausführungen so verstehen, dass für die Annahme von ungeschriebenen Zuständigkeiten sowohl eine Beeinträchtigung der Mitgliedschaftsrechte als auch eine Schwächung des Wertes der Beteiligung in Betracht kommen. Diese Ausführungen könnten somit zunächst als die Anerkennung zweier unabhängiger, nebeneinander stehender Schutzzwecke zu verstehen sein.[245] Danach würde eine Mitwir-

[243] *Arnold* ZIP 2005, 1573, 1574.
[244] BGHZ 159, 30, 40 („Gelatine II").
[245] So versteht es wohl *Simon* DStR 2004, 1528, 1529 und *Pentz*, BB 2005, 1397, 1403.

kung der Hauptversammlung in Betracht kommen, wenn einer der beiden Schutzgüter gefährdet ist.

Gegen eine solche Interpretation sprechen jedoch gewichtige Gründe. Das Tatbestandsmerkmal einer grundlegenden Entscheidung, die zu einer nachhaltigen Schwächung des Wertes der Beteiligung führt, würde ein sehr weites und unpräzises Kriterium für die Annahme von ungeschriebenen Hauptversammlungszuständigkeiten darstellen. Dies würde wiederum eine umfassende Diskussion in der Literatur auslösen, wann ungeschriebene Zuständigkeiten anzunehmen sind, und in der Praxis zu großen Unsicherheiten führen, die eine Flut von Hauptversammlungsbeteiligungen zur Folge hätte.

Außerdem würde diese Auslegungsart den Anwendungsbereich der ungeschriebenen Zuständigkeiten massiv erweitern. Dies würde aber der ausdrücklichen Intention des BGH widersprechen, den Ausnahmecharakter der ungeschriebenen Zuständigkeiten der Hauptversammlung zu verstärken.[246]

Weiterhin geht der BGH in den Ausführungen über die in Betracht kommenden Arten von Geschäftsführungsmaßnahmen nicht mehr auf das Erfordernis einer Schwächung des Anteilswertes ein.[247] Hier wird ausschließlich auf den Eingriff in mitgliedschaftliche Befugnisse bzw. den Mediatisierungseffekt eingegangen.

Schließlich hat der BGH in der Macrotron-Entscheidung[248] dargelegt, dass eine reine Vermögensbeeinträchtigung, die durch das Delisting möglicherweise eintritt, für die Annahme von Zuständigkeiten nicht ausreichen soll. Vielmehr nimmt der BGH eine ungeschriebene Zuständigkeit nur deshalb an, weil das Delisting einen Eingriff in die Verkehrsfähigkeit der Aktie darstellt, der aber vom Eigentumsschutz des Art. 14 GG erfasst ist. Dem würde es widersprechen, in den Gelatine-Entscheidungen eine ungeschriebene Zuständigkeit der Hauptversammlung ausschließlich mit der Begründung anzunehmen, dass eine Schwächung des Beteiligungswertes drohe.

Diese Aussage ist somit mit der Rechtsprechung[249] und überwiegenden Literatur[250] nicht als Begründung eines eigenständigen Schutzzwecks zu verstehen. Vielmehr ist damit nur die Schwächung des Wertes der Beteiligung gemeint, die mit der im Urteil vorher angesprochenen Mediatisierung einhergeht. Eine Beeinträchtigung des Wertes der Beteiligung reicht daher für die Begründung ungeschriebener Zuständigkeiten der Hauptversammlung nicht aus. Es ist nach der Meinung des BGH vielmehr eine Beeinträchtigung der Mitgliedsrechte erforderlich.

(2) Anforderungen an den Eingriff in die Mitgliedsrechte

Fraglich ist aber, welche Anforderungen an diese Beeinträchtigung zu stellen sind.

---

[246] Vgl. 1. Leitsatz BGHZ 159, 30 („Gelatine II").
[247] BGHZ 159, 30, 41 („Gelatine II").
[248] BGHZ 157, 43 („Macrotron").
[249] OLG Stuttgart AG 2005, 693, 695.
[250] Vgl. *Habersack* AG 2005, 137, 139; *Arnold* ZIP 2005, 1573, 1574.

Zum einen könnte man die Ausführungen des BGH so verstehen, dass eine ungeschriebene Zuständigkeit der Hauptversammlung nur in Betracht kommt, wenn eine Mediatisierung von Mitgliedsrechten stattgefunden hat. Erörterungsbedürftig ist dabei zunächst der Begriff der Mediatisierung. Dieser Begriff wird vom BGH zwar verwendet, jedoch nicht definiert. Auch in der Literatur, die zu dieser Problematik erschienen ist, ist die Verwendung dieses Begriffs nicht einheitlich. Teilweise wird der Begriff synonym mit einer grundsätzlichen, irgendwie gearteten „Verwässerung" oder „Verringerung" von Mitgliedsschaftsrechten verwendet. Teilweise werden darunter ausschließlich Fälle subsumiert, in denen der Einfluss der Aktionäre durch eine Verlagerung des Vermögens auf eine Zwischeninstanz verringert wird.

Das Wort Mediatisierung bedeutet wortwörtlich „Mittelbarmachung".[251] Historisch ist darunter die Aufhebung der unmittelbaren Beziehung eines politischen Gebildes zu einem anderen politischen Gebilde durch Dazwischentreten eines dritten politischen Gebildes zu verstehen.[252] Wenn man die Wortbedeutung auf die gesellschaftsrechtlichen Konstellationen überträgt bedeutet „Mediatisierung von Mitgliedschaftsrechten". eine Verringerung des Einflusses der Aktionäre durch das Zwischenschalten einer weiteren Gesellschaft. Unter „Mediatisierung" ist somit nicht eine irgendwie geartete Verringerung von Mitgliedschaftsrechten zu verstehen, sondern ausschließlich durch die vorstehende Konstellation.

Der BGH könnte daher so zu verstehen sein, dass eine ungeschriebene Zuständigkeit nur in solchen Konstellationen denkbar ist, in denen die Mitgliedschaftsrechte der Aktionäre gerade durch das Einschieben einer weiteren Ebene verschlechtert werden. Sowohl in der ursprünglichen Holzmüller-Entscheidung als auch in den Gelatine-Entscheidungen lag dem Senat eine solche Konstellation vor. In der Holzmüller-Entscheidung wurden die Aktionärsrechte durch die Ausgliederung des Seehafenbetriebs auf eine 100prozentige Tochtergesellschaft mediatisiert, in den Gelatine-Entscheidungen durch eine sogenannte Ver-enkelung. Unter Verenkelung ist die Verlagerung von Vermögensgütern von einer Tochtergesellschaft auf eine Enkelgesellschaft zu verstehen.

Zum anderen könnten die Ausführungen des BGH aber auch so zu verstehen sein, dass die Mediatisierung von Mitgliedschaftsrechten nur eine von vielen möglichen Fallkonstellationen ist, die eine ungeschriebene Zuständigkeit der Hauptversammlung hervorruft. Entscheidendes Kriterium ist bei dieser Sichtweise, dass es sich um einen entsprechend tiefen Eingriff in die Mitgliedschaftsrechte der Aktionäre handeln muss. Bei allen Geschäftsführungsmaßnahmen, die in ihren Auswirkungen so tief in die Mitgliedschaftsrechte der Aktionäre eingreifen, dass sie an eine Satzungsänderung heranreichen, ist dann ein Beschluss der Hauptversammlung erforderlich.

---

[251] Vgl. *Duden* S. 615; *Wahrig*, S. 859.

[252] Vgl. *Tilch/Arloth* S. 2823; *Wahrig* S. 859; *Creifels* S. 716.

Die Ausführungen des BGH sind betont offen formuliert und geben keine Hinweise, welche Sichtweise der BGH letztendlich vertritt.[253] Eine endgültige Entscheidung des BGH über den ihm vorliegenden Fall hinaus, welcher Schutzzweck mit der Annahme von ungeschriebenen Zuständigkeiten der Hauptversammlung verfolgt werden soll, ist nicht ersichtlich. Vielmehr will sich der BGH an dieser Stelle nicht festlegen, um auf eventuelle zukünftige Fallkonstellationen adäquat reagieren zu können. Dass sich der BGH nicht auf eine der oben genannten Sichtweisen festlegen will, verdeutlichen auch die Ausführungen über die Geschäftsführungsmaßnahmen, die eine Hauptversammlungszuständigkeit hervorrufen können.[254] Eine abschließende Festlegung wird vom BGH ausdrücklich abgelehnt. Als Voraussetzung für die Annahme von ungeschriebenen Zuständigkeiten stellt der BGH aber zunächst auf einen Eingriff in die mitgliedschaftlichen Befugnisse ab. Dies könnte auf eine weite Auslegung des Schutzzwecks hindeuten. Im folgenden Satz wird dann aber wieder der Mediatisierungseffekt als Kriterium herangezogen, der auch über die ursprüngliche Holzmüller-Entscheidung hinaus Bedeutung für die Annahme von ungeschriebenen Zuständigkeiten haben soll.

Der Schutzzweck der ungeschriebenen Zuständigkeiten der Hauptversammlung ist durch die Gelatine-Entscheidungen des BGH somit nicht als „geklärt" anzusehen. Der BGH legt den Schutzzweck nicht fest, sondern äußert sich vielmehr betont offen, um flexibel auf zukünftige Fallgestaltungen reagieren zu können.

bbb. Schutzzweck der ungeschriebenen Zuständigkeiten

Die Ausführungen des BGH in den Gelatine-Entscheidungen enthalten, wie oben dargelegt,[255] keine eindeutigen Aussagen bezüglich des Schutzzwecks der ungeschriebenen Zuständigkeiten über den entschiedenen Fall hinaus. Sie enthalten jedoch die grundsätzlichen Rahmenbedingungen, die für die Annahme von ungeschriebenen Zuständigkeiten der Hauptversammlung vorliegen müssen.

(1) Auseinandersetzung mit den bestehenden Literaturmeinungen

Dies führt dazu, dass zwei vor den Gelatine-Entscheidungen bestehenden Literaturmeinungen keiner vertieften Stellungnahme bedürfen. Diesen extensiven Auslegungen hat der BGH überzeugend eine klare Absage erteilt. Insbesondere die von *Lutter* vertretene Ansicht, dass der BGH durch das Holzmüller-Urteil eine umfassende Kontrolle der Bildung und Leitung des Konzerns durch die Hauptversammlung der Obergesellschaft begründen wollte,[256] kann nach den Gelatine-Entscheidungen nicht mehr gefolgt

[253] Vgl. so auch *Jäger* NZG 2006, 166, 169.
[254] BGHZ 159, 30, 41 („Gelatine II").
[255] § 5 III. 1. a. aa. S. 36 f.
[256] *Lutter* FS Stimpel, 1985, S. 825, 833; *ders.* FS Westermann, 1974, S. 347 ff.; *ders./Leinekugel* ZIP 1998, 225, 230; *ders./Leinekugel* ZIP 1998, 805 f.; *Raiser* 3. Auflage, 2001, § 16 Rn. 12, § 53 Rn. 33 (anders jetzt aber *Raiser/Veil* § 16 Rn. 10 ff.); *Seydel* 1995, S. 386; *Wahlers* 1995, S. 94 ff.; wohl auch *Priester* ZHR 163 (1999), 185, 196; *Schwark/Geiser* ZHR 161 (1997), 739, 761 f.; siehe auch oben § 3 III 1. b. bb. S. 16.

werden. Wie oben dargelegt,[257] lehnt der BGH diese Ansicht mit dem Verweis auf die äußerst zurückhaltenden Äußerungen in der Holzmüller-Entscheidung sowie auf die lediglich reflexartige Auswirkung der ungeschriebenen Zuständigkeit der Hauptversammlung auf die Konzernbildung und -leitung.[258]

In diesem Punkt ist dem BGH zuzustimmen. Zwar betrafen sowohl die Holzmüller als auch die Gelatine-Entscheidungen nur Konzernsachverhalte. Jedoch ist ein tiefer Eingriff in die Mitgliedsrechte der Aktionäre auch ohne das Vorliegen eines Konzerns denkbar. Wenn aber der Schutzzweck lediglich in der Konzernbildungs- und leitungskontrolle gesehen wird, besteht in diesen Konstellationen keine Hauptversammlungszuständigkeit. Dies würde jedoch zu einem Wertungswiderspruch führen. Obwohl, wie der BGH es in den Gelatine-Entscheidungen auch darlegt, durch die Anerkennung der ungeschriebenen Zuständigkeiten der Einfluss der Hauptversammlung der Obergesellschaft auf die Konzernbildung und -leitung verstärkt worden ist, stellt dies nicht den Schutzzweck der ungeschriebenen Zuständigkeiten dar.

Auch die rein auf die Vermögensinteressen abstellende insbesondere von *Mülbert*[259] vertretende Meinung hat durch die Gelatine-Entscheidungen eine Absage erhalten. Zwar stellt der BGH in der Darstellung des Schutzzwecks, wie oben dargelegt,[260] auch auf den Schutz des Anteilseigners vor einer nachhaltigen Schwächung des Wertes der Beteiligung ab.[261] Dieses hätte gerade für die von *Mülbert* vertretene Ansicht sprechen können. Wie oben dargelegt,[262] ist hiermit jedoch nur die mit der Mediatisierung einhergehende Schwächung des Wertes der Beteiligung gemeint.[263] Weiterhin ist ein Eingriff in die Mitgliedschaftsrechte der Aktionäre grundlegende Voraussetzung für die Annahme ungeschriebener Zuständigkeiten. Dieser ist jedoch nicht zwingend mit einer Beeinträchtigung der Vermögensinteressen verbunden. Somit kann auch dieser Meinung nicht gefolgt werden.

Weiterhin kann auch der von *Simon* nach den Gelatine-Entscheidungen geäußerten Meinung nicht gefolgt werden, die sich grundsätzlich gegen die Annahme von ungeschriebenen Zuständigkeiten der Hauptversammlung ausspricht.[264] Gegen die Ansicht spricht, dass der BGH 20 Jahre nach der Holzmüller-Entscheidung in den Gelatine-Entscheidungen ausführlich mit den ungeschriebenen Zuständigkeiten auseinandergesetzt hat und deren Notwendigkeit bestätigt hat. Wie oben dargelegt, hat der BGH zwar letztendlich nicht ausdrücklich die Voraussetzungen für die Annahme von ungeschriebenen Zuständigkeiten definiert, jedoch wird ein klarer Anwendungsbereich für

---

[257] § 5 III. 1 a. aa. S. 36.
[258] BGHZ 159, 30, 39 („Gelatine II").
[259] *Mülbert*, in: Großkomm. AktG, § 119 Rn. 33; *ders*. 1996, S. 416 ff.; *ders*. FS Ulmer, 2003, S. 433, 434 f.; vgl. auch *Zimmermann/Pentz* FS Müller, 2001, 151, 166 ff.
[260] § 5 III. 1. a. aa. S. 36 f.
[261] BGHZ 159, 30, 40 („Gelatine II").
[262] § 5 III. 1. a. aa. S. 36 f.
[263] § 5 III. 1. a. cc. aaa. S. 39 ff.
[264] *Simon* DStR 2004, 1528, 1529.

die Annahme von ungeschriebenen Zuständigkeiten festgelegt. Wie schon die Literatur vor der Holzmüller-Entscheidung herausgearbeitet hat,[265] gibt es Maßnahmen, die zwar in die Kompetenz des Vorstands fallen, jedoch beträchtliche Auswirkungen auf die Stellung der Aktionäre haben. In diesen speziellen Konstellationen ist die Annahme von ungeschriebenen Zuständigkeiten notwendig, um einen tiefen Eingriff in die Mitgliedsrechte ohne die Zustimmung der Mehrheit der Aktionäre zu verhindern.

Gegen das Argument, dass die Satzung als äußerster Rahmen für die Geschäftsführungsmaßnahmen ausreichenden Schutz für die Aktionärsinteressen bietet, spricht, dass die Satzung nicht geeignet ist, alle speziellen zukünftigen Konstellationen zu erfassen, in denen in die Rechte der Aktionäre eingegriffen wird. Geschäftliche Entwicklungen können Konstellationen hervorbringen, die in der Satzung nicht ausreichend konkret geregelt sind. Hier kann der Schutz der Mitgliedschaftsrechte der Aktionäre durch die Satzung nicht gewährleistet werden.

Die weiteren Literaturmeinungen nach den Gelatine-Entscheidungen vertreten mit kleineren Abweichungen die oben dargestellten zwei Sichtweisen. Der eine Teil der Literatur erkennt die ungeschriebenen Zuständigkeiten ausschließlich in den Fällen der Mediatisierung von Mitgliedschaftsrechten an.[266] Der andere Teil der Literatur erweitert mit verschiedenen Schwerpunkten die Annahme von ungeschriebenen Zuständigkeiten auf grundlegende Entscheidungen, die die Mitgliedschaftsrechte der Aktionäre betreffen.[267]

(2) Begrenzung des Schutzzwecks auf Fälle der Mediatisierung?

Für eine Begrenzung des Schutzzwecks auf Fälle der Mediatisierung sprechen zunächst die vom BGH entschiedenen Sachverhalte. Wie oben dargelegt sind ungeschriebene Zuständigkeiten der Hauptversammlung durch den BGH nur bei einer Beeinträchtigung von Mitgliedsrechten durch Mediatisierung anerkannt worden.[268] Zwar wurden auch in der Macrotron-Entscheidung ungeschriebene Zuständigkeiten der Hauptversammlung anerkannt. Dies basierte jedoch ausdrücklich nicht auf der Beeinträchtigung der Mitgliedschaftsrechte der Aktionäre, sondern aufgrund der Beeinträchtigung der Verkehrsfähigkeit des Aktieneigentums der Aktionäre.

Weiterhin spricht das aktienrechtliche Regelungskonzept zunächst für eine Begrenzung auf Fälle der Mediatisierung. Wie oben dargelegt erfolgt die Regelung der Zuständigkeit der Hauptversammlung enumerativ.[269] Die Hauptversammlung soll danach

[265] Vgl. § 2 S. 7 ff.
[266] *Arnold* ZIP 2005, 1573, 1574; *Habersack* AG 2005, 137, 140; *Reichert* AG 2005, 150,155.
[267] *Bungert* NJW 2004, 2335, 2336; *Fuhrmann* AG 2004, 339, 341; *Liebscher* ZGR 2005, 1, 19 ff.; *Raiser/Veil* § 16 Rn. 13.
[268] Vgl. zu dem Sachverhalt der Holzmüller-Entscheidung § 3 I. S. 10 f. und zum Sachverhalt der Gelatine-Entscheidungen § 5 I. S. 33 f.
[269] § 1 II. S. 6 f.

nur in festgelegten Fällen zuständig sein. Eine Universalzuständigkeit der Hauptversammlung soll dagegen nicht bestehen. Die Anerkennung einer Zuständigkeit der Hauptversammlung in den Fällen, in denen Mitgliedschaftsrechte mediatisiert werden, stellt eine abgrenzbare Fallgruppe dar, die in sich in das gesetzliche Regelungssystem einfügen würde. Es würde sich dann um eine zusätzliche Fallgruppe handeln, die vom Gesetzgeber nicht erkannt worden ist und gedanklich als „§ 119 Abs. 1 Nr. 9 AktG" zu behandeln wäre. Die Anerkennung einer Zuständigkeit der Hauptversammlung für wichtige Entscheidungen, die tief in die Mitgliedschaftsrechte eingreift, könnte dagegen eine Art Universalzuständigkeit der Hauptversammlung für bedeutende Geschäftsführungsmaßnahmen begründen. Dies widerspricht zunächst einmal der gesetzlichen Konzeption, nach der der Vorstand gemäß § 77 AktG die Geschäftsführungskompetenz innehat. Gegen dieses Argument spricht aber, dass auch eine Zuständigkeit der Hauptversammlung für grundlegende Entscheidungen, die tief in die Mitgliedschaftsrechte eingreifen, eine abgeschlossene Fallgruppe darstellt, für die die Hauptversammlung zuständig seien soll.[270]

Gegen eine Begrenzung spricht weiterhin, dass die Mediatisierung von Mitgliedschaftsrechten nur eine Möglichkeit darstellt, durch Geschäftsführungsmaßnahmen die Mitgliedschaftsrechte zu beeinträchtigen. Es sind jedoch auch andere Geschäftsführungsmaßnahmen denkbar, die die Mitgliedschaftsrechte der Aktionäre verringern, aber zu keiner Mediatisierung dieser Rechte führen, wie zum Beispiel die Veräußerung von Beteiligungen an einer Tochtergesellschaft. Weshalb nur in den Konstellationen eine ungeschriebene Zuständigkeit der Hauptversammlung bestehen soll, in denen die Aktionärsrechte mediatisiert werden, ist nicht ersichtlich und nur schwerlich begründbar. Konsequenter ist es, bei jeder Beeinträchtigung der Mitgliedschaftsrechte der Aktionäre, die die übrigen strengen Voraussetzungen für eine ungeschriebene Zuständigkeit erfüllen, daraufhin zu überprüfen, ob durch sie ein an eine Satzungsänderung heranreichender Eingriff in die Mitgliedschaftsrechte vorliegt.

Schließlich spricht auch die Anerkennung von ungeschriebenen Zuständigkeiten der Hauptversammlung durch die Macrotron-Entscheidung[271] des BGH dafür, dass die Mediatisierung von Mitgliedschaftsrechten nicht die einzig mögliche Konstellation darstellt, in der eine solche Zuständigkeit bestehen kann. Zwar ergibt sich die Zuständigkeit der Hauptversammlung in dieser Entscheidung ausdrücklich nicht aus einer durch das Delisting hervorgerufene Beeinträchtigung der Mitgliedschaftsrechte der Aktionäre, sondern vielmehr aus der Beeinträchtigung des Aktieneigentums durch die beschränkte Verkehrfähigkeit. Jedoch verdeutlicht dieses Urteil, dass es über den Fall der Mediatisierung hinaus Beeinträchtigungen von Aktionärsrechte gibt, die eines besonderen Schutz in Form einer ungeschriebenen Zuständigkeit bedürfen.

---

[270] Vgl. *Priester* ZHR 163 (1999), 187, 195.
[271] BGHZ 157, 43 („Macrotron").

Der Zweck der ungeschriebenen Zuständigkeiten der Hauptversammlung ist nicht ausschließlich in dem Schutz der Aktionäre vor der Mediatisierung der Mitgliedschaftsrechte zu sehen.[272] Vielmehr ist der Schutzzweck weiter zu verstehen.[273] Dabei sind die folgenden zwei Ansätze denkbar.

(3) Eweiterung des Schutzzwecks auf die Zuständigkeit der Hauptversammlung für alle Grundlagenentscheidungen?

Zum einen könnte man den Schutzzweck der ungeschriebenen Zuständigkeiten darin sehen, dass die Hauptversammlung für alle Grundlagenentscheidungen in der Aktiengesellschaft zuständig sein soll.[274] Nach diesem Ansatz kommt es auf eine mit der Geschäftführungsmaßnahme verbundene Beeinträchtigung der Mitgliedschaftsrechte der Aktionäre nicht an. Entscheidendes Kriterium ist ausschließlich die Wichtigkeit der Maßnahme für die Gesellschaft. Der Hauptversammlung käme dann eine Art Reservezuständigkeit für alle wichtigen Geschäftsführungsmaßnahmen zu.

(4) Erweiterung auf Schutz vor tiefen Eingriffen in die Mitgliedsrechte?

Zum anderen könnte der Schutzzweck der ungeschriebenen Zuständigkeiten aber auch darin liegen, dass eine Hauptversammlungszuständigkeit für jegliche Art von Maßnahme bestehen soll, die einen tiefen Eingriff in die Mitgliedschaftsrechte darstellt.[275] Wenn eine Maßnahme zwar eine wichtige Entscheidung für die Gesellschaft darstellt, jedoch keine Auswirkungen auf die Mitgliedschaftsrechte der Aktionäre hat, soll danach keine ungeschriebene Zuständigkeit der Hauptversammlung bestehen.[276] Eine wirtschaftlich sinnvolle Umstellung des Kerngeschäfts der Gesellschaft, die sich im Rahmen des satzungsmäßigen Unternehmensgegenstands bewegt, würde beispielsweise nach dieser Ansicht keine ungeschriebene Zuständigkeit der Hauptversammlung hervorrufen.

(5) Auseinandersetzung mit den beiden Ansätzen

Gegen diesen Ansatz spricht zunächst die geschichtliche Entwicklung des Aktiengesetzes. Sowohl unter der Geltung des Art. 207 ff. ADHGB 1871 sowie von §§ 178 ff. HGB 1897 war die Generalversammlung, die Vorgängerin der heutigen Hauptversammlung, das oberste Organ der Aktiengesellschaft, das ein Alleinentscheidungsrecht

---

[272] So im Ergebnis ausdrücklich auch *Fleischer* ZHR 165 (2001), 513, 524.

[273] Für einen weiteren Schutzbereich auch OLG Schleswig AG 2006, 120, 123.

[274] Vgl. *Lutter/Leinekugel* ZIP 1998 S. 805 f. die schon nach der Holzmüller-Entscheidung eine ungeschriebene Zuständigkeit in der unverbundenen Aktiengesellschaft bei allen grundlegenden Strukturentscheidungen angenommen haben.

[275] Vgl. *Kort* AG 2006, 272, 274; wohl auch *Fuhrmann* AG 2004, 339, 340; *Hirte* EWiR § 179 AktG 2004, 1161 f.; *Liebscher* ZGR 2005, 1, 23; schon zu der Holzmüller-Entscheidung *Weißhaupt* NZG 1999, 804, 806.

[276] So auch *Kort* AG 2006, 272, 274.

in allen Fragen der Leitung der Gesellschaft hatte.[277] Der Vorstand führte zwar die laufenden Geschäfte, war aber von den Weisungen der Generalversammlung abhängig. Das Verhältnis der Organe zueinander wurde durch das AktG 1937 grundlegend verändert.[278] Die Stellung des Vorstands wurde erheblich aufgewertet, die Möglichkeit der Generalversammlung hingegen deutlich beschnitten. Der Schwerpunkt der Leitung und Geschäftsführung der Gesellschaft lag nunmehr beim Vorstand und nicht länger bei der Generalversammlung. Das AktG 1965 hat die Kompetenzen des Vorstands und der Hauptversammlung gegenüber dem AktG 1937 weitgehend beibehalten.[279]

Die historische Entwicklung zeigt, dass die Kompetenzen der Hauptversammlung hinsichtlich der Leitung der Gesellschaft und damit für alle Grundlagengeschäfte zu Lasten des Vorstands verringert wurden. Damit wurde unter anderem dem Umstand Rechung getragen, dass die Hauptversammlung die Leitung der Gesellschaft aufgrund der Vielzahl der Aktionäre und der damit verbundenen Meinungsvielfalt nicht immer effektiv ausüben konnte.[280] In Umkehrung des gesetzlichen Konzepts kam es deshalb häufig zu einer de-facto Leitung durch den Vorstand.[281]

Weiterhin spricht gegen die erstgenannte Ansicht, dass wie oben dargelegt der Vorstand der Aktiengesellschaft diese gemäß § 76 AktG unter eigener Verantwortung leitet.[282] Wenn nun der Hauptversammlung eine grundsätzliche Zuständigkeit für alle wichtigen Entscheidungen der Geschäftsführung zugestanden wird, widerspricht dies der ausschließlichen Zuständigkeit des Vorstands für jegliche Art von Geschäftsführungsmaßnahmen. Zudem ist gerade die Leitung und damit die Wahrnehmung der unternehmerischen Funktion ausschließlich in die Hände des Vorstands gelegt worden.[283] Wenn nun aber eine ungeschriebene Zuständigkeit der Hauptversammlung für alle Arten von Grundlagenentscheidungen bestehen soll, kann der Vorstand die unternehmerische Funktion nicht wahrnehmen. Vielmehr würde dies letztendlich die Leitung der Gesellschaft, entgegen dem ausdrücklichen Gesetzeswortlaut, in die Hände der Hauptversammlung gelegt.

Darüber hinaus spricht gegen den erstgenannten Ansatz, dass der grundlegende Ansatzpunkt für die Annahme einer ungeschriebenen Zuständigkeit der Hauptversammlung in dem Eingriff in die mitgliedschaftlichen Rechte der Aktionäre zu sehen ist. Diese Ansicht entspricht auch den Ausführungen des BGH sowohl in der Holzmüller-Entscheidung als auch in den Gelatine-Entscheidungen.[284] Die Annahme einer unge-

---

[277] *Hueck*, in: Baumbach/Hueck, GmbHG, vor § 76 Rn. 2; *Hefermehl*, in: Geßler/Hefermehl/Eckhardt/Kropff, AktG, Vor § 76 Rn. 4; *Kort*, in: Großkomm. AktG, Vor § 76 Rn. 5.
[278] *Hefermehl*, in: Geßler/Hefermehl/Eckhardt/Kropff, AktG, vor § 76 Rn. 5; *Kort*, in: Großkomm. AktG, Vor § 76 Rn. 6; *Priester* ZHR 163 (1999), 185, 196.
[279] *Kort*, in: Großkomm. AktG, Vor § 76 Rn. 7.
[280] *Kort*, in: Großkomm. AktG, Vor § 76 Rn. 5.
[281] *Hueck*, in: Baumbach/Hueck, GmbHG, vor § 76 Rn. 3.
[282] § 1 I. S. 5 f.
[283] *Raiser/Veil* § 14 Rn. 1.
[284] BGHZ 83, 122, 131 („Holzmüller"); BGHZ 159, 30, 39 f. („Gelatine II").

schriebenen Hauptversammlungszuständigkeit ohne eine Beeinträchtigung von Mitgliedschaftsrechte würde dieser grundlegenden Voraussetzung nicht entsprechen.

Schließlich entspricht dieser Ansatz nicht der durch die Anerkennung von ungeschriebenen Zuständigkeiten intendierten Schutzrichtung. Eine ungeschriebene Beteiligung der Hauptversammlung kommt zum Schutz der Aktionärsrechte nur in Betracht, wenn ausnahmsweise ein tiefer Eingriff in die Mitgliedsrechte vorliegt. Es soll dagegen keine grundsätzliche Ausweitung der Beteiligungsrechte der Aktionäre geschaffen werden. Auch der BGH betont insbesondere in den Gelatine-Entscheidungen den Ausnahmecharakter der ungeschriebenen Zuständigkeiten. Danach ist eine Zustimmung durch die Hauptversammlung aufgrund einer ungeschriebenen Zuständigkeit nur ausnahmsweise vom Vorstand einzuholen.[285] Die Annahme einer Grundlagenkompetenz würde entgegen der dargelegten Schutzrichtung aber zu einem weiten Anwendungsbereich der ungeschriebenen Zuständigkeiten führen.

(6) Ergebnis

Eine Zuständigkeit der Hauptversammlung für alle Grundlagenentscheidungen der Gesellschaft, ohne dass die Mitgliedschaftsrechte der Aktionäre betroffen sind, ist aus den genannten Gründen abzulehnen. Vielmehr ist eine Beteiligung der Hauptversammlung nur in den begrenzten Fällen anzunehmen, in denen durch wichtige Geschäftsführungsmaßnahmen in die Mitgliedschaftsrechte der Aktionäre eingegriffen wird.[286] Der Schutzzweck der ungeschriebenen Zuständigkeit ist somit im Schutz der Aktionäre vor Geschäftsführungsmaßnahmen zu sehen, die in ihre Mitgliedschaftsrechte eingreifen.

b. Dogmatische Grundlage

Ein wichtiger Streitpunkt, zu dem sich der BGH in den Gelatine-Entscheidungen auch ausführlich geäußert hat, ist die dogmatische Grundlage der ungeschriebenen Zuständigkeiten der Hauptversammlung. Hier setzt sich der BGH mit den in der Rechtsprechung und der Literatur herrschenden Begründungsansätzen auseinander.[287] Dabei wird versucht, diesen Meinungsstreit dialektisch aufzulösen, indem die aus Sicht des BGH zutreffenden Elemente beider Ansätze kombiniert werden und die ungeschriebene Zuständigkeit der Hauptversammlung als Ergebnis einer offenen Rechtsfortbildung ausgewiesen wird.

aa. Ansicht des BGH

Zunächst geht der BGH auf den in der Holzmüller-Entscheidung gewählten Ansatz über eine Ermessensreduzierung des § 119 Abs. 2 AktG ein.[288] Dabei wird der Kritik in der Literatur zuerkannt, dass der Gesetzgeber mit dieser Vorschrift keine auch nur

---

[285] Vgl. 1. Leitsatz Gelatine-Entscheidungen BGHZ 159, 30 („Gelatine II").
[286] So auch *Kort* AG 2006, 272, 274.
[287] BGHZ 159, 30, 42 ff. („Gelatine II").
[288] BGHZ 159, 30, 42 („Gelatine II").

indirekte Verpflichtung des Vorstands hat begründen wollen, die Hauptversammlung über die gesetzlich geregelten Fälle hinaus an der Geschäftsführung zu beteiligen. Jedoch sei bei der Kritik zu berücksichtigen, dass dieser Ansatz hauptsächlich gewählt wurde, um zu verdeutlichen, dass die Vorlagepflicht nur das Innenverhältnis betrifft.

Dem Ansatz über eine Einzel- oder Gesamtanalogie wird zwar zuerkannt, dass er auf der tatbestandlichen Seite eher geeignet sei, die in Betracht kommenden Fälle festzulegen.[289] Jedoch wird auch dieser Ansatz vom BGH abgelehnt, da die gesetzlich geregelten Fälle von der Rechtfolge her nicht passen, da dem Vorstand nicht nur die Geschäftsführungsbefugnis entzogen werde, sondern die getroffene Maßnahme wegen fehlender Vertretungsmacht als nichtig anzusehen sei.

„Vorzugswürdig" sei, zumal der Gesetzgeber in Kenntnis der lang anhaltenden Diskussion keine Initiativen zur Regelung des Problems ergriffen habe, die ungeschriebenen Zuständigkeiten als Ergebnis einer Rechtsfortbildung anzusehen.[290] Diese Lösung könne die zutreffenden Elemente beider Ansätze kombinieren: Die tatbestandliche Orientierung an den gesetzlich geregelten Fallgruppen und die ausschließlich das Innenverhältnis betreffende Rechtsfolge.

bb. Ansicht der Literatur

Der vom BGH gewählte „dritte Weg"[291] ist nicht völlig neu, sondern orientiert sich an einer schon vorher bestehenden Meinung in der Literatur.[292] Ob die dogmatische Herleitung der ungeschriebenen Zuständigkeiten durch die Ausführungen des BGH in den Gelatine-Entscheidungen überzeugend geklärt ist, erscheint fraglich. Während ein Teil der Literatur dem Ergebnis einer „offene Rechtsfortbildung" zustimmt[293] oder zumindest damit leben kann[294], wird der Ansatz des BGH in der Literatur überwiegend abgelehnt.[295]

aaa. Ablehnende Ansichten in der Literatur

Die kritischen Kommentare reichen dabei von „mutig"[296] über „Ergebnisbeschreibung"[297] bis zu einer „freien Rechtsfortbildung",[298] bei der „der Wunsch Vater des Gedankens"[299] sei.

---

289 BGHZ 159, 30, 42 („Gelatine II").
290 BGHZ 159, 30, 42 f. („Gelatine II").
291 *Reichert* AG 2005, 150, 152.
292 *Geßler* FS Ulmer, 2003, S. 771, 780; *Seydel* 1995, S. 433 f.; *Zimmermann/Pentz* FS Müller, 2001, S. 151, 165; im Ergebnis auch *Joost* ZHR 163 (1999), 169.
293 *Becker/Horn* JuS 2005, 1067, 1068; *Habersack* AG 2005, 137, 143; *Pentz*, BB 2005, 1397, 1403.
294 *Reichert* AG 2005, 150, 152.
295 *Fleischer* NJW 2004, 2335, 2337; *Görg* FS Greiner 2005, 51, 52; *Hirte* EWiR § 179 AktG 2004, 1161, 1162; *Koppensteiner* Konzern 2004, 381, 383 f.; *Liebscher* ZGR 2005, 1, 20 f.; *Simon* DStR 2004, 1528, 1530; im Ergebnis auch *Arnold* ZIP 2005, 1573, 1579.
296 *Hirte* EWiR § 179 2004, 1161, 1162.
297 *Liebscher* ZGR 2005, 1, 22.
298 *Koppensteiner* Konzern 2004, 381, 384.
299 *Koppensteiner* Konzern 2004, 381, 384.

Kritisiert wird dabei von *Koppensteiner*, dass der BGH versuche, zwei Regeln miteinander zu kombinieren, die beide ganz unterschiedliche Aspekte des Verhältnisses zwischen Hauptversammlung und Vorstand ansprechen und zudem keine die behauptete Rechtsfolge zu produzieren im Stande sein.[300] Hinzu komme, dass keine der in Betracht kommenden Normen den Mediatisierungseffekt anspreche, der, wie oben dargelegt, im Mittelpunkt der Urteilsbegründung stehe.[301]

Hauptansatz für die übrige Kritik ist, dass das allgemein anerkannte Ergebnis keiner offenen Rechtsfortbildung bedarf, sondern vielmehr aus den bestehenden Lösungsmöglichkeiten herzuleiten sei. Dabei werden verschiedene Erklärungsansätze herausgearbeitet.

(1) Liebscher und Raiser/Veil

Mit der vor den Gelatine-Entscheidungen herrschenden Ansicht in der Literatur, wird von *Liebscher* und *Raiser/Veil* die ungeschriebene Zuständigkeit der Hauptversammlung weiterhin aus einer Gesamtanalogie zu verschiedenen aktienrechtlichen und umwandlungsrechtlichen Normen hergeleitet.[302]

Nach *Liebscher* geht aus mehreren voneinander unabhängigen Gründen die Argumentation des BGH fehl, dass die Begründung der Zuständigkeit der Hauptversammlung durch eine Gesetzesanalogie aufgrund der fehlenden Vertretungsmacht zwingend zur Nichtigkeit der Maßnahme im Außenverhältnis führe.[303] Zunächst gebe es nach *Liebscher* auch „Verstöße gegen gesetzliche Strukturmaßnahmen", wie die Fälle der „faktischen" Satzungsänderung, die nicht zur Nichtigkeit der Maßnahme im Außenverhältnis führen.[304] Weiterhin trage eine Analogie nur so weit, wie eine Regelungslücke bestehe und eine etwaige offene „Flanke" könne nur dann in Anlehnung an ein bestimmtes Rechtsinstitut geschlossen werden, wenn und soweit eine vergleichbare Interessenlage bestehe. Im Holzmüller-Fall bestehe allenfalls im Hinblick auf die Kompetenzfrage eine Regelungslücke; eines besonderen Schutzes der Gläubiger und außenstehender Dritten bedürfe es nicht. Die drohende Kompetenzverlagerung bedürfe daher keiner Unwirksamkeit entsprechender Rechtsgeschäfte, sondern effektiven Rechtsschutz. Wo es an der Regelungslücke und der vergleichbare Interessenslage fehle, wie dies im Hinblick auf die fehlende Außenwirkung der Holzmüller-Doktrin der Fall ist, sei kein Raum für einen Analogieschluss.

Schließlich sei eine offene Rechtsfortbildung keine eigene Rechtsquelle. Sie stelle allenfalls eine Ergebnisbeschreibung dar, die indessen nicht von der Notwendigkeit entbinde, das Rechtsinstitut der ungeschriebenen Hauptversammlungszuständigkeiten auf eine tragfähige juristische Grundlage zu stellen.

---

[300] *Koppensteiner* Konzern 2004, 381, 384.
[301] § 5 II. S. 34 f.
[302] *Liebscher* ZGR 2005, 1, 20 f.; *Raiser/Veil* § 16 Rn. 13.
[303] *Liebscher* ZGR 2005, 1, 20.
[304] *Liebscher* ZGR 2005, 1, 20.

(2) Fleischer

Auch *Fleischer* orientiert sich an der früheren herrschenden Meinung in der Literatur und will die Zuständigkeit der Hauptversammlung weiterhin in Anlehnung an die gesetzlich geregelten Zuständigkeiten herleiten.[305] Zur Begründung zieht er die organisationsrechtliche Grundkonzeption des geltenden Aktienrechts heran. Kennzeichnend für die Binnenorganisation der Aktiengesellschaft sei die Aufgabentrennung zwischen den zwei Machtzentren, der Hauptversammlung als „Herrin der Satzung" und dem Vorstand als „Zentrum unternehmerischer Leitungsmacht". Der Geschäfts- und Wirkungsrahmen, den die Hauptversammlung durch die Satzung dem Vorstand vorgibt, muss aufgrund der mannigfaltigen Konstellationen notwendig unvollkommen bleiben. Bewältigen lassen sich diese strukturellen Steuerungsdefizite nur durch die Rückbesinnung auf die im Aktiengesetz angelegte Basiszuständigkeit der Hauptversammlung in den Fragen der Unternehmensverfassung, sofern eine Leitungsmaßnahme den rechtlichen oder wirtschaftlichen Aufbau der Gesellschaft als solche berührt. Dabei sollen sich die konkreten Fallkonstellationen an den geschriebenen Zuständigkeiten orientieren. Richtigerweise verlange eine Analogie jedoch nicht notwendig eine vollständige Übernahme der Referenzvorschrift, sondern lasse in einzelnen Punkten durchaus Anpassungen zu.

(3) Arnold

Arnold lässt es dahinstehen, ob der dogmatische Ansatz des BGH überzeugt.[306] Für ihn ist der ursprüngliche Ansatz des BGH über § 119 Abs. 2 AktG weiterhin der Überzeugendste. Dieser sei mit der gesetzlichen Kompetenzordnung am ehesten in Einklang zu bringen. Außerdem könne man daraus eindeutig herleiten, dass ein Holzmüllerverstoß die Maßnahmen im Außenverhältnis unberührt lässt.

bbb. Zustimmende Ansichten in der Literatur

Auch die dem Ansatz des BGH zustimmende Literatur verdeutlicht, dass durchaus auch die aufgezeigten alternativen Lösungsansätze die Zuständigkeit der Hauptversammlung in Holzmüller-Fällen überzeugend begründen könnten.[307] *Habersack* erkennt an, dass die Methodenlehre durchaus hergebe, die analoge Anwendung geschriebener Zuständigkeiten an die besonderen Verhältnisse des Holzmüller-Sachverhaltes anzupassen und mit abgeschwächten Rechtsfolgen zu versehen.[308] *Reichert* verdeutlicht zwar, dass er mit der salomonischen Entscheidung des BGH leben könne, persönlich hätte er jedoch den Rückgriff auf § 119 Abs. 2 AktG vorgezogen.[309] Zwar hätte man es damit schwerer gehabt die Dreiviertelmehrheit zu begründen, je-

---

305 *Fleischer* NJW 2004, 2335, 2337.
306 *Arnold* ZIP 2005, 1573, 1575.
307 *Habersack* AG 2005, 137, 142; *Reichert* AG 2005, 150, 152.
308 *Habersack* AG 2005, 137, 142.
309 *Reichert* AG 2005, 150, 152.

doch sei dies nicht unmöglich.[310] Darüber hinaus räumt *Reichert* ein, dass der Ansatz über eine Teilanalogie zwar nicht gerade elegant sei, aber immerhin einen denkbaren Ansatz liefere.[311] Letztlich wird jedoch der Meinung des BGH mit der Begründung gefolgt, dass wenn man sich einmal auf die Verwässerung mitgliedschaftlicher Rechte als Voraussetzung ungeschriebener Zuständigkeiten eingelassen habe, es der Nennung einer oder mehreren Referenznormen nicht bedürfe.[312] Die Anerkennung des Mediatisierungseffekts als zuständigkeitsbegründender Tatbestand ist mit anderen Worten der entscheidende Akt der Rechtsfindung; er sei das Ergebnis einer Fortbildung des Rechts durch Rechtsprechung und Wissenschaft.[313]

cc. Stellungnahme

Die dargestellten Meinungen verdeutlichen, dass der seit der Holzmüller-Entscheidung bestehende Streit bezüglich der dogmatischen Herleitung durch die Gelatine-Entscheidungen nicht entschieden ist, sondern vielmehr um einen anderen Ansatz erweitert wurde. Die Meinung des BGH in der Holzmüller-Entscheidung und die nach der Holzmüller-Entscheidung herrschende Literaturmeinung werden weiterhin vertreten.[314] Zusätzlich stehen diesen Meinungsgruppen nun der BGH in den Gelatine-Entscheidungen und die ihm darin folgenden Literatur gegenüber.

Die Annahme von ungeschriebenen Zuständigkeiten bezweckt den Schutz der Aktionäre vor tiefen Eingriffen in ihre Mitgliedschaftsrechte. Die Bestimmung der dogmatischen Grundlage kann immer nur das nachzeichnen, was auf der vorgelagerten Begründungsebene, nämlich der Schutzzweckbestimmung entschieden worden ist.[315] Deshalb kommt als dogmatische Grundlage für die ungeschriebenen Zuständigkeiten der Hauptversammlung nur ein Rückgriff auf Normen in Betracht, die den Schutz der Mitgliedschaftsrechte der Aktionäre bezwecken.

aaa. Ablehnung einer Vorlagepflicht im Rahmen des § 119 Abs. 2 AktG

Die Begründung einer Vorlagepflicht im Rahmen des § 119 Abs. 2 AktG ist daher mit dem BGH in den Gelatine-Entscheidungen[316] und der herrschenden Literatur[317] abzulehnen. Wie oben dargelegt schützt die Norm die Interessen der Vorstandsmitglieder, die durch eine Vorlage an die Hauptversammlung ihre persönliche Verantwortlichkeit

---

[310] *Reichert* AG 2005, 150, 152.
[311] *Reichert* AG 2005, 150, 152.
[312] *Habersack* AG 2005, 137, 143.
[313] *Habersack* AG 2005, 137, 143; zustimmend *Reichert* AG 2005, 150, 153.
[314] Vgl. zu den verschiedenen Meinungen oben § 3 III. 2 S. 17 ff.
[315] *Habersack* AG 2005, 137, 143.
[316] BGHZ 159, 30, 42 („Gelatine II").
[317] *Hirte* EWiR § 179 AktG 2004, 1161, 1162; *Fleischer* NJW 2004, 2335, 2337; *Koppensteiner* Konzern 2004, 381, 383 f.; *Liebscher* ZGR 2005, 1, 20 f.; *Simon* DStR 2004, 1528, 1530; im Ergebnis auch *Arnold* ZIP 2005, 1573, 1579.

nach § 93 Abs. 4 Satz 1 AktG ausschließen können.[318] Ein Schutz der Mitgliedschaftsrechte der Aktionäre ist der Vorschrift dagegen nicht zu entnehmen. Darüber hinaus kann mit dem BGH dieser Norm keine auch nur indirekte Verpflichtung des Vorstands entnommen werden, die Hauptversammlung über die gesetzlich geregelten Fälle hinaus an der Geschäftsführung zu beteiligen.[319] Vielmehr erlangt der Vorstand durch § 119 Abs. 2 AktG ausschließlich das Recht, die Hauptversammlung in Fragen der Geschäftsführung einzubeziehen. Somit liegt dieser Norm auch keine vergleichbare Konstellation zugrunde.

bbb. Keine Notwendigkeit für eine offenen Rechtsfortbildung

Auch der vom BGH in den Gelatine-Entscheidungen[320] gewählte Ansatz einer offenen Rechtsfortbildung überzeugt nicht. Für eine solche Rechtsfortbildung durch das Gericht, die sich nicht auf bestimmte Normen des Aktienrechts bezieht, besteht keine Notwendigkeit. Der Ansatz über eine offene Rechtsfortbildung ist das Ergebnis der Auseinandersetzung des BGH mit den bis dato bestehenden Meinungen zur dogmatischen Grundlage der ungeschriebenen Zuständigkeiten der Hauptversammlung. Der BGH lehnt sowohl den Ansatz über § 119 Abs. 2 AktG als auch den von der überwiegenden Literatur befürworteten Ansatz über eine Gesamtanalogie zu aktienrechtlichen und umwandlungsrechtlichen Normen ab. Als Folge werden die zutreffenden Elemente beider Ansätze in der offenen Rechtsfortbildung kombiniert.

Den Ausführungen des BGH bezüglich des Ansatzes über § 119 Abs. 2 AktG ist, wie bereits erläutert, zu folgen.[321] Jedoch überzeugt die Ablehnung des Ansatzes über eine Gesamtanalogie nicht. Der BGH lehnt diesen Ansatz mit der Begründung ab, dass die gesetzlich geregelten Fälle von der Rechtsfolge nicht passen.[322] Ein Verstoß gegen die genannten Normen führt zur Nichtigkeit der Geschäftsführungsmaßnahme im Außenverhältnis wegen fehlender Vertretungsmacht. Die Annahme einer Analogie verlangt jedoch nicht notwendigerweise, dass alle Rechtsfolgen der Referenzvorschrift vollständig übernommen werden müssen.[323] Auch die Möglichkeit einer Teilanalogie ist denkbar und wurde vom BGH[324] an anderer Stelle anerkannt. Entscheidend wird dabei auf die vergleichbare Interessenslage der Beteiligten abgestellt.[325]

Bei Geschäftsführungsmaßnahmen, die einen entsprechend tiefen Eingriff in die Mitgliedschaftsrechte darstellen, besteht lediglich bezüglich der Kompetenz der Hauptver-

---

[318] § 3 III 2. b. aa. S. 19; vgl. zum Normzweck auch *Mülbert*, in: Großkomm. AktG, § 119 Rn. 8.
[319] Vgl. BGHZ 159, 30, 42 („Gelatine II").
[320] BGHZ 159, 30, 42 f. („Gelatine II").
[321] § 5 III 1. b. cc. S. 53 f.
[322] BGHZ 159, 30, 42 f. („Gelatine II").
[323] Vgl. *Fleischer* NJW 2004, 2335, 2337; *Liebscher* ZGR 2005, 1, 20 f.; auch *Zimmermann/Pentz* FS Müller, 2001, 151, 159 f.; zustimmend aber letztlich aufgrund der Schutzzweckbestimmung dem BGH folgend *Habersack* AG 2005, 137, 142.
[324] Vgl. BGHZ 155, 329, 339; 115, 187, 194; 111, 224.
[325] BGHZ 155, 329, 339.

sammlung eine Regelungslücke. Die Hauptversammlung soll bei der internen Willensbildung über Maßnahmen, die die Rechte der Aktionäre stark beeinträchtigen, beteiligt werden. Die gesetzlich geregelten Fälle normieren eine solche Beteiligung für Maßnahmen, die eine Beeinträchtigung der Mitgliedschaftsrechte zur Folge haben oder von überragender Bedeutung für die Gesellschaft sind. Es besteht somit eine vergleichbare Interessenslage zwischen den ungeregelten und geregelten Fallgruppen. Diese begründet eine analoge Anwendung der Vorschriften insoweit, dass die Hauptversammlung auch in der ungeregelten Konstellation intern beteiligt wird.

Dagegen besteht bezüglich der Rechtsfolge keine Regelungslücke. Die normierten Zuständigkeiten der Hauptversammlung haben für den wirksamen Fortbestand der Gesellschaft einen so überragenden Wert, dass es angemessen ist, eine solche Maßnahme ohne einen entsprechenden Beschluss der Hauptversammlung im Außenverhältnis als nichtig anzusehen.

Eine vergleichbare Interessenslage ist aber bei einer ungeschriebenen Zuständigkeit der Hauptversammlung nicht gegeben. Eine Verletzung der Mitgliedschaftsrechte der Aktionäre stellt eine rein interne Streitigkeit dar. Wie oben dargelegt,[326] war es vor den Gelatine-Entscheidungen weit überwiegend anerkannt, dass ein fehlender Beschluss der Hauptversammlung nicht zur Unwirksamkeit der Maßnahme im Außenverhältnis führt. Der BGH hat seine Ansicht aus dem Holzmüller-Urteil in den Gelatine-Entscheidungen bestätigt und eine Außenwirkung eines solchen Verstoßes abgelehnt.[327] Dies ist auch in der auf diese Entscheidungen folgenden Literatur auf Zustimmung gestoßen.[328]

Eine vergleichbare Interessenslage liegt somit nur bezüglich der Beteiligung der Hauptversammlung vor. Die Analogie ist aber nur soweit anzunehmen, wie auch eine vergleichbare Interessenlage besteht. Somit kann hier auch nur eine Teilanalogie angenommen werden.[329] Dies führt dazu, dass die vom BGH als unpassend bezeichnete Rechtfolge der Nichtigkeit der getroffenen Maßnahme im Außenverhältnis gar nicht eintreten muss. Die Ablehnung der bis dato herrschenden Literaturmeinung durch den BGH überzeugt aus den dargelegten Gründen nicht. Es liegt somit eine dogmatische Grundlage für die Annahme von ungeschriebenen Zuständigkeiten vor, die in der aktienrechtlichen Gesetzesdogmatik angelegt ist. Ein Bedürfnis für eine offene Rechtsfortbildung besteht daher nicht.

Gegen die Annahme einer Rechtsfortbildung spricht weiterhin, dass entgegen der Ansicht von *Habersack* durch die Mediatisierung kein abschließendes Kriterium geschaffen wurde, was die Nennung einer mehr oder weniger passenden Rechtsnorm entbehrlich mache.[330] Wenn wie hier der Schutzzweck in dem Schutz der Aktionäre vor tiefen

[326] § 3 III. 3 S. 20 f.
[327] BGHZ 159, 30, 42 f. („Gelatine II"); vgl. unten § 5 III. 2. c. S. 68.
[328] Vgl. *Fuhrmann* AG 2004, 339, 340.
[329] Im Ergebnis auch *Fleischer* NJW 2004, 2335, 2337; *Liebscher* ZGR 2005, 1, 20 f.
[330] So *Habersack* AG 2005, 137, 143.

Eingriffen in ihre Mitgliedschaftsrechte gesehen wird, besteht kein qualitativ abschließendes Kriterium für die Annahme von ungeschriebenen Zuständigkeiten. Vielmehr ist entscheidendes Abgrenzungskriterium, ob ein tiefer Eingriff in die Mitgliedschaftsrechte vorliegt. Dieses stellt jedoch kein konkretes Kriterium wie eine Begrenzung auf die Fälle der Mediatisierung von Mitgliedschaftsrechten dar und bedarf einer tatbestandlichen Annäherung an gesetzlich normierte Zuständigkeiten der Hauptversammlung.

Schließlich stellt das Abstellen auf eine offene Rechtsfortbildung selbst gar keine dogmatische Begründung dar, sondern allenfalls wird dadurch das eingetretene Ergebnis beschrieben.[331] Somit kann auch der vom BGH vertretenen Meinung nicht gefolgt werden.

ccc. (Teil-)Analogie zu verschiedenen aktien- und umwandlungsrechtlichen Vorschriften als dogmatische Grundlage

Als dogmatische Grundlage für die ungeschriebenen Zuständigkeiten der Hauptversammlung kommt mit der herrschenden Literatur nur eine (Teil-)Analogie zu verschiedenen aktienrechtlichen und umwandlungsrechtlichen Normen in Betracht.[332]
Für eine Anlehnung der ungeschriebenen Zuständigkeiten an die geschriebenen Zuständigkeiten der Hauptversammlung spricht die Einfügung in das Regelungssystem des AktG. Danach soll die Hauptversammlung nur in bestimmten Fallkonstellationen über Geschäftsführungsmaßnahmen Beschluss fassen. Wenn die ungeschriebenen Zuständigkeiten durch eine offene Rechtsfortbildung begründet werden, stellt dies eine außerhalb des Systems liegende, sehr ergebnisorientierte Grundlage für die ungeschriebenen Zuständigkeiten dar. Dagegen wird durch die Analogie zu den gesetzlich normierten Zuständigkeiten eine systemimmanente Lösung geschaffen. Die geschriebenen Zuständigkeiten können einen Vergleichsrahmen schaffen, an denen sich die ungeschriebenen Zuständigkeiten bezüglich Schwere des Eingriffs und Eingriffsart zu orientieren haben.[333]

Weiterhin spricht insbesondere der Schutzzweck der ungeschriebenen Zuständigkeiten für die Annahme einer Analogie als dogmatische Grundlage. Sinn und Zweck der ungeschriebenen Zuständigkeit der Hauptversammlung ist der Schutz der Mitgliedschaftsrechte.[334] Das Aktiengesetz enthält unterschiedliche Vorschriften, die den

---

331 So auch *Liebscher*, in: Becksch. Hdb. AG, § 14 Rn. 51.

332 Nach den Gelatine-Entscheidungen *Fleischer* NJW 2004, 2335, 2337; *Liebscher* ZGR 2005, 1, 22; *Raiser/Veil* § 16 Rn. 30; vor den Gelatine-Entscheidungen vgl. *Altmeppen* DB 1998, 49, 50 f.; *Krieger*, in: Münch. Hdb. GesR AG, § 69 Rn. 6; *Kubis*, in: MüKo AktG, § 119 Rn. 41; *Lutter* FS Stimpel, 1985, S. 825, 843; *Mertens*, in: Kölner Komm. AktG, § 76 Rn. 52; *Mülbert*, in: Großkomm. AktG, § 119 Rn. 23; *Priester* ZHR 163 (1999), 187, 195; *K. Schmidt*, GesR, § 28 V 2 b S. 872; *Timm* ZHR 153 (1989), 60, 69; **a. A.:** *Joost* ZHR (1999), 164, 174, der die Gesamtanalogie als krassen Widerspruch zur enumerativen Regelung der Zuständigkeit der Hauptversammlung und daher als gesetzesfremd ansieht.

333 Vgl. zur Gesamtanalogie auch *Larenz* S. 371 f.

334 § 5 III. 1. a. cc. bbb. (2) S. 45 ff.

Schutz der Mitgliedschaftsrechte auf verschiedene Weise bewirken.[335] Wenn nun die Zuständigkeit der Hauptversammlung auf weitere Fälle ausgedehnt werden soll, können als Anknüpfungspunkt nur die Normen dienen, die bereits einen solchen Schutz kodifizieren.

ddd. Bezugsnormen

Fraglich ist jedoch, welche Vorschriften letztendlich für eine (Teil-)Analogie heranzuziehen sind. Möglich ist dabei eine Einzelanalogie oder eine Gesamtanalogie zu verschiedenen aktienrechtlichen und umwandlungsrechtlichen Normen.

In Betracht käme zunächst eine Einzelanalogie, zum Beispiel zu § 179 AktG.[336] Eine solche Einzelanalogie hätte zwei große Vorteile, zum einen die Nähe zu der typischerweise in klassischen Holzmüller-Fällen in Betracht kommenden gesetzlichen Zuständigkeit wegen „faktischer Satzungsänderung" und zum anderen die bruchlose Erklärung des weitgehend anerkannten Ergebnisses, dass Verstöße gegen die Holzmüller-Doktrin nicht ins Außenverhältnis durchschlagen.[337]

Die Bezugnahme auf eine einzelne Norm ist jedoch vor dem Hintergrund des verfolgten Schutzzwecks als dogmatische Grundlage nicht geeignet. Dies würde dem umfassenden Schutz der durch die Annahme von ungeschriebenen Zuständigkeiten erreicht werden soll, nicht gerecht werden.[338] Tiefe Eingriffe in die Mitgliedschaftsrechte sind nicht nur bei einer Mediatisierung von Mitgliedschaftsrechten, sondern auch in anderen Konstellationen denkbar. Wenn jetzt die ungeschriebenen Zuständigkeiten nur an eine Norm angelehnt werden, findet dadurch aber eine Festlegung auf einen Aspekt der Mitgliedschaft statt. Die dogmatische Grundlage der ungeschriebenen Zuständigkeit soll aber den umfassenden Schutz der Mitgliedschaftsrechte dokumentieren.[339] Deshalb ist nicht auf eine einzelne Norm abzustellen, sondern es ist eine Gesamtanalogie zu verschiedenen Vorschriften herzustellen, die verschiedene Aspekte des Schutzes der Mitgliedschaft bezwecken.

Für eine solche Gesamtanalogie kommen nur Normen in Betracht, die eine Beteiligung der Hauptversammlung aufgrund des Schutzes der Mitgliedschaftsrechte kodifizieren. Vorschriften, die einen Beschluss der Hauptversammlung aus anderen Gründen normieren, kommen als Referenznormen hier nicht in Betracht.

In der Literatur werden insbesondere § 179 AktG (Änderung der Grundlagen des Mitgliedschaftsverhältnisses), §§ 182, 193, 203 AktG (drohende Verwässerung der Mitgliedschaftsrechte), §§ 293, 319 AktG (Verringerung der Mitgliedschaftsrechte durch Zusammenschlüsse), sowie §§ 13 Abs. 1, 65 Abs. 1 UmwG (drohende Verwässerung der Mitgliedschaftsrechte durch Hinzutreten neuer Gesellschafter) genannt. Diese Normen bewirken durch die Beteiligung der Hauptversammlung einen Schutz

[335] Z.B. §§ 179, 182, 193, 203, 293, 319, AktG; §§ 13, 65 UmwG.
[336] So *Kubis*, in: Großkomm. AktG, § 119 Rn. 41.
[337] *Kubis*, in: Großkomm. AktG, § 119 Rn. 41; *Liebscher* ZGR 2005, 1, 22.
[338] So auch *Liebscher* ZGR 2005, 1, 22.
[339] Vgl. auch *Liebscher* 1995, S. 84.

der Mitgliedschaftsrechte und sind daher als Referenznormen heranzuziehen. Insoweit ist der Literatur zu folgen.

Dagegen kommt eine Analogie auch zu § 179a AktG nicht in Betracht. Diese Norm bezweckt den präventiven Schutz vor Missbräuchen zugunsten des Mehrheitsgesellschafters, so dass die Vorschrift auf der Linie des § 117 AktG liegt und gerade nicht dem Mitgliedschaftsschutz dient.[340]

eee. Ergebnis

Die dogmatische Grundlage der ungeschriebenen Zuständigkeiten liegt somit in einer Gesamtanalogie zu §§ 179, 182, 193, 203, 293, 319 AktG, sowie §§ 13 Abs. 1, 65 Abs. 1 UmwG. Die Analogie ist aber insofern nur eine Teil-Analogie, als dass ein Verstoß gegen die Vorlagepflicht im Außenverhältnis nicht zur Unwirksamkeit der Maßnahme führt.

c. Berichtspflichten

Auch der Umfang der Informationspflichten des Vorstands im Rahmen der Vorbereitung und Durchführung der Hauptversammlung gegenüber den Aktionären ist durch die Gelatine-Entscheidungen des BGH nicht abschließend geklärt worden und, wie nicht zuletzt mehrere ausführliche Stellungnahmen aus dem Schrifttum nach den Gelatine-Entscheidungen verdeutlichen,[341] in der Literatur[342] und Rechtsprechung[343] weiterhin umstritten. In den Gelatine-Entscheidungen hat sich der BGH zu diesem Problemkreis nicht ausdrücklich geäußert.[344] Jedoch lassen sich einigen Aussagen des BGH auch Hinweise auf den Umfang der Berichtspflichten des Vorstands entnehmen.

aa. Ansichten der Literatur und Rechtsprechung

In Anlehnung an die oben gewählte Aufteilung[345] kann man drei Stufen der Informationspflichten des Vorstands unterscheiden, die erweiterte Bekanntmachungspflicht analog § 124 Abs. 2 Satz 2 AktG, den schriftlichen Bericht und die Auslegung von Verträgen.

aaa. Erweiterte Bekanntmachungspflicht analog § 124 Abs. 2 Satz 2 AktG

Wie schon in der Rechtsprechung und Literatur nach der Holzmüller-Entscheidung entspricht es auch nach den Gelatine-Entscheidungen der allgemeinen Meinung in der

---

340 *Liebscher* ZGR 2005, 1, 21; zum Normzweck vgl. *Hüffer* AktG, § 179a Rn. 1; *Stein*, in: MüKo AktG, § 179a Rn. 5 ff.

341 *Arnold* AG 2005, R 364; *Kort* AG 2006, 272; *Weißhaupt* AG 2004, 585.

342 Vgl. *Reichert* AG 2005, 150, 158 f.

343 Vgl. zu diesem Problemkreis zuletzt LG München I, Urteil v. 14.08.2006 Az. 5HK O 1558/06.

344 Anders aber der BGH in der Macrotron-Entscheidung, BGHZ 157, 43, wonach ein Zustimmungsbeschluss der Hauptversammlung zum Delisting wie oben dargelegt zwar erforderlich ist, ein Vorstandsbericht jedoch entbehrlich sein soll.

345 § 3 III. 5. S. 22 ff.; vgl. *Hüffer* AktG, § 119 Rn. 19.

Literatur und Rechtsprechung, dass der Vorstand bei Maßnahmen, die einer ungeschriebenen Zuständigkeit der Hauptversammlung unterfallen, einer erweiterten Bekanntmachungspflicht analog § 124 Abs. 2 Satz 2 AktG unterliegt.[346] Will oder muss sich der Vorstand des Einverständnisses der Hauptversammlung zu einem Vertragsschluss oder einer Holzmüller-Maßnahme versichern, muss er den Aktionären die entsprechenden Informationen zukommen lassen.[347] Auch in der Rechtsprechung nach den Gelatine-Entscheidungen wird eine entsprechende Verpflichtung des Vorstands angenommen.[348] Diese wird aber generell schon dann angenommen, wenn der Vorstand der Hauptversammlung gemäß § 119 Abs. 2 AktG eine Maßnahme zur Zustimmung vorlegt und ist nicht nur auf Fälle ungeschriebener Zuständigkeiten begrenzt.

bbb. Schriftlicher „Holzmüller-Bericht“

Auch die umstrittene Frage, ob in den Fällen ungeschriebener Hauptversammlungszuständigkeiten eine Pflicht zur Erstellung eines sogenannten „Holzmüller-Berichts“ besteht, wurde in den Gelatine-Entscheidungen des BGH nicht abschließend geklärt.

Der überwiegende Teil der Literatur hält auch nach den Gelatine-Entscheidungen einen schriftlichen „Holzmüller-Bericht“ für erforderlich.[349] Begründet wird diese Meinung insbesondere mit der in den Gelatine-Entscheidungen klargestellten Nähe der Holzmüller-Maßnahmen zu den struktur- und satzungsändernden Maßnahmen mit ihren Berichtspflichten.[350]

Hüffer lehnt eine solche Berichtspflicht weiterhin ab.[351] Begründet wird diese Ansicht damit, dass die jeweilig in Betracht kommende Maßnahme auch einer Befassung der Hauptversammlung allenfalls satzungsnahen Charakter habe und § 179 AktG selbst bei einer Satzungsänderung keine Berichtspflicht vorsehe.

Teilweise wird jedoch auch weiterhin eine differenzierende Ansicht vertreten.[352] Danach soll eine Verpflichtung zur Erstellung eines „Holzmüller-Berichts“ bei der Holzmüller-Vorlage eines Vertrags oder Vertragsentwurfs nicht bestehen, da eine Bekanntmachungspflicht analog § 124 Abs. 2 Satz. 2 AktG für ausreichend angesehen wird.[353] Die Erstellung eines Vorstandsberichts ist danach in diesen Fällen lediglich freiwillig. Zwingend soll ein solcher Bericht nur zur Vorbereitung auf solche Beschlüsse sein, die ein Umstrukturierungsvorhaben zum Gegenstand haben, das noch keine vertragliche Ausprägung erfahren hat.

---

[346] LG München I, Urteil v. 24.08.2006, Az.: 5HK O 1558/06, S. 14 ff. n.v.; *Arnold* AG 2005, R 364, R 366; *Hüffer* AktG, § 119 Rn. 19; *Habersack*, in: Emmerich/Habersack Vor § 311 Rn. 52; *Ek*, in: Hölters Teil XI Rn. 157; *Pentz*, in: Fleischer § 17 Rn. 167; *Weißhaupt* AG 2004, 585, 588.
[347] *Arnold* AG 2005, R 364, R 366.
[348] LG Frankfurt Konzern 2005, 379.
[349] *Arnold* AG 2005, R 364, R 366; *ders.* ZIP 2005, 1573, 1578; *Bungert* BB 2004, 1345, 1351; *Habersack*, in: Emmerich/Habersack Vor § 311 Rn. 52; *Pentz*, in: Fleischer § 17 Rn. 167; *Ek*, in: Hölters Teil XI Rn. 166 ff.; Raiser/*Veil* § 16 Rn. 14; *Reichert* AG 2005, 150, 158 f.
[350] Vgl. *Arnold* AG 2005, R 364, R 366; *ders.* ZIP 2005, 1573, 1578; *Bungert* BB 2004, 1345, 1351.
[351] *Hüffer* AktG, § 119 Rn. 19.
[352] *Weißhaupt* AG 2004, 585, 588 ff.; wohl auch *Götze* NZG 2004, 585, 589.
[353] *Weißhaupt* AG 2004, 585, 589.

ccc. Auslegung von Verträgen

Auch was schließlich die Frage betrifft, ob der Vorstand im Rahmen der Einberufung und Durchführung der Hauptversammlung verpflichtet ist, bestimmte Verträge auszulegen, bestand für den BGH in den Gelatine-Entscheidungen kein Anlass näher auf diese einzugehen. Auch in der Literatur nach den Gelatine-Entscheidungen bestehen diesbezüglich verschiedene Ansichten.

Teilweise wird auch nach den Gelatine-Entscheidungen eine grundsätzliche Pflicht des Vorstands zur Auslegung von Verträgen angenommen.[354] Wiederum wird zur Begründung auf die vom BGH betonte Nähe zu den Strukturmaßnahmen verwiesen, für die eine Auslegung der Verträge kodifiziert ist.

Andere Teile der Literatur nach den Gelatine-Entscheidungen lehnen dagegen weiterhin eine grundsätzliche Verpflichtung zur Auslegung von Verträgen ab.[355] In Anlehnung an die „Altana/Milupa-Rechtsprechung"[356] des BGH kommt danach eine solche Verpflichtung nur im Einzelfall unter besonderen Umständen in Betracht.[357]

bb. Stellungnahme

Die Frage der Reichweite der Informationspflichten des Vorstands gegenüber der Hauptversammlung ist, wie die vorstehenden Ausführungen verdeutlichen, auch nach den Gelatine-Entscheidungen des BGH nicht eindeutig geklärt.

aaa. Annahme einer erweiterten Bekanntmachungspflicht

Dass der Vorstand einer erweiterten Bekanntmachungspflicht analog § 124 Abs. 2 Satz 2 AktG unterliegt, war schon im Meinungsspektrum nach der Holzmüller-Entscheidung der „kleinste gemeinsame Nenner"[358] der Holzmüller-Informationspflichten. Die Rechtsprechung und das Schrifttum nach den Gelatine-Entscheidungen hat diese Sichtweise bestätigt.[359] Dieser Meinung ist sich anzuschließen. Vor dem Hintergrund, dass die Aktionäre ausreichend über die Tatsachen informiert werden müssen, über die sie zu entscheiden haben, hat der Vorstand schon im Zeitpunkt der Einberufung der Hauptversammlung die Aktionäre über die wesentlichen Inhalte der geplanten Strukturmaßnahme zu unterrichten. Ein erhöhtes Informationsbedürfnis ergibt sich zudem

---

[354] *Habersack*, in: Emmerich/Habersack Vor § 311 Rn. 52; *Ek*, in: Hölters Teil XI Rn. 161 ff.; wohl auch *Arnold* AG 2005, R 364, R 366 f.

[355] *Weißhaupt* AG 2004, 585, 591; *Götze* NZG 2004, 585, 589; *Pentz*, in: Fleischer § 17 Rn. 167.

[356] BGHZ 146, 288 („Altana/Milupa"), in dieser Entscheidung ging es um die Informationspflichten des Vorstands bei der Vorlage eines Verpflichtungsvertrag einer einhundertprozentigen (Konzern-) Tochtergesellschaft zur Übertragung ihres ganzen Gesellschaftsvermögens, der aufgrund eines Rücktrittsvorbehalts von der Billigung der Hauptversammlung der Muttergesellschaft abhängig ist; vgl. Besprechung dieser Entscheidung von *Drinkuth* AG 2001, 256; *Schockenhoff* NZG 2001, 921; Tröger ZHR 165 (2001), 593.

[357] *Weißhaupt* AG 2004, 585, 591; *Pentz*, in: Fleischer § 17 Rn. 167.

[358] So zu Recht *Weißhaupt* AG 2004, 585, 588.

[359] LG München I, Urteil v. 24.08.2006, Az.: 5HK O 1558/06, S. 14 ff. n.v.; *Arnold* AG 2005, R 364, R 366; *Hüffer* AktG, § 119 Rn. 19; *Habersack*, in: Emmerich/Habersack Vor § 311 Rn. 52; *Ek*, in: Hölters Teil XI Rn. 157; *Pentz*, in: Fleischer § 17 Rn. 167; *Weißhaupt* AG 2004, 585, 588.

aus dem mit der Maßnahme verbundenen tiefen Eingriff in die Mitgliedsrechte der Aktionäre. Eine Maßnahme, die einer Zustimmung durch die Hauptversammlung bedarf, hat, insbesondere durch die Verschärfung der qualitativen Anforderungen in den Gelatine-Entscheidungen, einen großen Einfluss auf die Mitgliedsrechte der Aktionäre. Um die Auswirkungen dieser Entscheidung nachvollziehen zu können, bedarf es jedenfalls einer erweiterten Bekanntmachungspflicht analog § 124 Abs. 2 Satz 2 AktG.

bbb. Erfordernis eines „Holzmüller-Berichts"

Ob der Vorstand darüber hinaus ebenfalls verpflichtet ist, grundsätzlich einen schriftlichen „Holzmüller-Bericht" zu erstellen, ist deutlich schwieriger zu beantworten.

Für das Erfordernis zur Erstellung einer über die erweiterte Bekanntmachungspflicht hinaus gehende Vorwegbegründung spricht wiederum der mit der Maßnahme verbundene tiefe Eingriff in die Mitgliedsrechte der Aktionäre. Ein solcher Bericht würde auch Informationen über Hintergründe und Handlungsalternativen aufzeigen,[360] die den Aktionär in eine bessere Lage versetzen, über die Maßnahme zu entscheiden. Wenn man das weitergehende Informationsbedürfnis der Aktionäre zudem lediglich auf das Auskunftsrecht in der Hauptversammlung gemäß § 131 AktG beschränken würde, würde dies den zeitlichen Rahmen der Hauptversammlung übersteigen.

Weiterhin spricht auch die dogmatische Grundlage der ungeschriebenen Zuständigkeiten für ein solches Berichtserfordernis. Wenn, wie hier, die dogmatische Grundlage in einer Gesamtanalogie zu verschiedenen gesetzlich geregelten Zuständigkeiten der Hauptversammlung für Strukturmaßnahmen gesehen wird,[361] bei denen ein solcher Bericht überwiegend erforderlich ist, erscheint es folgerichtig auch in den Fällen einer ungeschriebenen Zuständigkeit eine Verpflichtung zur Berichterstellung des Vorstands anzunehmen. Eine Verpflichtung zur Erstellung eines solchen Berichts besteht lediglich bei einer Satzungsänderung bzw. einer Kapitalerhöhung und beim genehmigten Kapital ohne Bezugsrechtauschluss gemäß §§ 179, 182, 193, 203 AktG nicht. Bei der Kapitalerhöhung unter Beibehaltung des Bezugsrechts ist der mit der Maßnahme verbundenen Eingriff vorhersehbar und verhältnismäßig gering, da die Aktionäre durch die Ausübung ihrer Bezugsrechte einen Eingriff in ihre Mitgliedsrechte verhindern können. Auch bei einer Satzungsänderung sind die Folgen für die Mitgliedsrechte der Aktionäre überschaubar. Deshalb besteht hinsichtlich des Informationsbedürfnisses der Aktionäre keine vergleichbare Situation mit den Fällen einer ungeschriebenen Zuständigkeit der Hauptversammlung. Die Hintergründe und Folgen einer Ausgliederung des wichtigsten Betriebsteils im Wege der Einzelrechtsnachfolge sind beispielsweise für die Aktionäre nicht auf Anhieb erkennbar. Dieser Fall entspricht hinsichtlich des Informationsbedürfnisses eher einer Verschmelzung, Eingliederung oder einem Abschluss eines Unternehmensvertrages. In diesen Fällen ist gemäß §§ 293f Abs. 1 Nr. 3,

[360] Vgl. zum Inhalt und Aufbau eines solchen „Holzmüller-Berichts" *Ek*, in: Hölters Teil XI Rn. 169.
[361] § 5 III. 1. b. cc. S. 53 ff.

319 Abs. 3 Satz 1 Nr. 3 AktG, §§ 8, 63 Ab. 1 Nr. 4 UmwG ein entsprechender Bericht zu erstellen und den Aktionären zugänglich zu machen.

Gegen das Erfordernis eines solchen Berichts wird vorgetragen, dass es sich trotz der Befassung der Hauptversammlung um eine Geschäftsführungsmaßnahme handele, die einen geringeren Informationsstandard als eine Strukturmaßnahme begründe. Dieses Argument überzeugt insofern nicht, da gerade die Auswirkungen der in Betracht kommenden Maßnahmen mit den Strukturmaßnahmen vergleichbar sind. Aus der Sicht der Aktionäre, die Empfänger eines solchen Berichts sind, ist es unbedeutend, durch welche Art von Maßnahme entscheidend in ihre Mitgliedsrechte eingegriffen wird. In beiden Fällen besteht jedenfalls das Bedürfnis bestmöglich über die Maßnahme sowie ihre Hintergründe und Auswirkungen auf die Gesellschaft informiert zu werden.

Für das Erfordernis eines solchen Vorstandsberichts sprechen schließlich auch die Ausführungen des BGH in den Gelatine-Entscheidungen. Darin wird mehrfach betont, dass eine ungeschriebene Zuständigkeit nur in Ausnahmefällen in Betracht kommt, die an eine Satzungsänderung heranreichen.[362] Wenn nun eine solche Zuständigkeit besteht, handelt es sich um eine für die Gesellschaft und ihre Aktionäre grundlegende Entscheidung. Diese ist jedenfalls mit den gesetzlich geregelten Fällen, in denen eine Berichtspflicht besteht, vergleichbar. Deshalb muss auch hier grundsätzlich eine entsprechende Berichtspflicht bestehen.[363]

Fraglich ist aber, ob eine solche Berichtspflicht jedenfalls in den Fällen entbehrlich ist, in denen lediglich die Zustimmung zu einem bestimmten Vertrag oder Vertragsentwurf begehrt wird. Hier wird argumentiert, dass die Bekanntmachung des wesentlichen Inhalts des Vertrags analog § 124 Abs. 2 Satz 2 AktG ausreiche und darüber hinaus gehende Informationen nicht erforderlich seien. Dagegen spricht aber, dass sich auch in den Fällen, in denen Gegenstand der Holzmüller-Vorlage lediglich ein bestimmter Vertrag oder Vertragsentwurf ist, die Hintergründe und die Auswirkungen des Vertrags nicht notwendigerweise aus seinem Inhalt ergeben und damit für die Aktionäre ersichtlich sind. Bei umfangreichen und komplexen Vertragstexten bedeutet die Bekanntmachung des wesentlichen Inhalts des Vertrags nicht zwangsläufig, dass die Aktionäre ausreichend informiert sind, um sachgerecht über die zustimmungsbedürftige Tatsache zu entscheiden. Eine Differenzierung zwischen einer Beschlussfassung über ein strategisches Konzept und über die Zustimmung zu einem konkreten

---

362 BGHZ 159, 30 („Gelatine II") vgl. nur 1. Leitsatz.

363 Die Wichtigkeit des Mitgliedschaftseingriff hebt die Holzmüller-Maßnahme auch entgegen der Meinung von *Weißhaupt* AG 2004, 585, 589 nicht deutlich den gesetzlich geregelten Umstrukturierungsmaßnahmen ab. Die Schlussfolgerung daraus, dass sich eine pauschale Übernahme der umstrukturierungsbezogenen Informationsanforderungen verbiete, ist daher abzulehnen. Vielmehr erscheint gerade im Vergleich zu den gesetzlich geregelten Berichtspflichten eine Berichtspflicht auch bei Holzmüller-Maßnahmen notwendig.

Vertrag findet jedenfalls hinsichtlich der Verpflichtung zur Erstellung eines Vorstandsberichts nicht statt.

ccc. Differenzierung nach Beschlußgegenständen bei der Verpflichtung zur Auslage von Verträgen

Schließlich stellt sich die Frage, ob der Vorstand zur Auslage der relevanten Verträge verpflichtet ist. Hier ist eine entsprechende Differenzierung zwischen den Beschlussgegen-ständen notwendig. Die Auslage von Vertragsdokumenten kommt nur in den Fällen in Betracht, in denen bestimmte Verträge oder ein Vertragsentwurf schon vorliegen, nicht jedoch bei einer Entscheidung über ein strategisches Konzept.

Für die Verpflichtung zur Auslage von Verträgen im Fall der Abstimmung über einen Vertrag spricht zunächst, wie im Hinblick auf die Berichtspflicht, die dogmatische Grundlage der ungeschriebenen Zuständigkeiten. Bei verschiedenen Normen, die die Basis für die Analogie als dogmatische Grundlage der ungeschriebenen Zuständigkeiten bilden, besteht gemäß §§ 293f Abs. 1 Nr.1, 239g Abs. 1 AktG, §§ 63 Abs. 1 Nr. 1, 64 Abs. 1 Satz 1 UmwG eine entsprechende Auslagepflicht.
Weiterhin wird für eine Auslagepflicht vorgetragen, dass der Vorstand durch eine zu restriktive Bekanntmachung des wesentlichen Inhalts den Aktionären wichtige Passagen des Vertrags vorenthalten könnte. Dieses Argument spricht jedoch nicht überzeugend dafür, dass die gesamten Verträge offen zu legen sind. Wenn ein Aktionär weitergehende Informationen hinsichtlich des Inhalts des Vertrages erlange$ möchte, ist dies aufgrund des Auskunftsrechts des Aktionärs gemäß § 131 AktG auch in der Hauptversammlung möglich.

Gegen die Auslegung der Verträge spricht, dass die Aktionäre schon durch die erweiterte Bekanntmachungspflicht und den entsprechenden Vorstandsbericht ausführlich über die zur Entscheidung stehende Maßnahme informiert worden sind. Die Auslegung der Verträge würde den Informationsstand der Aktionäre nicht entscheidend verbessern. Hinzu kommt außerdem, dass die Gesellschaft ein berechtigtes Interesse an der Geheimhaltung bestimmter Vertragsdokumente hat. Wenn jeder Aktionär die Möglichkeit hätte, im Rahmen der Hauptversammlung umfassend in wichtige Vertragsdokumente Einsicht zu erlangen, könnte dies für die Gesellschaft und den Vertragspartner negative Folgen haben.

cc. Zwischenergebnis

Zusammenfassend ist festzustellen, dass der Vorstand im Rahmen der Vorlage einer Maßnahme, die einer ungeschriebenen Zuständigkeit der Hauptversammlung unterliegt, einer erweiterten Bekanntmachungspflicht gemäß § 124 Abs. 2 Satz 2 AktG analog unterliegt und zusätzlich zur Erstellung einer sogenannten „Holzmüller-Berichts" verpflichtet ist. Eine Verpflichtung zur Auslage der Verträge besteht dagegen nicht.

d. Maßnahmenkatalog

Welche Geschäftsführungsmaßnahmen eine ungeschriebene Zuständigkeit hervorrufen, ist auch nach den Gelatine-Entscheidungen nicht abschließend geklärt. Wie oben dargelegt,[364] wurde der Kreis der möglichen „Holzmüller"-Maßnahmen bis zu den Gelatine-Entscheidungen stetig erweitert.

Der BGH hat in den Gelatine-Entscheidungen ausdrücklich offen gelassen, welche einzelnen Geschäftsführungsmaßnahmen des Vorstands eine ungeschriebene Zuständigkeit der Hauptversammlung hervorrufen.[365] Der Streitfall gebe keinen Anlass abschließend darüber zu befinden, wann der Vorstand unter dem Gesichtspunkt eines tiefgreifenden Eingriffs in die mitgliedschaftlichen Befugnisse der Aktionäre zur Vorlage an die Hauptversammlung verpflichtet ist. Ausschließlich für den Fall der Mediatisierung von Mitgliedschaftsrechten wird eine Zuständigkeit ausdrücklich bejaht. Ein solcher Mediatisierungseffekt wird ausdrücklich für zwei Maßnahmen angenommen. Dies ist zum einen die Ausgliederung eines wichtigen Betriebs auf eine dazu gegründete Tochtergesellschaft. Diese Konstellation lag der Holzmüller-Entscheidung zugrunde. Zum anderen die Umhängung einer Tochtergesellschaft unter eine andere Tochtergesellschaft, so dass die ursprüngliche Tochtergesellschaft zur Enkelgesellschaft wird. Hierin wird ebenfalls eine Machtverschiebung zulasten der Aktionäre gesehen.

Ausdrücklich abgelehnt wird die Vorlagepflicht aber für Fälle, in denen die Geschäftsanteile lediglich von einer 100prozentigen auf eine andere 100prozentige Tochtergesellschaft übertragen werden.[366] Hier nehme der Einfluss der herrschenden Obergesellschaft und deren Hauptversammlung nicht ab.

In der Literatur werden, ausgehend von den unterschiedlichen Schutzzweck-Auslegungen, verschiedene Geschäftsführungsmaßnahmen diskutiert, in denen eine ungeschriebene Zuständigkeit der Hauptversammlung bestehen kann.[367] Neben den vom BGH erwähnten Fallgestaltungen der Ausgliederung, Verenkelung und Umhängung wird insbesondere auf die Fälle der Beteiligungsveräußerung und des Beteilungserwerbs eingegangen.

Auch die Rechtsprechung hat sich nach den Gelatine-Entscheidungen zum Fall einer Beteiligungsveräußerung geäußert.[368] Hier wurde das Bestehen einer ungeschriebenen Zuständigkeit der Hauptversammlung zwar abgelehnt, dies erfolgte jedoch ausdrücklich nur für die der Entscheidung zugrunde liegende Fallgestaltung.[369]

---

[364] § 3 III. 7. S. 26 f.

[365] BGHZ 159, 30, 41 („Gelatine II").

[366] BGHZ 159, 30, 47 („Gelatine II").

[367] Vgl. *Arnold* ZIP 2005, 1573, 1576 ff.; *Bungert* BB 2004, 1345, 1349 ff.; *Habersack* AG 2005, 137, 143 ff.; *Habersack*, in: Emmerich/Habersack Vor § 311 Rn. 41 ff.; *Hüffer* AktG, § 119 Rn. 18a; *Liebscher* ZGR 2005, 1, 23 ff.; *Reichert* AG 2005, 150, 155 ff.

[368] BGH Beschluss v. 20.11.2006, Az.: II ZR 226/05, abrufbar unter http://www.bundesgerichtshof.de; OLG Stuttgart AG 2005, 693.

[369] OLG Stuttgart AG 2005, 693, 695.

Für Fälle, in denen die Mitgliedschaftsrechte mediatisiert werden, ist nach allgemeiner Meinung eine ungeschriebene Zuständigkeit der Hauptversammlung unstreitig gegeben.[370] Umstritten sind jedoch die Fallgestaltungen, in denen es zwar nicht zu einer Mediatisierung von Mitgliedschaftsrechten kommt, sondern in anderer Form in die Mitgliedschaftsrechte der Aktionäre eingegriffen wird.
Die Darstellungen des Meinungsstands in der Literatur und die Stellungnahme zu den verschiedenen Geschäftsführungsmaßnahmen erfolgt im zweiten Teil der Bearbeitung.[371] Dort wird insbesondere auf die Geschäftsführungsmaßnahmen eingegangen, die im Falle der Sanierung der Aktiengesellschaft typischerweise durchgeführt werden.

2. Unstreitige Aspekte

Die Ausführungen des BGH in den Gelatine-Entscheidungen haben auch einige der oben dargestellten Meinungsstreitigkeiten gelöst und überzeugend begründet. Den Ausführungen des BGH ist dabei die Literatur soweit ersichtlich durchgängig gefolgt.

a. Wesentlichkeitsgrenzen

Ein Aspekt ist dabei die Bestimmung der sogenannten „Wesentlichkeits- bzw. Bagatellgrenzen". Hierzu hat sich der BGH ausführlich geäußert.[372] In der auf die Holzmüller-Entscheidung folgende Instanzrechtsprechung und Literatur wurden die erforderlichen Schwellenwerte weit unter die im Holzmüller-Fall vorliegenden 80% gesenkt und damit die Anwendbarkeit der Grundsätze extrem erweitert.

aa. Ansicht des BGH

In den Gelatine-Entscheidungen hat der BGH dieser Erweiterung eine Absage erteilt.[373] Eine Überschreitung der im Schrifttum genannten Schwellenwerte von 10% bis 50% bezüglich verschiedener Parameter, kann demnach für die Begründung der ausnahmsweise vorliegenden ungeschriebenen Zuständigkeit nicht ausreichen. Zwar sei eine solche Anerkennung von Bagatellgrenzen vom Ansatz einer weitest möglichen Ausdehnung der ungeschriebenen Zuständigkeiten konsequent. Dieser Ausdehnung sei aber aufgrund des Schutzzweckes nicht zu folgen. Eine im Gesetz nicht ausdrücklich vorgesehene Zuständigkeit der Hauptversammlung bei Geschäftsführungsmaßnahmen des Vorstands könne nur in engen Grenzen, nämlich dann in Betracht kommen, wenn sie an die Kernkompetenz der Hauptversammlung, über die Verfassung der Gesellschaft zu bestimmen, rühren und in ihren Auswirkungen einem Zustand nahezu entsprechen, der allein durch eine Satzungsänderung herbeigeführt werden kann.[374] Die

[370] BGHZ 83, 122 („Holzmüller"); 159, 20 („Gelatine II"); *Habersack*, in: Emmerich/Habersack Vor § 311 Rn. 41; *ders.* AG 2005, 137, 143; *Krieger*, in: Münch. Hdb. GesR AG, § 89 Rn. 8; *Kubis*, in: MüKo, AktG, § 119 Rn. 61; *Reichert*, in: Becksch. Hdb. AG, § 5 Rn. 48.
[371] § 10 S. 96 ff.
[372] BGHZ 159, 30, 43 ff. („Gelatine II").
[373] BGHZ 159, 30, 43 f. („Gelatine II").
[374] BGHZ 159, 30, 44 f. („Gelatine II").

Voraussetzungen für eine Durchbrechung der gesetzlichen Kompetenzverteilung seien danach vielmehr erst dann erfüllt, wenn der Bereich, auf den sich die Maßnahme erstreckt, in seiner Bedeutung für die Gesellschaft die Ausmaße der Ausgliederung in dem vom Senat entschiedenen Holzmüller-Fall erreiche.

Der BGH begründet diese Sichtweise mit einer historisch angelehnten Argumentation, die auf das grundsätzliche Verhältnis zwischen den Zuständigkeiten der Hauptversammlung und des Vorstands eingeht.[375] Danach ist der Vorstand grundsätzlich eigenverantwortlich für die Leitung der AG verantwortlich. Der Hauptversammlung sei dagegen die Mitwirkung an den Geschäftsführungsmaßnahmen, von den gesetzlich geregelten Ausnahmen abgesehen, versagt. Diese gesetzliche Kompetenzverteilung, die seit der Einführung des AktG 1937 bestand hat, basiere auf der Erkenntnis, dass die Hauptversammlung aufgrund ihrer Zusammensatzung für die Mitwirkung an der Leitung nicht geeignet sei. Der Gesetzgeber habe diesen Gedanken ausdrücklich im AktG 1965 übernommen. Vor diesem Hintergrund müssen besonders strenge Voraussetzungen vorliegen, um eine gesetzlich nicht geregelte Zuständigkeit annehmen zu können.

bb. Ansicht in der Literatur

Die Literatur folgt im Ergebnis einhellig der Argumentation des BGH.[376] Schon in der jüngeren Literatur vor den Gelatine-Entscheidungen bestand die Tendenz der extensiven Auslegungen der früheren Phase nach der Holzmüller-Entscheidung entgegenzutreten.[377] Bei der Konkretisierung der Wesentlichkeitsschwelle handele es sich um den wesentlichen Verdienst der Gelatine-Entscheidungen.[378] Jedoch wird überwiegend betont, dass es sich bei diesem Wert nur um ein Indiz für die Annahme von ungeschriebenen Zuständigkeiten handele, denn es komme letztendlich auf eine Gesamtschau von qualitativen und quantitativen Kriterien an.[379]

Bezüglich der erforderlichen Prozentzahl wird überwiegend auf eine Mindestprozentzahl von 75% abgestellt.[380] Im Holzmüller-Fall handelte es sich zwar um eine Ausgliederung, die 80% betraf. Aus juristischer Vorsicht wird in der Literatur jedoch diese etwas geringer Wesentlichkeitsschwelle herangezogen.[381]

Offen ist jedoch weiterhin der Bezugspunkt für die genannten Prozentzahlen, denn der BGH hat sich dazu nicht geäußert. Die Literatur stellt insbesondere auf den Er-

---

[375] BGHZ 159, 30, 43 f. („Gelatine II").

[376] *Arnold* ZIP 2005, 1573, 1575; *Bungert* BB 2004, 1345, 1347; *Fleischer* 2004, 2335, 2338; *Fuhrmann* AG 2004, 339, 340; *Hirte* EWiR § 179 2004, 1161, 1162; *Hüffer* AktG, § 119 Rn. 18b; *Koppensteiner* Konzern 2004, 381, 385; *Liebscher* ZGR 2005, 1, 15; *Raiser/Veil* § 16 Rn. 13; *Reichert* AG 2005, 150, 153; *Simon* DStR 2004, 1482, 1485.

[377] Vgl. *Henze* FS Ulmer, 2003, 211, 223 f.

[378] *Koppensteiner* Konzern 2004, 381, 385; *Reichert* AG 2005, 150, 153.

[379] Vgl. *Bungert* BB 2004, 1345, 1347.

[380] Vgl. *Arnold* ZIP 2005, 1573, 1575; *Bungert* BB 2004, 1345, 1347; *Fleischer* 2004, 2335, 2338; *Fuhrmann* AG 2004, 339, 340; *Hirte* EWiR § 179 2004, 1161, 1162; *Liebscher* ZGR 2005, 1, 15; *Reichert* AG 2005, 150, 153.

[381] *Arnold* ZIP 2005, 1573, 1575; *Liebscher* ZGR 2005, 1, 15; *Reichert* AG 2005, 150, 153.

tragswert[382] der betroffenen Aktivität sowie deren Umsatzanteil[383] ab. Entscheidend kann es nach *Simon* nur auf die Beurteilung der zukünftigen Ertragsaussichten des Unternehmens ankommen.[384] Die anderen Kriterien wie die Bilanzsummen, der Eigenkapitalanteil oder die Mitarbeiterzahl seien nur von eingeschränkter Aussagekraft, sollten jedoch in der Praxis aus Vorsichtsgründen ebenfalls betrachtet werden, da es im Ergebnis auf den Gesamteindruck ankommen dürfte.[385] Die genannten Kriterien seien jeweils am Parameter des Gesamtunternehmens zu messen.[386]

cc. Stellungnahme

Mit dem BGH und der Literatur ist die Konkretisierung der Wesentlichkeitsschwelle zu begrüßen. Die Absenkung der in Betracht kommenden Schwellenwerte auf bis zu 10% hat zu einer starken Erweiterung der Anwendbarkeit der Holzmüller-Grundsätze geführt. Die gesetzlich nicht geregelten, ungeschriebenen Zuständigkeiten der Hauptversammlung bei Geschäftsführungsmaßnahmen müssen jedoch Ausnahmecharakter haben und auf für die Aktionäre grundlegende Entscheidungen begrenzt werden. Dieses Ziel hat der BGH durch die Anlehnung der Wesentlichkeitsschwelle an den ursprünglichen Holzmüller-Fall überzeugend erreicht. Dieser Aspekt dürfte nach den Gelatine-Entscheidungen tatsächlich als geklärt anzusehen sein.

Bezüglich der Bezugsgrößen äußert sich der BGH nicht explizit. Im Sachverhalt der Gelatine-Entscheidungen werden verschiedene Werte unter anderem die Bilanzsumme, das Eigenkapital und der Umsatz genannt. Mit der herrschenden Literaturmeinung ist bei der Bewertung insbesondere auf die Kennzahlen einzugehen, die Rückschlüsse auf die zukünftige Entwicklung zulassen. Dies sind bei einem operativ tätigen Unternehmensteil insbesondere der Umsatz sowie der entsprechende Ertrag. Die vergangene Entwicklung kann dagegen dafür nur als Indiz heran zu ziehen sein. Es ist aber gerade die zukünftige Entwicklung, die die Wichtigkeit des in Betracht kommenden Objekts im Vergleich zum Gesamtunternehmen verdeutlicht. Bei einem nicht operativ tätigen Unternehmensteil kommt als Bezugsgröße nur der Wert des Unternehmensteils als Bezugsgröße in Betracht.

b. Beschlußmehrheit

Abschließend ist der BGH auch auf die erforderliche Mehrheit für einen Holzmüller-Beschluss eingegangen.

[382] *Liebscher* ZGR 2005, 1, 16; *Reichert* AG 2005, 150, 154; *Simon* DStR 2004, 1482, 1485.
[383] *Liebscher* ZGR 2005, 1, 16; *Reichert* AG 2005, 150, 154.
[384] *Simon* DStR 2004, 1482, 1485.
[385] *Liebscher* ZGR 2005, 1, 16; *Reichert* AG 2005, 150, 154.
[386] *Liebscher* ZGR 2005, 1, 16; *Reichert* AG 2005, 150, 154; *Simon* DStR 2004, 1482, 1485.

aa. Ansicht des BGH

Nach Ansicht des BGH bedarf eine Zustimmung der Hauptversammlung einer Dreiviertelmehrheit des vertretenen Grundkapitals.[387] Dieses Ergebnis entspreche auch der inzwischen herrschenden Auffassung im Schrifttum.[388]

Gegen die Ansicht spreche insbesondere nicht, dass es sich hierbei um eine Zustimmung zu einer Geschäftsführungsmaßnahme, nicht aber um eine Satzungsänderung handele. Bei der zustimmungsbedürftigen Maßnahme handele es sich zwar um keine Satzungsänderung. Sie komme einer solchen aber so nahe, dass die gegebene Gestaltungsmacht des Vorstands hinter der Mitwirkung der Aktionäre zurücktreten müsse. In diesem Sinne habe der Gesetzgeber auch für andere nicht die Verfassung, sondern Geschäftsführungsmaßnahmen im weiteren Sinn betreffende Angelegenheiten entschieden

Das Erfordernis einer Dreiviertelmehrheit gelte auch im Fall einer sogenannten Konzernklausel. Eine solche Konzernklausel erlaubt dem Vorstand regelmäßig die Verlagerung von Aktivitäten auf eine Tochtergesellschaft.[389] Durch die Konzernklausel erweitern die Aktionäre nach Ansicht des BGH nur den Handlungsspielraum des Vorstands, der bezweckte Schutz der Aktionäre werde dagegen dadurch nicht erreicht.

Darüber hinaus gelte das Erfordernis einer Dreiviertelmehrheit auch im Fall einer Satzungsklausel, die bestimmt, dass alle Beschlüsse der Hauptversammlung mit einfacher Mehrheit gefasst werden, können, soweit nicht das Gesetz oder die Satzung zwingend etwas anderes enthält. Aufgrund der Schwere der möglichen Beeinträchtigung der Mitgliedschaftsrechte könne die Satzung nicht zu lasten der Aktionäre das erforderliche Quorum absenken, vielmehr sei dieses zwingend.

bb. Ansicht der Literatur

Die Literatur stimmt dem BGH auch bezüglich der erforderlichen Beschlussmehrheit zu.[390] Für die Praxis handele es sich dabei um eine wichtige Aussage.[391] Dieser sei zu folgen, weil Änderungen der Unternehmensverfassung gewöhnlich eine satzungsändernde Mehrheit erfordern.[392] Auch der Ansicht, dass eine Konzernklausel oder eines Mehrheitsregelung in der Satzung nichts an dem Erfordernis einer Dreiviertelmehrheit ändere, folgt die Literatur.[393] Diese Ansicht entspreche dem Wesenszug des deutschen

---

387 BGHZ 159, 30, 47 („Gelatine II").

388 Vgl. z.B. *Altmeppen* DB 1998, 49, 51; *Habersack*, in: Emmerich/Habersack Vor § 311 Rn. 34 m. w. N.; *Hübner* FS Stimpel, 1985, S. 791, 795 f.; *Joost* ZHR 162 (1998) 164, 172; *Priester* ZHR 163 (1999), 187, 199 f.; **a. A.** *Hüffer* FS Ulmer, 2003, 279, 297 ff.; *Semler*, in: Münch. Hdb. GesR AG, § 34 Rn. 42.

389 *Habersack*, in: Emmerich/Habersack Vor § 311 Rn. 51.

390 *Bungert* BB 2004, 1345, 1348 f.; *Habersack*, in: Emmerich/Habersack Vor § 311 Rn. 50; *Fleischer* NJW 2004, 2335, 2339; *Fuhrmann* AG 2004, 339, 341; *Simon* DStR 2004, 1528; wohl auch *Hüffer* AktG, § 119 Rn. 20, der jedoch auch eine einfache Mehrheit genügen lassen würde.

391 *Fuhrmann* AG 2004, 339, 341.

392 *Fleischer* NJW 2004, 2335, 2339.

393 Vgl. *Bungert* BB 2004, 1345, 1348 f.; *Fleischer* NJW 2004, 2335, 2339.

Aktienrechts, die Binnenorganisation, auch hinsichtlich der Beschlussquoten, als zwingend anzusehen.[394]

cc. Stellungnahme

Das vom BGH und die Literatur befürwortete Erfordernis einer Dreiviertelmehrheit des vertretenen Kapitals für Holzmüller-Beschlüsse ist überzeugend. Ungeschriebene Zuständigkeiten sollen nur ausnahmsweise bei besonders schweren Eingriffen in die Mitgliedsrechte angenommen werden. Deshalb ist es nur konsequent, bei so bedeutenden, an die Nähe einer Satzungsänderung heranreichenden Geschäftsführungsmaßen, auch eine qualifizierte Mehrheit in der Hauptversammlung zu fordern. Dies zeigt auch der Vergleich mit den gesetzlich geregelten Geschäftsführungsmaßnahmen, die einer gesetzlich ausdrücklich festgeschriebenen Mitwirkung der Hauptversammlung bedürfen (§§ 179 Abs 2 Satz 1, 182 Abs 1 Satz 1, 193 Abs. 1 Satz 1, 293 Abs. 1 Satz 2, 319 Abs. 2 Satz 2 AktG, § 65 Abs. 1 Satz 1 UmwG).

Die Beibehaltung eines derartigen Beschlusses im Falle einer Konzernklausel ist dagegen nicht ganz frei von Bedenken. Der oben dargelegten Ansicht von *Simon*[395] ist zuzugeben, dass wenn eine Konzernklausel dem Vorstand ermöglicht, ohne gegen die Satzung zu verstoßen, Mitgliedsrechte der Aktionäre zu mediatisieren, ein zusätzlicher Beschluss der Hauptversammlung mit einer Dreiviertelmehrheit grundsätzlich für diesen Beschluss nicht erforderlich ist. Vielmehr ist dann diese Mediatisierung der Mitgliedschaftsrechte schon in der Satzung angelegt.

Für die Annahme eines Beschlusses mit einer qualifizierten Mehrheit spricht aber, dass eine Konzernklausel nicht speziell für einen Fall formuliert ist und auch nicht formuliert werden kann, so dass notwendigerweise eine Art Generalklausel verwendet werden muss. Dies führt dazu, dass dem Vorstand ein sehr weiter Spielraum erwächst, in dem er über die Konzernbildung entscheiden kann. Da diese Entscheidungen aber tief in die Kernkompetenz der Aktionäre eingreifen können, ist in diesem Fall eine nochmalige Beteiligung erforderlich. Diese hat dann mit einer qualifizierten Mehrheit zu entscheiden. Mit dem BGH und der Literatur hat die Konzernklausel somit keine Auswirkungen auf die erforderliche Mehrheit.

Auch wenn die Satzung eine Klausel enthält, nach der alle Beschlüsse, die nicht gesetzlich zwingend eine qualifizierte Mehrheit erfordern, hat dies keine Auswirkungen auf das Quorum bei einem Holzmüller-Beschluss. Anschließend an die Meinung des BGH und der Literatur handelt es sich bei einem solchen Beschluss um eine Maßnahme, die grundlegend für die Gesellschaft ist. Solche Entscheidungen erfordern, wie es auch bei den gesetzlich festgelegten Tatbeständen kodifiziert ist, zwingend eine qualifizierte Mehrheit.

---

[394] *Fleischer* NJW 2004, 2335, 2339.
[395] *Simon* DStR 2004, 1528, 1529.

c. Rechtsfolgen eines Verstoßes gegen die Vorlagepflicht

Wie oben dargelegt, bestand vor den Gelatine-Entscheidungen in der Rechtsprechung und Literatur Einigkeit, dass ein Verstoß gegen die Vorlagepflicht nicht zur Unwirksamkeit der Maßnahme im Außenverhältnis führt.[396] Der BGH hat diese Ansicht in den Gelatine-Entscheidungen mit Verweis auf die herrschende Meinung in der Literatur bestätigt.[397] Auch die auf die Gelatine-Entscheidungen folgende Literatur stimmt dieser Ansicht zu.[398] Die fehlende Außenwirkung eines solchen Beschlusses überzeugt. Es handelt sich lediglich um eine interne Kompetenzstreitigkeit, die keine Folgen für das Außenverhältnis hat.

396 § 3 III. 3 S. 20 f.

397 BGHZ 159, 30, 42 f. („Gelatine II").

398 Vgl. nur *Fuhrmann* AG 2004, 339, 340; zustimmend auch *Görg* FS Greiner 2005, 51, 52 hält jedoch den Schutz des Rechtsverkehr für entbehrlich, wenn der Rechtsverkehr vom Verstoß gegen die Vorlagepflicht weiß. Dies sei insbesondere bei der Sanierung von größeren Unternehmenseinheiten der Fall, da der Kreis der Sanierungsbeteiligten regelmäßig alle relevanten Parameter kennt, vgl. hierzu 3. Teil S. 73 ff.

§ 6 Ergebnisse des 2. Teils

Die Ergebnisse des zweiten Teils lassen sich wie folgt thesenartig zusammenzufassen:

1. Der Schutzzweck der ungeschriebenen Zuständigkeiten liegt in dem Schutz der Aktionäre vor tiefen Eingriffen in ihre Mitgliedschaftsrechte. Eine Beschränkung des Schutzzwecks auf Fälle der Mediatisierung findet nicht statt. Vielmehr stellen Fälle der Mediatisierung eine anerkannte Fallgruppe dar, in der die Hauptversammlung zu beteiligen ist.

2. Dogmatische Grundlage der ungeschriebenen Zuständigkeiten ist eine Gesamtanalogie zu §§ 179, 182, 193, 203, 293, 319 AktG, sowie §§ 13 Abs. 1, 65 Abs. 1 UmwG. Es liegt aber inhaltlich nur eine Teilanalogie vor, da ein Verstoß gegen die Vorlagepflicht nicht zu Unwirksamkeit der Maßnahme im Außenverhältnis führt.

3. Der Katalog der Maßnahmen, die eine ungeschriebene Zuständigkeit der Hauptversammlung auslösen, ist nicht abschließend geklärt. Maßnahmen die eine Mediatisierung von Mitgliedschaftsrechten bewirken, lösen eine Holzmüller-Zuständigkeit aus. Dazu gehören die Ausgliederung eines Unternehmensteils sowie die Verenkelung. Eine Umhängung eines Unternehmens von einer 100prozentigen Tochtergesellschaft auf eine andere 100prozentige Tochtergesellschaft stellt dagegen keine zustimmungspflichtige Maßnahme dar.

4. Die Wesentlichkeitsgrenze für die Annahme von ungeschriebenen Zuständigkeiten liegt bei ca. 75%. Bezugsgrößen sind dabei insbesondere der Umsatz und der Ertrag Die vergangene Entwicklung stellt nur ein Indiz für die Bewertung dar. Entscheidend ist auf die zukünftige Entwicklung abzustellen.

5. Der Beschluss über eine „Holzmüller"-Maßnahme bedarf einer Zustimmung einer qualifizierten Mehrheit von Dreiviertel des vertretenen Grundkapitals.

6. Der Vorstand unterliegt bei der Einberufung der Hauptversammlung einer erweiterten Bekanntmachungspflicht analog § 124 Abs. 2 Satz 2 AktG. Zudem besteht die Verpflichtung zur Erstellung und Veröffentlichung eines Vorstandsberichts analog zu den bestehenden Berichtspflichten im Aktiengesetz und Umwandlungsgesetz.

7. Ein Verstoß des Vorstands gegen die Vorlagepflicht an die Hauptversammlung führt im Außenverhältnis nicht zur Nichtigkeit der Maßnahme.

3. Teil: Ungeschriebenen Zuständigkeiten bei der Sanierung der Aktiengesellschaft

§ 7 Was ist unter Sanierung zu verstehen?

Die Auseinandersetzung mit Maßnahmen, die typischerweise im Falle eine Sanierung durchgeführt werden und bei denen möglicherweise eine ungeschriebene Zuständigkeit der Hauptversammlung besteht, bedarf zunächst einer umfassenden Erläuterung des Begriffs „Sanierung". Dabei ist zunächst auf die Bedeutung des Begriffs der Krise einzugehen. Danach wird die Bedeutung des Begriffs der Krise in verschiedenen Zusammenhängen erläutert. Weiterhin wird auf die verschiedenen Arten der Sanierung eingegangen. Schließlich ist auf den Gegenstand dieser Untersuchung einzugehen.

I. Bedeutung des Begriffs

Der Begriff der Sanierung bedeutet wortwörtlich „wieder in einen intakten Zustand versetzen, aus finanziellen Schwierigkeiten herausbringen, wieder rentabel machen, seine finanziellen oder wirtschaftlichen Schwierigkeiten überwinden.[399] Obwohl der Begriff der Sanierung an verschiedenen Stellen im Gesetz (z.B. § 9 S. 1 Nr. 3 WpÜG-AngebotsVO, § 340j HGB, § 3 Nr. 66 EStG a. F.; § 8 Abs. 4 S. 3 KStG) verwendet wird, existiert ein für die rechtspolitische Diskussion verbindlicher Rechtsbegriff der Sanierung, etwa in der Form einer gesetzlichen Definition, nicht.[400]

1. Betriebswirtschaftlicher Sanierungsbegriff

In der betriebswirtschaftlichen Literatur wird die Sanierung als Sammelbegriff für alle Maßnahmen unternehmenspolitischer, führungstechnischer, organisatorischer, finanz- und leistungswirtschaftlicher Art verwendet, die der Wiederherstellung existenzerhaltender und späteren Gewinn versprechender Grundlagen des Unternehmens dienen.[401] Dabei wird teilweise weiter zwischen einer finanzwirtschaftlichen und einer leistungswirtschaftlichen Sanierung unterschieden.[402] Unter einer finanzwirtschaftlichen Sanierung ist die Summe aller Maßnahmen zu verstehen, die bestimmt und geeignet sind, die Zahlungs- und Ertragsfähigkeit des Unternehmens sowie die eine Überschuldung vermeidenden Bilanzrelationen wiederherzustellen.[403] Unter einer leistungswirtschaftlichen Sanierung sind dagegen Rationalisierungs- und Änderungsmaßnahmen innerhalb der betrieblichen Sphäre zu verstehen, die nach einer umfassenden

---

[399] Duden, Fremdwörterbuch S.889; siehe auch *Wiesbrock* NZG 2005, 294, 297.

[400] *K. Schmidt*, Gutachten für den 54. DJT, D 18; siehe auch schon *Leist* S. 6; *Würdinger* 1981, S. 206; *Uhlenbruck* KTS 1981, 513, 536.

[401] Vgl. *Böckenförde* 1996, S. 7; *Brandstätter* 1993, S. 7; *Fechner*, in: Hess/Fechner, A. III Rn.26; *Groß* S. 23;*Uhlenbruck* KTS 1981, 513, 534 m. w. N.

[402] Vgl. *Uhlenbruck* KTS 1981, 513, 534.

[403] *Uhlenbruck* KTS 1981, 513, 534.

Schwachstellenanalyse dazu geeignet und bestimmt sind, die Ertragsfähigkeit des Unternehmens wiederherzustellen.[404]

2. Rechtwissenschaftlicher Sanierungsbegriff

In der rechtswissenschaftlichen Literatur wird allgemein unter Sanierung die Gesamtheit aller Maßnahmen verstanden, die geeignet und erforderlich sind, den Rechtsträger und bzw. oder das Unternehmen aus einer Situation herauszuführen, in der sein Fortbestand gefährdet ist.[405]

Auch im Steuerrecht wird eine ähnliche Definition verwendet. Dort wird die Sanierung als Inbegriff von Maßnahmen bezeichnet, die die finanzielle Gesundung eines notleidenden Unternehmens bezwecken und geeignet sind, das Unternehmen vor dem Zusammenbruch zu bewahren und auf Dauer wieder ertragsfähig zu machen.[406]

3. Ergebnis

In der betriebswirtschaftlichen und rechtswissenschaftlichen Literatur haben sich nahezu übereinstimmende Definitionen des Begriffs der Sanierung herausgebildet. Entscheidend ist, dass es sich bei dem Begriff der Sanierung um die Beschreibung eines Prozesses handelt und nicht um ein statische Momentaufnahme. Zusammenfassend ist unter dem Begriff der Sanierung somit einen Phase zu verstehen, in der versucht wird, die Krise des Rechtsträgers oder des Unternehmens zu überwinden.

II. Krise des Unternehmens als Auslöser der Sanierung

Notwendige Voraussetzung jeder Sanierung ist eine Krise des Unternehmens, weil schon begrifflich ein gesundes Unternehmen nicht saniert werden kann.[407] Unter welchen Voraussetzungen und wann eine solche Krise vorliegt, wird in verschiedenen Zusammenhängen unterschiedlich beurteilt.

In der Betriebswirtschaftslehre bezeichnet man als Krise jede Situation, die den Bestand eines Unternehmens gefährdet.[408] Jede betriebswirtschaftliche Krise stellt jedoch noch keinen Grund für die Durchführung umfangreicher Sanierungsmaßnahmen, geschweige denn ein Grund für die Eröffnung eines Insolvenzverfahrens dar. Sie kann aber Rechtspflichten der Geschäftsführung auslösen, deren schuldhafte Verletzung zu einer Schadenersatzpflicht gegenüber der Gesellschaft führen kann.

---

[404] *Uhlenbruck* KTS 1981, 513, 534.

[405] *Holzborn/Blank* NZG 2002, 948, 950; *Picot/Aleth* Rn. 3; *dies.*, in: Picot S. 1140; *Schmidt-Hern*, in: Becksch. Hdb. AG, § 16 Rn. 59; *Wellensiek* NZI 2002, 233; *ders./Oberle*, in: Münch. Hdb. GesR GmbH, § 66 Rn. 1; *Wiesbrock* NZG 2005, 294, 297.

[406] BFH v. 25.2.1972, BStBl. II S. 531; BFH v. 26.11.1980, BStBl. II 1981 S. 181; BFH v. 16.05. 2002, BStBl II 2002, 854, m. w. N; BFH v. 10.04.2003, BStBl. 2004 II S. 9; *Kanzler*, in: Herrmann/ Heuer/Raupach, EStG, § 3 Nr. 66 Rn. 42.

[407] *Krause/Pötzsch*, in: Assmann/Pötzsch/Schneider, WpÜG, WpÜG-AngVO § 9 Rn. 22; *Wittig* FS Kirchhof, 2003, S. 533, 544.

[408] *Maus*, in: K. Schmidt/Uhlenbruck, Rn. 26.

Die Krise im rechtlichen Sinne ist nicht allgemeingültig definiert.[409] Der Gesetzgeber hat aber durch eine Reihe von Regelungen Anhaltspunkte für die Stufen einer Unternehmenskrise kodifiziert, die ein Gegensteuern der Geschäftsleitung erfordern. All diesen Fällen ist gemeinsam, dass Verhaltenspflichten festgelegt werden, um die betroffenen Unternehmen im Vorfeld einer möglichen Krise wieder auf den Weg der Gesundung zu führen.[410]

1. Zeitliche Phasen der Unternehmenskrise

Üblicherweise lässt sich die Unternehmenskrise zeitlich in vier Phasen unterteilen: Die strategische Krise, der Erfolgskrise, die Liquiditätskrise und die Insolvenz.[411] Am Anfang steht die strategische Krise. In dieser Phase kommt es zu einer stagnierenden oder rückläufigen Betriebsleistung und die Chancen zur zukünftigen Gewinnerzielung sinken zum Beispiel durch eine Strukturkrise des Marktes mit sinkenden Wachstumsraten und ruinösem Wettbewerbs- oder Preisdruck.[412] Diese führt dann zur Erfolgskrise. In diesem Zeitraum verzeichnet das Unternehmen typischerweise Verluste aus dem laufenden Geschäft, die auf die Strategiekrise oder auf eine konjunkturelle Unterauslastung zurückzuführen sind.[413] In der sogenannten Liquiditätskrise werden die finanziellen Handlungsspielräume aufgrund der eingetretenen Verluste geringer und das Unternehmen steht am Rande der Zahlungsunfähigkeit und/oder Überschuldung.[414] Wenn die Zahlungsfähigkeit und/oder Überschuldung eintritt, befindet sich das Unternehmen in der Insolvenz.[415]

2. Gesellschaftsrechtliche Krise

Im Gesellschaftsrecht taucht die Krise der Gesellschaft insbesondere in zwei verschiedenen Zusammenhängen auf.

a. § 32a Abs. 1 GmbHG

Zunächst wird der Begriff der Krise der Gesellschaft im Rahmen des eigenkapitalersetzenden Darlehens verwendet. Gemäß § 32a Abs. 1 GmbHG kann ein Gesellschafter, der der Gesellschaft in einem Zeitpunkt, in dem ihr die Gesellschafter als ordentliche Kaufleute Eigenkapital zugeführt hätten (Krise der Gesellschaft), statt dessen ein Darlehen gewährt, so kann der Anspruch auf Rückgewähr im Insolvenzverfahren nur als nachrangiger Insolvenzgläubiger geltende machen. Das Vorliegen einer Krise wird

---

[409] Vgl. *Gras*, in: Nerlich/Kreplin, § 2 Rn. 1.
[410] Vgl. *Wiesbrock* NZG 2005, 294, 298.
[411] Vgl. zu dieser Einteilung *Bichlmeier/Engberding/Oberhofer* S. 38 ff.; *Drukarczk/Brüchner*, in: Gottwald § 2 Rn. 5; *Kreplin*, in: Nerlich/Kreplin, § 9 Rn. 2.
[412] *Bichlmeier/Engberding/Oberhofer* S. 38 f., 41 ff.; *Kreplin*, in: Nerlich/Kreplin, § 9 Rn. 2.
[413] Vgl. *Bichlmeier/Engberding/Oberhofer* S. 39, 46.
[414] Vgl. *Bichlmeier/Engberding/Oberhofer* S. 39, 61 ff.
[415] Vgl. zur insolvenzrechtlichen Krise unten § 7 II. 3. S. 76 ff.

hier davon abhängig gemacht, ob die Gesellschaft kreditunwürdig ist.[416] Neben der Überschuldung und Zahlungsunfähigkeit wird dies bereits dann angenommen, wenn außenstehende Dritte der Gesellschaft keinen Kredit zu marktüblichen Zinsen gewährt hätten.[417] Kreditunwürdigkeit und damit eine Krise der Gesellschaft im Sinne des GmbH-Rechts kann somit auch ohne Insolvenzreife vorliegen. Indizien hierfür sind der Verlust der Hälfte des Stammkapitals bei fehlenden stillen Reserven, fehlendes belastungsfähiges Grundvermögen, aber auch fehlende freie Forderungen oder erhebliche Zahlungsrückstände.[418]

b. § 92 Abs. 1 AktG

Im Aktienrecht wird als Anhaltspunkt für die Krise der Gesellschaft die Bilanz herangezogen. Gemäß § 92 Abs. 1 AktG besteht für den Vorstand eine Einberufungs- und Anzeigepflicht gegenüber der Hauptversammlung, wenn sich bei Aufstellung der Jahresbilanz oder einer Zwischenbilanz oder bei pflichtmäßigen Ermessen anzunehmen ist, dass ein Verlust in Höhe der Hälfte des Grundkapitals besteht. Sinn und Zweck der Vorschrift ist die Information der Aktionäre vor einer drohenden Unternehmenskrise und die Ermöglichung einer Reaktion der Hauptversammlung als dem Organ der Aktionäre auf die bedrohliche Lage.[419] Eine entsprechende Einberufungs- und Anzeigepflicht besteht in der GmbH gemäß § 49 Abs. 3 GmbHG und in der Genossenschaft gemäß § 33 Abs. 3 GenG.

3. Insolvenzrechtliche Krise

Von einer gesellschaftsrechtlichen Krise zu unterscheiden ist die insolvenzrechtliche Krise. Gemäß § 16 InsO setzt die Eröffnung des Insolvenzverfahrens das Vorliegen eines Insolvenzgrunds voraus. Das Insolvenzrecht unterscheidet für die juristischen Personen drei Insolvenzgründe: Die Zahlungsunfähigkeit (§ 17 InsO), die drohende Zahlungsunfähigkeit (§ 18 InsO) und die Überschuldung (§ 19 InsO). Wenn einer der Insolvenzgründe vorliegt, kann das Insolvenzverfahren grundsätzlich gemäß § 13 InsO auf Antrag des Schuldners oder gemäß §§ 13, 14 InsO auf Antrag des Gläubigers eröffnet werden. Im Fall der juristischen Personen muss der Vorstand der Aktiengesellschaft § 92 Abs. 2 AktG bzw. der Geschäftsführer der GmbH gemäß § 64 Abs. 1 GmbHG bei Vorliegen eines Insolvenzgrunds die Eröffnung des Insolvenzverfahren zu beantragen. Das Vorliegen eines Insolvenzgrunds stellt die schärfste Form einer Krise der Gesellschaft dar. In diesem Stadium kann nur noch durch eine außergerichtliche bzw. gerichtliche Sanierung versucht werden, die Gesellschaft zu retten. Wenn

---

[416] *Wiesbrock* NZG 2005, 294, 298; *Rogall* AG 2004, 492, 494.

[417] BGHZ 76, 326, 330; 81, 253, 255; 81, 311, 317 f.; 81, 365, 366 f. ; 90, 389, 390; *Altmeppen*, in: Roth/Altmeppen, GmbHG, § 32a Rn. 19; *Hueck/Fastrich*, in: Baumbach/Hueck, GmbHG § 32a Rn. 48; *Lutter/Hommelhoff*, GmbHG, §§ 32 a/b Rn. 18 f.

[418] Vgl. Übersicht bei *Altmeppen*, in: Roth/Altmeppen, GmbHG, § 32a Rn. 20 ff.; *Wiesbrock* NZG 2005, 294, 298.

[419] *Hefermehl/Spindler*, in: MüKo AktG, § 92 Rn. 1; Hüffer AktG, § 92 Rn. 1; *Mertens*, in: Kölner Komm. AktG, § 92 Rn. 3.

dies nicht mehr möglich ist, wird die Gesellschaft im Rahmen des Insolvenzverfahrens abgewickelt und liquidiert.

a. Zahlungsunfähigkeit gemäß § 17 InsO

Allgemeiner Eröffnungsgrund für ein Insolvenzverfahren ist gemäß § 17 Abs. 1 InsO die Zahlungsunfähigkeit.[420] Gemäß § 17 Abs. 2 InsO ist der Schuldner zahlungsunfähig, wenn er nicht in der Lage ist, die fälligen Zahlungsverpflichtungen zu erfüllen. Die Zahlungsunfähigkeit stellt für jedes Insolvenzverfahren und für jeden Antrag den allgemeinen Eröffnungsgrund dar, während die drohenden Zahlungsunfähigkeit und die Überschuldung sowohl in sachlicher und persönlicher als auch in zeitlicher Hinsicht spezielle Eröffnungsgründe sind.[421] Bei der Zahlungsunfähigkeit handelt es sich um den Insolvenzgrund, der in der insolvenzrechtlichen Praxis deutlich im Vordergrund steht.[422] Zahlungsunfähigkeit ist immer Geldilliquidität.[423] Dem Schuldner muss es generell unmöglich sein, entsprechende Zahlungsmittel für den Ausgleich fälliger Zahlungsmittel bereitzustellen.[424]

Abzugrenzen ist die Zahlungsunfähigkeit von der Zahlungsstockung.[425] Nach Ansicht des BGH ist darunter eine Zahlungsunfähigkeit zu verstehen, die den Zeitraum nicht überschreitet, den eine kreditwürdige Person benötigt, um sich die erforderlichen Mittel zu leihen.[426] In Anlehnung an eine im Schrifttum vertretene Ansicht[427] hält der BGH einen Zeitraum von drei Wochen für notwendig, aber auch für ausreichend.[428]

b. Drohende Zahlungsunfähigkeit gemäß § 18 InsO

Für den Fall, dass der Schuldner die Eröffnung des Insolvenzverfahrens beantragt, besteht gemäß § 18 Abs. 1 InsO zusätzlich der Insolvenzgrund der drohenden Zahlungsunfähigkeit. Nach der Legaldefinition des § 18 Abs. 2 InsO droht ein Schuldner zahlungsunfähig zu sein, wenn er voraussichtlich nicht in der Lage sein wird, die bestehenden Zahlungspflichten im Zeitpunkt der Fälligkeit zu erfüllen. Eines der wesentlichen Aufgaben der Insolvenzrechtsreform war es, die Zahl der Abweisungen mangels Masse zu verringern.[429] Dazu sollten mehr notleidenden Unternehmen die Chance gegeben werden, sich rechtzeitig unter den Schutz eines Insolvenzverfahrens zu stellen und durch einen Insolvenzplan mit Hilfe der Gläubiger eine Sanierung herbeizuführen. Da es in vielen Fällen, in denen der Insolvenzgrund einmal vorliegt, für die Durchfüh-

[420] Vgl. ausführlich zur Zahlungsunfähigkeit nur *Eilenberger*, in: MüKo InsO, § 17 Rn. 6 ff.; *Frege/Keller/Riedel* Rn. 301 ff.; *Uhlenbruck*, in: K. Schmidt/Uhlenbruck, Rn. 819 ff; *ders.*, in: Gottwald § 6 Rn. 4 ff.
[421] *Eilenberger*, in: MüKo InsO, § 17 Rn. 4.
[422] Vgl. *Eilenberger*, in: MüKo InsO, § 17 Rn. 1; *Fischer* ZGR 2006, 403, 404.
[423] Vgl. *Uhlenbruck*, in: Gottwald § 6 Rn. 5.
[424] *Eilenberger*, in: MüKo InsO, § 17 Rn. 8.
[425] Vgl. dazu *Fischer* ZGR 2006, 403, 405 f.; *Uhlenbruck*, in: Gottwald § 6 Rn. 7.
[426] BGH WM 2005, 1468, 1469.
[427] *Kirchhoff*, in: HK InsO § 17 Rn. 18; *Schmerbach*, in: Frankf. Komm. InsO, § 17 Rn. 17.
[428] BGH WM 2005, 1468, 1469.
[429] *Uhlenbruck*, in: Gottwald § 6 Rn. 10.

rung einer Sanierung zu spät ist, soll der Insolvenzgrund der drohenden Zahlungsunfähigkeit dem Schuldner ermöglichen der Zerschlagung von Vermögenswerten durch Einzelzwangsvollstreckung der Gläubiger frühzeitig zu begegnen und ein Sanierungskonzept im Insolvenzplanverfahren vorzulegen.[430]

c. Überschuldung gemäß § 19 InsO

Für juristische Personen, sowie für Gesellschaften ohne Rechtspersönlichkeit, bei denen kein persönlich haftender Gesellschafter eine natürliche Person ist, besteht weiterhin gemäß § 19 InsO der Insolvenzgrund der Überschuldung. Der Überschuldungsbegriff ist dabei seit langem umstritten.[431] Laut der gesetzlichen Definition in § 19 Abs. 2 Satz 1 InsO liegt Überschuldung vor, wenn das Vermögen des Schuldners die bestehenden Verbindlichkeiten nicht mehr deckt. Gemäß § 19 Abs. 2 Satz 2 InsO ist bei der Bewertung des Vermögens des Schuldners jedoch die Fortführung des Unternehmens zugrunde zu legen, wenn diese nach den Umständen überwiegend wahrscheinlich ist. Die gesetzliche Definition wendet sich ausdrücklich gegen den vom BGH befürworteten, auf *K. Schmidt* zurückgehenden sogenannten „neuen zweistufigen Überschuldungsbegriff“[432]. Danach liegt eine Überschuldung der Kapitalgesellschaft vor, wenn das Vermögen der Gesellschaft bei Ansatz von Liquidationswerten die bestehenden Verbindlichkeiten nicht decken würde (rechnerische Überschuldung) und die Finanzkraft der Gesellschaft mittelfristig nicht zur Fortführung ausreicht (Fortführungsprognose).[433] Nach Meinung des BGH schließt eine positive Fortführungsprognose eine insolvenzrechtliche Überschuldung aus, selbst wenn rechnerisch eine Überschuldung vorlag.[434] Entgegen dieser Meinung liefert die gesetzliche Fortführungsprognose lediglich eine veränderte Bewertungsprognose. Danach sind bei einer positiven Fortführungsprognose lediglich die vorhanden Aktiva mit den Fortführungswerten anzusetzen. Wenn das Vermögen der Gesellschaft trotzdem die Verbindlichkeiten der Gesellschaft nicht deckt, liegt eine Überschuldung trotz positiver Fortführungsprognose vor.

III. Arten der Sanierung

Unter dem Begriff der Sanierung werden, wie oben dargelegt,[435] allgemein Maßnahmen zusammengefasst, die zur Überwindung einer Krise durchgeführt werden. Es sind

---

[430] *Uhlenbruck*, in: Gottwald § 6 Rn. 10.

[431] Vgl. *Drukarczyk/ Schüler*, in: MüKo InsO, § 19 Rn. 14 ff.; *Leithaus*, in: Andres/Leithaus, InsO, § 19 Rn. 4 ff.; *K. Schmidt*, in: K. Schmidt/Uhlenbruck, Rn. 852 ff.; *Schröder*, in: Hamburger Komm. InsO, § 19 Rn. 5 ff.

[432] Stellungnahme des Rechtsausschusses BT-Drucks. 12/7302 S. 157; vgl. auch RegBegr. BT-Drucks. 12/2443 S. 115.

[433] BGHZ 119, 201, 214; 126, 181, 199; 129, 136, 154 („Girmes“); BGH ZIP 1998, 776, 778; vgl. zu den grundsätzlichen Überlegungen von K. Schmidt *K .Schmidt* AG 1978, 337 ff; *ders.*, Wege zum Insolvenzrecht, S. 50 ff.

[434] *Schröder*, in: Hamburger Komm. InsO, § 19 Rn. 7.

[435] § 7 I 3. S. 74.

jedoch zwei verschiedene Arten der Sanierung zu unterscheiden: die Sanierung im Insolvenzverfahren und die außergerichtlichen Sanierung.

1. Sanierung innerhalb des Insolvenzverfahrens

Eine Sanierung innerhalb des Insolvenzverfahrens setzt die Eröffnung des Insolvenzverfahrens voraus. Dafür muss einer der drei Eröffnungsgründe vorliegen. Die Sanierung spielt im Insolvenzrecht eine zentrale Rolle. Der Gesetzgeber hat wirtschaftspolitisch keine Gründe gesehen, die Liquidation des Schuldnervermögens generell vor der Sanierung zu bevorzugen.[436] In § 1 S. 1 InsO wird der Erhalt des Unternehmens daher ausdrücklich als gleichrangiges Verfahrensziel anerkannt.[437]

Für die Sanierung innerhalb des Insolvenzverfahrens bieten sich in der InsO verschiedene Vorgehensweisen an. Die Sanierung kann im Regelverfahren, im Rahmen eines Insolvenzplanes nach §§ 217 ff. InsO oder auch in Eigenverwaltung durchgeführt werden. Statisch am häufigsten wird dabei die „übertragende Sanierung" durchgeführt, bei der der das Vermögen des Unternehmens auf einen Investor übertragen wird, ohne dass die Verbindlichkeiten übergehen, wodurch der bilanzielle Sanierungserfolg erreicht wird.[438] Dies kann sowohl im Rahmen eines Insolvenzplans als auch im Rahmen der Eigenverwaltung geschehen.[439]

Eine Sanierung im Insolvenzverfahren bietet verschiedene Vorteile. Zunächst garantiert diese den Schutz aller Beteiligten durch die Gewährung rechtlichen Gehörs und Lösungsvorschläge auf der Basis standardisierter Interessenabwägungen.[440] Darüber hinaus findet § 25 HGB im Insolvenzverfahren keine Anwendung, so dass keine Haftung für Altschulden auf den Erwerbern übergeht.[441] Weiterhin bietet die InsO den Schutz der Sanierungsbemühungen durch eine Vollstreckungssperre.[442] Ferner besteht gemäß §§ 103 ff. InsO die Möglichkeit unvorteilhafte gegenseitige Verträge zu beenden und gemäß §§ 129 InsO nachteilige Rechtsgeschäfte anzufechten. Schließlich kann im Rahmen des Insolvenzplanverfahrens ein Sanierungsplan entwickelt werden, der sämtliche Gläubiger bindet, ohne dass jeder einzelne dem tatsächlich zustimmen müsste.[443] Denn innerhalb des Planverfahrens gilt statt des Einstimmigkeitserfordernisses das Mehrheitsvotum.

---

[436] *Holzborn/Israel* WM 2004, 309, 313.

[437] vgl. Äußerungen des Rechtsausschusses BT-Drucks. 12/7302 S. 155; siehe auch *Ganter*, in: MüKo InsO, § 1 Rn. 85; *Prütting*, in: Köln. Schrift z. InsO, S. 221, 240 f. Rn. 60; *Smid*, in: Smid, InsO, § 1 Rn. 47.

[438] *Hirte*, in: Uhlenbruck, InsO, § 11 Rn. 16 ff.; *Rattunde* ZIP 2003, 2103, 2105; vgl. ausführlich zur übertragenden Sanierung § 9 II. S. 95 f.

[439] *Wellensiek* NZI 2002, 233, 234 ff.

[440] *Riegel*, in: Knops/Bamberger/Maier-Reimer § 2 Rn. 60; *Müller-Feldhammer* ZIP 2003, 2186, 2188.

[441] Allgemeine Meinung vgl. BGHZ 104, 151, 154; *Lieb*, in: MüKo HGB, § 25 Rn. 32 f.; *Hopt*, in: Baumbach/Hopt, HGB, § 25 Rn. 4; *Emmerich*, in: Heymann, HGB, § 25 Rn. 12; *Hüffer*, in: Staub, HGB, § 25 Rn. 60 f.; *Ammon*, in: Röhricht/v. Westphalen, HGB, § 25 Rn. 11; *Noack* FS Zöllner Bd. 1, 1998, S. 411, 416; *Müller-Feldhammer* ZIP 2003, 2186, 2188; *Wellensiek* ZInsO 2002, 233, 235.

[442] *Wellensiek* NZI 2002, 233, 237.

[443] *Paulus* ZGR 2005, 309, 320.

2. Außergerichtliche Sanierung

Die außergerichtliche oder auch freie Sanierung[444] findet im Vorfeld des Insolvenzverfahrens statt. Die Unternehmensleitung führt in diesem Fall selbst Maßnahmen durch, um den Rechtsträger oder das Unternehmen aus der Krise zu führen. Die außergerichtliche Sanierung bietet für das Not leidende Unternehmen und die Gläubiger erhebliche Vorteile.[445] Zunächst können außergerichtliche Verfahren schneller, effektiver und mit einem geringeren Kostenaufwand durchgeführt werden als eine Sanierung im Insolvenzverfahren.[446] Ein immens wichtiger Aspekt der außergerichtlichen Sanierung ist, dass diese im Gegensatz zum gerichtlichen Insolvenzverfahren nicht veröffentlicht wird.[447] Die fehlende Publizität ist für den Verfahrensablauf und die Weiterführung des Unternehmens von großer Wichtigkeit, da der „Makel des Konkurses"[448] umgangen wird und somit tief greifende Imageschäden vermieden werden können.[449] Darüber hinaus greift die außergerichtliche Sanierung in vielen Fällen auf Lösungsbeiträge der Altfinanciers zurück, die nach überwiegender Ansicht eher als Dritte geeignet sein könnten, Sanierungsbeiträge zu leisten.[450] Schließlich besteht für die Geschäftsleitung der Vorteil, dass diese ihren Einfluss uneingeschränkt behält und nicht durch einen externen Insolvenzverwalter ersetzt wird.[451]

IV. Gegenstand der Untersuchung

Gegenstand der folgenden Untersuchung wird die außergerichtliche Sanierung sein. Hier wird im Folgenden untersucht, ob bei verschiedenen Sanierungsmaßnahmen eine ungeschriebene Zuständigkeit der Hauptversammlung besteht. Dabei wird auf zwei zeitliche Phasen der außergerichtlichen Sanierung eingegangen.

Zum einen wird der Zeitraum untersucht, in dem sich das Unternehmen in einer Krise befindet, jedoch die Gefahr einer drohenden Insolvenz noch nicht gegeben ist. In diesem Zeitraum ist der zeitliche Druck für die Durchführung von Sanierungsmaßnahmen noch nicht so stark, so dass hier eine Beteiligung der Hauptversammlung theoretisch und praktisch möglich ist. Jedoch müssen schon zu diesem Zeitpunkt die jeweiligen Interessen gegeneinander abgewogen werden.

Zum anderen wird der Zeitraum untersucht, indem das Unternehmen kurz vor der Insolvenz steht. Im Falle der Zahlungsunfähigkeit besteht dann gemäß § 92 Abs. 2

---

444 So *K. Schmidt*, Gutachten für den 54. DJT, D 103 ff.

445 Vgl. zu den Vorteilen für das Schuldnerunternehmen und die Gläubiger *Uhlenbruck* BB 2001, 1641, 1643; vgl. auch *Häsemeyer* ZHR 160 (1996), 109, 128.

446 *Drukarzyk/Kippes*, in: Gottwald § 3 Rn. 1; *Maus* DStR 2002, 1059, 1062; *Müller-Feldhammer* ZIP 2003, 2186, 2187; *Riegel*, in: Knops/Bamberger/Maier-Reimer § 2 Rn. 58; *Schneider/Waschk* S. 65.

447 *Drukarzyk/Kippes*, in: Gottwald § 3 Rn. 1; *Maus* DStR 2002, 1059, 1062; *Müller-Feldhammer* ZIP 2003, 2186, 2187; *Riegel*, in: Knops/Bamberger/Maier-Reimer § 2 Rn. 58; *Schneider/Waschk* S. 65; *Uhlenbruck* BB 2001, 1641, 1643; *Wellensiek* NZI 2002, 233, 237.

448 Kritisch dazu *Paulus* ZGR 2005, 309, 310.

449 *Maus* DStR 2002, 1059, 1062; *Müller-Feldhammer* ZIP 2003, 2186, 2187.

450 *Drukarczyk/Kippes*, in: Gottwald § 3 Rn. 1.

451 *Uhlenbruck* BB 2001, 1641, 1643.

AktG für den Vorstand die Pflicht ohne schuldhaftes Zögern, spätestens aber drei Wochen nach dem Eintritt der Zahlungsunfähigkeit, die Eröffnung des Insolvenzverfahrens zu beantragen. Dieses kurze Zeitfenster eröffnet nur eingeschränkte Möglichkeiten für die Durchführung von effektiven Sanierungsmaßnahmen. Eine Beteiligung der Hauptversammlung an den geplanten Maßnahmen könnten diese derart verzögern, dass sie nicht rechtzeitig umgesetzt werden können. Andererseits ist jedoch auch das Interesse der Aktionäre an der Beteiligung an grundlegenden Maßnahmen innerhalb der Gesellschaft zu berücksichtigen.

§ 8 Besonderheiten im Aktienrecht in der Sanierungsphase

Bei der Untersuchung der Frage, ob und wie die Hauptversammlung bei der Durchführung von Sanierungsmaßnahmen beteiligt werden muss, ist zu berücksichtigen, dass sich in der Struktur der Aktiengesellschaft unter dem Vorzeichen einer möglicherweise bevorstehenden oder sogar akut drohenden Insolvenz, die Rechte und Pflichten der Beteiligten verschieben.[452] Die Gewichtung der Interessen der Aktionäre kann dabei Rückschlüsse auf die Bewertung der Beteiligung der Aktionäre bei Sanierungsmaßnahmen ermöglichen. Als Beispiel ist hierfür auf den Bezugsrechtsausschluss nach § 186 AktG, der durch einen Sanierungszweck gerechtfertigt sein kann, die vereinfachte Kapitalherabsetzung im Sanierungsfall nach § 237 AktG und die Rechtsprechung des BGH hinsichtlich der Treuepflichten der Aktionäre in der „Girmes"-Entscheidung[453] einzugehen.

I. Ausschluss des Bezugsrechts nach § 186 Abs. 4 AktG aus Sanierungszwecken

Wenn die Gesellschaft neues Kapital benötigt, stehen dieser grundsätzlich zwei Alternativen offen. Zum einen besteht die Möglichkeit, sich mit Fremdkapital, also zum Beispiel in Form von Krediten, zu finanzieren.[454] Zum anderen kann sie aber auch ihr Grundkapital erhöhen und durch die Ausgabe von Aktien gegen Einlagen ihr Eigenkapital vergrößern.[455] Eine solche Kapitalerhöhung ist häufig auch zur Durchführung einer Verschmelzung oder Spaltung in der aufnehmenden Gesellschaft erforderlich (vgl. §§ 69, 125, 142 UmwG).

Damit die Aktionäre auch nach der Kapitalerhöhung immer noch mit der gleichen Quote am Kapital der Gesellschaft beteiligt sind und um sie vor finanziellen Verlusten zu bewahren, die bei einer Ausgabe der neuen Aktien unter Wert eintreten können, besteht für die Aktionäre ein gesetzliches Bezugsrecht.[456] Gemäß § 186 Abs. 1 AktG muss daher jedem Aktionär auf sein Verlangen ein seinem Anteil am Grundkapital entsprechender Teil der neuen Aktien zugeteilt werden. Aus den genannten Gründen

---

[452] Vgl. *Görg* FS Greiner 2005, S. 51, 53.

[453] BGHZ 129, 136 („Girmes").

[454] *Grunewald* 2 C. Rn. 153.

[455] Vgl. zur Kapitalerhöhung nur *Grunewald* 2. C. Rn. 153; *Peifer*, in: MüKo AktG, Vor § 182 Rn. 1 ff.

[456] Vgl. zum Bezugsrecht allgemein *Peifer*, in: MüKo AktG, § 186 Rn. 1 ff.

ist das Bezugsrecht ein elementarer Bestandteil der Mitgliedschaft des Aktionärs in der Gesellschaft.[457]
Trotz der immensen Bedeutung des Bezugsecht für die Aktionäre besteht gemäß § 186 Abs. 3, 4 AktG die Möglichkeit, eine Kapitalerhöhung unter Ausschluss des Bezugsrechts durchzuführen. Der darin liegende schwere Eingriff in die Aktionärsrechte kann notwendig sein, wenn das neue Kapital oder die neuen Aktien für bestimmte Zwecke gebraucht werden.[458] In diesen Fällen hat dann das Aktionärsinteresse hinter dem vorrangigen Gesellschaftsinteressen zurückzutreten.[459] Obwohl das Gesetz für einen solchen Bezugsrechtsausschluss nur formelle Voraussetzungen kodifiziert hat, sind sich Rechtsprechung und Lehre weitgehend einig, dass der mit dem Bezugsrechtsausschluss verbundene Eingriff in die Rechtsstellung der betroffenen Aktionäre einer positiven sachlichen Rechtfertigung bedarf.[460] Anerkannt ist, dass die Vergabe der Aktien „en bloc" im Falle einer Sanierung einen sachlichen Rechtfertigungsgrund für einen Bezugsrechtsauschluss darstellen kann.[461] Wenn sich die Aktiengesellschaft in wirtschaftlichen Schwierigkeiten oder gar in der Insolvenz befindet, bietet eine Kapitalerhöhung und Vergabe der Aktien „en bloc" verschiedene Möglichkeiten das Unternehmen vor der Liquidation zu retten. Eine Vergabe der Aktien „en bloc" kann zunächst dazuführen, dass ein günstiger Ausgabepreis erzielt wird.[462] Diese Alternative bringt dem Unternehmen mehr frisches Kapital, da sich für ein Aktienpaket möglicherweise ein höherer Preis erzielen lässt als für einzelne Aktien. Der Grund für den erhöhten Preis ist dabei der mit der Erlangung eines Aktienpakets verbundene Einfluss auf die Aktiengesellschaft. Außerdem kann der Vorteil der Aktiengesellschaft bei der Vergabe der Aktien „en bloc" auch in finanziellen Sonderleistungen liegen, die der Erwerber der neuen Aktien gewährt.[463] Schließlich kann eine Vergabe der Aktien „en bloc" grundlegende Voraussetzung einer Sanierung sein, weil diese die Anlehnung an ein anderes Unternehmen erfordert. Dieses macht wiederum eine solche Anlehnung von einer Beteiligung, bzw. in der Regel von der Übernahme der Aktienmehrheit an dem kriselnden Unternehmen abhängig.[464]

---

[457] Vgl. *Raiser/Veil* § 20 Rn. 13.
[458] *Raiser/Veil* § 20 Rn. 15.
[459] *Peifer*, in: MüKo AktG, § 186 Rn. 55.
[460] Grundlegend BGHZ 71, 40, 44; 83, 319, 321; 136, 133, 139; *Hüffer* AktG, § 186 Rn. 25; *Lutter*, in: Kölner Komm. AktG, § 186 Rn. 59 f.; *Wiedemann*, in: Großkomm. AktG, § 186 Rn. 137.
[461] BGH NJW 1982, 2444, 2446; LG Heidelberg ZIP 1988, 1257, 1258; *Hefermehl/Bungeroth*, in: Geßler/Hefermehl/Eckhardt/Kropff, AktG, § 186 Rn. 131; *Hüffer* § 186 Rn. 31; *Krieger*, in: Münch. Hdb. GesR AG, § 56 Rn. 73; *Lutter*, in: Kölner Komm. AktG, §186 Rn. 70; *Schmidt-Hern*, in: Becksch. Hdb. AG, § 16 Rn. 69; *Timm* EWiR 1988, 945, 946; *Weber* ZInsO 2001, 385, 387; *Wiedemann*, in: Großkomm. AktG, § 186 Rn. 166.
[462] BGH NJW 1982, 2444, 2446; *Hefermehl/Bungeroth*, in: Geßler/Hefermehl/Eckhardt/Kropff, AktG, § 186 Rn. 131.
[463] *Priester* DB 1980, 1925, 1929.
[464] LG Heidelberg ZIP 1988, 1257, 1258; *Lutter*, in: Kölner Komm. AktG, §186 Rn. 70; *Wiedemann*, in: Großkomm. AktG, § 186 Rn. 166.

Trotz der aufgezeigten enormen Bedeutung des Bezugsrechts für die Aktionäre wird der Interessenkonflikt hier zugunsten der Interessen der Gesellschaft entschieden. Dies erscheint insbesondere vor dem Hintergrund einer drohenden Liquidation nachvollziehbar. Wenn die Aktiengesellschaft nur vor einer Liquidation geschützt werden kann, wenn eine Vergabe von Aktien „en bloc" geschieht, ist es schließlich auch im Interesse der Aktionäre. Denn ein quotal geringerer Anteil an einem werbenden Unternehmen stellt immer noch einen größeren Wert dar, als eine Forderung gegenüber einem sich in der Liquidation befindenden Unternehmen. Die gerichtlichen Entscheidungen betrafen jeweils Situationen, in denen sich die Unternehmen schon im Konkursverfahren befanden (heute Insolvenzverfahren).[465] In der Literatur wird jedoch darauf hingewiesen, dass sich diese Wertungen auch auf den Bezugsrechtsausschluss übertragen lassen, der bei einem sanierungsbedürftigen Unternehmen im „vorkonkurslichen" Bereich durchgeführt werden soll.[466]

II. Vereinfachte Kapitalherabsetzung zu Sanierungszwecken nach § 229 AktG

Auch im Fall einer vereinfachten Kapitalherabsetzung nach § 229 AktG müssen Aktionäre im Interesse der Gesellschaft zum Zwecke der Sanierung formale Statusverluste hinnehmen, die ihnen sonst nicht zugemutet werden.

Im Aktiengesetz gibt es drei Formen der Kapitalherabsetzung: Die ordentliche Kapitalherabsetzung, die vereinfachte Kapitalherabsetzung und die Kapitalherabsetzung durch Einziehung von Aktien.[467] Die Kapitalherabsetzung erfolgt regelmäßig um eine bestehende Unterbilanz auszugleichen.[468] Alle Formen der Kapitalherabsetzung bedürfen gemäß § 222 Abs. 1 Satz 1 AktG eines entsprechenden Beschlusses der Hauptversammlung.[469]

Im Rahmen einer Sanierung kommt insbesondere die vereinfachte Kapitalherabsetzung in Betracht. Diese ist lediglich zu Sanierungszwecken zulässig.[470] Gegenüber der ordentlichen Kapitalherabsetzung hat die vereinfachte Kapitalherabsetzung zwei wesentliche Vorteile. Zum einen besteht im Gegensatz zur ordentlichen Kapitalherabsetzung keine Verpflichtung zur Sicherheitsleistung gegenüber den Gläubigern.[471] Zum anderen kann die Kapitalherabsetzung gemäß § 235 AktG mit Rückwirkung auf den letzten Jahresabschluss erfolgen. Insbesondere die Befreiung von der Sicherheitsleistung eröffnet einer in der Krise befindlichen Aktiengesellschaft die Möglichkeit einer

465 BGH NJW 1982, 2444, 2446; LG Heidelberg ZIP 1988, 1257.
466 *Timm* EWiR 1988, 945, 946.
467 Vgl. zu den Formen der Kapitalherabsetzung *Hüffer* AktG, § 222 Rn. 2.
468 *Hüffer* AktG, § 222 Rn. 3; lediglich die ordentliche Kapitalherabsetzung wird teilweise auch im Falle einer ausgeglichenen Bilanz durchgeführt, vgl. *Lutter*, in: Kölner Komm. AktG vor § 222 Rn. 5.
469 § 222 Abs. 1 Satz 1 AktG gilt gemäß § 229 Abs. 2 AktG und § 237 Abs. 2 Satz 1 AktG auch für die vereinfachte Kapitalherabsetzung und die Kapitalherabsetzung durch Einziehung von Aktien.
470 *Grunewald* 2. C. Rn. 172; *Hüffer* AktG, § 229 Rn. 1; *Krieger*, in: Münch. Hdb. GesR AG, § 61 Rn. 1; *Lutter*, in: Kölner Komm AktG, Vorb. § 229 Rn. 1; *Oechsler*, in: MüKo AktG, Vor § 222 Rn. 11. vgl. ausführlich zur vereinfachten Kapitalherabsetzung *Geißler* NZG 2000, 719.
471 Die Gläubigerschutzvorschrift des § 225 AktG findet aufgrund § 229 Abs. 3 AktG keine Anwendung.

Kapitalherabsetzung, da üblicherweise die vorhandenen Mittel nicht ausreichen, eine Sicherheitsleistung zu erbringen.[472] Im Übrigen vollzieht sich die vereinfachte Kapitalherabsetzung nach den gleichen Regelungen wie die ordentliche Kapitalerhöhung gemäß § 229 Abs. 3 AktG. Die vereinfachte Kapitalherabsetzung bezweckt und bewirkt dabei eine bloße Buchsanierung, also die Beseitigung einer Unterbilanz.[473] Von außen fließen der Gesellschaft dagegen keine Mittel zu. Im Rahmen von Sanierungsverhandlungen mit potentiellen Investoren stellt eine solche Maßnahme häufig eine grundlegende Voraussetzung für eine Zufuhr von frischem Kapital dar. Denn durch die Kapitalherabsetzung wird dafür gesorgt, dass der eingetretene Verlust von den „alten" Aktionären getragen wird. Durch die Anpassung der Aktien an den wahren wirtschaftlichen Wert erhöht sich für den Investor die Attraktivität neue Aktien der Gesellschaft zu zeichnen. Deshalb wird eine solche Kapitalherabsetzung zur Sanierung häufig mit einer sofortigen Kapitalerhöhung unter dem Ausschluss des Bezugrechts der Altaktionäre verbunden.

III. Rechtsprechung des BGH in der „Girmes"-Entscheidung

Auch im Hinblick auf das Abstimmungsverhalten in der Hauptversammlung unterliegen die Aktionäre im Fall der Sanierung Einschränkungen, die ihnen sonst nicht zugemutet werden. Der BGH hat in seiner „Girmes"-Entscheidung die Treuepflichten der Aktionäre, insbesondere der Minderheitsaktionäre, konkretisiert.[474] Gegenüber seinen Mitaktionären verpflichtet die Treuepflicht den Minderheitsaktionär danach seine Mitgliedsrechte unter angemessener Berücksichtigung der Interessen der anderen Aktionäre auszuüben.[475] Der BGH ist in dieser Entscheidung insbesondere auf das Abstimmungsverhalten der Minderheitsaktionäre in der Hauptversammlung eingegangen. Demnach ist es dem Minderheitsaktionär aufgrund der unter den Aktionären bestehenden Treuepflicht nicht erlaubt, eine sinnvolle und mehrheitlich angestrebte Sanierung der Gesellschaft – einschließlich einer zum Sanierungskonzept gehörenden Kapitalherabsetzung – aus eigennützigen Gründen zu verhindern.[476] Während die Diskussion um eine bestehende Treuepflicht der Aktionäre bezüglich der Stimmrechtsausübung bis dato überwiegend den Mehrheitsaktionär betraf[477], hat der BGH in der „Girmes"-Entscheidung klargestellt, dass insbesondere auch ein (qualifizierter) Minderheitsaktionär von der Treupflicht erfasst wird.

IV. Zusammenfassung

Zusammenfassend ist zu bemerken, dass die Sanierung der Aktiengesellschaft die Kompetenzen der Organe zulasten der Aktionäre verschiebt. In den genannten Fällen

[472] Vgl. *Hüffer* AktG, § 229 Rn. 2.
[473] Vgl. auch *Geißler* NZG 2000, 719, 720; *K. Schmidt* ZGR 1982, 519, 520; *Würdinger* 1981, S. 208.
[474] BGHZ 129, 136 („Girmes"); vgl. Besprechungen von *Bungert* DB 1995, 1749; *Flume* ZIP 1995, 161; *Lutter* JZ 1995, 1053; *Marsch-Barner* ZIP 1996, 853; *Schnorbus* JuS 1998, 877.
[475] BGHZ 129, 136 Leitsatz a).
[476] BGHZ 129, 136, 137 Leitsatz b), vor dieser Entscheidung bereits *Timm* WM 1991, 481, 484.
[477] Vgl. für die GmbH BGHZ 65, 15 ff; BGHZ 103, 184 („Linotype").

stellt die Sanierung der Aktiengesellschaft einen Anlass für eine abweichende Regelung zulasten der Aktionäre dar, um die Aktiengesellschaft vor der Insolvenz zu schützen. Zwar werden die Aktionäre an den jeweiligen Maßnahmen durch das Erfordernis eines Hauptversammlungsbeschlusses beteiligt und der Vorstand der Aktiengesellschaft kann die Maßnahmen nicht autonom durchsetzen. Jedoch zeigen diese Beispiele, dass der Interessenskonflikt zwischen den Individualinteressen der Aktionäre und dem Interesse der Gesellschaft an der erfolgreichen Sanierung vom Gesetzgeber hier zu Gunsten der Gesellschaftsinteressen entschieden worden ist. Im weiteren Gang der Untersuchung ist diese gesetzliche Wertung bei der Frage zu berücksichtigen, ob auf eine möglicherweise bestehende ungeschriebene Zuständigkeit der Hauptversammlung im Falle der Sanierung der Aktiengesellschaft verzichtet werden kann.

§ 9 Typische Sanierungsmaßnahmen

Die Instrumentarien, die zur Sanierung einer Aktiengesellschaft durchgeführt werden können, sind äußerst vielfältig. In die Öffentlichkeit gelangen dabei insbesondere die Fälle, in denen vor allem durch Entlassungen von Mitarbeitern versucht wird, das Unternehmen aus der Krise zu führen.[478] Üblicherweise reicht die Durchführung einer bestimmten Maßnahme für eine erfolgreiche Sanierung nicht aus. In der Praxis besteht die Sanierung daher in den überwiegenden Fällen aus einem Paket aufeinander abgestimmter und auf das Unternehmen angepasster Maßnahmen, die teils mit Kräften des Unternehmens und der an ihm beteiligten Gesellschafter, teils aber auch mit Hilfe von vorhandenen und neuen Gläubigern geleistet werden.[479] Die Aktivitäten, die das Krisenunternehmen ohne die Zustimmung Außenstehender zur Krisenbewältigung beschließen kann, werden dabei als autonome bzw. interne Sanierungsmaßnahmen bezeichnet.[480] Ist dagegen die Mitwirkung Außenstehender, wie Gläubiger, Kunden oder der öffentlichen Hand für eine Maßnahme erforderlich, wird diese als heterogene bzw. externe Sanierungsmaßnahme bezeichnet.[481]

Die zur Sanierung in Betracht kommenden Maßnahmen betreffen verschiedene Bereiche des Unternehmens.

Zunächst ist an Maßnahmen im leistungswirtschaftlichen Bereich zu denken. Dazu gehören die Bereiche Forschung und Entwicklung, Vertrieb, Einkauf, Logistik und Produktion, Personal sowie EDV.[482] Sanierungsmaßnahmen in diesen Bereichen sind Rationalisierungsmaßnahmen und sonstige Änderungen der betrieblichen Sphäre, die

---

[478] Vgl. nur entsprechende Ankündigungen von EADS, Handelsblatt v. 20.10.2006.

[479] Vgl. *Hess/Fechner*, in: Hess/Fechner E. I. Rn. 11; *Kreplin*, in: Nerlich/Kreplin, § 9 Rn. 3; *K. Schmidt*, in: K. Schmidt/Uhlenbruck, Rn. 360; siehe auch *Wirth* DB 1996, 867.

[480] Vgl. zu dieser Terminologie *Hess/Fechner*, in: Hess/Fechner, E. I. Rn. 4 f.; *Kreplin*, in: Nerlich/Kreplin, § 9 Rn. 9 f.

[481] *Hess/Fechner*, in: Hess/Fechner, E.I. Rn. 4 f.

[482] *Jobsky*, in: Buth/Hermanns § 5 Rn. 2.

auf eine Verbesserung der jeweiligen Ergebnisse abzielen, die die Profitabilität des Unternehmens optimieren bzw. sicherstellen.[483]

Darüber hinaus kommen zur Sanierung insbesondere Maßnahmen im finanzwirtschaftlichen Bereich in Betracht. Dabei stehen vor allem Verhandlungen mit Gläubigern über mögliche Stundung oder Verzicht auf ausstehende Forderungen im Vordergrund.[484] Ohne ein Entgegenkommen der Gläubiger wird eine finanzielle Sanierung der Gesellschaft meist nicht gelingen. Weiterhin zählen zu diesem Bereich Verhandlungen mit den Kreditinstituten über Sanierungsbeiträge wie zum Beispiel Sanierungskredite oder Bürgschaften.[485] Da die finanzielle Leistungsfähigkeit der Gesellschafter oder einzelner Gläubiger kaum ausreicht, um im erforderlichen Umfang Sanierungsbeiträge zu leisten, kommt den Kreditinstituten bei der Sanierung von Unternehmen üblicherweise eine Schlüsselrolle in dem Sinne zu, dass auch ohne ihre Mitwirkung eine Sanierung selten gelingt.[486] Zur Verbesserung der Liquidität kommt darüber hinaus als interne Sanierungsmaßnahme auch die Umschichtung von Vermögensteilen in Betracht.[487] Dies kann beispielsweise durch die Auflösung stiller Reserven, durch die Durchführung des sogenannten „sale and lease back"-Verfahrens oder den Abbau von Vorräten oder Forderungen geschehen.

Neben diesen allgemeinen finanzwirtschaftlichen Maßnahmen kommen bei der Aktiengesellschaft insbesondere die im Aktiengesetz enthaltenen Finanzmaßnahmen zur Sanierung in Betracht.[488] Zu diesen gehören die Kapitalerhöhung gemäß §§ 182 ff. AktG, die Kapitalherabsetzung gemäß §§ 222 ff. AktG sowie der Kapitalschnitt. Unter einem Kapitalschnitt ist eine Verbindung einer Kapitalherabsetzung mit einer kurz darauf folgenden Kapitalerhöhung zu verstehen.[489] Ziel dieser Maßnahme ist es, dass durch die Verluste aufgebrauchtes Grundkapital der Gesellschaft durch eine vereinfachte Kapitalherabsetzung zu sanieren (sog. Buchsanierung) und der Gesellschaft sodann im Wege der Kapitalerhöhung neue Barmittel zuzuführen.[490] Diese Maßnahmen dienen zum einen dazu frisches Kapital in die Gesellschaft zu bringen und zum anderen die Kapitalstruktur der Gesellschaft an die wirtschaftliche Situation der Gesellschaft anzupassen.

Schließlich kommen für eine Sanierung auch Restrukturierungsmaßnahmen in Betracht. Insbesondere bei Konzernstrukturen muss in Krisenfall genau analysiert wer-

---

[483] Vgl. zu den einzelnen Beiträgen der verschiedenen Bereiche zur Sanierung *Buth/Hermanns*, in: Buth/Hermanns § 6 ff.

[484] *Wellensiek* NZI 2002, 233.

[485] Vgl. ausführlich zu den Sanierungsbeiträgen der Kreditinstitute *Wittig*, in: K. Schmidt/Uhlenbruck, Rn. 472 ff.

[486] *Wittig*, in: K. Schmidt/Uhlenbruck, Rn. 476.

[487] Vgl. *Hess/Fechner*, in: Hess/Fechner E.II. 31 ff.; *Jünger*, in: Buth/Hermanns § 11 Rn. 44 ff.

[488] Vgl. Übersicht bei *Jäger* NZG 1999, 238; siehe auch *Buth/Hermanns*, in: Buth/Hermanns § 13 Rn. 5.

[489] Vgl. zum Kapitalschnitt *Hirte* ZInsO 1999, 616 ff.; *Jäger* NZG 1999, 238, 239 ff.; *Kreplin*, in: Nerlich/Kreplin, § 9 Rn. 14; siehe § 9 I 1. c. S. 90.

[490] *Buth/Hermanns*, in: Buth/Hermanns § 13 Rn. 6; *Lutter/Hommelhoff/Timm* BB 1980, 737, 741; *Tielmann*, in: Happ, AktR, 14.03 Rn. 1.

den, welche Teile des Unternehmens die Krise verursachen und welche Unternehmensteile überlebensfähig sind. Nach einer umfangreichen Analyse des Zustands der Gesellschaft kann dann beispielsweise durch die Veräußerung von Unternehmensteilen eine Konzentration auf das Kerngeschäft der Gesellschaft erfolgen, zum anderen kann durch den Veräußerungserlös eine Verbesserung der Liquidität der Gesellschaft erreicht werden.

Neben dieser sachlichen Aufteilung der Sanierungsmaßnahmen lassen sich die in Betracht kommenden Sanierungsmaßnahmen auch zeitlich einteilen.

Dabei ist zunächst zwischen den Maßnahmen zu unterscheiden, die typischerweise im Vorfeld einer Insolvenz durchgeführt werden, und den Maßnahmen, die erst im Insolvenzverfahren durchgeführt werden. Grundsätzlich wird mit der Sanierung das Ziel verfolgt, die Insolvenz der Gesellschaft zu vermeiden. Deshalb zielen die Sanierungsmaßnahmen, die im Vorfeld der Insolvenz durchgeführt werden, darauf ab, die Gesellschaft vor einer Situation zu bewahren, in der die Gesellschaft einen Insolvenzantrag stellen muss. Eine Sanierung der Gesellschaft ist jedoch auch noch zu dem Zeitpunkt möglich, in dem sich das Unternehmen bereits in der Insolvenz befindet. Gemäß § 1 InsO dient das Insolvenzverfahren dazu, die Gläubiger des Schuldners gemeinschaftlich zu befriedigen, indem das Vermögen des Schuldners verwertet und der Erlös verteilt oder in einem Insolvenzplan eine abweichende Regelung insbesondere zum Erhalt des Unternehmens getroffen wird. Wie oben schon dargelegt steht nach der InsO die Sanierung des Rechtsträgers somit als gleichwertiges Ziel des Insolvenzverfahrens neben der Liquidation.[491] Die bedeutendste Sanierungsmaßnahme im Insolvenzverfahren stellt dabei die übertragene Sanierung dar.[492] Bei der Sanierung im Insolvenzverfahren ist jedoch zu beachten, dass das Insolvenzverfahren nicht darauf ausgerichtet ist, dem Schuldner wirtschaftlich wieder auf die Beine zu helfen, sondern bezweckt in erster Linie die Gläubigerbefriedigung.[493] Eine Sanierung im Insolvenzverfahren kommt daher nur in den Fällen in Betracht, in denen mindestens eine gleichwertige Chance besteht die Gläubiger durch die Sanierung zu befriedigen, wie durch eine Liquidation des Unternehmens.

Die Maßnahmen, die im Vorfeld der Insolvenz durchgeführt werden, sind weiter zu unterteilen. Hier ist zwischen den Maßnahmen zu unterscheiden, die typischerweise im Frühstadium einer Unternehmenskrise durchgeführt werden, und den Maßnahmen, die innerhalb der dreiwöchigen Insolvenzantragspflicht nach § 92 Abs. 2 AktG in kürzester Zeit die Gesellschaft vor der Insolvenz bewahren sollen.

In dem erstgenannten Zeitfenster besteht für die Gesellschaft theoretisch ausreichend Zeit, die geplanten Maßnahmen auch unter der Beteiligung der Hauptversamm-

---

[491] Siehe oben unter § 7 III. 1. S. 79; vgl. Äußerungen des Rechtsausschusses BT-Drucks. 12/7302 S. 155; siehe auch *Ganter*, in: MüKo InsO § 1 Rn. 85; *Prütting*, in: Köln. Schrift z. InsO, S. 221, 240 f. Rn. 60; *Smid*, in; Smid, InsO,§ 1 Rn. 47.

[492] *Maus* DStR 2002, 1105; *Steffan* WpG-Sonderheft 2003 S. 148, 155; *Wellensiek* NZI 2002, 233; vgl. dazu ausführlich unten § 9 II. S. 95 f.

[493] *Wellensiek* NZI 2002, 238.

lung durchzuführen. Deshalb ist es möglich in dieser Zeit insbesondere auf die Sanierungsmaßnahmen zurückzugreifen, die einen Hauptversammlungsbeschluss und somit die zeitintensive Einberufung einer Hauptversammlung erfordern. Beispielhaft sind hier insbesondere die Kapitalmaßnahmen, wie zum Beispiel der Kapitalschnitt oder der Einsatz von Wandelgenussrechten, zu nennen.

Wenn sich die Aktiengesellschaft kurz vor der Insolvenz befindet, kommen nur noch Sanierungsmaßnahmen in Betracht, die innerhalb kürzester Zeit erfolgreich durchgeführt werden können. Deshalb scheiden in dieser Phase jedenfalls die Maßnahmen aus, die einer geschriebenen Zuständigkeit der Hauptversammlung unterliegen. Denn innerhalb der dreiwöchigen Insolvenzantragspflicht nach § 92 Abs. 2 AktG ist eine Einberufung einer Hauptversammlung, die gemäß § 123 AktG dreißig Tage vor dem Tage der Versammlung einzuberufen ist, nicht mehr möglich.

Die folgende Darstellung beschränkt sich auf die Sanierungsmaßnahmen, die der Beteiligung der Hauptversammlung unterliegen können. Dazu gehören die Sanierungsmaßnahmen, die einer geschriebenen Zuständigkeit unterliegen. Darüber hinaus werden typische Sanierungsmaßnahmen dargestellt, bei denen eine ungeschriebene Zuständigkeit der Hauptversammlung nach den oben dargelegten Voraussetzungen[494] in Betracht kommt.

I. Maßnahmen im Vorfeld der Insolvenz der Aktiengesellschaft

Zunächst ist auf die Maßnahmen einzugehen, die typischerweise im Vorfeld der Insolvenz durchgeführt werden. Dabei ist zwischen Maßnahmen zu unterscheiden, die eine gesetzliche Zuständigkeit der Hauptversammlung begründen, und den Maßnahmen, die nach der gesetzlichen Regelung eigentlich in den Kompetenzbereich des Vorstands fallen.

1. Maßnahmen mit geschriebener Hauptversammlungszuständigkeit

a. Kapitalerhöhung

Die Kapitalerhöhung ist eine wichtige Maßnahme, die zur Sanierung einer Aktiengesellschaft durchgeführt werden kann.[495] Sie stellt für die Gesellschafter und Investoren eine geeignete und nahe liegende Möglichkeit dar, das Investment zu retten und die Gesellschaft am Leben zu halten, sofern die Geschäftsprognosen für den Fall einer Kapitalzuführung günstig sind.[496] Die Kapitalerhöhung verschafft der Aktiengesellschaft Liquidität und in der Überschuldungsbilanz ein zusätzliches Aktivum und kann so Zahlungsunfähigkeit und Überschuldung zugleich vermeiden und beseitigen helfen.[497]

---

[494] Vgl. zu den Voraussetzungen für eine ungeschriebene Zuständigkeit der Hauptversammlung die Ergebnisse des 2. Teils § 6 S. 71.

[495] Vgl. grundsätzlich zur Kapitalerhöhung zu Sanierungszwecken *Schorlemer/Stupp* NZI 2003, 345.

[496] *Schorlemer/Stupp* NZI 2003, 345, 346.

[497] *Schmidt-Hern*, in: Becksch. Hdb. AG, § 16 Rn. 68.

Nach dem gesetzlichen Modell stehen der Aktiengesellschaft vier Formen der Kapitalerhöhung zur Verfügung: Die ordentliche Kapitalerhöhung gemäß §§ 182 bis 191 AktG, die bedingte Kapitalerhöhung gemäß §§ 192 bis 201 AktG, die Kapitalerhöhung aus genehmigtem Kapital gemäß §§ 202 bis 206 AktG und die Kapitalerhöhung aus Gesellschaftsmitteln gemäß §§ 207 bis 220 AktG.

Im Fall einer Sanierung scheidet die Kapitalerhöhung aus Gesellschaftsmitteln regelmäßig aus, da der Gesellschaft in dieser Phase die erforderlichen finanziellen Mittel nicht zur Verfügung stehen. Eine bedingte Kapitalerhöhung darf nur den in § 192 Abs. 2 AktG genannten Zwecken dienen. Da diese grundsätzlich im Fall der Sanierung nicht vorliegen, scheidet auch die bedingte Kapitalerhöhung als Sanierungsmaßnahme grundsätzlich aus. Eine Ausnahme stellt jedoch die Sanierung unter dem Einsatz von Wandelgenussrechten dar, die zur Absicherung der Wandelgenussrechte einer bedingten Kapitalerhöhung bedarf.[498]

Die Barkapitalerhöhung ist das am besten geeignete Instrument zur Beseitigung der finanziellen Krise.[499] Da jedoch bei einer Sanierung zumeist rasch gehandelt werden muss, kommt regelmäßig nur eine Kapitalerhöhung aus bereits vorhandenem, genehmigtem Kapital in Betracht. Denn Voraussetzung jeder Barkapitalerhöhung ist gemäß § 182 AktG ein Beschluss der Hauptversammlung. Die Durchführung einer ordnungsgemäßen Hauptversammlung bedarf einer Einberufung, die gemäß § 123 Abs. 1 AktG mindestens dreißig Tage vor dem Tag der Hauptversammlung zu erfolgen hat. Denkt man weiter an die technischen Erfordernisse der Vorbereitung einer Hauptversammlung, so ist zwischen dem entsprechenden Entschluss und seiner Durchführung mit einer Mindestzeit von zwei bis drei Monaten zu rechnen.[500] Wie oben schon dargelegt, besteht im Fall der Sanierung der Aktiengesellschaft die Möglichkeit das Bezugsrecht der Aktionäre bei der Kapitalerhöhung auszuschließen, um die neugeschaffenen Aktien „en bloc“ an einen potentiellen Investor vergeben zu können.[501]

b. Kapitalherabsetzung

Bei der Kapitalherabsetzung handelt es sich ebenfalls um ein wichtiges Mittel zur Sanierung der Aktiengesellschaft.[502] Wie bereits oben ausführlich dargelegt kann sie als ordentliche Kapitalherabsetzung (§§ 222-228 AktG) und insbesondere zu Sanierungszwecken auch in Form einer vereinfachten Kapitalherabsetzung (§§ 229-236 AktG) durchgeführt werden.[503] Im Sanierungsfall wird die Kapitalherabsetzung regelmäßig im Rahmen eines sogenannten Kapitalschnitts durchgeführt.[504] Durch die Kapitalherabsetzung wird dafür gesorgt, dass der eingetretene Verlust von den „alten“ Aktionären getragen wird. Durch die Anpassung der Aktien an den wahren wirtschaftlichen

---

498 Vgl. zur Sanierung unter Einsatz von Wandelgenussrechten ausführlich § 9 I 1.d S. 90 f.
499 *Schmidt-Hern*, in: Becksch. Hdb. AG, § 16 Rn. 68.
500 *Lutter/Hommenhoff/Timm* BB 1980, 737, 738; *Geißler* NZG 2000, 719, 720.
501 § 8 I. S. 81 ff.
502 Vgl. zur vereinfachten Kapitalherabsetzung als Sanierungsinstrument *Geißler* NZG 2000, 719 ff; *Jäger* NZG 1999, 238, 239.
503 § 8 II. S. 83 f.
504 Siehe ausführlich dazu unten § 9 I. 1. c. S. 90.

Wert erhöht sich für den Investor damit die Attraktivität neue Aktien der Gesellschaft zu zeichnen.[505]

c. Kapitalschnitt

Bei einem Kapitalschnitt handelt es sich um eine Verbindung einer Kapitalherabsetzung mit einer kurz darauf folgenden Kapitalerhöhung.[506] In der Krisensituation ist es in der Regel erforderlich, dass der Nominalwert an den Realwert der Beteiligung adaptiert wird, um gleichzeitig mit den neuen Anteilen eine dem tatsächlichen Wert entsprechende Beteiligung sicherzustellen.[507] Die Kombination von Kapitalherabsetzung und Kapitalerhöhung hat zum Ziel, dass mittels der vereinfachten Kapitalherabsetzung die Gesellschaft ihr durch die Verluste aufgebrauchtes Grundkapital sanieren kann (sog. Buchsanierung) und ihr sodann im Wege der Kapitalerhöhung neue Barmittel zugeführt werden können.[508] Die Zulässigkeit dieser Verbindung ergibt sich aus den §§ 235 ff. AktG. Wenn der Kapitalschnitt unmittelbar Berücksichtigung in dem Jahresabschluss für das vorangehende Geschäftsjahr finden soll, ist dies aufgrund der mit der Sachkapitalerhöhung verbundenen Anfechtungsrisiken und Bewertungsproblemen gemäß § 235 Abs. 1 Satz 2 AktG nur möglich, wenn es sich um eine Barkapitalerhöhung handelt. Beim Kapitalschnitt kommen als Teilnehmer an der Kapitalerhöhung und damit als Kapitalgeber neben den Altgesellschaftern grundsätzlich auch neue Anleger in Frage. Da der erzielbare Ausgabekurs aufgrund der Krisensituation regelmäßig gedrückt ist, kann zudem der Versuch unternommen werden, die Großgläubiger der Gesellschaft zur Aktienübernahme zu gewinnen.[509] Jeder externe Investor wird aber im Ergebnis sein Engagement vom Vorliegen eines realistischen Sanierungskonzepts mit klarer Zukunftsperspektive abhängig machen.

d. Wandelgenußrechte

Eine weitere Maßnahme, die der Beteiligung der Hauptversammlung bedarf, ist die Sanierung unter dem Einsatz von Wandelgenussrechten.[510]

Diese Sanierungsmaßnahme verläuft nach dem folgenden Grundmuster:[511] Als Fremdkapital ausgewiesene Kreditforderungen, in der Regel die Forderungen der kreditfinanzierenden Banken, werden wirtschaftlich in Eigenkapital umgewandelt, indem sie

---

505 Vgl. *Hirte* ZInsO 1999, 616.

506 Vgl. *Hirte* ZInsO 1999, 616 ff.; *Jäger* NZG 1999, 238, 239 ff.; *Kreplin*, in: Nerlich/Kreplin, § 9 Rn. 14.

507 *Kreplin*, in: Nerlich/Kreplin, § 9 Rn. 15.

508 *Buth/Hermanns*, in: Buth/Hermanns § 13 Rn. 6; *Lutter/Hommelhoff/Timm* BB 1980, 737, 741; *Tielmann*, in: Happ, AktR, 14.03 Rn. 1.

509 *Jäger* NZG 1999, 238, 240.

510 Vgl. zur Sanierung unter dem Einsatz von Wandelgenussrechten ausführlich *Stadler* NZI 2003, 579; siehe auch *Grell/Demisch* FINANCE 02/2006 S. 34.

511 Vgl. ausführlich zum Grundmuster der Sanierung unter Einsatz von Wandelgenussrechten *Stadler* NZI 2003, 579.

im Wege der Sacheinlage in die Gesellschaft eingebracht werden. Als Gegenleistung für die Einbringung werden jedoch nicht Aktien, sondern Genussrechte ausgegeben, die unter bestimmten Voraussetzungen ein Recht zum Bezug von Aktien gewähren.[512] Zur Absicherung dieses Umtauschrechts wird unter dem Ausschluss des Bezugsrechts der Aktionäre bedingtes Kapital gemäß den §§ 221 Abs. 3, 192 Abs. 1 AktG geschaffen.

Der Vorteil dieser Sanierungsmaßnahme liegt darin, dass den Beteiligten viele rechtliche Gestaltungsmöglichkeiten offen stehen und somit dieses Instrument genau auf die jeweilige individuelle Sanierungssituation angepasst werden kann. Die Flexibilität dieser Sanierungsmaßnahme ergibt sich zum einen aus der Gestaltung des Wandelgenussrechts.[513] Dieses kann zum Beispiel an ein fixes oder variables Umtauschrecht geknüpft werden, mit einem außerordentlichen Kündigungsrecht versehen werden, eine Beteiligung am laufenden Gewinn beinhalten oder sogar ein Rückkaufsrecht der Gesellschaft zu einem festgelegten oder variablen Preis enthalten.[514] Zum anderen ergibt sich die Flexibilität aus der Bilanzierung des Genussrechtskapitals.[515] Dieses kann unter bestimmten Voraussetzungen sowohl als Eigenkapital als auch als Fremdkapital bilanziert werden.[516] Insbesondere eine Bilanzierung als Eigenkapital entlastet die Bilanz von Verbindlichkeiten und stellt somit eine wichtige Sanierungsmaßnahme dar.[517] Ob eine Bilanzierung als Eigenkapital zulässig ist, hängt von der Langfristigkeit der Kapitalüberlassung, der Haftungsqualität und der Funktion als Verlustpuffer ab.[518] Der Vorteil dieser Sanierungsmaßnahme für den Gläubiger liegt darin, dass er seinen Sanierungsbeitrag nicht in Form eines ersatzlosen Verzichts auf seine Kreditpositionen erbringen muss, sondern dass er vielmehr von der Sanierung profitieren kann, ohne eine Gesellschafterposition auszuüben.[519]

Die Nachteile der Verwendung von Wandelgenussrechten zur Sanierung der Aktiengesellschaft liegen in der Erfüllung der Sacheinlagevorschriften bzw. der Werthaltigkeit der Kreditforderungen, dem fehlenden Schutz der Genussrechtsinhaber vor einer Verwässerung ihrer Rechte und dem Risiko der Qualifikation des Genussrechtskapitals als Eigenkapitalersatz.[520] Darüber hinaus erfordert sowohl die Ausgabe von Wandel-

---

[512] Zur Zulässigkeit solcher Wandelgenussrechte vgl. *Habersack*, in: MüKo AktG, § 221 Rn. 40; in der Praxis wurde solche Wandelgenussrechte zum Beispiel bei der Sanierung der Philipp Holzmann AG sowie der Metallgesellschaft AG eingesetzt, vgl. *Stadler* NZI 2003, 579; *Habersack*, in: MüKo AktG, § 221 Fn. 122.

[513] Vgl. *Stadler* NZI 2003, 579 f.

[514] Vgl. *Stadler* NZI 2003, 579, 579 f.

[515] Vgl. *Stadler* NZI 2003, 579, 580 f.

[516] Vgl. *Stadler* NZI 2003, 579, 580 f.

[517] Vgl. *Lutter*, in: Kölner Komm. AktG, § 221 Rn. 342.

[518] Zu den Voraussetzungen der Bilanzierung des Genussrechtskapitals vgl. IDW, HFA 1/1994 Rn. 2.1.1., abgedruckt in WPg 1994, 419 ff.; *Adler/Düring/Schmaltz* § 266 HGB Rn. 195; *Jänisch /Moran/ Weibel* DB 2002, 2451, 2452; *Küting/Kessler* BB 1994, 2103, 2105.

[519] *Stadler* NZI 2003, 579, 583.

[520] Vgl. *Stadler* NZI 2003, 579, 583 ff.

genussrechten gemäß § 221 Abs. 3 AktG i. V. m. § 221 Abs. 1 AktG als auch die Absicherung dieser durch bedingtes Kapital gemäß den §§ 192 ff. AktG einen Beschluss der Hauptversammlung.

2. Maßnahmen ohne geschriebene Hauptversammlungszuständigkeit

a. Veräußerung

Die Veräußerung von Betriebsvermögen, Beteiligungen oder Tochterunternehmen spielt bei der überwiegenden Zahl von Unternehmensrestrukturierungen und Unternehmenssanierungen eine besondere, teilweise sogar entscheidende Rolle.[521] Dies verdeutlichen auch aktuelle Beispiele. Die KarstadtQuelle AG hat im Frühjahr 2006 im Rahmen der Sanierung ihr gesamtes Immobilienvermögen an einen Investor veräußert, um sich von den bestehenden Verbindlichkeiten zu lösen.[522] Die Spar-Handels AG konnte im Jahr 2004 die Insolvenz nur durch den Verkauf einer Tochtergesellschaft abwenden.[523] Der Verkauf von Vermögensgegenständen kann verschiedenen Zwecken im Rahmen eines Sanierungsplanes dienen.

Als wichtigster Grund ist hier die kurzfristige Liquiditätssicherung zu nennen. Im akuten Sanierungsfall ist es das primäre Ziel zunächst den Liquiditätsabfluss signifikant zu drosseln und gleichzeitig durch verschiedene Maßnahmen Liquiditätsreversen zu mobilisieren.[524] Der Verkauf von Wirtschaftsgütern stellt eine einfache und vor allem schnell durchzuführende Maßnahme dar, durch die eine akute finanzielle Krise überwunden werden kann. Jedoch sollte insbesondere der spontane „Verkauf von Tafelsilber" ohne ganzheitliches und abgestimmtes Sanierungskonzept erst als eine letzte Rettungsmaßnahme durchgeführt werden.[525]

Darüber hinaus spielt vor allem die Veräußerung von Betriebsteilen oder Unternehmen bei der Trennung von „Wertvernichtern" eine große Rolle.[526] In Krisensituation hat die Gesellschaft genau zu analysieren, welche Geschäftsfelder profitabel sind und welche nicht. Da beispielsweise im Produktionsprogramm häufig nur Durchschnittskostenrechnungen verwendet werden, kann es passieren, dass defizitär arbeitende Geschäftsbereiche versteckt subventioniert werden. Durch eine solche Analyse können die sogenannten „Wertvernichter" identifiziert werden. Wenn eine kurzfristige Sanierung dieser „Wertvernichter" nicht möglich ist, ist in diesen Bereichen im Rahmen der Sanierung zu desinvestieren, entweder mittels Verkauf oder Schließung mit anschließender Verwertung der Assets.

---

521 Vgl. *Buth/Hermanns*, in: Buth/Hermanns § 17 Rn. 1 ff.; *Görg* FS Greiner, 2005, 51.
522 Pressemitteilung KarstadtQuelle AG v. 25.04.2006, abrufbar unter http://www.karstadtquelle.com/presse/91_8957.asp, zuletzt abgerufen am 24.10.2006.
523 Vgl. Welt v. 27.01.2005.
524 *Buth/Hermanns*, in: Buth/Hermanns § 17 Rn. 32.
525 *Buth/Hermanns*, in: Buth/Hermanns § 17 Rn. 32.
526 Vgl. dazu *Buth/Hermanns*, in: Buth/Hermanns § 17 Rn. 30.

Ein weiterer Grund für die Veräußerung eines Geschäftsfeldes kann die hohe Kapitalintensität zur Fortführung des Geschäftsbetriebs sein.[527] Eigentlich zukunftsträchtige Bereiche können in der Krisensituation nicht weitergeführt werden, da sie kurz- oder mittelfristig zu kapitalintensiv sind und keinen positiven Cash-Beitrag zur Stabilisierung des Krisenunternehmens leisten können. Diese Betriebsteile sind dann aber auch besonders interessant für potentielle Erwerber und können durch den Verkauf den Erhalt der Gesellschaft sichern.

Schließlich spielt der Verkauf von Unternehmensteilen im Rahmen der Konzentration auf die Kernkompetenzen und Aufgabe von Randaktivitäten der Gesellschaft eine wichtige Rolle.[528] Häufig sind bei Krisenunternehmen über die Jahre verschiedene Geschäftsfelder betrieben worden, ohne dass eine bestimmte Strategie dahinter gestanden hat und ohne erkennbare wesentliche Synergien.

b. Veränderung von operativer Gesellschaft zur reinen Vertriebsgesellschaft

Eine weitere denkbare Sanierungsmaßnahme ist die Veränderung von einer operativen Gesellschaft zu einer reinen Vertriebsgesellschaft. Ein solcher Schritt kann durch das Eintreten einer schweren Krise der Gesellschaft notwendig werden, wenn der Krise nur durch den Verkauf der gesamten Betriebsgrundstücke und Produktionsstätten entgegen getreten werden kann. Die Gesellschaft bleibt durch diese Maßnahme weiterhin Inhaber ihre Marken- und Patentrechte und konzentriert sich lediglich auf den Vertrieb. Die reine Vertriebstätigkeit bindet deutlich weniger Kapital als eine operative Tätigkeit und kann so für eine finanziell angeschlagene Gesellschaft einen Weg aus der Krise darstellen.

c. Ausgliederung der Kerntätigkeit auf eine Tochtergesellschaft und Beteiligung eines Dritten an der Tochtergesellschaft

Eine weitere Sanierungsmaßnahme, die eine Beteiligung eines externen Unternehmens ermöglicht, ist die Ausgliederung der profitablen Kerntätigkeit der Gesellschaft auf eine Tochtergesellschaft, an der sich, etwa in Form eines Joint Ventures, ein anderes Unternehmen beteiligt. Durch die Ausgliederung der „Perle" wird diese von dem unprofitablen Teil der Gesellschaft gelöst und damit ein attraktives Ziel für mögliche Investoren. Denn diese können sich an dem Geschäft beteiligen ohne für die Schulden der kriselnden Gesellschaft langfristig aufkommen zu müssen. Die Abgabe der Beteiligung an der neuen Gesellschaft wird dann aber häufig mit einmaligen Sanierungsbeiträgen für die ausgliedernde Gesellschaft verbunden. Durch diese Unterstützung, sei es durch direkte Geldzahlung oder Stundungen von Verbindlichkeiten, kann das Unternehmen in der Krise saniert werden. Bei dieser Maßnahme handelt es sich um eine einschneidende Maßnahme, bei der das Unternehmen die ausschließliche Kontrolle über seine Kerntätigkeit verliert. Jedoch kann dies der einzig gangbare Wege sein, eine substantielle Krise zu überwinden.

---

[527] *Buth/Hermanns*, in: Buth/Hermanns § 17 Rn. 31.

[528] *Buth/Hermanns*, in: Buth/Hermanns § 17 Rn. 33.

d. Außerordentliche Kündigung eines Gewinnabführungs- und/oder Beherrschungsvertrages mit einer defizitären Tochtergesellschaft

Auch eine Krise einer Tochtergesellschaft kann, je nach Größe und Einfluss der Tochtergesellschaft, zu einer Krise der Muttergesellschaft werden. Dies ist insbesondere dann der Fall, wenn zwischen Mutter- und Tochtergesellschaft eine Gewinnabführungs- und/oder Beherrschungsvertrag vorliegt. Gemäß § 302 Abs. 1 AktG hat in diesem Fall die herrschende Gesellschaft bei der abhängigen Gesellschaft während der Vertragsdauer jeden entstehenden Jahresfehlbetrag auszugleichen. Wenn nun die Tochtergesellschaft stark defizitär ist, kann als Sanierungsmaßnahme der Muttergesellschaft die außerordentliche Kündigung des Gewinnabführungs- und/oder Beherrschungsvertrags in Betracht kommen. Gemäß § 297 Abs. 1 Satz 1 AktG kann ein solcher Unternehmensvertrag ohne Einhaltung einer Kündigungsfrist aus wichtigem Grund gekündigt werden. Somit besteht grundsätzlich für beide Vertragsparteien die Möglichkeit, den Gewinnabführungs- und Beherrschungsvertrag außerordentlich zu kündigen.

Voraussetzung dafür ist das Vorliegen eines wichtigen Grundes. Umstritten ist, unter welchen Voraussetzungen ein solcher vorliegt. Ein wichtiger Grund liegt gemäß § 297 Abs. 1 Satz 2 AktG namentlich vor, wenn der andere Vertragsteil voraussichtlich nicht in der Lage sein wird, seine aufgrund des Vertrages bestehenden Verpflichtungen zu erfüllen. Als eine solche Verpflichtung ist insbesondere die Verpflichtung zur Verlustübernahme gemäß § 302 AktG zu verstehen.[529] Wenn die Krise der Tochtergesellschaft zur Krise der Obergesellschaft geführt hat, ist zu erwarten, dass die Obergesellschaft irgendwann ihre Verpflichtung zur Verlustübernahme nicht mehr erfüllen kann.

Jedoch legt die Formulierung der Vorschrift die Annahme nahe, das Gesetz habe in diesem Fall nur der abhängigen Gesellschaft, nicht aber auch dem anderen Vertragsteil ein außerordentliches Kündigungsrecht einräumen wollen.[530] Nach der ganz herrschenden und überzeugenden Meinung in der Literatur kann aber auch in diesem Fall jeder Vertragteil bei Vorliegen der Voraussetzungen kündigen.[531] Begründet wird diese Ansicht vor allem mit dem Argument, dass es dem anderen Vertragsteil nicht zugemutet werden kann, bis zum eigenen Untergang zu erfüllen.[532] Darüber hinaus entspreche es dem für Dauerschuldverhältnisse allgemein geltenden Grundsatz, dass eine Kündigung aus wichtigem Grund beiderseitig möglich sein muss.[533]

Somit besteht auch für die Muttergesellschaft grundsätzlich in diesem Fall die Möglichkeit, den Gewinnabführungs- und/oder Beherrschungsvertrag außerordentlich zu kündigen. An das Vorliegen eines wichtigen Grundes sind allerdings strenge Anforde-

---

[529] Vgl. *Emmerich*, in: Emmerich/Habersack § 297 Rn. 21.

[530] Vgl. *Timm* DB 1993, 569, 572.

[531] *Emmerich*, in: Emmerich/Habersack § 297 Rn. 21a; *Geßler*, in: Geßler/Hefermehl/Eckhardt/Kropff, AktG, § 297 Rn. 28; *Hengeler/Hoffmann-Becking* FS Hefermehl, 1976, S. 283, 303; *Hüffer* AktG, § 297 Rn. 5; *Koppensteiner*, in: Kölner Komm. AktG, § 297 Rn. 16; *Krieger*, in: Münch. Hdb. GesR AG, § 70 Rn. 168; *Timm* DB 1993, 569, 572; kritisch *Altmeppen*, in: MüKo AktG, § 297 Rn. 35.

[532] *Hengeler/Hoffmann-Becking* FS Hefermehl, 1976, S. 283, 303; *Koppensteiner*, in: Kölner Komm. AktG, § 297 Rn. 16.

[533] *Altmeppen*, in: MüKo AktG, § 297 Rn. 16; *Koppensteiner*, in: Kölner Komm. AktG, § 297 Rn. 16.

rungen zu stellen.[534] Kurzfristige Schwierigkeiten rechtfertigen nicht zu einer entsprechenden Kündigung. Es müssen vielmehr längerfristige, zeitlich nicht eingrenzbare oder sich unzumutbar hinziehende Störungen vorliegen, die es den Parteien unmöglich machen, in Zukunft die vertraglichen Verpflichtungen zu erfüllen.[535] Ein wichtiger Grund ist dann jedenfalls gegeben, wenn das weitere Festhalten an dem Vertrag zur eigenen Vernichtung führen würde.[536] Wenn die Krise des verbundenen Unternehmens eine existenzbedrohende Krise der Obergesellschaft ausgelöst hat, kann dies sogar zur Vernichtung der Obergesellschaft führen. Somit könnte in diesem Fall eine außerordentliche Kündigung des Gewinnabführungs- und/oder Beherrschungsvertrags in Betracht kommen

e. Veränderung der Geschäftstätigkeit/Neuausrichtung des Geschäfts

Weiterhin kann es im Rahmen eines umfassenden Sanierungskonzepts zu einer starken Veränderung der Geschäftstätigkeit kommen. Wie schon oben erwähnt,[537] kann es zum einen notwendig sein, sich auf die Kernkompetenten zu konzentrieren und sich deshalb von anderen Beteiligungen oder Geschäftsfeldern zu trennen. Zum anderen ist es auch denkbar, dass sich die Gesellschaft aus ihrem bisherigen Tätigkeitsfeld insgesamt zurückzieht und ihre Tätigkeit in ein anderes Geschäftsfeld verlagert.

II. Maßnahmen im Insolvenzverfahren

Auch im Insolvenzverfahren besteht noch die Möglichkeit, durch verschiedene Sanierungsmaßnahmen die Gesellschaft aus der Krise zu führen. Neben den schon oben dargestellten finanzwirtschaftlichen Maßnahmen,[538] wie der Kapitalerhöhung[539] und des Kapitalschnitts, ist in der insolvenzrechtlichen Praxis bis heute das wohl gängigste Instrument der Sanierung in der Insolvenz die sogenannte „übertragende Sanierung".[540] Der Ausdruck „Sanierung" darf aber nicht darüber hinwegtäuschen, dass es sich hierbei nicht um eine Sanierung, sondern um eine Zerschlagung des insolventen Rechtsträgers handelt.[541] Bei der übertragenden Sanierung wird das Unternehmen vom

[534] *Koppensteiner*, in: Kölner Komm. AktG, § 297 Rn. 17; **a. A.**: *Emmerich*, in: Emmerich/Habersack § 297 Rn. 20; *Timm* DB 1993, 569, 572 f.
[535] *Hüffer* AktG, § 297 Rn. 4.
[536] *Habersack*, in: Emmerich/Habersack § 297 Rn. 21a; *Hengeler/Hoffmann-Becking* FS Hefermehl, 1976, S. 283, 303; *Koppensteiner*, in: Kölner Komm. AktG, § 297 Rn. 18; *Krieger*, in: Münch. Hdb. GesR AG, § 70 Rn. 169; kritisch dazu *Altmeppen*, in: MüKo AktG, § 297 Rn. 35 f.
[537] § 9 I. 2. a. S. 92 f.
[538] § 9 S. 85 f.
[539] Vgl. dazu *K. Schmidt* AG 2006, 597, 604.
[540] Der Begriff der „übertragenden Sanierung" geht auf *K. Schmidt* zurück, der diesen Anfang der achtziger Jahre geprägt hat, vgl. *K. Schmidt* ZIP 1980, 328, 337; vgl. ausführlich zur übertragenen Sanierung *Steffan* Wpg-Sonderheft 2003, 148, 155; *Wellensiek* NZI 2002, 233 ff.
[541] *Steffan* Wpg-Sonderheft 2003, 148, 155.

Unternehmensträger, der juristischen oder auch natürlichen Person getrennt. Die Trennung erfolgt durch den Verkauf des Unternehmens im Wege des Asset Deal, d. h. einzelne Vermögenswerte werden als Funktionseinheit im Paket an einen Investor verkauft, ohne dass die Verbindlichkeiten übergehen.[542] Mit dem gezahlten Kaufpreis können dann die Gläubiger des alten Rechtsträgers befriedigt werden. Das Unternehmen wird so auf einen anderen Rechtsträger übertragen und unabhängig vom Schicksal des bisherigen Unternehmensträgers saniert. Die Verwendung des Begriffs der Sanierung rechtfertigt sich somit nicht wegen der Gesundung des insolventen Rechtsträgers als solchem, sondern des Betriebs und der Erhaltung von Arbeitsplätzen, zumindest in Teilen.[543]

Die Attraktivität der übertragenden Sanierung liegt vor allem darin, die mit Bezug auf das schuldnerische Vermögen begründeten Verbindlichkeiten durch den Unternehmensübergang „abzustreifen". Grundvoraussetzung für das Gelingen ist daher, dass die haftungsrechtliche Situation mit der Übertragung endgültig bereinigt ist, dass also der Erwerber, der neue Rechtsträger, nicht für die Altverbindlichkeiten haftet.[544] In der Insolvenz gestaltet sich die übertragende Sanierung für den Erwerber aus haftungsrechtlicher Sicht besonders attraktiv, da § 25 HGB im Insolvenzverfahren nicht anwendbar ist.[545]

Die übertragende Sanierung im Insolvenzverfahren kann sowohl im Regelverfahren als auch im Insolvenzplanverfahren erfolgen.[546] Eine Durchführung im Insolvenzplanverfahren hat den Nachteil, dass sie anfälliger für etwaige Störerstrategien ist und dass die Belastung des Gerichts mit schwierigen betriebswirtschaftlichen Prüfungen zu erheblichen Verzögerungen führen.[547] Deshalb wird eine Durchführung der übertragenden Sanierung im Regelinsolvenzverfahren bevorzugt.[548]

§ 10 Ungeschriebene Zuständigkeiten der Hauptversammlung bei typischen Sanierungsmaßnahmen

Die dargestellten Maßnahmen werden typischerweise zur Sanierung einer Aktiengesellschaft durchgeführt. Fraglich ist, ob diese Sanierungsmaßnahmen nach den im ersten Teil der Bearbeitung dargelegten Grundsätzen einer Zuständigkeit der Hauptversammlung unterliegen.

Eine Beteiligung der Hauptversammlung in der Krise der Aktiengesellschaft entspricht dabei grundsätzlich der gesetzlichen Wertung des AktG. Der Vorstand hat ge-

---

[542] *Wellensiek* NZI 2002, 233, 234.
[543] *Steffan* Wpg-Sonderheft 2003, 148, 155.
[544] *Wellensiek* NZI 2002, 233, 234.
[545] Allgemeine Meinung vgl. BGHZ 104, 151, 154; *Ammon*, in: Röhricht/v. Westphalen, HGB, § 25 Rn. 11; *Emmerich*, in: Heymann, HGB, § 25 Rn. 12; *Hopt*, in: Baumbach/Hopt, HGB, § 25 Rn. 4; *Hüffer*, in: Staub, HGB, § 25 Rn. 60 f.; *Lieb*, in: MüKo HGB, § 25 Rn. 32 f.; *Noack* FS Zöllner Bd. 1, 1998. S. 411, 416.
[546] *Wellensiek* NZI 2002, 233, 237 f.
[547] Vgl. zum Insolvenzplanverfahren ausführlich unter § 9 II. S. 95 ff.
[548] *Wellensiek* NZI 2002, 233, 238.

mäß § 92 Abs. 1 AktG unverzüglich die Hauptversammlung einzuberufen, wenn sich bei der Aufstellung der Jahresbilanz oder einer Zwischenbilanz ergibt oder bei pflichtmäßigem Ermessen anzunehmen ist, dass ein Verlust in Höhe der Hälfte des Grundkapitals besteht. Diese Vorschrift verdeutlicht, dass eine Beteiligung der Hauptversammlung im Rahmen der Krisenbewältigung durch den Gesetzgeber grundsätzlich vorgesehen ist.

Die zuerst genannten Sanierungsmaßnahmen, insbesondere die Kapitalmaßnahmen, unterliegen schon nach den geschriebenen Zuständigkeiten einer Hauptversammlungszuständigkeit. Darzulegen ist jedoch, ob die übrigen Sanierungsmaßnahmen einer ungeschriebenen Zuständigkeit der Hauptversammlung unterliegen. Die Frage, ob der Vorstand eine Maßnahme der Hauptversammlung im Zweifel zur Entscheidung vorlegt, wird dabei insbesondere durch die Veränderungen des Aktiengesetzes durch das Gesetz zur Unternehmensintegrität und Modernisierung des Anfechtungsrechts (UMAG) vom 22. September 2005[549] an Bedeutung gewinnen.[550] Danach wurden die Möglichkeiten zur Verfolgung von Pflichtverstößen von Organmitgliedern durch Minderheitsaktionäre erheblich ausgeweitet.[551] Die Vorlage einer Maßnahme an die Hauptversammlung und ein dort gefasster gesetzmäßiger Beschluss führt nämlich gemäß § 93 Abs. 4 Satz 1 AktG zu einer Haftungsbeschränkung für den Vorstand. Deshalb kann es auch im Interesse der Geschäftsführung liegen, eine Sanierungsmaßnahme im Zweifel eher der Hauptversammlung vorzulegen, um eine persönliche Haftung dafür auszuschließen.

Entscheidendes Kriterium für eine ungeschriebene Zuständigkeit der Hauptversammlung ist, wie oben bereits dargelegt,[552] ob die in Betracht kommende Maßnahme einen tiefen Eingriff in die Mitgliedsrechte der Aktionäre darstellt. Darüber hinaus ist erforderlich, dass die entsprechende Maßnahme für die Gesellschaft wesentlich ist. Nach den oben dargelegten Grundsätzen ist dies dann gegeben, wenn die Maßnahme den überwiegenden Teil der Gesellschaft betrifft. Das ist anzunehmen, wenn die Maßnahme ca. 75% des Umsatz bzw. des Ertrages der Gesellschaft betrifft. In den im Folgenden zu untersuchenden Sanierungsmaßnahmen ist eine solche Wesentlichkeit zu unterstellen. Im Fall einer Sanierung einer Aktiengesellschaft ist es beispielsweise nicht selten so, dass der weit überwiegende Teil des Betriebsvermögens oder der gehaltenen Beteiligungen verkauft werden muss, um den profitablen Teil des Unternehmens zu retten. Auch die Ausgliederung der „Perle" zwecks Beteiligung eines Investors stellt eine Sanierungsmaßnahme dar, die den weit überwiegenden Umsatz- bzw. Ertragsanteil betreffen kann.

---

549 BGBl. I 2005, S. 2802 ff; vgl. zu den Veränderungen durch das UMAG nur *Gantenberg* DB 2005, 207; *Seibert/Schütz* ZIP 2004, 252; *Wilsing* DB 2005, 35.

550 Vgl. *Goette* DStR 2004, 927, 928; *Liebscher* ZGR 2005, 1, 17.

551 Vgl. ausführlich zu den Veränderungen bei der Organhaftung nur *Paschos/Neumann* DB 2005, 1779; *Semler* AG 2005, 321; *Weiss/Buchner* WM 2005, 162.

552 § 5 III. 1. a. cc. bbb. S. 43 ff.

Bei der Beantwortung der Frage, ob bei den Sanierungsmaßnahmen eine ungeschriebene Zuständigkeit der Hauptversammlung besteht, ist zunächst auf die verschiedenen Einzelmaßnahmen einzugehen. Danach ist auf die Frage einzugehen, ob ein aus einer Vielzahl von einzelnen Maßnahmen bestehendes Sanierungskonzept als Ganzes einer ungeschriebenen Zuständigkeit der Hauptversammlung unterliegen kann.

I. Einzelne Maßnahmen

1. Veräußerung

Die Veräußerung von Betriebsteilen, Beteiligungen oder Tochterunternehmen stellt, wie oben dargelegt, eine wichtige Sanierungsmaßnahme dar, die besonders in akuten und existentiellen Unternehmenskrisen die einzige Möglichkeit darstellen kann, die Liquidität zu erhöhen und damit das Unternehmen zu erhalten.[553] Ob bei der Veräußerung von Vermögenswerten eine ungeschriebene Zuständigkeit der Hauptversammlung besteht, ist sowohl in der Literatur und Rechtsprechung nach der Holzmüller-Entscheidung[554] als auch in der Literatur und Rechtsprechung nach den Gelatine-Entscheidungen[555] äußerst umstritten. Bei der Darstellung der verschiedenen Ansichten ist zwischen der Veräußerung von Beteiligungen und der Veräußerung von Betriebsteilen oder anderen Vermögensgegenständen zu unterscheiden.

a. Veräußerung von Beteiligungen

Die Veräußerung von Beteiligungen ist eine der im Zusammenhang mit der Holzmüller- und Gelatine-Rechtsprechung am meisten und umstrittensten diskutierten Fälle. Ob diese Maßnahme eine ungeschriebene Zuständigkeit der Hauptversammlung auslöst, ist sowohl in der auf die Holzmüller-Entscheidung als auch die Gelatine-Entscheidungen folgende Literatur gegenteilig bewertet worden.

Dabei ist zwischen einer vollständigen Beteiligungsabgabe, d. h. der Veräußerung einer Tochtergesellschaft insgesamt, und der Veräußerung lediglich eines Teils der Beteiligung zu unterscheiden. Im letztgenannten Fall kommt es, wenn die Obergesellschaft ursprünglich 100% der Anteile an der Tochtergesellschaft gehalten hat, zu der

---

[553] § 9 I. 2. a. S. 92 f.

[554] Für eine ungeschriebene Zuständigkeit der Hauptversammlung vgl. OLG München AG 1995, 232, 233; LG Duisburg NZG 2002, 634 f.; LG Düsseldorf AG 1999, 94; *Fleischer* ZHR 165 (2001), 513, 524 f.; *Henze* FS Ulmer, 2003, S. 211, 230 f.; *Hirte* 1996, S. 182 ff; *Hüffer* AktG, 6. Auflage, 2004, § 119 Rn. 18a; *Krieger*, in: Münch. Hdb. GesR AG, § 69 Rn. 8; *Kubis*, in: MüKo AktG, § 119 Rn. 62 ff.; *Lutter* FS Westermann, 1974, S. 347, 365; *Wiedemann*, in: Großkomm. AktG, § 179 Rn. 75; *Wollburg/Gehling* FS Lieberknecht, 1997, S. 133, 155; *Zimmermann/Pentz* FS Müller, 2001, S. 151, 167 f.; **a. A.** *Groß* AG 1994, 266, 275; *Habersack*, in: Emmerich/Habersack, 3. Auflage, 2003, Vor § 311 Rn. 39; *Joost* ZHR 163 (1999) 164, 185 f.; *Reichert*, in: Becksch. Hdb. AG, § 5 Rn. 53.

[555] Für eine ungeschriebene Zuständigkeit der Hauptversammlung *Bungert* BB 2004, 1345, 1348; *Ek* § 4 Rn. 126 ff.; *Götze* NZG 2004, 585, 588; *Pentz*, in: Fleischer § 17 Rn. 179; wohl auch *Binge/Thölke*, in: MAH AktR, § 25 Rn. 68; **a. A.** OLG Stuttgart AG 2005, 693, 695; *Arnold* ZIP 2005, 1573, 1576; *Habersack*, in: Emmerich/Habersack Vor § 311 Rn. 43; *ders.* AG 2005, 139, 144 ff.; *Liebscher* ZGR 2005, 1; *Reichert* AG 2005, 150, 155.

erstmaligen Aufnahme fremder Gesellschafter. Dies kann zu einer Verringerung des Einflusses der Obergesellschaft und damit auch ihrer Aktionäre führen und dadurch einen Eingriff in die Mitgliedsrechte der Aktionäre der Obergesellschaft darstellen.

aa. Äußerungen des BGH

In der Holzmüller-Entscheidung des BGH finden sich, was die Beteiligungsveräußerung angeht, keine eindeutigen Hinweise, sondern allenfalls Andeutungen. So heißt es in den Ausführungen des BGH zu den Gefahren der Verlagerung von Gesellschaftsvermögen auf die Tochtergesellschaft, dass der Vorstand namentlich durch Unternehmensverträge mit einem Dritten oder durch Aufnahme fremder Gesellschafter, etwa im Wege der Kapitalerhöhung, die Mitgliedsrechte der Aktionäre in der Obergesellschaft vollends aushöhlen könne und damit zugleich (wie z.B. bei einem zu niedrigen Ausgabekurs für neue Aktien) konkrete Vermögensverluste verbunden seien.[556] Im weiteren Verlauf kommt der BGH auf diese Ausführungen zurück, indem er auf Angelegenheiten von besonderer Bedeutung für die Aktionäre, deren Gestaltung vielfach auch in der Obergesellschaft durchschlagen werde, eingeht und dabei neben der Weiterübertragung des Gesellschafsvermögens gemäß § 361 AktG a. F.[557], der Auflösung der Gesellschaft und dem Abschluss von Unternehmensverträgen auch Kapitalerhöhungen anführt und diese von unwesentlichen Satzungsänderungen auf Tochterebene abgrenzt.[558]

Wenn die Aufnahme fremder Gesellschafter im Wege der Kapitalerhöhung in der Tochtergesellschaft der Zustimmung der Hauptversammlung der Obergesellschaft unterliegen soll, könnte man die Ausführungen des BGH so deuten, dass auch die Aufnahme fremder Gesellschafter im Wege der Veräußerung bestehender Beteiligungsrechte, bei jeweils entsprechender Wesentlichkeit, einer solchen Zustimmungspflicht nach Ansicht des BGH unterliegen soll. Denn die Kapitalerhöhung wird hier nur beispielhaft genannt.

Gegen eine Übertragung der Ausführungen des BGH auf die Veräußerung von Beteiligungen spricht, dass diese lediglich im Rahmen des zweiten Klageantrags gemacht wurden. Hier wurde vom BGH nur erörtert, welche „grundlegenden Entscheidungen in der Tochtergesellschaft“[559] möglicherweise einer Zuständigkeit der Hauptversammlung der Obergesellschaft unterliegen. Bei der Veräußerung von Beteiligungen handelt es sich aber um eine Entscheidung der Obergesellschaft über Teile ihres Vermögens, dagegen nicht um eine Entscheidung in der Tochtergesellschaft. Darüber hinaus hat der BGH ausdrücklich betont, dass nur über den vorliegenden Fall zu entscheiden sei.[560]

Aus den dargelegten Gründen kann den Äußerungen des BGH kein Hinweis auf die Beantwortung der Frage, ob eine Zuständigkeit der Hauptversammlung bei der Betei-

---

[556] BGHZ 83, 122, 137 („Holzmüller“).
[557] Entspricht dem heutigen § 179a AktG.
[558] BGHZ 83, 122, 139 f. („Holzmüller“).
[559] BGHZ 83, 122, 140 („Holzmüller“).
[560] BGHZ 83, 122, 138 f. („Holzmüller“).

ligungsveräußerung besteht, entnommen werden.[561] Die Ausführungen des BGH können somit nicht auf den Fall der Beteiligungsveräußerung übertragen werden. In den Gelatine-Entscheidungen hat sich der BGH, wie oben dargelegt,[562] nicht zu dem Fall einer Beteiligungsveräußerung geäußert.

bb. Instanzgerichtliche Rechtsprechung

Die instanzgerichtliche Rechtsprechung hat die Zuständigkeit der Hauptversammlung nach den Holzmüller-Grundsätzen in den Fällen der Beteiligungsveräußerung angenommen.[563] Wenn es danach durch den Verkauf sämtlicher Beteiligungen zu der völligen Aushöhlung des Geschäfts- und Satzungszwecks komme, sei eine ungeschriebene Zuständigkeit der Hauptversammlung gegeben.[564]

cc. Literatur nach der Holzmüller-Entscheidung

Die Holzmüller-Entscheidung des BGH ist in der Literatur im Bezug auf die Zuständigkeit der Hauptversammlung bei der Veräußerung von Beteiligungen unterschiedlich aufgefasst worden.

aaa. Keine Zustimmungsbedürftigkeit

Ein Teil der Literatur nach der Holzmüller-Entscheidung hat für die vollständige Veräußerung einer Beteiligung eine Hauptversammlungszuständigkeit nach den Holzmüller-Grundsätzen abgelehnt.[565] Dies wurde teilweise auch für eine Teilveräußerung vertreten.[566]

(1) Vollständige Veräußerung einer Beteiligung

Die Ablehnung einer Zuständigkeit der Hauptversammlung im Fall der vollständigen Beteiligungsveräußerung einer 100prozentigen Tochtergesellschaft wurde im Wesentlichen mit den drei folgenden Argumentationslinien begründet.

Ein Teil der Literatur hat die Ablehnung einer ungeschriebenen Hauptversammlungszuständigkeit im Fall der vollständigen Beteiligungsveräußerung auf Schutz-

---

[561] So i. E. auch *Wollburg/Gehling* FS Lieberknecht 1997, S. 133, 147 ff.; *Habersack* WM 2001, 545, 546.

[562] § 5 III.1 d. S. 64 ff.

[563] LG Düsseldorf AG 1999, 94, 95; LG Frankfurt AG 2001, 431, 433.

[564] LG Frankfurt AG 2001, 431, 433.

[565] Vgl. *Fuchs*, in: Henze/Hoffmann-Becking S. 259, 268 f.; *Goette* AG 2006, 522, 527; *Groß* AG 1994, 266, 275; *Habersack*, in: Emmerich/Habersack, 3. Auflage, 2003, Vor § 311 Rn. 39; *ders.* DStR 1998, 533, 535 f.; *Joost* ZHR 163 (1999) 164, 185 f.; *Koppensteiner*, in: Kölner Komm. AktG, 2. Auflage, 2000, Vorb. § 291 Rn. 40; *Reichert*, in: Becksch. Hdb. AG, § 5 Rn. 53 (Für eine Zuständigkeit der Hauptversammlung jedoch noch *ders.* in ZHR-Beiheft 68, S. 25, 69 f.) *Sünner* AG 1983 169, 170; *Wackerbarth* AG 2002, 14, 18.

[566] *Habersack*, in: Emmerich/Habersack, 3. Auflage, 2003, Vor § 311 Rn. 39; *Koppensteiner*, in: Kölner Komm. AktG, 2. Auflage, 2000, Vorb. § 291 Rn. 40.

zwecküberlegungen gestützt.[567] Diejenigen Autoren, die den Schutzzweck der Holzmüller-Entscheidung ausschließlich in dem Schutz der Aktionäre vor der Mediatisierung ihrer Mitgliedsrechte sehen, lehnen eine ungeschriebene Zuständigkeit der Hauptversammlung ab, da eine Beteiligungsveräußerung gerade den Effekt der Mediatisierung rückgängig mache. Während bislang ein Teil des Gesellschaftsvermögens in der Beteiligung gebunden und durch den Vorstand der AG zu verwalten gewesen sei, fließe nunmehr der Verkaufspreis in das Gesellschaftsvermögen. Dieser unterliege dadurch der unmittelbaren Kontrolle der Konzernorgane.

Andere begründen die Ablehnung einer ungeschriebenen Zuständigkeit mit der fehlenden Beeinträchtigung der Aktionärsrechte.[568] Durch die Beteiligungsveräußerung verändern sich danach weder die Vermögensrechte noch die Verwaltungsrechte zulasten der Aktionäre der Obergesellschaft. Bei dieser Maßnahme liege kein tiefer Eingriff in die Mitgliedsrechte vor und deshalb bestehe bei der Beteiligungsveräußerung keine ungeschriebene Zuständigkeit der Hauptversammlung.

Teilweise wird auch auf die Wertung des § 179a AktG verwiesen, wonach nur eine Veräußerung des gesamten Vermögens eine Zuständigkeit der Hauptversammlung hervorruft.[569] Diese Norm werde funktionslos, wenn auch eine geringere Veräußerung eine Zuständigkeit der Hauptversammlung auslöst.

(2) Teilveräußerung

Auch für den Fall einer teilweisen Veräußerung einer 100prozentigen Beteiligung wird eine ungeschriebene Zuständigkeit der Hauptversammlung teilweise abgelehnt.[570] Dies gelte zunächst für den Fall einer erstmaligen Aufnahme von Minderheitsgesellschaftern.[571] Hier könne jedenfalls dann keine Strukturänderung gesehen werden, wenn die Tochtergesellschaft die Rechtsform der Aktiengesellschaft aufweise, denn durch die Aufnahme von Minderheitsaktionären erfahre der konzernrechtliche Status der Tochter-AG keine Änderung.

Auch die Teilabgabe einer Beteiligung, die zu einem Verlust einer qualifizierten oder einfachen Mehrheit führt, stelle keine zustimmungspflichtige Maßnahme dar.[572] Dies wird damit begründet, dass dem Vorstand keine generelle Konzernleitungspflicht obliege.

---

[567] *Habersack*, in: Emmerich/Habersack, 3. Auflage, 2003,Vor § 311 Rn. 39; *Reichert*, in: Becksch. Hdb. AG, § 5 Rn. 53.

[568] *Groß* AG 1994, 266, 275.

[569] Vgl. *Habersack* DStR 1998, 533, 536; *Joost* ZHR 163 (1999) 164, 185 f. der aber wohl hauptsächlich der Fall der Veräußerung von Unternehmensteilen und nicht die Beteiligungsveräußerung in den Mittelpunkt stellt.

[570] *Habersack*, in: Emmerich/Habersack, 3. Auflage, 2003, Vor § 311 Rn. 39; *Koppensteiner*, in: Kölner Komm. AktG, 2. Auflage, 2000, Vorb. § 291 Rn. 40.

[571] *Habersack*, in: Emmerich/Habersack, 3. Auflage, 2003, Vor § 311 Rn. 39.

[572] *Habersack*, in: Emmerich/Habersack, 3. Auflage, 2003, Vor § 311 Rn. 39; *Koppensteiner*, in: Kölner Komm. AktG, 2. Auflage 2000, Vorb. § 291 Rn. 40.

bbb. Annahme von ungeschriebener Zuständigkeit der Hauptversammlung bei der Beteiligungsveräußerung

Die herrschende Meinung in der Literatur nach der Holzmüller-Entscheidung hat eine ungeschriebene Zuständigkeit der Hauptversammlung in Fällen der Beteiligungsveräußerung dagegen angenommen.[573] Dies gilt sowohl für die Fälle der vollständigen Veräußerung einer 100prozentigen Beteiligung,[574] als auch nur für Veräußerungen von wesentlichen Teilbeteiligungen.[575]

(1) Vollständige Veräußerung einer Beteiligung

Das Vorliegen einer ungeschriebenen Zuständigkeit der Hauptversammlung im Fall der vollständigen Veräußerung einer 100prozentigen Tochtergesellschaft wurde mit zwei grundlegenden Argumentationslinien begründet.

Zum einen wurde sie damit begründet, dass eine Verkürzung der Beteiligungsrechte, wie im Falle der Ausgliederung, einen geringeren Eingriff in die Rechte der Aktionäre darstelle, als eine vollständige Veräußerung der Beteiligungsrechte.[576] Deshalb sei es wenig einleuchtend, die Ausgliederung der ungeschriebenen Zuständigkeit zu unterwerfen, die Beteiligungsveräußerung jedoch nicht. Allein die Möglichkeit, dass eine Barleistung die Gesellschaft in den Stand versetzt, andere Aktivitäten zu begründen oder zur Befreiung von Verbindlichkeiten einzusetzen, ändert nichts daran, dass ihr zunächst einmal wesentliche, nahe an die Schwelle der Veräußerung ihres wesentlichen Vermögens heranreichende und ihren unternehmerischen Kernbereich betreffenden Aktivitäten entzogen werden. Dafür spreche auch, dass die Holzmüller-Entscheidung nicht auf Mediatisierungsmaßnahmen beschränkt, sondern allgemein an bedeutsamen Eingriffen in die Mitgliedschaft festzumachen sei.[577]

Zum anderen wird die Hauptversammlungszuständigkeit mit der dem Verkauf der wichtigsten Beteiligung verbundenen, grundsätzlichen Neuausrichtung der Tätigkeit

---

[573] Vgl. *Butzke*, in: Obermüller/Werner/Winden, L Rn. 77; *Fleischer* ZHR 165 (2001), 513, 524 f.; *Henze* FS Ulmer, 2003, S. 211, 230 f.; *Hirte* 1996, S. 182 ff; *Hüffer* AktG, 6. Auflage, 2004, § 119 Rn. 18a; *Krieger*, in: Münch. Hdb. GesR AG, § 69 Rn. 8; *Kubis*, in: MüKo AktG, § 119 Rn. 62 ff.; *Lüders/Wulff* BB 2001, 1209, 1212; *Lutter* FS Stimpel 1985, S. 825, 840, 849; *ders./Leinekugel* ZIP 1998, 225, 230; *Pluta*, in: Heidel, AnwKomm AktR, § 119 Rn. 36; *Semler*, in: Semler/Volhard, Arbdb. HV, § 1 Rn. 259; *Simon*, in: Heckschen/Simon, UmwR, § 4 Rn. 71 ff.; *Wiedemann*, in: Großkomm. AktG, § 179 Rn. 75; *Wollburg/Gehling* FS Lieberknecht, 1997, S. 133, 155; *Zimmermann/Pentz* FS Müller, 2001, S. 151, 167 f.

[574] Vgl. *Fleischer* ZHR 165 (2001), 513, 524 f.; *Kubis*, in: MüKo AktG, § 119 Rn. 62 ff.; *Henze* FS Ulmer, 2003, S. 211, 230 f.; *Pluta*, in: Heidel, AnwKomm AktR, § 119 Rn. 36; *Simon*, in: Heckschen/Simon, UmwR, § 4 Rn. 71 ff.

[575] Vgl. *Fleischer* ZHR 165 (2001), 513, 524 f.; *Fuchs*, in: Henze/Hoffmann-Becking S. 259, 268 f.; *Henze* FS Ulmer, 2003, S. 211, 230 f.; *Hirte* 1996, S. 186; *Lüders/Wulff* BB 2001, 1209, 1212; *Simon*, in: Heckschen/Simon, UmwR, § 4 Rn. 71 ff.; *Wackerbarth* AG 2002, 14, 17.

[576] Vgl. *Henze* FS Ulmer, 2003, S. 211, 231; *Kubis*, in: MüKo AktG, § 119 Rn. 63.

[577] *Fleischer* ZHR 165 (2001), 513, 524.

der AG begründet.[578] Voraussetzung dafür ist, dass mit der Veräußerung die endgültige Einstellung des Geschäftsbetriebs verbunden ist, der den Kern der Unternehmenstätigkeit darstellt.

Gegen eine Vorlagepflicht spreche darüber hinaus auch nicht die Wertung des § 179a AktG.[579] Diese Vorschrift habe keinen abschließenden Charakter, sondern sei vielmehr als ein besonders qualifizierter Fall der faktischen Änderung der Satzungsregeln über den Unternehmensgegenstand zu verstehen.

(2) Teilveräußerung

Die Annahme von ungeschriebenen Zuständigkeiten im Fall der wesentlichen Anteilsveräußerung wird hauptsächlich darauf gestützt, dass es durch die Aufnahme fremder Gesellschafter in die Tochtergesellschaft zu einer Verringerung des Einflusses der Aktionäre der Obergesellschaft komme.[580] Bei der Begründung dieses Ergebnisses werden verschiedene Aspekte einer Beteiligung Dritter in den Vordergrund gestellt.

Nach der Holzmüller-Entscheidung wurde teilweise bei der Beurteilung, ob eine Hauptversammlungszuständigkeit besteht, insbesondere auf die Höhe der Beteiligungsquote abgestellt. [581] Wenn danach die Alleinbeteiligung um mehr als 25% durch die Aufnahme von Dritten dezimiert wird, verliere die Obergesellschaft, und damit auch ihre Aktionäre, die Möglichkeit Strukturentscheidungen herbeizuführen, die einer qualifizierten Mehrheit genügen. Dies erschwere die Beherrschung der Tochtergesellschaft erheblich und erfordere deshalb eine ungeschriebene Zuständigkeit der Hauptversammlung.

Andere begründen eine Beteiligung der Hauptversammlung mit einem Verweis auf den Rechtsgedanken des § 186 Abs. 3 AktG.[582] Die Veräußerung eines Beteiligungsanteils wird dabei mit einer Teilfusion im Wege der Kapitalerhöhung verglichen. Aus dem Wertungsmodell des § 186 Abs. 3 AktG wird dann geschlossen, dass die Beteiligung Dritter an der Tochtergesellschaft wie der Bezugsrechtsausschluss bei einer von der Obergesellschaft selbst durchgeführten Kapitalerhöhung einer Zustimmung der Hauptversammlung der Obergesellschaft bedürfe, gleich ob die Beteiligung des Dritten durch eine Kapitalerhöhung oder Beteiligungsveräußerung erreicht wird. Danach sei es nicht erlaubt, den Einfluss der bisherigen Gesellschafter gegen ihren Willen

---

[578] Vgl. *Fleischer* ZHR 165 (2001), 513, 524 f.; *Simon*, in: Heckschen/Simon, UmwR, § 4 Rn. 72. *Wiedemann*, in: Großkomm. AktG, § 179 Rn. 75; *Wollburg/Gehling* FS Lieberknecht, 1997, S. 133, 155 ff.

[579] *Wollburg/Gehling* FS Lieberknecht, 1997, S. 133, 155.

[580] *Fleischer* ZHR 165 (2001), 513, 524 f.; *Fuchs*, in: Henze/Hoffmann-Becking S. 259, 268 f.; *Henze* FS Ulmer, 2003, S. 211, 231; *Hirte* 1996, S. 182 ff.; *Reichert*, in: Becksch. Hdb. AG, § 5 Rn. 54; *Simon*, in: Heckschen/Simon, UmwR, § 4 Rn. 72.

[581] Vgl. *Fuchs*, in: Henze/Hoffmann-Becking S. 259, 268 f.; *Henze* FS Ulmer, 2003, S. 211, 231; *Lüders/Wulff* BB 2001, 1209, 1212; *Timm* ZIP 1993, 114, 117; siehe auch dazu schon vor der Holzmüller-Entscheidung *Hommelhoff* 1982, S. 447.

[582] *Hirte* 1996, S. 182 ff.; so auch schon vor der Holzmüller-Entscheidung *Lutter* FS Westermann 1974, S. 347, 364 ff.; i.E. auch *Reichert*, in: Becksch. Hdb. AG, § 5 Rn. 54, der auf die Verwässerung des Gesellschaftereinflusses abstellt.

durch Aufnahme neuer Gesellschafter zu schmälern. Dies gelte sowohl für die Aufnahme neuer Gesellschafter in die Obergesellschaft selbst, als auch in die Tochtergesellschaft. Die Beteiligung Dritter führe zu einer „weiteren Verwässerung" der Beteiligung der Aktionäre der Obergesellschaft spätestens dann, wenn der Einfluss der Aktionäre um mehr als 25% verkürzt werde.

Ein anderer Teil der Literatur betont dagegen, dass der Grund für die Beteiligung der Hauptversammlung in der erstmaligen Aufnahme fremder Gesellschafter zu sehen sei.[583] Dies führe zu einer grundlegenden Veränderung der Konzernorganisation. Die Leitung in der Beteiligung liege dadurch nicht mehr im ausschließlichen Verantwortungsbereich des Vorstands der Muttergesellschaft, vielmehr müssen die gesellschaftsrechtlichen und unternehmerischen Rechte und Pflichten des Mitgesellschafters stets mit ins Kalkül bezogen werden.

dd. Rechtsprechung nach den Gelatine-Entscheidungen

Eine ungeschriebene Zuständigkeit der Hauptversammlung im Fall einer Beteiligungsveräußerung wurde nach den Gelatine-Entscheidungen vom OLG Stuttgart abgelehnt.[584] In diesem Fall ging es um die Veräußerung einer 50prozentigen Beteiligung an der einzigen Tochtergesellschaft, die das gesamte operative Geschäft der Obergesellschaft ausmachte. Eine Zuständigkeit der Hauptversammlung wurde ausdrücklich nur für die vorliegende Fallkonstellation abgelehnt.[585] Dies wurde zum einen mit der Rückgängigmachung des Mediatisierungseffekts, zum anderen mit der Wertung des § 179a AktG begründet. Eine abschließende Klärung der Frage sei jedoch entbehrlich, da jedenfalls die erforderlichen Wesentlichkeitsgrenzen hier nicht erfüllt seien.

Auch der BGH hat sich im Rahmen der Zurückweisung eine Beschwerde gegen die Nichtzulassung der Revision in demselben Verfahren dahingehend geäußert, dass ein Mediatisierungseffekt, wie in Fällen der Gelatine-Rechtssprechung, bei der vorliegenden Beteiligungsveräußerung nicht gegeben sei.[586] Auch die Grenze des § 179a AktG sei nicht überschritten worden.

ee. Literatur nach den Gelatine-Entscheidungen

Auch durch die Gelatine-Entscheidungen haben sich die Ansichten in der Literatur nicht grundlegend verändert.

---

583 *Wackerbarth* AG 2002, 14, 16 ff.; siehe auch *Simon*, in: Heckschen/Simon, UmwR, § 4 Rn. 72 der ausschließlich auf diesen Aspekt abstellt; *Fuchs*, in: Henze/Hoffmann-Becking S. 259, 269 der alternativ auch ein Absinken unter 75% bzw. 50% für die Annahme einer ungeschriebenen Zuständigkeit annimmt; siehe auch *Fleischer* ZHR 165 (2001) 513, 524.

584 OLG Stuttgart AG 2005, 693, 695.

585 OLG Stuttgart AG 2005, 693, 695.

586 BGH Beschluss v. 20.11.2006, Az.: II ZR 226/05, abrufbar unter http://www.bundesgerichtshof.de.

aaa. Ablehnung der Vorlagepflicht

Ein Teil der Literatur lehnt eine Zuständigkeit der Hauptversammlung weiterhin im Fall der vollständigen Beteiligungsveräußerung,[587] teilweise darüber hinaus auch nur bei einer Teilabgabe einer Beteiligung ab.[588]

(1) Vollständige Veräußerung einer Beteiligung

Die Literatur nach den Gelatine-Entscheidungen hat sich überwiegend auf die bereits oben dargelegten Argumentationslinien gestützt.[589] Insbesondere diejenigen, die in den Gelatine-Entscheidungen eine Bestätigung der Begrenzung des Schutzzwecks der ungeschriebenen Zuständigkeiten auf Fälle der Mediatisierung gesehen haben, lehnen eine ungeschriebene Zuständigkeit im Fall der vollständigen Beteiligungsveräußerung mit der Begründung ab, dass dadurch der Mediatisierungseffekt gerade rückgängig gemacht wird.[590] Außerdem wird weiterhin auf die Wertung des § 179a AktG verwiesen.[591] Hinzu kommt das Argument, dass es sich bei einer vollständigen Beteiligungsveräußerung weder um eine Maßnahme der Konzernbildung, noch um eine solche der Konzernleitung handele.[592] Vielmehr sei es eine auf der Ebene der Obergesellschaft angesiedelte Maßnahme, die sich auf eine Veränderung des Bestands des Gesellschaftsvermögens begrenze. Ein korporationsrechtlicher Charakter sei der vollständigen Beteiligungsabgabe dagegen fremd.

(2) Teilveräußerung

Auch eine ungeschriebene Hauptversammlungszuständigkeit im Fall der Teilveräußerung wird von einem Teil der Literatur nach den Gelatine-Entscheidungen weiterhin abgelehnt.[593] Teilweise wird auf die fehlende strukturelle Veränderung auf den Einfluss der Mutter auf die Tochter-AG durch die Beteiligung von Minderheitsaktionären verwiesen.[594] Darüber hinaus wird weiterhin auf die fehlende Konzernleitungspflicht abgestellt.[595] Das unternehmerische Ermessen des Vorstands nach § 76 Abs. 1 AktG erstrecke sich danach auch auf die Verwaltung von Beteiligungen. Solange der Vor-

587 *Arnold* ZIP 2005, 1573, 1576; *Habersack*, in: Emmerich/Habersack Vor § 311 Rn. 43; *ders.* AG 2005, 139, 144 ff.; *Liebscher* ZGR 2005, 1, 24; *Reichert* AG 2005, 150, 155; wohl auch Fuhrmann AG 2004, 339, 341.

588 *Arnold* ZIP 2005, 1573, 1576; *Habersack*, in: Emmerich/Habersack Vor § 311 Rn. 43; *ders.* AG 2005, 139, 144 ff.

589 § 10 I. 1. a. cc. aaa. (1) S. 100 f.

590 *Arnold* ZIP 2005, 1573, 1576 f.; *Habersack*, in: Emmerich/Habersack Vor § 311 Rn. 43; *ders.* AG 2005, 139, 144; *Liebscher* ZGR 2005, 1, 24; *Reichert* AG 2005, 150, 155.

591 *Arnold* ZIP 2005, 1573, 1577; *Habersack*, in: Emmerich/Habersack Vor § 311 Rn. 43; *ders.* AG 2005, 139, 146.

592 *Habersack* AG 2005, 139, 145.

593 *Arnold* ZIP 2005, 1573, 1577; *Habersack*, in: Emmerich/Habersack Vor § 311 Rn. 43; *ders.* AG 2005, 139, 147 ff.

594 Vgl. *Arnold* ZIP 2005, 1573, 1577; *Habersack*, in: Emmerich/Habersack Vor § 311 Rn. 43; *ders.* AG 2005, 139, 147 f.

595 *Habersack*, in: Emmerich/Habersack Vor § 311 Rn. 43.; *ders.* AG 2005, 139, 148.

stand den satzungsmäßigen Unternehmensgegenstand effektiv ausfülle, könne dem Vorstand keine Grenze bei dem Abbau von Beteiligungen gesetzt werden.

bbb. Annahme von ungeschriebenen Zuständigkeiten

Demgegenüber geht ein anderer Teil der Literatur weiterhin vom Bestehen einer ungeschriebenen Zuständigkeit der Hauptversammlung bei einer Beteiligungsveräußerung aus.[596]

(1) Vollständige Veräußerung

Götze begründet im Fall einer vollständigen Veräußerung einer Beteiligung eine ungeschriebene Zuständigkeit weiterhin mit dem Argument, dass eine Veräußerung einen stärkeren Eingriff darstelle als eine Ausgliederung.[597] Darüber hinaus stelle dies eine „quasi-satzungsändernde Maßnahme dar, die mit Blick auf die Vorschrift des § 179a AktG die Anwendbarkeit der ungeschriebenen Zuständigkeiten nahe lege.

Andere begründen die ungeschriebene Zuständigkeit mit dem Verweis auf die damit verbundene Beeinträchtigung der Vermögensinteressen der Aktionäre.[598] Die Betonung des Wertgedankens des BGH in den Gelatine-Entscheidungen würde es nahe legen, auch die Veräußerung des wesentlichen Geschäftsbereichs als Holzmüller-Maßnahme zu deklarieren.[599]

(2) Teilveräußerung

Auch der Fall der Teilveräußerung wird von Teilen der Literatur weiterhin als zustimmungspflichtig angesehen.[600] *Götze* stellt dabei auf den mit dieser Maßnahme verbundenen Kontrollverlust in dem von der Gesellschaft kontrollierten Unternehmen ab.[601] Er lehnt eine solche Zuständigkeit jedoch für eine reine Minderheitsbeteiligung ab, da hiermit kein Eingriff in die Aktionärsrechte einhergehe. Andere verweisen, wie schon Stimmen in der Literatur vor der Gelatine-Entscheidung,[602] auf die mit der Teilveräußerung einer wesentlichen Beteiligung einhergehende Verwässerung des Gesellschaftseinflusses.[603] Mit dieser Maßnahme sei eine Mediatisierung des Aktionärseinflusses verbunden, da der mittelbare Einfluss der Aktionäre der Obergesellschaft spürbar herabsinke.[604] Dies führe zu einem stärken Eingriff in die Mitgliedsrechte als bei einer Ausgliederung.

---

[596] *Bungert* BB 2004, 1345, 1349 f.; *Ek* § 4 Rn. 126 ff.; *Götze* NZG 2004, 585, 588; *Pentz*, in: Fleischer § 17 Rn. 159; wohl auch *Fleischer* NJW 2004, 2335, 2336.
[597] *Götze* NZG 2004, 585, 588.
[598] *Bungert* BB 2004, 1345, 1350; *Ek* § 4 Rn. 128; *Pentz*, in: Fleischer § 17 Rn. 159.
[599] *Bungert* BB 2004, 1345, 1350.
[600] *Götze* NZG 2004, 585, 588; *Liebscher* ZGR 2005, 1, 24 f.; *Reichert* AG 2005, 150, 156.
[601] *Götze* NZG 2004, 585, 588.
[602] § 10 I. 1. a. cc. S. 100 ff.
[603] *Reichert* AG 2005, 150, 156; *Liebscher* ZGR 2005, 1, 24 f.
[604] *Liebscher* ZGR 2005, 24.

ff. Stellungnahme

Ob eine ungeschriebene Zuständigkeit der Hauptversammlung im Fall einer vollständigen Veräußerung oder nur Teilveräußerung einer Beteiligung besteht, ist nach den vorstehenden Ausführungen nicht geklärt. Ein Grund dafür ist, dass sich der BGH zu dieser Fallgruppe nicht geäußert hat. Wie bereits oben dargelegt,[605] ist der Holzmüller-Entscheidung keine Aussage bezüglich einer ungeschriebenen Zuständigkeit der Hauptversammlung im Fall der Beteiligungsveräußerung zu entnehmen. In den Gelatine-Entscheidungen hat der BGH es ausdrücklich offen gelassen, welche Maßnahmen einer ungeschriebenen Zuständigkeit der Hauptversammlung unterliegen sollen.[606]

Bei der Beurteilung, ob eine ungeschriebene Zuständigkeit der Hauptversammlung bei einer vollständigen Veräußerung einer Tochtergesellschaft besteht, ist zwischen operativen Tochtergesellschaften und den Tochtergesellschaften, die lediglich zur Verwaltung von Vermögenswerten betrieben werden, zu unterscheiden. Gesellschaften können ihre Geschäftstätigkeit einerseits direkt als Gesellschaft betreiben, andererseits auch durch operativ handelnde Tochtergesellschaften. Darunter sind die Tochtergesellschaften zu verstehen, in denen die unternehmerische Tätigkeit der Gesellschaft gebündelt und ausgeführt wird. Typischerweise werden bei Gesellschaften, die in verschiedenen Geschäftsfeldern tätig sind, einzelne Tochtergesellschaften gegründet, die das Geschäft der Obergesellschaft in den jeweiligen Geschäftsfeldern führen. Mit der Veräußerung einer solchen operativen Tochtergesellschaft geht meistens auch die Beendigung der Tätigkeit in dem jeweiligen Geschäftsfeld einher. Davon zu unterscheiden ist die Veräußerung einer 100prozentigen Beteiligung an einer Tochtergesellschaft, die lediglich zur Verwaltung von Vermögensgegenständen dient. In diesem Fall werden Vermögenswerte, wie zum Beispiel das Immobilienvermögen, auf eine Tochtergesellschaft übertragen, um die Verwaltung zu erleichtern. Bei den hier betroffenen Vermögenswerten handelt es sich dabei häufig um sogenanntes „Tafelsilber". Darunter sind Wertgegenstände zu verstehen, die nicht die operative Kerntätigkeit der Gesellschaft ausmachen, sondern Vermögenswerte der Gesellschaft darstellen. Wichtigstes Beispiel für sogenanntes „Tafelsilber" ist das Immobilieneigentum. Die Veräußerung einer solchen Beteiligung hat keine Auswirkungen auf die operative Tätigkeit der Gesellschaft.

Die Ausführungen hinsichtlich der Teilveräußerung reduzieren sich auf die Fälle, in denen Anteile an einer operativen Tochtergesellschaft veräußert werden. Die Veräußerung von Anteilen an einer Tochtergesellschaft, die lediglich der Verwaltung von Vermögensgegenständen dient, stellt keine praktisch relevante Sanierungsmaßnahme dar.

[605] § 3 III. 7. S.26 f.
[606] BGHZ 159, 30, 41 („Gelatine II").

aaa. Vollständige Veräußerung einer operativ tätigen Tochtergesellschaft

Fraglich ist somit zunächst, ob die vollständige Veräußerung einer operativ tätigen Tochtergesellschaft einer ungeschriebenen Zuständigkeit der Hauptversammlung unterliegt.

(1) Kein Verstoß gegen Schutzzweck der ungeschriebenen Zuständigkeiten und die Wertung des § 179a AktG

Gegen die Annahme von ungeschriebenen Zuständigkeiten im Fall der vollständigen Beteiligungsveräußerung einer operativen Tochtergesellschaft wird zunächst vorgetragen, dass sie vom Schutzzweck nicht erfasst sei, da es durch diese Maßnahme zu einer Rückgängigmachung des Mediatisierungseffekts komme. Dies überzeugt jedoch nach der hier vertretenen Meinung bezüglich des Schutzzwecks nicht. Der Schutzzweck der ungeschriebenen Hauptversammlungszuständigkeiten ist in dem generellen Schutz der mitgliedschaftlichen Rechte der Aktionäre zu sehen.[607] Eine Begrenzung des Schutzzwecks auf die Fälle, in denen es zu einer Mediatisierung von Mitgliedsrechten kommt, findet dagegen nicht statt. Die Ablehnung der ungeschriebenen Zuständigkeit der Hauptversammlung kann deshalb nicht darauf gestützt, werden, dass durch die Beteiligungsveräußerung keine Mediatisierung eintritt oder vielmehr die Mediatisierung rückgängig gemacht wird. Denn die Mediatisierung von Mitgliedsrechten ist keine unverzichtbare Voraussetzung der ungeschriebenen Hauptversammlungskompetenz. Vielmehr kommt es darauf an, dass die in Betracht kommende Maßnahme einen Eingriff in die Mitgliedrechte der Aktionäre darstellt.

Weiterhin spricht auch die Wertung des § 179a AktG nicht gegen eine Hauptversammlungszuständigkeit im Fall der Beteiligungsveräußerung. Zwar könnte die Norm durchaus den Umkehrschluss nahe legen, dass jede Veräußerung von Gesellschaftsvermögen, die nicht das gesamte Gesellschaftsvermögen erfasst, keiner Hauptversammlungszuständigkeit unterliegen soll. Dann müsste der Schutzzweck des § 179a AktG aber darin liegen, die Aktionäre ausdrücklich nur vor der Veräußerung des gesamten Vermögens schützen zu wollen. Sinn und Zweck der Vorschrift ist aber vor allem der Schutz der Aktionäre vor einer unangemessenen Vertragsgestaltung, die für die Übertragung des Gesellschaftsvermögens keine adäquate Gegenleistung vorsieht und dadurch die Vermögensinteressen der Aktionäre verletzt, insbesondere bei der Veräußerung an den bisherigen Mehrheitsaktionär.[608] § 179a AktG bezweckt daher vor allem den Schutz der Aktionäre vor den besonderen Gefahren, die die Veräußerung des gesamten Gesellschaftsvermögens begründet. Der Anwendungsbereich der Vorschrift begrenzt sich daher auf die geregelte Fallkonstellation. Eine Aussage über die

---

[607] Vgl. § 5 III. 1. a. cc. bbb. S. 43 ff.

[608] Ganz h.M. *Henze* FS Boujong, 1996, S. 233, 247 f.; *Hüffer* AktG, § 179a Rn. 1; *Kraft*, in: Kölner Komm. AktG, § 361 a. F. Rn. 2; *Kropff*, in: Geßler/Hefermehl/Eckhardt/Kropff, AktG, § 361 a. F. Rn. 3; *Mülbert* 1996, S. 179 f.; *Noack* ZIP 2002, 1873, 1878; *Stein*, in: MüKo AktG, § 179a Rn. 7; auch *Mertens*, FS Zöllner, Bd. 1, 1998, S. 385, 389 f. der den Zweck der Vorschrift neben dem Vermögensschutz wohl auch in einem Strukturerhaltungsschutz sieht.

geregelte Fallkonstellation hinaus ist der Vorschrift daher jedoch nicht zu entnehmen. § 179a AktG ist somit nicht als eine abschließende Regelung zu verstehen, sondern lediglich als ein besonders qualifizierter Fall einer faktischen Satzungsänderung.[609] Somit spricht auch die Wertung des § 179a AktG nicht gegen die Annahme von ungeschriebenen Zuständigkeiten der Hauptversammlung im Fall der vollständigen Beteiligungsveräußerung.

(2) Keine Zustimmungspflicht aufgrund des Schutzes der Vermögensinteressen der Aktionäre und der strategischen Neuausrichtung der Gesellschaft

Für die Annahme einer solchen Zuständigkeit wird in der jüngsten Literatur teilweise auf den Schutz der Vermögensinteressen der Aktionäre abgestellt, der bei der Beteiligungsveräußerung gefährdet sei. Wie bereits oben dargelegt,[610] erwähnt der BGH in den Gelatine-Entscheidungen ausdrücklich den Schutz der Vermögensinteressen. Dies ist jedoch, wie bereits oben begründet, nicht als eigenständiger Schutzzweck der ungeschriebenen Zuständigkeiten zu verstehen.[611] Der BGH hat durch diese Aussage lediglich die mit der Mediatisierung verbundene Gefährdung der Vermögensinteressen gemeint. Diese geht lediglich mit dem Eingriff in die Mitgliedsrechte einher. Die reine Gefährdung der Vermögensinteressen reicht daher für die Annahme von ungeschriebenen Zuständigkeiten nicht aus. Der Schutz der Vermögensinteressen allein spricht nicht für die Annahme von ungeschriebenen Zuständigkeiten.

Weiterhin wird auf die mit der Veräußerung einer operativen Tochtergesellschaft einhergehende strategische Neuausrichtung der Gesellschaft verwiesen, die eine Beteiligung der Hauptversammlung erforderlich mache.[612] Dieses Argument überzeugt hier jedoch auch nicht. Ungeschriebene Zuständigkeiten der Hauptversammlung bestehen nicht für alle Grundlagenentscheidungen der Gesellschaft. Eine solche Auslegung des Schutzzwecks der ungeschriebenen Zuständigkeiten widerspricht der insoweit eindeutigen Gesetzesdogmatik. Eine generelle Kompetenz der Hauptversammlung für alle wichtigen Entscheidungen ist im Aktiengesetz 1965 nicht vorgesehen, vielmehr ist die Hauptversammlung nur bei einzelnen Maßnahmen zuständig.

Eine Zuständigkeit der Hauptversammlung für den Fall der Veränderung der Geschäftstätigkeit bzw. strategischen Neuausrichtung kann sich nur vor dem Hintergrund einer Satzungsänderung ergeben. Denn sobald die Geschäftsführung eine Tätigkeit der Gesellschaft außerhalb des durch die Satzung vorgegebenen Unternehmensgegenstands anstrebt, bedarf dies einer Satzungsänderung, die gemäß § 119 Abs. 1 Nr. 5 AktG einer Zustimmung durch die Hauptversammlung unterliegt.

---

[609] So i. E. auch *Wollburg/Gehling* FS Lieberknecht, 1997, S. 133, 155.

[610] BGHZ 159, 30, 40 f. („Gelatine II").

[611] Vgl. zum Schutzzweck der ungeschriebenen Zuständigkeiten die Stellungnahme in § 5 III. 1. a. cc. S. 39 ff.

[612] Vgl. *Fleischer* ZHR 165 (2001), 513, 524 f.; *Simon*, in: Heckschen/Simon, UmwR, § 4 Rn. 72; *Wiedemann*, in: Großkomm. AktG, § 179 Rn. 75; *Wollburg/Gehling* FS Lieberknecht, 1997, S. 133, 155 ff.

(3) Zustimmungspflicht aufgrund Beendigung jeglicher Einflußmöglichkeit der Aktionäre auf die Tochtergesellschaft

Ungeschriebene Zuständigkeiten sind lediglich anzunehmen, wenn der Schutzzweck der ungeschriebenen Zuständigkeiten gefährdet ist. Dies ist der Schutz der Aktionäre vor einem tiefen Eingriff in ihre Mitgliedrechte.[613] Eine ungeschriebene Zuständigkeit im Fall der vollständigen Beteiligungsveräußerung liegt danach nur vor, wenn diese zu einem Eingriff in die Mitgliedrechte der Aktionäre führt.[614]

Für die Annahme eines solchen Eingriffs spricht, dass die Aktionäre durch die Veräußerung jeglichen Einfluss auf die gehaltene Beteiligung verlieren. Bei Maßnahmen, die ihrem Umfang nach von den ungeschriebenen Zuständigkeiten erfasst werden, handelt es sich um Beteiligungsverkäufe, die ca. 75% des Unternehmens betreffen. Wenn dies nicht schon zu einer Veränderung des satzungsmäßigen Unternehmensgegenstands führt, stellt dies jedenfalls eine massive Veränderung der Tätigkeit der Gesellschaft dar. Die Aktionäre haben zwar in dem Fall, in dem der Großteil des Unternehmens durch eine Beteiligung ausgeübt wird, nur einen mittelbaren Einfluss auf die operative Tätigkeit in der Gesellschaft, an der die Beteiligung gehalten wird. Dieser mittelbare Einfluss auf die Kerntätigkeit der Gesellschaft wird durch die Beteiligungsveräußerung beendet.

(4) Keine Kompensation des Einflußverlustes durch Gegenleistung

Dagegen kann man auch nicht einwenden, dass die Gesellschaft durch den Verkauf eine Gegenleistung in Geld oder die Befreiung von Verbindlichkeiten oder Verlustquellen erlangt, die in den unmittelbaren Einflussbereich der Gesellschaft gelangen. Zunächst ändert allein die Möglichkeit, dass eine Barleistung die Gesellschaft in den Stand versetzt, andere Aktivitäten zu begründen, nichts daran, dass ihr zunächst einmal wesentliche, den unternehmerischen Kernbereich betreffende Aktivitäten entzogen werden.[615] Zum anderen haben die Aktionäre auf die Verwendung des Gesellschaftsvermögens nur einen geringen Einfluss. Dies zeigt sich insbesondere daran, dass die Aktionäre bei Nutzung dieses Vermögens für den Erwerb einer anderen Beteiligung nicht zu beteiligen sind.

Die Frage, ob im Fall des Beteiligungserwerbs eine ungeschriebene Zuständigkeit der Hauptversammlung besteht, ist zwar in der Literatur ebenfalls umstritten.[616] Nach der hier vertretenen Ansicht liegt jedoch im Fall des Beteiligungserwerbs keine ungeschriebene Zuständigkeit vor. Der BGH hat sich weder in der Holzmüller-Entscheidung noch in den Gelatine-Entscheidungen zu dieser Fallkonstellation geäußert.

---

[613] § 5 III. 1. a. cc. bbb. (1) S. 43 ff.

[614] So auch *Wollburg/Gehling* FS Lieberknecht, 1997, S. 133, 155.

[615] *Reichert* ZGR-Beiheft 68, 70.

[616] Vgl. ausführlich zu dieser Frage aus dem jüngsten Schrifttum *Habersack* AG 2005,137, 144; *Reichert* AG 2005, 150, 156.

Ein Teil der Literatur betont zwar den Vergleich des Beteiligungserwerbs mit der Ausgliederung und bejaht demgemäß die Anwendbarkeit der Holzmüller-Grundsätze.[617] Durch den Beteiligungserwerb entstehen danach für die Aktionäre die gleichen Wirkungen und Gefahren wie bei der Ausgliederung, mithin komme es auch hier zu einem Mediatisierungseffekt. Teilweise wird die Hauptversammlungszuständigkeit auch mit einer grundsätzlichen Konzernbildungskontrolle begründet, die jede Art der Konzernbildung erfasse.

Der überzeugende Teil der Literatur sieht aber bei dieser Maßnahme keinen Raum für eine solche Hauptversammlungszuständigkeit.[618] Bei einem Beteiligungserwerb handele es sich schwerpunktmäßig um eine Investitionsentscheidung, die keiner Hauptversammlungszuständigkeit unterliege. Es sei zudem ein erheblicher Unterschied, ob Betriebsteile ausgegliedert werden oder lediglich Beteiligungen erworben werden. Im letzteren Fall werden lediglich liquide Mittel dem unmittelbaren Zugriff der Aktionäre entzogen, auf die sie grundsätzlich nur in sehr eingeschränkten Umfang Einfluss haben. Für eine Ablehnung der Hauptversammlungszuständigkeit in diesem Fall spreche auch der restriktive Ansatz des BGH.

Der Schutzzweck der ungeschriebenen Zuständigkeit der Hauptversammlung ist, wie bereits oben dargelegt,[619] nicht in einer generellen Konzerneingangskontrolle zu sehen. Vielmehr ist auch hier zu prüfen, ob die Maßnahme einen tiefen Eingriff in die Aktionärsrechte bewirkt. Dies ist aber im Fall des Beteiligungserwerbs abzulehnen. Es liegt kein tiefer Eingriff in die Aktionärsrechte vor, da durch den Beteiligungserwerb keine Einfluss- oder Mitgliedsrechte tangiert werden. Es handelt sich vielmehr um eine typische Geschäftsführungsmaßnahme, die, außer im Fall der Veränderung des satzungsmäßigen Unternehmensgegenstands, keine ungeschriebene Zuständigkeit der Hauptversammlung auslöst.

Wenn aber die Reinvestiton der Barmittel in eine andere Beteiligung keine Zuständigkeit der Hauptversammlung auslöst, haben die Aktionäre durch die Gegenleistung bei der Beteiligungsveräußerung keinen kompensatorischen Einfluss erlangt. Es bleibt vielmehr dabei, dass den Aktionären zunächst einmal nahe an die Veräußerung ihres wesentlichen Vermögens heranreichende und ihren unternehmerischen Kernbereich betreffenden Aktivitäten vollends entzogen werden.[620] Deshalb kann man der Beteiligung der Hauptversammlung an der Beteiligungsveräußerung nicht entgegenhalten, dass die Gesellschaft im Gegenzug entsprechende Barmittel erhält, die dem direkten Einfluss der Gesellschaft unterliegen.

---

[617] Vgl. Literatur zur Holzmüller-Entscheidung: *Henze* FS Ulmer 2003, S. 211, 229 f.; *Hirte* 1996, S. 177 f.; *Geßler* FS Stimpel, 1985, 771, 786 f.; Literatur zu den Gelatine-Entscheidungen: *Habersack* AG 2005, 139, 144; *Liebscher* ZGR 1, 23 f.

[618] Vgl. Literatur zu der Holzmüller-Entscheidung: *Krieger*, in: Münch. Hdb. GesR AG, § 69 Rn. 7; *Kubis*, in: MüKo AktG, § 119 Rn. 67; *Reichert*, in: Becksch. Hdb. AG, § 5 Rn. 49 jeweils m. w. N.; Literatur zu den Gelatine-Entscheidungen: *Arnold* ZIP 2005, 1573, 1577; *Reichert* AG 2005, 150, 156 f.

[619] § 5 III. 1. a. cc. bbb. (1) S. 43 f.

[620] So auch *Reichert* ZHR-Beiheft 68, S. 25, 70.

(5) Regelung durch Satzung unpraktikabel

Auch der Einwand, dass es die Aktionäre kraft ihrer Satzungsautonomie in der Hand haben, den Handlungsspielraum des Vorstands zu beeinflussen und somit mögliche Beteiligungsveräußerungen auszuschließen überzeugt hier nicht. Dies verdeutlicht die oben dargestellte Situation, in der die Kernbeteiligung der Gesellschaft zur Sicherung der Liquidität veräußert werden muss.[621] Üblicherweise treffen weder der Vorstand noch die Aktionäre im Voraus in der Satzung Vorkehrungen, wie im Fall einer möglichen wirtschaftlichen Krise der Gesellschaft vorzugehen ist. Dies würde sonst dem Kapitalmarkt signalisieren, dass die Verantwortlichen ein solches Szenario zumindest potentiell in Betracht ziehen. Deshalb wird die Satzung eines Unternehmens praktisch nie Regelungen enthalten, die in einer Krisensituation den Handlungsspielraum des Vorstands im Sinne der Aktionäre verengen.

(6) Vergleich mit dem Fall der Ausgliederung

Für die Annahme von ungeschriebenen Zuständigkeiten im Fall der vollständigen Beteiligungsveräußerung spricht weiterhin der Vergleich mit der Ausgliederung. Wie oben dargelegt,[622] werden bei der Ausgliederung Rechte der Aktionäre im Bezug auf die Kerntätigkeit der Gesellschaft lediglich mediatisiert. Die vollständige Veräußerung von Beteiligungen führt dagegen nicht nur zu einer Verringerung oder Verwässerung der Mitgliedsrechte sondern zu einem Verlust dieser Rechte. Im Fall der Ausgliederung ist eine ungeschriebene Zuständigkeit aber nach der ganz herrschenden Meinung anerkannt.[623] Dies überzeugt. Durch das Einschieben einer weiteren Entscheidungsebene haben die Aktionäre nur noch einen mittelbaren Einfluss auf den ausgegliederten Unternehmensteil. Die Ausgliederung im Weg der Einzelrechtsnachfolge stellt somit einen tiefen Eingriff in die Mitgliedsrechte der Aktionäre dar. Deshalb unterliegt die Ausgliederung einer ungeschriebenen Zuständigkeit der Hauptversammlung. Wenn aber schon bei einem verhältnismäßig geringeren Eingriff in die Mitgliedsrechte, wie der Ausgliederung, eine ungeschriebene Zuständigkeit angenommen wird, muss dies auch für einen tieferen Eingriff in die Mitgliedsrechte, der durch die Veräußerung des Unternehmensteils hervorgerufen wird, gelten.

(7) Vergleich mit den der dogmatischen Grundlage der ungeschriebenen Zuständigkeiten der Hauptversammlung zugrundeliegenden Normen

Für die Annahme von ungeschriebenen Zuständigkeiten spricht schließlich auch der Vergleich mit einzelnen Normen, die die dogmatische Grundlage für die ungeschriebenen Zuständigkeiten der Hauptversammlung bilden. Bei der Veräußerung der mit Abstand wichtigsten operativ tätigen Tochtergesellschaft handelt es sich, wie insbe-

---

[621] § 9 I. 2. a. S. 92 f.; § 9 I. 2. c. S. 93.

[622] § 10. I. 1. a. cc. bbb. (1) S. 102 f.

[623] Vgl. BGHZ 83, 122 („Holzmüller"); 159, 20 („Gelatine II"); *Habersack*, in: Emmerich/Habersack Vor § 311 Rn. 41; *ders.* AG 2005, 137, 143; *Krieger*, in: Münch. Hdb. GesR AG, § 89 Rn. 8; *Kubis*, in: MüKo, AktG, § 119 Rn. 61; *Reichert*, in: Becksch. Hdb. AG, § 5 Rn. 48.

sondere in den Fällen der Eingliederung gemäß §§ 319 ff. AktG bzw. der Verschmelzung gemäß §§ 13, 65 UmwG, um für die Gesellschaft grundlegende Entscheidungen, die mit einem tiefen Eingriff in die Mitgliedsrechte verbunden sind. Es handelt sich dabei jeweils um Grundentscheidungen über die rechtliche Struktur der Gesellschaft und damit die Form, in der die Gesellschaft zukünftig operativ handeln wird. Eine solche Entscheidung kann aufgrund des damit verbundenen tiefen Eingriffs in die Mitgliedsrechte der Aktionäre nur mit der Zustimmung der Hauptversammlung ergehen.

(8) Ergebnis

Der Fall der vollständigen Beteiligungsveräußerung einer operativen Tochtergesellschaft unterliegt somit aufgrund des damit verbundenen vollständigen Verlusts des Einflusses der Aktionäre auf die Kerntätigkeit der Gesellschaft der ungeschriebenen Zuständigkeit der Hauptversammlung.

bbb. Vollständige Veräußerung einer vermögensverwaltenden Tochtergesellschaft

Fraglich ist, ob auch die Veräußerung einer vermögensverwaltenden Tochtergesellschaft eine Maßnahme darstellt, die eine ungeschriebene Zuständigkeit der Hauptversammlung hervorruft.

(1) Keine Zustimmungspflicht aufgrund Eingriffs in die Vermögensinteressen der Aktionäre und grundlegender Bedeutung der Veräußerung für die Gesellschaft

Für eine ungeschriebene Zuständigkeit in diesem Fall spricht, dass die Gesellschaft durch diese Veräußerung den wichtigsten oder einen wichtigen Vermögenswert verliert und dies einen tiefen Eingriff in die Vermögensinteressen der Aktionäre darstellt. Wie jedoch oben bereits dargelegt,[624] reicht eine reine Beeinträchtigung der Vermögensinteressen für die Annahme von ungeschriebenen Zuständigkeiten nicht aus. Vielmehr ist es darüber hinaus erforderlich, dass die Mitgliedrechte der Aktionäre beeinträchtigt werden. Dies ist jedoch bei der reinen Veräußerung von „Tafelsilber" nicht gegeben. Die Gesellschaft verliert lediglich einen Vermögensgegenstand, dessen Gegenwert in Geld wieder in die Gesellschaft fließt. Dies beeinträchtigt die Mitgliedsrechte der Aktionäre nicht.

Weiterhin könnte für eine ungeschriebene Zuständigkeit sprechen, dass es sich hier um eine grundlegende Entscheidung für die Gesellschaft handelt. Die Veräußerung eines Großteils der Vermögenswerte stellt für die Gesellschaft einen wichtigen Schritt dar, der nur mit der Beteiligung der Hauptversammlung durchgeführt werden sollte. Dagegen sprechen jedoch zum einen das Regelungssystem der Zuständigkeit der Hauptversammlung im AktG und zum anderen der Schutzzweck der ungeschriebenen Zustän-

[624] § 5 III. 1. a. cc. aaa. S. 40 ff.

digkeiten. Wie bereits dargelegt,[625] richtet sich die Zuständigkeit der Hauptversammlung nach dem Enumerationsprinzip. Dies bedeutet, dass keine Grundlagenkompetenz zugunsten der Hauptversammlung besteht, sondern die Zuständigkeit der Hauptversammlung für die einzelne Maßnahme ausdrücklich festgelegt werden muss. Zudem widerspricht eine solche Grundlagenzuständigkeit der Hauptversammlung dem Schutzzweck der ungeschriebenen Zuständigkeiten. Essentielle Voraussetzung für eine solche Zuständigkeit ist, dass ein Eingriff in die Mitgliedsrechte der Gesellschaft vorliegt. Lediglich der Umstand, dass es sich um eine wichtige Entscheidung für die Gesellschaft handelt, reicht für die Annahme von ungeschriebenen Zuständigkeiten nicht aus.

(2) Vergleich mit der vollständigen Veräußerung einer operativ handelnden Tochtergesellschaft

Für eine ungeschriebene Zuständigkeit spricht jedoch der Vergleich mit der Veräußerung einer operativ handelnden Tochtergesellschaft. Wie bereits oben dargelegt,[626] verlieren auch hier die Aktionäre ihren mittelbaren Einfluss auf die Tochtergesellschaft. Zudem haben die Aktionäre nur sehr begrenzten Einfluss auf die Verwendung des Gegenwertes der Veräußerung. Somit könnte man auch hier von einem tiefen Eingriff in die Mitgliedsrechte der Aktionäre ausgehen.

Gegen eine Vergleichbarkeit der beiden Fälle spricht aber, dass die Veräußerung einer Tochtergesellschaft, die nur zur Verwaltung von sogenanntem „Tafelsilber“ besteht, keine Auswirkungen auf die Einflussmöglichkeiten der Aktionäre auf die Kerntätigkeit der Gesellschaft hat. Wie bereits oben dargelegt,[627] kommt es bei der Veräußerung einer operativen Tochtergesellschaft entscheidend darauf an, dass die Aktionäre der Obergesellschaft durch diese Maßnahme jeglichen Einfluss auf die wirtschaftliche Kerntätigkeit der Gesellschaft einbüßen. Die Veräußerung von „Tafelsilber“, das durch eine Tochtergesellschaft verwaltet wird, hat aber keine Auswirkungen auf die Kerntätigkeit der Gesellschaft. Vielmehr handelt es sich bei den Vermögensgegenständen um ersetzbare Güter, deren Wert anhand von festen Kriterien ermittelt werden kann. Dies bedeutet, dass eine Veräußerung gegen eine angemessene Gegenleistung möglich ist, die jedoch für die Aktionäre der Gesellschaft keine Auswirkungen hat. Es kommt vielmehr nur zu einem qualitativen Austausch. Dagegen führt die Veräußerung einer operativen Tochtergesellschaft zum Verlust des Einflusses der Aktionäre auf die Tätigkeit der Gesellschaft, die den Kern ihres Investment bedeutet. Die Veräußerung ist immer mit dem Risiko verbunden, dass sich sowohl das Unternehmen als auch der Markt, indem es tätig ist, verändert. Diese Veränderungen können zugunsten, aber eben auch zulasten des Veräußerers gehen.

[625] § 1 II. S. 6.
[626] § 10 I. 1. a. ff. aaa. S. 108 ff.
[627] § 10 I. 1. a. ff. aaa. (3) S. 110.

(3) Vergleich mit der Veräußerung einzelner Assets

Gegen die Annahme von ungeschriebenen Zuständigkeiten im Fall der Veräußerung einer vermögensverwaltenden Tochtergesellschaft spricht auch der Vergleich mit der Veräußerung von „Tafelsilber", das von der Gesellschaft direkt gehalten wird. Wie unten darzulegen ist,[628] unterliegt diese Maßnahme aufgrund des fehlenden Eingriffs in die Mitgliedsrechte der Aktionäre keiner Zuständigkeit der Hauptversammlung. Ob nun das „Tafelsilber" aus steuerlichen oder organisationsrechtlichen Gründen in einer Tochtergesellschaft organisiert ist oder von der Gesellschaft direkt gehalten wird, kann im Ergebnis für die Frage der Beteiligung der Hauptversammlung keine Rolle spielen.

(4) Ergebnis

Die vollständige Veräußerung einer vermögensverwaltenden Tochtergesellschaft stellt somit keine Maßnahme dar, die einer ungeschriebenen Zuständigkeit der Hauptversammlung unterliegt.

ccc. Teilveräußerung einer operativen Tochtergesellschaft

Die Annahme einer ungeschriebenen Zuständigkeit der Hauptversammlung hängt wiederum grundlegend davon ab, ob mit der Teilveräußerung von Beteiligungen ein tiefer Eingriff in die Aktionärsrechte verbunden ist.

(1) Zustimmungspflicht aufgrund Verwässerung des Einflusses der Aktionäre der Obergesellschaft?

Ein solcher Eingriff wird von einem Teil der Literatur zunächst darin gesehen, dass eine Drittbeteiligung an einer Tochtergesellschaft zu einer Verwässerung des Einflusses der Gesellschaft und damit des Einflusses der Aktionäre der Obergesellschaft führt. Im Fall der Teilveräußerung einer Beteiligung wird der mittelbare Einfluss der Aktionäre der Obergesellschaft dadurch verwässert, dass mit den abfließenden Geschäftsanteilen auch der damit verbundene Einfluss auf die Gesellschaft auf den Erwerber übergeht. Mit der prozentualen Reduktion des Anteils der Obergesellschaft an der Tochtergesellschaft verringert sich der Einfluss des Vorstands der Obergesellschaft. Dies führt gleichzeitig zu einer mittelbaren Beeinträchtigung der Mitverwaltungsrechte der Aktionäre der Obergesellschaft. Eine solche mittelbare Beeinträchtigung der Mitgliedsrechte der Aktionäre stellt vor dem Hintergrund, dass eine potentiell zustimmungspflichtige Maßnahme ca. 75% der Gesellschaft betreffen muss, einen tiefen Eingriff in die Mitgliedsrechte der Aktionäre dar.

---

[628] § 10 I. b. cc. aaa. S. 122 f.

(2) Vergleich der Teilveräußerung einer Tochtergesellschaft mit der Aufnahme neuer Gesellschafter in die Tochtergesellschaft im Wege der Kapitalerhöhung

Für eine solche Sichtweise spricht insbesondere die Vergleichbarkeit der Teilveräußerung mit der Aufnahme neuer Gesellschafter in die Tochtergesellschaft im Wege der Kapitalerhöhung unter Ausschluss des Bezugsrechts.[629] Durch die Ausgabe neuer Aktien an Gesellschaftsfremde werden ebenfalls bestehende Einflussrechte der Obergesellschaft und damit mittelbar auch der Aktionäre der Obergesellschaft verringert bzw. verwässert.[630]

Ob in diesem Fall den Aktionären der Obergesellschaft ein Bezugsrecht hinsichtlich der neuen Aktien, ein sogenanntes „konzerndimensionales Bezugsrecht“[631] zusteht,[632] ist äußerst umstritten und im Ergebnis mit der herrschenden Meinung wohl abzulehnen.[633] Für den Vergleich der Anteilsveräußerung mit der Kapitalerhöhung in der Tochtergesellschaft ist es unerheblich, ob die Gesellschaft als Aktionärin der Tochtergesellschaft ein solches Bezugsrecht hat, oder ob dieses den Aktionären der Obergesellschaft zustehen soll. Entscheidend ist hier nur der vergleichbare Verlust von Einflussrechten, der mit der Aufnahme von fremden Gesellschaftern verbunden ist.

Im Fall der Kapitalerhöhung in der Tochtergesellschaft besteht nach der ganz herrschenden Meinung eine ungeschriebene Zuständigkeit der Hauptversammlung der Obergesellschaft jedenfalls dann, wenn die Kapitalerhöhung unter Ausschluss des Bezugsrechts der Aktionäre durchgeführt wird.[634] Begründet wird diese Zuständigkeit mit der mitgliedschaftlichen Relevanz der Maßnahme und des damit zusammenhängenden Verwässerungseffekts.[635] Schon durch die Verlagerung des Betriebsvermögens auf eine Tochtergesellschaft wird die Rechtsstellung der Aktionäre geschwächt.[636] Wenn der Vorstand der Obergesellschaft wichtige Entscheidungen, wie die Aufnahme fremder Gesellschafter, ohne eine entsprechende Zustimmung der Hauptversammlung durchführen könne, werden die Mitgliedsrechte der Aktionäre der Obergesellschaft vollends ausgehöhlt.[637]

---

[629] Für eine solche Parallele ausdrücklich *Wackerbarth* AG 2002, 14, 16; vgl. auch *Götz* AG 1984, 85, 87; *Kubis*, in: MüKo AktG, § 119 Rn. 78; *Lutter* FS Westermann, 1974, S. 347, 359.

[630] Vgl. ausführlich zur Kapitalerhöhung unter Ausschluss des Bezugsrechts *Peifer*, in: MüKo AktG, § 186 Rn. 55 ff.

[631] So *Martens* ZHR 147 (1983), 377, 411.

[632] Für ein „konzerndimensionales Bezugsrecht“ *Kimpler* DB 1994, 767, 772; *Martens* ZHR 147 (1983), 377, 409 ff.

[633] Vgl. gegen konzerndimensionales Bezugsrecht nur *Wiedemann*, in: Großkomm. AktG, § 186 Rn. 67; *Heinsius* ZGR 1984, 383, 401; *Hirte* 1996, S. 187; *Semler* BB 1983, 1566, 1572.

[634] Für eine Zuständigkeit schon bei einer Kapitalerhöhung ohne Bezugsrechtsauschluss BGHZ 83, 122, 141 ff. („Holzmüller“); so auch *Rehbinder* ZGR 1983, 92, 102; *Hirte* 1996, S. 175 ff.; für eine entsprechende Zuständigkeit im Fall des Bezugsrechtsauschlusses *Habersack*, in: Emmerich/Habersack Vor § 311 Rn. 49; *ders*. AG 2005, 137, 149; *Lutter* FS Westermann, 1974, S. 347, 357 ff.; *Westermann* ZGR 1984, 352, 376; *Krieger*, in: Münch. Hdb. GesR AG, § 69 Rn. 39; *Kubis*, in: MüKo AktG, § 119 Rn. 78; wohl auch *Reichert* AG 2005, 150, 157 f.; auch *Koppensteiner*, in: Kölner Komm. AktG, Vor § 291 Rn. 100. jedenfalls bei der Beteiligung Dritter **a. A.** *Götz* AG 1984, 85, 87 f.

[635] *Kubis*, in: MüKo AktG, § 119 Rn. 78

[636] BGHZ 83, 122, 136 („Holzmüller“).

[637] BGHZ 83, 122, 137 („Holzmüller“).

Ein vergleichbarer Eingriff in die Mitgliedsrechte der Aktionäre der Obergesellschaft ist jedoch auch bei der Kapitalerhöhung in der Tochtergesellschaft bei Beibehaltung des Bezugsrechts denkbar. Wie bereits oben dargelegt,[638] steht den Aktionären der Obergesellschaft kein konzerndimensionales Bezugsrecht zu. Dies überzeugt auch, da Aktionärin der Tochtergesellschaft die Obergesellschaft ist und nicht die Aktionäre der Obergesellschaft. Nach der Regelung des § 186 AktG steht aber nur den Aktionären das Bezugsrecht zu. An dieser Wertung ändert sich durch die vorhandenen Konzernstrukturen nichts.

Wenn das Bezugsrecht der Gesellschaft zusteht, steht es im ausschließlichen Kompetenzbereich des Vorstands das Bezugsrecht für die Gesellschaft auszuüben. Wenn der Vorstand das Bezugsrecht nicht ausübt und die neu geschaffenen Aktien über diesen Weg an fremde Gesellschafter gelangen, verursacht dies die gleiche Verwässerung der Mitgliedsrechte der Aktionäre der Obergesellschaft wie bei der Kapitalerhöhung unter Ausschluss des Bezugsrechts. Auch auf diesem Wege kann nach der gesetzlichen Regelung ohne die Beteiligung der Hauptversammlung der Obergesellschaft tief in die Mitgliedsrechte der Aktionäre der Obergesellschaft eingegriffen werden. Somit kann auch schon die Kapitalerhöhung unter Beibehaltung des Bezugsrechts eine mit der Teilveräußerung der Beteiligung vergleichbaren Eingriff in die Mitgliedsrechte bewirken.

Die Teilveräußerung von Beteiligungen hat somit für die Aktionäre der Obergesellschaft vergleichbare Auswirkungen wie eine Kapitalerhöhung auf der Ebene der Tochtergesellschaft. Es kommt in beiden Fällen zu einer Verwässerung der Mitgliedsrechte. Es liegt danach ein Eingriff in die Mitgliedsrechte vor. Dieser begründet eine ungeschriebene Zuständigkeit der Hauptversammlung.

(3) Fehlender Einfluß der Gegenleistung auf die Zustimmungspflicht

Gegen das Vorliegen einer vergleichbaren Verwässerung des Einflusses wird zwar eingewandt, dass dies schon mit Blick auf die von der Gesellschaft beanspruchte Gegenleistung zu verneinen sei.[639] Die Einbeziehung der Gegenleistung, die die Gesellschaft, nicht die Aktionäre, für die Anteilsübertragung erhält, in die Bewertung der Frage, ob hier ein Eingriff in die Mitgliedsrechte der Aktionäre vorliegt, ist, wie im Fall der vollständigen Beteiligungsabgabe, abzulehnen. Zum einen kommt es für die Frage, ob eine Zuständigkeit der Hauptversammlung besteht, lediglich auf den mit der Maßnahme verbundenen Eingriff in die Mitgliedsrechte an. Dies ist aber unabhängig davon zu beurteilen, welche Gegenleistung für die veräußerten Anteile gewährt wird. Zum anderen entstehen durch die Gegenleistung keine kompensatorischen Einflussrechte der Aktionäre.

[638] Ganz h.M. vgl. § 10 I. 1. a. ff. ccc. (2) S. 109.
[639] So aber *Habersack* AG 2005, 137, 147.

(4) Zustimmungspflicht aufgrund der erstmaligen Aufnahme fremder Gesellschafter?

Für die Annahme einer ungeschriebenen Zuständigkeit im Fall der Teilveräußerung einer Beteiligung wird darüber hinaus vorgebracht, dass sich durch die Aufnahme fremder Gesellschafter in die Tochtergesellschaft die Konzernorganisation grundlegend ändere. Dieses Argument überzeugt jedenfalls in den Konstellationen nicht, in denen schon vor der Veräußerung fremde Gesellschafter beteiligt waren. Die Aufnahme weiterer fremder Gesellschafter führt zu keiner grundlegenden Veränderung der Konzernorganisation.

Anders kann aber der Fall zu bewerten sein, dass die Gesellschaft erstmalig fremde Gesellschafter in die Tochtergesellschaft aufnimmt.[640] Die erstmalige Aufnahme fremder Gesellschafter in eine Tochtergesellschaft kann dazu führen, dass Entscheidungen in der Gesellschaft nicht mehr ausschließlich durch die Muttergesellschaft durchgeführt werden können. Dies könnte zu einer Veränderung der Konzernorganisation führen. Ob bestimmte Entscheidungen von der Zustimmung der fremden Gesellschafter abhängen, richtet sich nach der Höhe der Fremdbeteiligung. Insbesondere wenn es sich bei der ehemaligen 100% Tochtergesellschaft um eine Aktiengesellschaft handelt, ändert sich durch die erstmalige Beteiligung von Minderheitsaktionären die Konzernorganisation nämlich nicht grundlegend.[641] Zwar führt die erstmalige Aufnahme von Minderheitsbeteiligungen dazu, dass etwaige Pflichtverletzungen der Organverwalter der Tochtergesellschaft und bei Bestehen eines Gewinnabführungs- und/oder Beherrschungsvertrags auch der Obergesellschaft von den Minderheitsaktionären verfolgt werden können.[642] Darüber hinaus besteht die Gefahr von Anfechtungsklagen gegen fehlerhafte Beschlüsse der Hauptversammlung. Jedoch stellt die Geltendmachung von Schadenersatzansprüchen bzw. Erhebung von Anfechtungsklagen lediglich eine Reaktion auf etwaiges Fehlverhalten der Geschäftsführung dar. Da diese ohnehin zu einem ordnungsgemäßen Verhalten gegenüber den Aktionären der Obergesellschaft verpflichtet ist, spricht dieses Argument nicht für die Annahme von ungeschriebenen Zuständigkeiten. Die erstmalige Aufnahme von Minderheitsaktionären hat zudem, wenn sie die relevanten Beteiligungsschwellen nicht erreicht, keinen Einfluss auf die Beschlüsse in der Hauptversammlung. Die Annahme von ungeschriebenen Zuständigkeiten nur aufgrund des Umstandes, dass es sich um eine erstmalige Aufnahme von fremden Gesellschaftern handelt, stellt jedenfalls im Fall einer Tochter-AG kein überzeugendes Kriterium dar.

Anders ist dagegen der Fall der Tochter-GmbH zu beurteilen.[643] Im Gegensatz zur mehrgliedrigen GmbH, bei der sich der Gesellschafter jeglicher nachteiliger Einfluss-

[640] Diesen Aspekt besonders betonend *Wackerbarth* AG 2002, 14, 16 ff.; siehe auch *Fleischer* ZHR 165 (2001), 513, 524; *Fuchs*, in: Henze/Hoffmann-Becking S. 259, 268 f.
[641] So auch *Habersack*, in: Emmerich/Habersack Vor § 311 Rn. 44.
[642] Vgl. auch *Habersack* AG 2005, 147 f.
[643] Vgl. dazu auch *Habersack* AG 2005, 137, 148.

nahme auf die Gesellschaft zu enthalten hat, sind dem alleinigen Gesellschafter der eingliedrigen GmbH nachteilige Einflussnahmen bis zur Grenze der Existenzvernichtung erlaubt. Diese Möglichkeiten können durch die erstmalige Aufnahme fremder Gesellschafter für die Muttergesellschaft nicht mehr wahrgenommen werden. Der Einfluss der Muttergesellschaft und damit auch ihrer Aktionäre wird somit bedeutend verringert. Unabhängig von der Höhe der Fremdbeteiligung liegt in diesem Fall ein entsprechender Eingriff in die Mitgliedsrechte der Aktionäre vor und deshalb ist hier eine ungeschriebene Zuständigkeit der Hauptversammlung gegeben.

(5) Zustimmungspflicht aufgrund des Verlustes von Entscheidungsbefugnissen in der Hauptversammlung?

Teilweise wird eine ungeschriebene Zuständigkeit der Hauptversammlung im Fall der Teilveräußerung einer Beteiligung an einer Tochtergesellschaft auch mit dem Verlust von Entscheidungsbefugnissen in der Hauptversammlung begründet. Danach kommt eine ungeschriebene Zuständigkeit nur in den Fällen in Betracht, in denen der Anteil der Muttergesellschaft unter eine aktienrechtlich relevante Beteiligungsgrenze absinke. Durch das Absinken des Anteils der Obergesellschaft unter eine solche Quote von 75% bzw. 50% kann die Obergesellschaft in der Hauptversammlung Beschlüsse mit einer qualifizierten bzw. einfachen Mehrheit ohne die Zustimmung des fremden Gesellschafters nicht mehr durchführen. Dies schränkt die Einflussrechte der Obergesellschaft und damit verbunden auch der Aktionäre der Obergesellschaft stark ein. In diesen Fällen zeigt sich der Verwässerungseffekt, der durch die Anteilsveräußerung entstanden ist, besonders deutlich, da der Einfluss der Obergesellschaft signifikant durch den Verlust von Herrschaftsrechten sinkt.

Teilweise wird dagegen eingewandt, dass dem Vorstand der Obergesellschaft keine Konzernleitungspflicht insbesondere bezüglich der abhängigen Gesellschaft obliege und es daher Sache des Vorstands sei, wie er die Verwaltung der Beteiligung durchführe.[644] Ob eine solche Konzernleitungspflicht besteht, ist umstritten.[645] Für die Frage, ob eine ungeschriebene Zuständigkeit der Hauptversammlung im Fall der Anteilsveräußerung besteht, ist sie jedoch unerheblich. Entscheidend kommt es dabei auf den Eingriff in die Mitgliedsrechte der Aktionäre der Obergesellschaft an und nicht auf die Verpflichtung zur Leitung der abhängigen Gesellschaft. Durch das Absinken des Anteils unter die genannten Grenzen verringert sich mittelbar der Einfluss der Aktionäre der Obergesellschaft. Dies ist der entscheidende Anhaltspunkt für die Annahme von ungeschriebenen Zuständigkeiten.

Fraglich ist, ob Teilveräußerungen von Beteiligungen demnach nur in den Fällen als zustimmungspflichtig anzusehen sind, in denen es zu einem solchen Absinken der Be-

---

[644] Vgl. *Habersack* AG 2005, 137, 148.

[645] Für eine solche Konzernleitungspflicht vgl. *Hommelhoff* 1982, S. 43 ff., 165 ff., 184 ff.; *Schneider* BB 1981, 249, 256 ff.; wohl auch *Götz* ZGR 1998, 524, 527 ff.; **a. A.** *Habersack*, in: Emmerich/Habersack § 311 Rn. 11; *ders.* AG 2005, 137, 148; *Hüffer* AktG, § 76 Rn. 17; *Liebscher*, in: Becksch. Hdb. AG,§ 14 Rn. 124; *Martens* FS Heisenius 1991, S. 523, 531; wohl auch *Krieger*, in: Münch. Hdb. GesR AG, § 69 Rn. 21.

teiligungsquote kommt. Nach der Rechtsprechung des BGH in den Gelatine-Entscheidungen kommt eine ungeschriebene Zuständigkeit der Hauptversammlung nur noch ausnahmsweise und in engen Grenzen in Betracht.[646] Vor diesem Hintergrund ist es zweckmäßig, nicht jede anteilige Beteiligungsveräußerung einer ungeschriebenen Hauptversammlungszuständigkeit zu unterstellen. Das Absinken unter eine aktienrechtlich relevante Beteiligungsgrenze stellt ein geeignetes Kriterium für eine solche Abgrenzung dar.

Eine praktische Bedeutung dieser Abgrenzung ist jedoch überaus gering. Der BGH hat in den Gelatine-Entscheidungen strenge Anforderungen an die Bedeutung der Maßnahme für die Gesellschaft gestellt. Danach muss eine quantitative Vergleichbarkeit mit dem ursprünglichen Holzmüller-Fall von 80% gegeben sein.[647] Eine Teilveräußerung einer Beteiligung, auch wenn es die wichtigste oder auch einzige Tochtergesellschaft betrifft, wird immer eine solche Schwelle überschreiten, da sonst die quantitativen Anforderungen nicht erfüllt sind.

(6) Ergebnis

Der Fall der Teilveräußerung einer Beteiligung unterliegt somit einer ungeschriebenen Zuständigkeit der Hauptversammlung, wenn die Beteiligung unter eine aktienrechtlich relevante Schwelle fällt oder es sich um eine ehemalige 100prozentige Tochter-GmbH handelt.

b. Veräußerung von sonstigen Vermögenswerten

Ob eine ungeschriebene Zuständigkeit bei der Veräußerung von sonstigen Vermögenswerten, die von der Gesellschaft direkt gehalten werden, besteht, ist sowohl in der Literatur nach der Holzmüller-Entscheidung als auch in der Literatur nach den Gelatine-Entscheidungen umstritten.[648] Die Frage, ob die Hauptversammlung beispielsweise bei einer Veräußerung von Immobilienvermögen aus Sanierungsgründen zu beteiligen ist, ist eine sehr praxisrelevante Frage, wie das aktuelle Beispiel der Karstadt AG zeigt. Die KarstadtQuelle AG hat im Frühjahr 2006 zur Sanierung ihr gesamtes Immobilienvermögen an einen Investor verkauft.[649] Bei den Immobilien handelt es sich um den größten Vermögenswert der Gesellschaft. Dieser Vorgang sollte der Hauptversammlung nicht zur Entscheidung vorgelegt werden. Hier wurde in der Presse offen darüber diskutiert, ob dies nicht gegen die Grundsätze der Holzmüller-Entscheidung verstoßen würde, und die KarstadtQuelle AG damit Aktionärsklagen riskieren würde.[650] Die Veräußerung von Immobilienvermögen stellt einen wichtigen Vermögensgegenstand

[646] Vgl. BGHZ 159, 30 („Gelatine II") 1. Leitsatz.
[647] BGHZ 159, 30, 45 („Gelatine II").
[648] Für eine solche Zuständigkeit vgl. nur *Fleischer* NJW 2004, 2335, 2336; *Hüffer* AktG, § 119 Rn.18a; *Kubis*, in: MüKo AktG, § 119 Rn. 65; *Simon*, in: Heckschen/Simon, UmwR, § 4 Rn. 69; a. A. *Habersack*, in: Emmerich/Habersack Vor § 311 Rn. 44.
[649] Vgl. Pressemitteilung KarstadtQuelle AG v. 25.04.2006, abrufbar unter http://www.karstadtquelle.com/presse/91_8957.asp, zuletzt abgerufen am 24.10.2006.
[650] Vgl. FTD v. 05.05.2006 „KarstadtQuelle riskiert Aktionärsklagen".

dar, der im Falle der Sanierung verkauft werden kann. Darüber hinaus ist es aber auch denkbar, dass ganze Unternehmensteile, die von der Gesellschaft direkt betrieben werden, im Wege des Asset Deal veräußert werden.

aa. Instanzgerichtliche Rechtsprechung

Die instanzgerichtliche Rechtsprechung hat auch im Fall der Vermögensveräußerung durchweg eine Zuständigkeit der Hauptversammlung nach den Holzmüller-Grundsätzen angenommen.[651] Insbesondere der Fall der Veräußerung des gesamten Tochtervermögens wurde in der Obergesellschaft als zustimmungspflichtig angesehen.[652]

bb. Literatur

Auch der Fall der Veräußerung sonstiger wesentlicher Vermögenswerte ist in der Literatur umstritten.

aaa. Annahme von ungeschriebenen Zuständigkeiten

Der überwiegende Teil der Literatur sowohl nach der Holzmüller-Entscheidung, als auch nach den Gelatine-Entscheidungen hat auch im Fall der Vermögensveräußerung eine ungeschriebene Zuständigkeit der Hauptversammlung angenommen.[653] Begründet wird diese Ansicht überwiegend mit dem Verweis auf die vergleichbare Situation bei der Veräußerung von Beteiligungen.[654]

Darüber hinaus wurde teilweise auch darauf abgestellt, dass mit einer Veräußerung, die aufgrund ihres Umfangs quantitativ einen Fall der ungeschriebenen Zuständigkeiten darstellt, praktisch eine strategische Neuausrichtung der Gesellschaft einhergehe.[655] Dies sei insbesondere dann der Fall, wenn die Veräußerung zu einer Einstellung eines wesentlichen Geschäftsbereichs führe, denn dadurch sei der Kernbereich der Gesellschaft betroffen. Wenn der unternehmerische Kernbereich der Gesellschaft aufgegeben werde, bestehe kein Unterschied zwischen der Veräußerung von rechtlich verselbständigten und von unselbständigen Unternehmensteilen. [656]

Fleischer begründet eine Zuständigkeit der Hauptversammlung beim Verkauf von wesentlichen Vermögensbestandteilen mit dem Verweis auf den Investmentkontrakt, der zwischen den Anteilseignern und der Gesellschaft besteht.[657] Bei Grundlagenent-

---

[651] Vgl. OLG München AG 1995, 232, 233; OLG Celle BB 2001, 745, 747; LG Frankfurt ZIP 1997, 1698, 1701; LG Hannover BB 2000, 1606, 1607.

[652] OLG München AG 1995, 232, 233.

[653] Nach der Holzmüller-Entscheidung: *Fleischer* ZHR 165 (2001), 513, 524; *Kubis*, in: MüKo AktG, § 119 Rn. 65; *Pluta*; in: Heidel, AnwKomm. AktR, § 119 Rn. 36; *Reichert* ZHR-Beiheft 68, S. 25, 69; *Simon*, in: Heckschen/Simon, UmwR, § 4 Rn. 69; wohl auch *Lutter/Leinekugel* ZIP 1998, 225, 230; nach den Gelatine-Entscheidungen: *Hüffer* AktG, § 119 Rn.18a; *Fleischer* NJW 2004, 2335, 2336 f.

[654] Vgl. *Kubis*, in: MüKo AktG, § 119 Rn. 65; *Reichert* ZHR-Beiheft 68, S. 25, 69.

[655] *Simon*, in: Heckschen/Simon, UmwR, § 4 Rn. 69; siehe auch *Lutter/Leinekugel* ZIP 1998, 225, 230

[656] *Kubis*, in: MüKo AktG, § 119 Rn. 65.

[657] *Fleischer* NJW 2004, 2335, 2336 f.

scheidungen, wie einem solchen Verkauf, sehe sich der Vorstand bei der Entscheidungsfindung einem beträchtlichen Interessenkonflikt ausgesetzt. In dieser Situation Der Vorstand befinde sich in einer Situation, die einen mittelfristigen Gleichlauf von Vorstands- und Anteilseignerinteressen nicht länger gewährleiste und eine Kontrolle durch die Hauptversammlung verlange.

bbb. Ablehnende Meinung

Dagegen hat ein Teil der Literatur eine entsprechende Zuständigkeit der Hauptversammlung abgelehnt.[658] Begründet wird diese Ansicht teilweise lediglich mit dem Verweis auf die Argumentation zum Fall der vollständigen Beteiligungsveräußerung. *Joost* begründet die Ansicht mit der Wertung des § 179a AktG.[659] Diese Norm sei als genereller Rechtssatz heranzuziehen und in dessen Sinnzusammenhang zu beurteilen, ob und inwieweit der Schutz der Aktionärsinteressen bei reinen Vermögensveräußerung vorzunehmen ist.

cc. Stellungnahme

Bei der Beantwortung der Frage, ob im Fall der Veräußerung von sonstigen Vermögenswerten eine Zuständigkeit der Hauptversammlung besteht, ist zu unterscheiden, welche Art von Vermögenswerten veräußert werden sollen.

aaa. Veräußerung von „Tafelsilber"

Zunächst sind Fälle denkbar, in denen sogenanntes „Tafelsilber" veräußert wird. Wie bereits oben dargelegt,[660] sind darunter Wertgegenstände zu verstehen, die nicht die operative Kerntätigkeit der Gesellschaft ausmachen, sondern Vermögenswerte der Gesellschaft darstellen. Wichtigstes Beispiel ist, wie im oben dargestellten Fall der KarstadtQuelle AG, die Veräußerung von Immobilieneigentum.[661]

Entscheidendes Kriterium für die Annahme von ungeschriebenen Zuständigkeiten nach den oben dargestellten Grundsätzen ist, ob die in Betracht kommende Maßnahme einen tiefen Eingriff in die Rechte der Aktionäre darstellt. Die Veräußerung von einzelnen Vermögensgegenständen an sich hat keinen Einfluss auf die bestehenden Rechte der Aktionäre im Innenverhältnis. Sie berührt daher die Mitgliedsrechte der Aktionäre grundsätzlich nicht. Vielmehr handelt es sich dabei um Geschäftsführungsmaßnahmen, die der Zuständigkeit des Vorstands unterliegen.

Für eine ungeschriebene Zuständigkeit im Fall des Verkaufs von „Tafelsilber" könnte aber sprechen, dass die Gesellschaft durch diese Veräußerung einen wichtigen Vermö-

[658] *Habersack*, in: Emmerich/Habersack Vor § 311 Rn. 44; wohl i. E. auch *Joost* ZHR 163 (1999), 164, 185 f.
[659] *Joost* ZHR 163 (1999), 164, 185 f.
[660] § 10 I. 1. a. ff. S. 107 ff.
[661] § 10 I. 1. b. S. 120 f.

genswert verliert und dies einen tiefen Eingriff in die Vermögensinteressen der Aktionäre darstellt. Wie jedoch oben bereits dargelegt,[662] reicht eine reine Beeinträchtigung der Vermögensinteressen für die Annahme von ungeschriebenen Zuständigkeiten nicht aus. Vielmehr ist es darüber hinaus erforderlich, dass die Mitgliedsrechte der Aktionäre beeinträchtigt werden. Dies ist jedoch bei der reinen Veräußerung von „Tafelsilber" nicht gegeben. Die Gesellschaft verliert lediglich einen Vermögensgegenstand, dessen Gegenwert in Geld wieder in die Gesellschaft fließt. Dies beeinträchtigt die Mitgliedsrechte der Aktionäre nicht.

Eine Zuständigkeit ergibt sich auch nicht unter dem Aspekt einer Grundlagenentscheidung für alle wichtigen Entscheidungen in der Gesellschaft, bei denen der Vorstand einem Interessenkonflikt unterliegt, wie dies von *Fleischer* vertreten wird.[663] Die gesetzliche Konzeption der Zuständigkeit der Hauptversammlung richtet sich, wie bereits oben dargelegt,[664] nach dem Enumerationsprinzip. Dies bedeutet, dass die Hauptversammlung nur in bestimmten Einzelfällen zuständig ist. Eine Allzuständigkeit der Hauptversammlung für alle wichtigen Geschäftsführungsangelegenheiten ist demnach gerade nicht gegeben. Dem würde es jedoch widersprechen, wenn die Hauptversammlung für jede Grundlagenentscheidung zuständig sein sollte, auch wenn durch diese die Mitgliedsrechte der Aktionäre nicht beeinträchtigt werden.

Der Fall der reinen Veräußerung von „Tafelsilber" unterliegt somit keiner ungeschriebenen Zuständigkeit der Hauptversammlung.

bbb. Veräußerung von Unternehmensteilen im Wege des Asset Deal

Zum anderen ist es denkbar, dass ein Unternehmensteil, der von der Gesellschaft direkt betrieben wurde, im Wege des Asset Deal von der Gesellschaft veräußert wird. Eine Übertragung im Wege des Asset Deal bedeutet, dass die Vermögensgegenstände wie Immobilien, Maschinen und das erforderliche Know-how, einzeln auf den Erwerber übertragen werden.[665] Fraglich ist, ob diese Maßnahme einen tiefen Eingriff in die Mitgliedsrechte der Aktionäre darstellt und somit eine ungeschriebene Zuständigkeit der Hauptversammlung auslöst. Wie bereits oben dargelegt,[666] stellt der Verkauf von einzelnen Vermögensgegen-ständen an sich keinen relevanten Eingriff in die Mitgliedsrechte der Aktionäre dar. Deshalb könnte auch für den Fall der Veräußerung von Unternehmensteilen im Wege des Asset Deal eine ungeschriebene Zuständigkeit der Hauptversammlung abzulehnen sein.

---

[662] § 5 III. 1. a. cc. bbb. S. 43 ff.
[663] *Fleischer* NJW 2004, 2335, 2336 f.
[664] § 1 II. S. 6.
[665] Vgl. ausführlich zur Veräußerung eines Unternehmensteils im Wege des „Asset deal" *Klumpp*, in: Beisel/Klumpp Kap. 4 Rn. 16 ff.; *Koziczinski*, in: Semler/Volhard, Arbhdb. Unternehmensübernahmen, § 13 Rn. 1 ff.; *Picot*, in: Picot, Hdb. M&A, S. 139 ff.
[666] § 10 I. 1. b. cc. aaa. S. 122 f.

(1) Vergleich mit einer vollständigen Beteiligungsveräußerung

Etwas anderes ergibt sich aber aus dem Vergleich mit der vollständigen Beteiligungsveräußerung. Wie oben schon dargelegt,[667] unterliegt diese Maßnahme einer ungeschriebenen Zuständigkeit der Hauptversammlung. Sowohl bei der Veräußerung einer Tochtergesellschaft als auch im Fall der Veräußerung eines Betriebsteils im Wege des Asset Deal verlieren die Aktionäre im Ergebnis jeglichen Einfluss auf den Kernbereich der Gesellschaftstätigkeit. Der vollständige Verlust jeglicher Einflussmöglichkeit stellt für die Aktionäre, wie bereits oben dargelegt,[668] einen größeren Eingriff in ihre Mitgliedsrechte dar, als die mit der Ausgliederung eines Betriebsteils verbundene Mediatisierung von Mitgliedsrechten. Fraglich ist daher, ob es für das Bestehen einer ungeschriebenen Zuständigkeit der Hauptversammlung einen Unterschied machen kann, ob die veräußernde Gesellschaft den Betriebsteil rechtlich verselbständigt oder unverselbständigt betreibt.[669]

Für eine Unterscheidung spricht, dass es sich auch bei der Veräußerung eines Betriebsteils im Wege des Asset Deal im Grundsatz lediglich um eine Veräußerung von einzelnen Vermögensgegenständen handelt. Wie bereits dargelegt,[670] handelt es sich dabei um eine typische Geschäftsführungsmaßnahme, die üblicherweise dem Vorstand der Aktiengesellschaft unterliegt.

Weiterhin könnte für eine solche Unterscheidung wiederum die Wertung des § 179a AktG sprechen. Danach besteht eine Zuständigkeit der Hauptversammlung nur bei einer Veräußerung des gesamten Gesellschaftsvermögens. Dies könnte im Umkehrschluss dafür sprechen, dass eine Veräußerung einiger Teile des Betriebsvermögens gerade ohne eine Beteiligung der Hauptversammlung möglich sein soll. Wie jedoch schon dargelegt,[671] hat diese Norm keinen abschließenden Charakter, sondern bezweckt lediglich den Schutz der Aktionäre vor den Besonderheiten der Veräußerung des gesamten Gesellschaftsvermögens. Der Norm ist darüber hinaus keine Wertung bezüglich der zu untersuchenden Fallkonstellation zu entnehmen. Somit spricht die Wertung des § 179a AktG nicht für eine unterschiedliche Bewertung der beiden Sachverhalte.

Gegen eine Unterscheidung spricht aber, dass die Aktionärsrechte hinsichtlich der Kerntätigkeit der Gesellschaft im Fall eines direkt betriebenen Unternehmensteils stärker ausgeprägt sind, als in dem Fall, in dem die Gesellschaft die Kerntätigkeit in einer Tochtergesellschaft ausübt. Während im erstgenannten Fall die Aktionäre direkte Einflussrechte auf das Kerngeschäft haben, stehen ihnen diese Rechte im zweitgenannten Fall nur mittelbar über den Vorstand der Obergesellschaft zu. Dies bedeutet im Ergebnis, dass die Veräußerung eines Unternehmensteils im Wege des Asset Deal Aktio-

[667] § 10 I. 1. a. ff. aaa. S. 107.
[668] § 10 I. 1. a. ff. aaa. (3) S. 110 f.
[669] Gegen eine Unterscheidung *Kubis*, in: MüKo AktG, § 119 Rn. 65.
[670] § 10 I. 1. b. cc. aaa. S. 122 f.
[671] § 10 I. 1. a. ff. aaa. (1) S. 108 f.

närsrechte beeinträchtigt, die im Zweifel sogar deutlich ausgeprägter sind als die mittelbaren Rechte, die durch die Veräußerung einer 100prozentigen Tochtergesellschaft beendet werden. Somit stellt die Veräußerung im Wege des Asset Deal einen tieferen Eingriff in die Mitgliedsrechte der Aktionäre dar als die Veräußerung einer Beteiligung. Da es für die Annahme von ungeschriebenen Zuständigkeiten der Hauptversammlung gerade entscheidend auf den Eingriff in die Mitgliedsrechte der Aktionäre ankommt, ist eine solche auch bei der Veräußerung eines Betriebsteils im Wege des Asset Deal anzunehmen.

(2) Keine Beteiligung der Hauptversammlung aufgrund der strategischen Neuausrichtung der Gesellschaft

Nicht überzeugend ist das Argument, dass auch die Veräußerung eines Betriebs im Wege des Asset Deal zu einer strategischen Neuausrichtung der Gesellschaft führt und deshalb die Hauptversammlung zu beteiligen sei.[672] Wie bereits oben dargelegt,[673] besteht zugunsten der Hauptversammlung keine ungeschriebene Zuständigkeit für alle wichtigen Grundentscheidungen in der Gesellschaft. Dies widerspricht der durch das Aktiengesetz 1965 normierten Kompetenzzuweisung an die Organe der Aktiengesellschaft. Für das Vorliegen einer ungeschriebenen Zuständigkeit kommt es vielmehr entscheidend auf den mit der Maßnahme verbundenen Eingriff in die Mitgliedrechte der Aktionäre an. Dieser liegt bei der Veräußerung von Betreibsteilen im Wege des Asset Deal vor. Eine Zuständigkeit der Hauptversammlung für den Fall der Veränderung der Geschäftstätigkeit kann sich nur vor dem Hintergrund einer Satzungsänderung ergeben. Denn sobald die Geschäftsführung eine Tätigkeit der Gesellschaft außerhalb des durch die Satzung vorgegebenen Unternehmensgegenstands anstrebt, bedarf dies einer Satzungsänderung, die gemäß § 119 Abs. 1 Nr. 5 AktG einer Zustimmung der Hauptversammlung bedarf.

Der Fall der Veräußerung von Unternehmensteilen im Wege des Asset Deal unterliegt somit aufgrund des damit verbundenen tiefen Eingriffs in die Mitgliedsrechte der Aktionäre durch die Beendigung des Einflusses auf die Kerntätigkeit der Gesellschaft der ungeschriebenen Zuständigkeit der Hauptversammlung.

c. Zwischenergebnis

Der Fall der vollständigen Beteiligungsveräußerung an einer operativen Tochtergesellschaft unterliegt einer ungeschriebenen Zuständigkeit der Hauptversammlung. Dies gilt auch für den Fall der Anteilsveräußerung an einer solchen Tochtergesellschaft, jedenfalls dann, wenn die Beteiligungsquote unter eine aktienrechtlich relevante Quote fällt. Auch die Veräußerung von Unternehmensteilen im Wege des Asset Deal löst eine solche Zuständigkeit aus. Dagegen unterliegt sowohl die direkte Veräußerung von „Tafelsilber" als auch die vollständige Veräußerung von Tochtergesellschaften, denen

[672] So aber *Kubis*, in: MüKo AktG, § 119 Rn. 65; *Simon*, in: Heckschen/Simon, UmwR, § 4 Rn. 69.
[673] § 5 III. 1. a. cc. bbb. (3) S. 47.

nur die Verwaltung von Vermögensgegenständen unterliegt, keiner ungeschriebenen Zuständigkeit der Hauptversammlung.

2. Veränderung von operativer zur reinen Beteiligungsgesellschaft

Bei der Beurteilung, ob bei einer Veränderung von einer operativ tätigen Gesellschaft zu einer reinen Beteiligungsgesellschaft eine ungeschriebene Zuständigkeit der Hauptversammlung besteht, sind hinsichtlich der Durchführung grundsätzlich verschiedene Konstellationen zu unterscheiden.

Grundlegend ist bei allen Konstellationen für die Frage der Zuständigkeit der Hauptversammlung, ob eine solche Veränderung der Tätigkeit der Gesellschaft überhaupt noch vom satzungsmäßigen Unternehmensgegenstand der Gesellschaft erfasst ist. Wenn dies nicht der Fall ist, bedarf die Durchführung dieser Veränderung einer Satzungsänderung, die ihrerseits gemäß § 119 Abs. 1 Nr. 5 AktG einer Zustimmung durch die Hauptversammlung bedarf. In der Praxis enthalten viele Satzungen sogenannte Konzernklauseln, nach denen es ausdrücklich zulässig ist, dass die Gesellschaft den satzungsmäßigen Unternehmensgegenstand auch durch Tochtergesellschaften ausfüllen können. Wenn die Satzung eine solche Klausel enthält und die Gesellschaft in Form einer Beteiligungsgesellschaft den satzungsmäßigen Unternehmensgegenstand ausfüllt, bedarf diese Veränderung jedenfalls im Hinblick auf die Satzung keiner Beteiligung der Hauptversammlung.

Eine Beteiligung der Hauptversammlung ergibt sich auch nicht aufgrund einer ungeschriebenen Zuständigkeit. Wie bereits dargelegt,[674] besteht zugunsten der Hauptversammlung keine Zuständigkeit für alle Grundlagenentscheidungen der Gesellschaft. Vielmehr bedarf es eines Eingriffs in die Mitgliedsrechte der Aktionäre. Dieser Eingriff kann sich aus den mit der Veränderung von einer operativ handelnden Gesellschaft zu einer reinen Beteiligungsgesellschaft einhergehenden Maßnahmen, wie beispielsweise einer Ausgliederung oder einer Beteiligungsveräußerung, ergeben. Allein der Umstand, dass die Gesellschaft sich in der beschriebenen Weise verändert, begründet keine ungeschriebene Hauptversammlungszuständigkeit.

a. Beteiligung der Hauptversammlung aufgrund der Veräußerung des gesamten Vermögens?

Zunächst kann die Veränderung von einer operativ handelnden Gesellschaft in eine reine Beteiligungsgesellschaft durch eine Veräußerung des gesamten Vermögens geschehen. In diesem Fall besteht eine geschriebene Zuständigkeit der Hauptversammlung gemäß § 179a AktG schon für den Veräußerungsvorgang. Somit besteht hier kein Bedürfnis für eine ungeschriebene Zuständigkeit der Hauptversammlung.

---

674 § 5 III. 1. a. cc. bbb. (3) S. 47.

b. Beteiligung der Hauptversammlung aufgrund Veräußerung einzelner Assets?

Die Gesellschaft kann diese Veränderung auch durch die schrittweise Veräußerung ihrer Assets durchführen. In diesem Fall wird nicht das gesamte Vermögen insgesamt veräußert, sondern die verschiedenen Assets werden einzeln und unabhängig voneinander verkauft. Hier könnte sich eine Beteiligung der Hauptversammlung schon aus einem Vergleich zu der Veräußerung des gesamten Vermögens ergeben. Wie aber oben bereits dargelegt,[675] lässt sich aus § 179a AktG keine Wertung hinsichtlich anderer Konstellationen entnehmen, vielmehr regelt diese Norm lediglich den Sonderfall einer Veräußerung des gesamten Vermögens und die damit einhergehenden besonderen Gefahren für die Aktionäre der Gesellschaft. Eine Beteiligung der Gesellschaft ergibt sich aber, wie bereits oben dargelegt, jedenfalls bei der Veräußerung eines Unternehmensteils im Wege des Asset Deal.[676] Der mit der Maßnahme verbundene tiefe Eingriff in die Mitgliedsrechte der Aktionäre begründet in diesem Fall eine ungeschriebene Zuständigkeit der Hauptversammlung.

c. Beteiligung der Hauptversammlung aufgrund des Erwerbs von Beteiligungen?

Eine ungeschriebene Zuständigkeit der Hauptversammlung könnte sich auch aus dem Erwerb verschiedener Beteiligungen im Rahmen der Veränderung zur reinen Beteiligungsgesellschaft ergeben. Der Erwerb einer wichtigen Beteiligung stellt ebenfalls eine Maßnahme dar, die grundlegende Bedeutung für die Gesellschaft haben kann. Wie jedoch oben schon dargelegt, ist mit dieser Maßnahme kein Eingriff in die Mitgliedsrechte verbunden.[677] Da eine ungeschriebene Zuständigkeit der Hauptversammlung für Grundlagenmaßnahmen nicht besteht, liegen somit die Voraussetzungen für eine ungeschriebene Zuständigkeit der Hauptversammlung nicht vor. Eine Beteiligung der Hauptversammlung ergibt sich somit nicht aus dem mit der Veränderung zu einer reinen Beteiligungsgesellschaft einhergehenden Erwerb von Beteiligungen.

3. Ausgliederung des Kerngeschäfts und Beteiligung Dritter

Die Ausgliederung des profitablen Kerngeschäfts bzw. der sogenannten „Perle“ unter Beteiligung Dritter stellt ebenfalls eine Maßnahme dar, die eine ungeschriebene Hauptversammlungszuständigkeit begründen kann. Entscheidend ist dafür, in welcher Form die Ausgliederung und die Beteiligung Dritter erfolgt.

a. Ausgliederung auf 100prozentige Tochtergesellschaft und Veräußerung von bestehenden Gesellschaftsanteilen an Investor

Zunächst ist es möglich, dass das profitable Kerngeschäft auf eine 100prozentige Tochtergesellschaft ausgegliedert wird und die Gesellschaftsanteile in einem zweiten Schritt an einen Investor veräußert werden.

---

[675] § 10 I. 1. a. ff. aaa. (1) S. 108.
[676] § 10 I. 1. b. cc. bbb. S. 123 ff.
[677] § 10 I. 1. a. ff. aaa. (4) S. 110 f.

Wenn die Ausgliederung im Wege der Gesamtrechtsnachfolge nach dem Umwandlungsgesetz erfolgt, besteht schon gemäß §§ 125, 13 UmwG eine geschriebene Zuständigkeit der Hauptversammlung.[678] Insoweit besteht hier kein Erfordernis für eine ungeschriebene Zuständigkeit.

Eine solche kommt aber für die Ausgliederung im Wege der Einzelrechtsnachfolge in Betracht. Dieser Fall stellt den „Prototyp"[679] der ungeschriebenen Zuständigkeit aus der Holzmüller-Entscheidung des BGH dar.[680] Der BGH hat in den Gelatine-Entscheidungen die ungeschriebene Zuständigkeit der Hauptversammlung in diesem Fall ausdrücklich bestätigt.[681] Eine entsprechende Zuständigkeit der Hauptversammlung im Fall der Ausgliederung entspricht auch der weit überwiegende Literatur zur Holzmüller-Entscheidung,[682] der Instanzrechtsprechung[683] sowie auch der Literatur zu den Gelatine-Entscheidungen.[684] Unterlagen bislang Maßnahmen auf Mutterebene der Zustimmung der Aktionäre, ist es nun der Vorstand der Muttergesellschaft, der diese Beteiligungsrechte im Gesellschafterorgan der Tochtergesellschaft wahrnimmt. Die dadurch geschaffene Mediatisierung von Mitgliedsrechten stellt einen tiefen Eingriff in die Aktionärsrechte dar, der nur mit Zustimmung der Hauptversammlung möglich sein kann. Die Ausgliederung im Wege der Einzelrechtsnachfolge unterliegt somit einer ungeschriebenen Zuständigkeit.

Wie bereits oben dargelegt, unterliegt auch der zweite Schritt, die Teilveräußerung einer Beteiligung an einen Dritten unter den oben aufgezeigten Voraussetzungen der ungeschriebenen Zuständigkeit der Hauptversammlung.[685] Dies gilt unabhängig davon, ob die Tochtergesellschaft durch Ausgliederung im Wege der Einzel- oder Gesamtrechtsnachfolge entstanden ist.

Somit stellt die Ausgliederung des profitablen Kerngeschäfts und die nachträgliche Beteiligung eines Investors an der Tochtergesellschaft eine Sanierungsmaßnahme dar, die in jeder der dargestellten Konstellationen einer ungeschriebenen Zuständigkeit der Hauptversammlung unterliegt. Diese umfasst entweder sowohl die Ausgliederung als auch die spätere Veräußerung oder aber lediglich die spätere Ausgliederung.

---

[678] Vgl. dazu ausführlich zur Abgrenzung zwischen der Ausgliederung im Wege der Gesamtrechtsnachfolge und im Wege der Einzelrechtsnachfolge *Kallmeyer*, in: Kallmeyer, UmwG, § 123 Rn. 16. ff.

[679] So *Kubis*, in: Müko AktG, § 119 Rn. 61.

[680] BGHZ 83, 122 („Holzmüller").

[681] BGH NZG 2004, 575 („Gelatine I"); BGHZ 159, 30, 41 („Gelatine II").

[682] Vgl. nur *Kubis*, in: MüKo AktG, § 119 Rn. 61 m. w. N.; *Reichert*, in: Becksch. Hdb. AG, § 5 Rn. 48; *Simon*, in: Heckschen/Simon, UmwR, § 4 Rn. 57 ff.; *Zimmermann/Pentz* FS Müller 2001, 151, 153 ff.

[683] Vgl. nur OLG Köln ZIP 1993, 110, 112; LG Duisburg AG 2003, 390; LG Düsseldorf AG 1999, 94, 95; LG Heidelberg AG 1999, 135, 137; LG Hamburg AG 1997, 238; LG Frankfurt AG 1993, 287, 288; LG Köln AG 1992, 238, 239.

[684] Vgl. nur *Habersack*, in: Emmerich/Habersack Vor § 311 Rn. 41; *Götze* NZG 2004, 585, 587; *Pentz*, in: Fleischer § 17 Rn. 159.

[685] § 10 I. 1. a. ff. ccc. S. 115 ff.

b. Ausgliederung auf eine gemeinsame Tochtergesellschaft

Eine Beteiligung eines Investors am profitablen Kerngeschäft der Gesellschaft ist aber auch dadurch denkbar, dass die sogenannte „Perle“ direkt auf eine gemeinsame Gesellschaft ausgegliedert wird. Dies kann zum Beispiel in Form eines Joint Ventures geschehen, bei dem jeweils eine 50prozentige Beteiligung an dem neuen Unternehmen gehalten wird.[686] Wie bereits oben dargelegt,[687] besteht schon bei einer Ausgliederung, bei der die Gesellschaft alleiniger Gesellschafter des die Vermögenswerte aufnehmenden Rechtssubjekts bleibt, eine ungeschriebene Zuständigkeit der Hauptversammlung. Dasselbe muss erst recht für alle diejenigen Fälle gelten, in denen der Einfluss des Vorstands in der Tochtergesellschaft durch die Existenz von Minderheitsgesellschaftern[688] oder sogar Mehrheitsgesellschaftern[689] zurückgedrängt wird.[690] Somit unterliegt auch diese Konstellation einer ungeschriebenen Zuständigkeit der Hauptversammlung.

4. Außerordentliche Kündigung eines Beherrschungs- und Gewinnabführungsvertrags

Auch die außerordentliche Kündigung eines Beherrschungs- und Gewinnabführungsvertrag könnte eine Maßnahme darstellen, die eine ungeschriebene Zuständigkeit der Hauptversammlung begründet.

Bei der herrschenden Aktiengesellschaft ist für die außerordentliche Kündigung des Beherrschungs- und Gewinnabführungsvertrags jedoch nach allgemeiner Meinung der Literatur ausschließlich der Vorstand zuständig.[691] Eine Mitwirkung der Hauptversammlung durch einen entsprechenden Beschluss ist danach nicht vorgesehen.

Fraglich ist aber, ob auch im Fall der Beendigung des Beherrschungs- und Gewinnabführungsvertrags durch außerordentliche Kündigung entgegen der allgemeinen Literaturansicht ein Mitwirkungsrecht der Hauptversammlung besteht. Nach den oben dargelegten Grundsätzen ist dafür ein Eingriff in die Mitgliedsrechte der Aktionäre erforderlich.

Zunächst könnte sich dies aus einem Vergleich zur Beendigung des Beherrschungs- und Gewinnabführungsvertrag durch einen Aufhebungsvertrag gemäß § 296 AktG ergeben. Für den Fall der Beendigung eines Gewinnabführungs- und Beherrschungsvertrags durch einen Aufhebungsvertrag wurde teilweise ein Mitwirkungsrecht der Aktionäre vermisst.[692] Dies wurde zum einen damit begründet, dass mit der Beendigung des Vertrages die Verpflichtung zur Sicherheitsleistung gemäß § 303 AktG entsteht.[693] Zum anderen wurde eine solche Mitwirkung auch nach den Grundsätzen des

---

686 Vgl. Ausgliederung der Siemens-Netzwerksparte im Rahmen der Restrukturierung auf ein Gemeinschaftsunternehmen mit Nokia, Handelsblatt v. 19.06.2006.

687 § 10 I. 3. a. S. 127 f.

688 Vgl. OLG München AG 1995, 232, 233.

689 Vgl. dazu LG Frankfurt AG 1993, 287, 288.

690 Vgl. *Kubis*, in: MüKo AktG, § 119 Rn. 62.

691 *Emmerich*, in: Emmerich/Habersack § 297 Rn. 25; *Krieger*, in: Münch. Hdb. GesR AG, § 70 Rn. 170; *Würdinger*, in: Großkomm. AktG, 3. Auflage, 1975, § 297 Anm. 3.

692 Vgl. zum Ganzen *Vetter* ZIP 1995, 345, 347.

693 *Emmerich/Sonnenschein*, Konzernrecht 5. Aufl., 1993, S. 262.

Holzmüller-Urteils diskutiert.[694] Eine Zuständigkeit der Hauptversammlung nach den Grundsätzen des Holzmüller-Urteils wurde letztlich sowohl aufgrund des fehlenden Eingriffs in die Struktur der Gesellschaft, als auch aufgrund des fehlenden Eingriffs in die Mitgliedsrechte der Aktionäre abgelehnt.[695] Aus einem Vergleich zu einem Aufhebungsvertrag ergibt sich somit keine ungeschriebene Zuständigkeit der Hauptversammlung.

Für das Erfordernis einer Beteiligung an der Hauptversammlung könnte sprechen, dass der Abschluss eines Beherrschungs- und Gewinnabführungsvertrags vom Gesetzgeber als eine so wichtige Maßnahme für die Aktionäre angesehen wird, dass gemäß § 293 Abs. 2 AktG i.V.m. § 293 Abs. 1 Satz 2 bis 4 AktG ein Beschluss der Hauptversammlung mit einer Dreiviertelmehrheit erforderlich ist. Dies könnte dafür sprechen, dass auch die Beendigung eines solchen Vertrags einer entsprechenden Zustimmung der Hauptversammlung bedarf.

Das Zustimmungserfordernis ist aber im Zusammenhang mit den besonderen Pflichten, die die Obergesellschaft bei einem Beherrschungs- und Gewinnabführungsvertrag treffen, zu sehen (§§ 302 ff. AktG).[696] Insbesondere das erhöhte Risiko, dass durch die Tragung der Verlustausgleichspflicht nach § 302 AktG entsteht, begründet das Zustimmungserfordernis der Hauptversammlung.[697] Danach hat die herrschende Gesellschaft während der Vertragsdauer den Jahresfehlbetrag der beherrschten Gesellschaft auszugleichen. Eine solche Verpflichtung kann für die Gesellschaft zu einer großen Belastung führen und die Vermögensinteressen der Aktionäre beeinträchtigen. Deshalb ist hier ein Zustimmungsvorbehalt zugunsten der Hauptversammlung geregelt. Im umgekehrten Fall, der Beendigung des Beherrschungs- und Gewinnabführungsvertrags, besteht eine Verpflichtung, die ein solch hohes Risiko insbesondere für die Vermögensinteressen der Aktionäre birgt, nicht. Die Beendigung des Beherrschungs- und Gewinnabführungsvertrags verursacht zwar die Verpflichtung zur Sicherheitsleistung nach § 303 AktG. Dies stellt jedoch für die Aktionäre keinen tiefen Eingriff in ihr Mitgliedsrechte dar. Vielmehr ist die Gefahr der Sicherheitsleistung schon mit dem Abschluss des Beherrschungs- und Gewinnabführungsvertrags entstanden und somit Bestandteil des Vertrages, dem die Aktionäre beim Abschluss zugestimmt haben.[698] Darüber hinaus verliert die Obergesellschaft zwar durch die Beendigung des Vertrages die schuldrechtliche Grundlage ihres Einflusses auf die Tochtergesellschaft. Wenn die Obergesellschaft jedoch weiterhin die satzungsändernde Mehrheit behält, bleibt für diese in der Regel eine tatsächliche Einflussmöglichkeit bestehen.

---

694 Vgl. *Dilger* WM 1993, 935, 936; *Ebenroth/Wilken* WM 1993, 1617, 1626; *Vetter* ZIP 1995, 345, 347.

695 Vgl. *Vetter* ZIP 1995, 345, 347; i.E. auch *Dilger* WM 1993, 935, 936; *Ebenroth/Wilken* WM 1993, 1617, 1626.

696 Vgl. Begr. RegE AktG 1965, *Kropff* S. 381.

697 So die ganz h. M. vgl. BGHZ 105, 324, 335 f.; BGH NJW 1992, 1452, 2453; LG Mannheim AG 1995, 142, 143; *Altmeppen*, in: MüKo AktG, § 293 Rn. 92; *Emmerich*, in: Emmerich/Habersack § 293 Rn. 8; *Hüffer* AktG § 293 Rn. 17; *Kropff* ZGR 1984, 112, 120; *Koppensteiner*, in: Kölner Komm. AktG, § 293 Rn. 40; a. A. Zustimmungserfordernis aufgrund der Pflicht zur Abfindung der außenstehenden Aktionäre mit Aktien (§ 305 Abs. 2 Nr. 1 und 2 AktG) *Rehbinder* ZGR 1977, 581, 612 f.

698 Vgl. *Vetter* ZIP 1995, 345, 347.

Deshalb verändert sich auch der mittelbare Einfluss der Aktionäre der Obergesellschaft nicht entscheidend.

Gegen ein Zustimmungsbedürfnis spricht weiterhin, dass eine außerordentliche Kündigung das Vorliegen eines wichtigen Grunds voraussetzt. Nach den von der Rechtslehre und Rechtsprechung entwickelten Grundsätzen kann aus wichtigem Grund nur dann gekündigt werden, wenn ernsthafte Schwierigkeiten entstanden sind, die nicht behebbar sind oder nicht durch zumutbare Maßnahmen behoben werden können und die für den kündigenden Teil so schwerwiegend sind, dass ihm die Fortsetzung des Vertrages noch nicht einmal bis zum Ablauf der Kündigungsfrist zugemutet werden kann.[699] Wenn eine solche Situation vorliegt und die außerordentliche Kündigung die einzige Möglichkeit darstellt, um im Gesellschaftsinteresse ernsthaften Schwierigkeiten zu überwinden, hat eine solche Kündigung allein durch den Vorstand der Gesellschaft zu erfolgen. Die Beteiligung der Hauptversammlung an dieser Entscheidung ist dafür nicht erforderlich. Das Vorliegen des wichtigen Grunds allein ist ausschlaggebend, ob im Gesellschaftsinteresse die außerordentliche Kündigung zu erfolgen hat.

Eine außerordentliche Kündigung des Beherrschungs- und Gewinnabführungsvertrags stellt aus den genannten Gründen keine Maßnahme dar, die eine ungeschriebene Zuständigkeit der Hauptversammlung begründet.

5. Veränderung der Geschäftstätigkeit/Neuausrichtung des Geschäfts

Bei der Frage, ob eine ungeschriebene Zuständigkeit im Fall der Veränderung der Geschäftstätigkeit bzw. der Neuausrichtung des Geschäfts vorliegt, sind wiederum verschiedene Konstellationen zu unterscheiden. Zum einen ist es möglich, dass sich die Gesellschaft von ihren bisherigen Tätigkeiten im Wege der Veräußerung trennt und sich durch den Erwerb anderer Beteiligungen oder Betriebe in einem anderen Geschäftsfeld bewegt. Darüber hinaus ist aber auch die Konstellation denkbar, dass die Gesellschaft die bisherige Tätigkeit beendet und ihre Aktivitäten in einem anderen Geschäftsfeld beginnt.

Wie bereits schon oben dargelegt, stellt eine Veränderung der Geschäftstätigkeit bzw. eine Neuausrichtung für sich allein, unabhängig davon, in welcher Form dies geschieht, keinen Grund für eine ungeschriebene Zuständigkeit der Hauptversammlung dar, da dies nicht zu einem tiefen Eingriff in die Mitgliedsrechte der Aktionäre der Gesellschaft führt.[700] Allein der Umstand, dass es sich um eine Grundlagenentscheidung für die Gesellschaft handelt, macht die Maßnahme nicht zustimmungspflichtig. Dies widerspricht, wie oben bereits erwähnt,[701] dem Regelungssystem der Zuständigkeit der Hauptversammlung im Aktiengesetz.

---

[699] Vgl nur. BGHZ 122, 211, 232; *Altmeppen*, in: MüKo AktG, § 297 Rn. 18; *Hüffer* AktG, § 297 7. Aufl. Rn. 3; *Koppensteiner*, in: Kölner Komm. AktG, § 297 Rn. 17.

[700] Vgl. § 5 III. 1. a. cc. bbb. (2) S. 45 f.; anders etwa *Simon*, in: Heckschen/Simon, UmwR, § 4 Rn. 72; die diesen Aspekt für die Annahme von ungeschriebenen Zuständigkeiten ausreichen lassen.

[701] § 5 III. 1. a. cc. bbb. (2) S. 45 f.

Eine Zustimmungspflicht der Hauptversammlung bei einer Veränderung der Geschäftstätigkeit kann sich aber unter zwei Aspekten ergeben. Zum einen kann sich diese aufgrund der mit der Neuausrichtung des Geschäfts verbundenen Satzungsänderung ergeben. Wenn es durch die Neuausrichtung der Geschäftstätigkeit zu einer Veränderung des satzungsmäßigen Unternehmensgegenstands kommt, bedarf dies einer Satzungsänderung, die gemäß § 119 Abs. 1 Nr. 5 AktG der Zustimmung der Hauptversammlung bedarf.

Zum anderen kann sich eine ungeschriebene Zuständigkeit der Hauptversammlung ergeben, wenn eine einzelne Maßnahme, wie beispielsweise eine Veräußerung eines Geschäftsteils, die im Rahmen der strategischen Neuausrichtung der Gesellschaft durchgeführt wird, einer ungeschriebenen Zuständigkeit der Hauptversammlung bedarf. In diesem Fall ergibt sich die Hauptversammlungszuständigkeit jedoch lediglich aus dem mit der Maßnahme verbundenen Eingriff in die Mitgliedsrechte der Aktionäre, nicht aufgrund der Veränderung der Geschäftstätigkeit.

Die Veränderung der Geschäftstätigkeit bzw. Neuausrichtung des Geschäfts an sich löst keine ungeschriebene Zuständigkeit der Hauptversammlung aus.

II. Sanierungskonzept

Nach den vorstehenden Ausführungen gibt es einzelne Sanierungsmaßnahmen, die so tief in die Mitgliedsrechte der Aktionäre eingreifen, dass eine ungeschriebene Zuständigkeit der Hauptversammlung besteht. Fraglich bleibt, ob nicht auch die geplante Durchführung eines Sanierungskonzepts an sich, das keine Maßnahmen enthält, die für sich genommen eine Zuständigkeit der Hauptversammlung auslösen würden, eine ungeschriebene Zuständigkeit der Hauptversammlung hervorrufen kann.

Diese Frage stellt sich insbesondere in zwei Konstellationen. Einerseits ist es denkbar, dass das Sanierungskonzept Maßnahmen enthält, die zwar an sich einer ungeschriebenen Zuständigkeit der Hauptversammlung unterliegen, jedoch die strengen quantitativen Voraussetzungen, die besonders in den Gelatine-Entscheidungen des BGH betont wurden, nicht erfüllen.[702] So kann das Sanierungskonzept die Veräußerung verschiedener operativer Tochtergesellschaften vorsehen, die jedoch einzeln nicht ca. 75 % der Gesellschaft betreffen. Daneben ist es auch möglich, dass das Sanierungskonzept zwar keine Einzelmaßnahme enthält, die an sich eine ungeschriebene Zuständigkeit der Hauptversammlung auslösen würden, jedoch umfasst es tiefgreifende Veränderungen der Gesellschaft. Dabei kommen insbesondere einschneidende betriebswirtschaftliche Maßnahmen wie die Entlassung von Mitarbeiten, Produktionsverlagerung ins Ausland oder Veränderungen der Produktionspalette in Betracht.

---

[702] BGHZ 159, 30, 45 („Gelatine II") Erreichen der Schwelle der Holzmüller-Entscheidung, die bei ca. 80% lag.

1. Zusammenrechnung von Einzelmaßnahmen?

Zunächst ist auf ein Sanierungskonzept einzugehen, bei dem verschiedene Einzelmaßnahmen den quantitativen Anforderungen aus der Gelatine-Rechtsprechung nicht entsprechen, jedoch zusammengenommen eine entsprechende Bedeutung für die Gesellschaft haben.

a. Ansichten in der Literatur

Zu der Frage, ob und unter welchen Voraussetzungen eine ungeschriebene Zuständigkeit der Hauptversammlung bei mehreren Einzelmaßnahmen anzunehmen ist, bestehen in der Literatur verschiedene Ansichten.

Hirte nimmt eine ungeschriebene Zuständigkeit der Hauptversammlung an, wenn gleichartige Maßnahmen innerhalb von fünf Jahren die erforderlichen quantitativen Grenzen zusammengenommen überschreiten.[703]

Der überwiegende Teil der Literatur will Maßnahmen zusammenrechnen, zwischen denen ein zeitlicher und wirtschaftlicher Zusammenhang besteht.[704] Dabei kommt es wohl nicht darauf an, dass die verschiedenen Maßnahmen gleichartig sind. Von einem solchen Zusammenhang sei insbesondere in den Fällen auszugehen, in denen die Einzelmaßnahmen Bestandteil einer allgemeinen Umstrukturierung des Konzerns sind.[705]

Andere sehen in dem zeitlichen und wirtschaftlichen Zusammenhang lediglich ein Indiz, das man nicht überbewerten dürfe.[706] Insbesondere in Fällen, in denen der Vorstand auf aktuelle Entwicklungen reagiere, liege den verschiedenen Maßnahmen kein einheitlicher Plan zugrunde. Vielmehr müsse die unternehmerische Entscheidung maßgebend sein. Die Hauptversammlung müsse davor geschützt werden, dass der Vorstand Entscheidungen trifft, die der Hauptversammlung vorbehalten seien. Es handele sich um ein subjektives Kriterium im Sinne eines einheitlichen, von Anfang an bestehenden Gesamtplans.

Kubis stellt dagegen nicht auf einen subjektiven Gesamtplan des Vorstands ab, sondern stellt als entscheidendes Kriterium auf die Folgen aller Einzelmaßnahmen in der Summe ab.[707] Wenn diese die Schwellenwerte überschreiten, dann sei eine Hauptversammlungszuständigkeit zu bejahen. Für eine derartige Zusammenrechnung mehrerer Einzelakte zu einem Gesamtvorhaben biete es sich an, die Grundsätze der Rechtsprechung zum sachlichen und zeitlichen Zusammenhang bei verdeckten Sachkapitalerhöhungen analog anzuwenden.[708]

[703] *Hirte* 1996, S. 181.
[704] *Goette* AG 2006, 522, 526; *Habersack*, in: Emmerich/Habersack Vor § 311 Rn. 47; *Krieger*, in: Münch. Hdb. GesR AG, § 69 Rn. 8; *Liebscher*, in: Becksch. Hdb. AG, § 14 Rn. 56; *Schlitt*, in: Semler/Stengel, UmwG, Anh. § 173 Rn. 34; *Westermann* FS Koppensteiner, 2001, S. 259, 261; *Zimmermann/Pentz* FS Müller, S. 153, 169.
[705] *Habersack*, in: Emmerich/Habersack Vor § 311 Rn. 47.
[706] *Binge/Thölke*, in: MAH AktR, § 25 Rn. 71.
[707] *Kubis*, in: MüKo AktG, § 119 Rn. 48.
[708] *Zimmermann/Pentz* FS Müller, 2001, S. 151, 169 f.; vgl. zu den Anforderungen an eine sachlichen und zeitlichen Zusammenhang im Rahmen der verdeckten Sacheinlagen *Pentz*, in: MüKo AktG, § 27 Rn. 96.

b. Stellungnahme

Bei der Bewertung, ob sich eine ungeschriebene Zuständigkeit der Hauptversammlung auch bei der Durchführung von verschiedenen Einzelmaßnahmen ergibt, besteht grundsätzlich das Problem, dass ein Zusammenhang zwischen den verschiedenen Maßnahmen hergestellt werden muss. Wenn ein solcher Zusammenhang zwischen den verschiedenen Einzelmaßnahmen besteht, entspricht es im Ergebnis der allgemeinen Meinung in der Literatur, dass dann auch eine ungeschriebene Zuständigkeit der Hauptversammlung besteht. Unterschiede bestehen in der Literatur lediglich hinsichtlich der Kriterien, die zur Bestimmung dieses Zusammenhangs heranzuziehen sind. Welche Kriterien letztendlich am meisten überzeugen, kann hier dahinstehen. Bei dem zu untersuchenden Fall eines Sanierungskonzepts, das verschiedene Maßnahmen enthält, steht von Anfang an fest, welche Maßnahmen geplant sind. Zwischen diesen besteht auch ein zeitlicher und wirtschaftlicher Zusammenhang, denn sie sollen das Unternehmen aus der Krise führen. Der erforderliche Zusammenhang zwischen den verschiedenen Maßnahmen liegt somit hier immer vor.

Fraglich ist aber, ob dies für die Annahme von ungeschriebenen Zuständigkeiten ausreicht. In Anlehnung an die Meinung von *Kubis* kommt es nicht nur auf den Zusammenhang zwischen den verschiedenen Einzelmaßnahmen an, sondern darüber hinaus ist auf die Folgen der Summe der Maßnahmen für die Aktionäre der Obergesellschaft abzustellen. Wenn diese kumuliert einen tiefen Eingriff in die Mitgliedsrechte der Gesellschafter darstellen, ist auch bei der Durchführung eines Sanierungskonzepts die Hauptversammlung zu beteiligen.

Im Fall von verschiedenen gleichartigen Maßnahmen besteht eindeutig eine ungeschriebene Zuständigkeit der Hauptversammlung. Es macht für den Eingriff in die Mitgliedsrechte der Aktionäre im Ergebnis keinen Unterschied, ob eine Maßnahme auf einmal durchgeführt wird oder in verschiedenen einzelnen Vorgängen. Beispielhaft ist hier wiederum auf den Fall einer Veräußerung einzugehen. Wenn es dem Sanierungskonzept entspricht, eine Tochtergesellschaft vollständig zu veräußern, spielt es für den Eingriff in die Mitgliedsrechte der Aktionäre im Ergebnis keine Rolle, ob die Tochtergesellschaft an verschiedene Investoren anteilsweise veräußert wird, oder die Gesellschaft alle Anteile an der Tochtergesellschaft als Ganzes veräußert. In beiden Fällen wird der mittelbare Einfluss der Aktionäre der Obergesellschaft endgültig beendet.

Fraglich ist aber, wie es sich bei Durchführung von verschiedenartigen Maßnahmen im Rahmen des Sanierungskonzepts verhält. Hier können die Eingriffe in die Mitgliedrechte nicht kumuliert werden, da verschiedenartige Maßnahmen auch verschiedenartige Eingriffe in die Mitgliedsrechte der Aktionäre bewirken. Wenn aber die einzelnen Maßnahmen jeweils nicht den quantitativen Anforderungen für eine ungeschriebene Zuständigkeit der Hauptversammlung entsprechen, liegt auch kein ausreichender Eingriff vor. Teilweise wird zwar vorgetragen, dass es keinen Grund gebe, mehrere Maßnahmen, die in Ausführung einer einheitlichen Strukturentscheidung vorgenommen werden, nur deshalb isoliert zu betrachten, weil sie andersartig seien.[709]

[709] *Binge/Thölke*, in: MAH AktR, § 25 Rn. 71.

Diese Ansicht kommt hier zu einem anderen Ergebnis, da augenscheinlich die Strukturentscheidung der entscheidende Aufhänger für die Beteiligung der Hauptversammlung ist. Wenn aber die mit der Strukturentscheidung einhergehende Veränderung der Gesellschaft als entscheidendes Kriterium für die Annahme von ungeschriebenen Zuständigkeiten herangezogen wird, spielt es keine Rolle, welche Art der Maßnahme zur Durchsetzung der Strukturentscheidung durchgeführt werden soll. Da nach der hier vertretenen Meinung jedoch der Eingriff in die Mitgliedsrechte und nicht jede Grundlagenentscheidung als entscheidendes Kriterium für die ungeschriebenen Zuständigkeiten der Hauptversammlung heranzuziehen ist, kann dieser Einwand nicht überzeugen.

Bei einem Sanierungskonzept mit verschiedenartigen Maßnahmen, die jeweils einzeln nicht die entsprechenden Schwellenwerte erreichen, besteht damit keine ungeschriebene Zuständigkeit der Hauptversammlung.

2. Tiefgreifende Veränderung der Gesellschaft durch das Sanierungskonzept

Eine ungeschriebene Zuständigkeit könnte jedoch bei der Durchführung eines Sanierungskonzepts bestehen, das verschiedene betriebswirtschaftliche Maßnahmen vorsieht, die zu einer tiefgreifenden Veränderung der Gesellschaft führen.

Wie sich bereits aus den vorstehenden Ausführungen ergibt, reicht jedoch der Umstand, dass es sich um eine für die Gesellschaft grundlegende Maßnahme handelt, für die Annahme einer ungeschriebenen Zuständigkeit nicht aus. Vielmehr müssen durch die Maßnahme die Mitgliedsrechte der Aktionäre negativ betroffen sein. Selbst betriebswirtschaftliche Maßnahmen, die tiefgreifende Veränderungen der Gesellschaft bewirken, wie zum Beispiel die Verlagerung der Produktion ins Ausland, haben keine Auswirkungen auf die Mitgliedsrechte der Aktionäre. Somit kommt eine ungeschriebene Zuständigkeit in diesem Fall nicht in Betracht.

3. Zwischenergebnis

Nur die Durchführung eines Sanierungskonzepts, das mehrere gleichartige Einzelmaßnahmen enthält, die kumuliert die genannten Schwellenwerte überschreiten, löst eine ungeschriebene Zuständigkeit aus.

III. Ergebnis

Eine ungeschriebene Zuständigkeit der Hauptversammlung besteht bei einem Sanierungskonzept, bei dem mehrere gleichartige Einzelmaßnahmen die relevanten Schwellenwerte überschreiten und bei folgenden Einzelsanierungsmaßnahmen: Vollständige Beteiligungsveräußerung an einer operativen Tochtergesellschaft, Anteilsveräußerung an einer operativen Tochtergesellschaft, wenn die Beteiligungsquote unter eine aktienrechtlich relevante Quote fällt oder es sich um eine ehemalige 100prozentige Tochter-GmbH handelt, Veräußerung von Unternehmensteilen im Wege des Asset Deal und bei der Ausgliederung des Kerngeschäfts und Beteiligung Dritter.

§ 11 Lösungsansätze bei bestehender Hauptversammlungszuständigkeit in Krisensituationen

I. Geschriebene Zuständigkeit der Hauptversammlung

Die Beteiligung der Hauptversammlung an wichtigen Sanierungsmaßnahmen kann sich zunächst aus einer geschriebenen Zuständigkeit nach dem Aktiengesetz ergeben. Dies betrifft insbesondere die einschlägigen Kapitalmaßnahmen, die zu Sanierungszwecken durchgeführt werden, wie der Kapitalschnitt oder der Einsatz von Wandelgenussrechten. Diese Maßnahmen können nur dann vorgenommen werden, wenn ein entsprechender Beschluss der Hauptversammlung vorliegt. Regelmäßig scheidet jedoch die Durchführung dieser Maßnahmen im Sanierungsfall augrund der zeitlichen Vorgaben aus. Die Durchführung einer ordnungsgemäßen Hauptversammlung bedarf einer Einberufung, die gemäß § 123 Abs. 1 AktG dreißig Tage vor dem Tag der Hauptversammlung zu erfolgen hat. Denkt man weiter an die technischen Erfordernisse der Vorbereitung einer Hauptversammlung, wie zum Beispiel die Anmietung eines entsprechenden Versammlungsraums, so ist zwischen dem entsprechenden Entschluss und seiner Durchführung mit einer Mindestzeit von zwei bis drei Monaten zu rechnen.[710] Damit scheiden die Maßnahmen, die einer geschriebenen Zuständigkeit der Hauptversammlung unterliegen, jedenfalls in den Fällen aus, in denen flexibel und zeitnah auf eine Krisensituation reagiert werden soll.

Das Problem verschärft sich im Fall einer plötzlich auftauchenden Krise der Gesellschaft weiter. Hier bewegt sich das Unternehmen nicht selten auch in der Nähe der die Eröffnung eines Insolvenzverfahrens gebietenden Tatbestände der Zahlungsunfähigkeit, der drohenden Zahlungsunfähigkeit oder der Überschuldung.[711] Gemäß § 92 Abs. 2 Satz 1 AktG hat der Vorstand, wenn die Gesellschaft zahlungsunfähig wird, ohne schuldhaftes Zögern, spätestens aber drei Wochen nach Eintritt der Zahlungsunfähigkeit, die Eröffnung des Insolvenzverfahrens zu beantragen. Dasselbe gilt gemäß § 92 Abs. 2 Satz 2 AktG auch für den Fall der Überschuldung der Gesellschaft. Bei der Dreiwochenfrist handelt es sich nach allgemeiner Meinung um eine Höchstfrist, die der Vorstand nur ausschöpfen darf, soweit noch Sanierungschancen bestehen und er entsprechende Sanierungsbemühungen unternimmt.[712]

Umstritten ist aber, wann die Dreiwochenfrist des § 92 Abs. 2 AktG beginnt. Nach der Rechtsprechung des Bundesgerichtshofs und der herrschenden Ansicht in der Literatur im Aktienrecht beginnt die Frist erst mit Kenntnis oder böswilliger Unkenntnis

[710] *Lutter/Hommenhoff/Timm* BB 1980, 737, 738; *Geißler* NZG 2000, 719, 720.

[711] *Geißler* NZG 2000, 719, 720.

[712] Vgl. nur *Habersack*, in: Großkomm. AktG, § 92 Rn. 66; *Hefermehl/Spindler*, in: MüKo AktG, § 92 Rn. 31; *Hüffer* AktG, § 92 Rn. 9; *Mertens*, in: Kölner Komm. AktG, § 92 Rn. 35; kritisch *Meyer-Cording*, NJW 1981, 1242, 1243.

vom Eintritt der Zahlungsunfähigkeit oder Überschuldung,[713] und nicht schon bei bloßer Erkennbarkeit der objektiven Zahlungsunfähigkeit oder Überschuldung.[714]

Selbst wenn man nur auf die gesetzliche Mindestfrist von dreißig Tagen abstellt und die praktisch erforderlichen Vorlaufzeiten für die Einberufung einer Hauptversammlung außer Acht lässt, besteht hier eine offensichtliche Divergenz zwischen der Frist aus § 92 Abs. 2 AktG und derjenigen von § 123 AktG.[715] Danach ist die Durchführung einer Hauptversammlung innerhalb der Frist des § 92 Abs. 2 AktG nicht möglich.

Fraglich ist, welche Folgerungen dies für die Durchführbarkeit von Sanierungsmaßnahmen hat, die einer geschriebenen Zuständigkeit der Hauptversammlung unterliegen.

Teilweise wurde vertreten, dass dem Vorstand ausreichend Zeit gelassen werden müsse, um die für die Sanierung notwendigen Vorbereitungen zu treffen.[716] Dies rechtfertige auch das Überschreiten der Dreiwochenfrist des § 92 Abs. 2 AktG. Begründet wurde diese Ansicht mit dem Verweis auf die Vorbereitung des Vergleichsverfahrens. Danach darf der Vorstand die Dreiwochenfrist überschreiten, wenn dieses aus Sicht eines ordentlichen und gewissenhaften Geschäftsleiters zur angemessenen Vorbereitung des Verfahrens unerlässlich ist und die Chancen eines erfolgreichen Abschlusses wesentlich erhöht.[717]

Die weit überwiegende und überzeugende Meinung lehnt jedoch eine Überschreitung der Dreiwochenfrist selbst bei aussichtsreichen Sanierungsbemühungen ab.[718] Es handelt sich danach um eine Höchstfrist, die der Vorstand in keinem Fall überschreiten darf. Für diese Meinung spricht der insofern eindeutige Wortlaut des § 92 Abs. 2 AktG sowie die Regierungsbegründung.[719] Für die Maßnahmen, die einer geschriebenen Zuständigkeit der Hauptversammlung unterliegen, bedeutet dies, dass sie im Fall einer plötzlich auftretenden existentiellen Krise der Gesellschaft als Sanierungsinstrumente ausscheiden.

---

[713] BGHZ 75, 96, 110 f.; OLG Frankfurt NZG 2004, 1157, 1159; *Hüffer* AktG, § 92 Rn. 9; *Mertens*, in: Kölner Komm. AktG, § 92 Rn. 33; *Wiesner*, in: Münch. Hdb. GesR AG, § 25 Rn. 66; siehe auch *Poertzgen* 2005, S. 165 ff.

[714] So aber für das Aktienrecht *Hefermehl/Spindler*, in: MüKo AktG, § 92 Rn. 29.; *Habersack*, in: Großkomm. AktG, § 92 Rn. 62; entspricht der herrschenden Meinung für die GmbH vgl. BGHZ 143, 184, 185 f.; BGH NJW 2001, 304.

[715] Vgl. zu diesem Problem *Ebenroth* AG 1988, 1, 5; *Geißler* NZG 2000, 719, 720; *Lutter/Hommenhoff/Timm* BB 1980, 737, 738; *v. Schorlemer/Stupp* NZI 2003, 345, 353; *Uhlenbruck* ZIP 1980, 73, 75.

[716] *Mertens*, in: Kölner Komm. AktG, § 92 Rn. 37.

[717] *Mertens*, in: Kölner Komm. AktG, § 92 Rn. 37.

[718] Vgl. Begr. RegE, BT-Drucks. 12/3803 S.81, 85; BGH NJW 1979, 1823, 1826; *Habersack*, in: Großkomm. AktG, § 92 Rn. 66; *Hefermehl/Spindler*, in: MüKo AktG, § 92 Rn. 31; *Fleischer*, in: Fleischer § 20 Rn. 34; *Geißler* NZG 2000, 719, 720; *Maser/Sommer* BB 1996, 65, 69; *Picot/Aleth* S. 1213 Rn. 149; *Schlitt* NZG 1998, 701, 707; *Wellensiek* NZI 2002, 233, 237; *Uhlenbruck* ZIP 1980, 73, 76 ff., der aber die Sanierungsfähigkeit bei der Feststellung der Insolvenzantragsgründe berücksichtigen will, um bei aussichtreichen Sanierungsbemühungen eine Insolvenz der Gesellschaft zu vermeiden.

[719] Vgl. Begr. RegE, BT-Drucks. 12/3803 S. 81, 85.

Auch etwaige Sonderregelungen für den Fall der Sanierung, wie etwa eine Verkürzung der Einberufungsfrist aus dem Treuegedanken, sind ebenfalls nach den insoweit abschließenden gesetzlichen Regelungen jedenfalls beim Bestehen einer geschriebenen Zuständigkeit nicht möglich.[720] Das aktienrechtliche Regelungskonzept lässt bei geschriebenen Zuständigkeiten kein Abweichen von den Vorschriften über die Einberufung und Durchführung einer Hauptversammlung zu. Dafür spricht auch, dass für die geschriebene Zuständigkeiten der Hauptversammlung § 23 Abs. 5 Satz 1 AktG, § 1 Abs. 3 UmwG klarstellen, dass die Bestimmungen des Aktien- und Umwandlungsrechts zwingenden Charakter haben und weder zu Disposition des Satzungsgebers stehen noch Aufweichungen durch Beschlüsse einer sich ad hoc bildenden Aktionärsmehrheit zugänglich sind.[721] Ein Abweichen ist somit noch nicht einmal durch entsprechende Satzungsänderung möglich. Das Aktiengesetz ist in dieser Hinsicht somit zwingend und abschließend.

Somit scheiden Sanierungsmaßnahmen, die einer geschriebenen Zuständigkeit der Hauptversammlung unterliegen, im Fall einer kurzfristigen Sanierung aus. Dies beschränkt den Handlungsspielraum des Vorstands bei der Abwendung der Krise der Gesellschaft erheblich.

II. Ungeschriebene Zuständigkeit der Hauptversammlung

Eine Beteiligung der Hauptversammlung kann sich zum anderen aber auch aus einer ungeschriebenen Zuständigkeit der Hauptversammlung ergeben. Aufgrund des mit verschiedenen Sanierungsmaßnahmen einhergehenden tiefen Eingriffs in die Mitgliedsrechte der Aktionäre bedürfen diese grundsätzlich einer Zustimmung der Hauptversammlung. Die Einberufung der Hauptversammlung richtet sich dabei nach den entsprechenden Normen für eine Hauptversammlung, die aufgrund einer geschriebenen Zuständigkeit erfolgt.[722] Es handelt sich bei der Beteiligung der Hauptversammlung um ein Instrument zum Schutz der Rechte der Aktionäre. Auch wenn der Anwendungsbereich der ungeschriebenen Zuständigkeiten durch die Gelatine-Entscheidungen erheblich eingeschränkt und auf Ausnahmesituationen beschränkt ist, sind wie oben dargelegt,[723] trotzdem noch Konstellationen denkbar, in denen bei einer Sanierungsmaßnahme eine entsprechende Zustimmungspflicht der Hauptversammlung besteht.

Auch bei der Beteiligung der Hauptversammlung an einer kurzfristigen Sanierungsmaßnahme aufgrund einer ungeschriebenen Zuständigkeit stellen sich die oben aufgezeigten Schwierigkeiten bezüglich der zeitlichen Durchführbarkeit. Da auch hier eine entsprechende Einberufungsfrist für eine Hauptversammlung besteht, können Sanierungsmaßnahmen, die einer ungeschriebenen Zuständigkeit der Hauptversammlung

---

[720] So auch v. *Schorlemer/Stupp* NZI 2003, 345, 354.
[721] Vgl. *Grunewald* AG 1990, 133, 134; *Lutter/Leinekugel* ZIP 1998, 805, 807; *Tröger* ZIP 2001, 2029, 2038.
[722] Vgl. *Ebenroth* 1987, S. 62.
[723] Vgl. zu der Zustimmungsbedürftigkeit der verschiedenen Sanierungsmaßnahmen § 11 S. 136 ff.

unterliegen, aufgrund eines fehlenden Hauptversammlungsbeschlusses grundsätzlich ebenfalls nicht durchgeführt werden. Dies würde den Handlungsspielraum des Vorstands in der Krise weiter einschränken und die Erfolgsaussichten der außergerichtlichen Sanierung weiter verringern.

Zwar besteht im Fall einer ungeschriebenen Zuständigkeit nach Ansicht des BGH und der Literatur auch die Möglichkeit, lediglich eine nachträgliche Zustimmung der Hauptversammlung herbeizuführen.[724] Eine solche nachträgliche Zustimmung steht jedoch nicht als Alternative neben einer vorherigen Beteiligung der Hauptversammlung. Eine Zustimmung heilt lediglich den Umstand, dass der Vorstand, etwa in Verkennung der Reichweite der ungeschriebenen Zuständigkeiten, es unterlassen hat, einen vorherigen Beschluss der Hauptversammlung zu erwirken.[725] Ein solcher nachträglicher Hauptversammlungsbeschluss ändert daher nichts daran, dass sich der Vorstand kompetenzwidrig verhalten hat, so dass etwaige Sanktionen gegen den Vorstand, wie Entlastungsverweigerung und insbesondere Schadenersatzansprüche, bestehen bleiben, jedoch wird jedenfalls etwaigen gegen die Maßnahme gerichteten Beseitigungsansprüchen der Aktionäre durch Einholung eines nachträglichen Hauptversammlungsbeschluss die Basis entzogen.[726] Zwar könnte es der Vorstand im Sanierungsfall grundsätzlich kompetenzwidrig unterlassen, die Hauptversammlung an der Maßnahme zu beteiligen und lediglich eine nachträgliche Zustimmung der Hauptversammlung anstreben. Gerade im Fall der Sanierung ist dies für den Vorstand aber mit unüberschaubaren Haftungsrisiken verbunden, wenn er trotz Wissen um die Zustimmungsbedürftigkeit der Maßnahme eine Vorlage unterlässt. Eine nachträgliche Zustimmung stellt somit unter diesen Voraussetzungen keine Alternative dar, im Sanierungsfall zeitnah eine zustimmungsbedürftige Strukturmaßnahme durchzuführen.[727]

Auch eine vorherige Beteiligung der Hauptversammlung nach den herkömmlichen Grundsätzen ist in den oben dargestellten Fällen, vor allem auch im Hinblick auf die Interessen der Aktionäre, eine unbefriedigende Lösung, obwohl diese eigentlich durch die Beteiligung geschützt werden sollen. Sinn und Zweck der Beteiligung der Hauptversammlung bei einer ungeschriebenen Zuständigkeit ist der Schutz vor Eingriffen in ihre Mitgliedsrechte.[728] Wenn sich die Gesellschaft in einer Krise befindet, kann die Durchführung einer bestimmten Sanierungsmaßnahme für das wirtschaftliche Überle-

---

[724] BGHZ 83, 122, 135 („Holzmüller"); BGH NZG 2004, 575, 579 („Gelatine I") vgl. zur Möglichkeit der Zustimmung auch *Binge/Thölke*, in: MAH AktR, § 25 Rn. 96; *Habersack*, in: Emmerich/Habersack Vor § 311 Rn. 51; *Liebscher*, in: Becksch. Hdb. AG, § 14 Rn. 68; *Marsch-Barner*, in: Marsch-Barner/Schäfer § 31 Rn. 37; *Schlitt*, in: Semler/Stengel, UmwG, Anh. § 173 Rn. 40; *Simon* DStR 2004, 1528.

[725] *Liebscher*, in: Becksch. Hdb. AG, § 14 Rn. 68.

[726] *Habersack*, in: Emmerich/Habersack Vor § 311 Rn. 51; *Liebscher*, in: Becksch. Hdb. AG, § 14 Rn. 68; vgl. generell zur Möglichkeit einer nachträglichen Zustimmung bei Kompetenzüberschreitungen des Vorstands *Bayer* NJW 2000, 2609, 1612.

[727] Vgl. zu einer nachträglichen Befassung der Hauptversammlung mit der angestrebten Maßnahme, die auf die Interessen der Beteiligten im Sanierungsfall zugeschnitten ist unten § 11 II. 4. 160 f.

[728] § 5 III. 1. a. cc. bbb. S. 43 ff.

ben der Gesellschaft existentiell sein. Wenn die entsprechende Sanierungsmaßnahme aber aufgrund der Notwendigkeit der Beteiligung der Hauptversammlung durch einen vorhergehenden Beschluss unterbleibt, führt dies in den meisten Fällen zur Insolvenz der Gesellschaft. Dieses Ergebnis widerspricht aber gerade den Interessen der Aktionäre. Durch das Erfordernis eines vorherigen Beschlusses der Hauptversammlung wird der Adressat dieses Instruments im Fall der Sanierung nicht geschützt, vielmehr führt die Notwendigkeit zur Durchführung einer Hauptversammlung zu einer Beeinträchtigung der Interessen der Aktionäre. Diese ergibt sich unter zwei Gesichtspunkten.

Da zum einen die Hauptversammlung aus zeitlichen Gründen nicht durchgeführt werden kann, haben die Aktionäre weder die Möglichkeit sich zu irgendeinem Zeitpunkt über die geplanten Maßnahmen zu informieren, noch können sie aktiv über die Durchführung der Sanierungsmaßnahme entscheiden. Zum anderen erhöht die Notwendigkeit der Durchführung einer Hauptversammlung die Wahrscheinlichkeit einer Insolvenz der Gesellschaft, die aber für die Interessen der Aktionäre eine stärkere Beeinträchtigung darstellt, als die Nichtdurchführung einer Hauptversammlung.

Die allgemeinen Grundsätze über die Beteiligung der Hauptversammlung aufgrund einer ungeschriebenen Zuständigkeit stellen für die Sondersituation der Sanierung keine sachgerechte Lösung dar, die den Interessen der Aktionäre und der Gesellschaft entspricht. Vielmehr sind Lösungsmöglichkeiten aufzuzeigen, die die Interessen der Aktionäre wahren, jedoch den Fortbestand der Gesellschaft nicht zusätzlich gefährden. Dabei ist die oben dargelegte Wertung des Aktiengesetzes hinsichtlich der Rechte der Aktionäre in Sanierungsfällen zu beachten.[729] In den dort dargestellten Konstellationen müssen die Rechte der Aktionäre zugunsten der Sanierung der Gesellschaft anerkanntermaßen zurückstehen, damit der Fortbestand der Gesellschaft gesichert wird.[730]

Eine Abweichung von den allgemeinen Grundsätzen der Beteiligung der Hauptversammlung im Fall von ungeschriebenen Zuständigkeiten steht auch nicht im Widerspruch zur dogmatischen Grundlage der ungeschriebenen Zuständigkeiten. Die dogmatische Grundlage der ungeschriebenen Zuständigkeiten ist, wie oben dargelegt,[731] in einer Analogie zu verschiedenen aktienrechtlichen und umwandlungsrechtlichen Vorschriften zu sehen. Bei diesen Vorschriften ist ein Abweichen von zwingenden Vorschriften bezüglich der Durchführung der Hauptversammlung nach dem oben Gesagten aber gerade nicht möglich.[732] Dies könnte dafür sprechen, dass auch im Fall einer ungeschriebenen Zuständigkeit der Hauptversammlung ein Abweichen von den Grundsätzen über die Durchführung der Hauptversammlung nicht möglich sein kann. Die dogmatische Grundlage bildet jedoch zunächst einmal nur den Anknüpfungspunkt der ungeschriebenen Zuständigkeiten im aktienrechtlichen Regelungssystem. Dies hat zwar zur Folge, dass Regelungen, die zwingend für geschriebene Zuständigkeiten gelten, als Regelungsgerüst grundsätzlich auch für ungeschriebene Zuständigkeiten heranzuziehen sind. Dies gilt aber in den Fällen nicht, in denen, wie oben dargelegt, die

[729] § 8 IV. S. 84 f.
[730] *Görg*, FS Greiner, 2005, S. 51, 54.
[731] § 5 III. 1. b. cc. S. 53 ff.
[732] § 11 I S. 136.

zwingenden Vorschriften keine überzeugende Lösung des Interessenkonflikts darstellen. Wie schon oben im Bezug auf die Außenwirkung eines Verstoßes gegen die ungeschriebene Zuständigkeit erörtert,[733] trägt nämlich eine Analogie nur soweit, wie eine vergleichbare Interessenslage besteht. In den Fällen einer ungeschriebenen Zuständigkeit ist ein Abweichen von den geschriebenen Zuständigkeiten möglich, denn es handelt sich dabei im Ergebnis um ein eigenes Instrument zum Schutz der Mitgliedsrechte der Aktionäre in speziellen Fallkonstellationen. Wenn dieser Schutz der Aktionäre nicht durch die Vorschriften des Aktiengesetzes gewährleistet wird, ist ein Abweichen von diesen Vorschriften geboten.

Im Folgenden werden nun verschiedene Lösungsansätze für das dargestellte Problem aufgezeigt.

1. Befreiung von der Pflicht zur Beteiligung der Hauptversammlung

Ein denkbarer Lösungsansatz ist den Vorstand von der Pflicht zur Beteiligung der Hauptversammlung insgesamt zu befreien, wenn die in Betracht kommende Maßnahme zur Sanierung der Gesellschaft durchgeführt wird.[734] Danach bestünde zugunsten des Vorstands eine Art „übergesetzlicher Notstand“, dass in Krisensituation Maßnahmen auch ohne die Beteiligung der Hauptversammlung durchgeführt werden könnten, obwohl sie eigentlich der Zuständigkeit der Hauptversammlung unterliegen.

a. Praktische Vorteile

Für einen ersatzlosen Verzicht auf eine Beteiligung der Hauptversammlung sprechen zunächst praktische Gesichtspunkte. Die Durchführung einer Hauptversammlung führt zu einer erheblichen zeitlichen Verzögerung der Sanierungsmaßnahme. Dies kann dazu führen, dass kurzfristige Möglichkeiten, beispielsweise Transaktionsoptionen, nicht realisiert werden können, da ein solches Geschäft nur in einem kurzen Zeitfenster durchführbar sein kann.

Weiterhin ist das Erreichen eines zustimmenden Hauptversammlungsbeschlusses bei einer entsprechend breit gestreuten Beteiligungsstruktur und aufgrund des Erfordernisses eines Beschlusses mit einer Mehrheit von drei Vierteln des vertretenen Kapitals nur bedingt plan- bzw. vorhersehbar. Dies bedeutet, dass die Geschäftsführung ihr gesamtes Handeln immer unter den Vorbehalt eines zustimmenden Hauptversammlungsbeschlusses stellen muss. Dies kann für die Gesellschaft, und damit auch für die Aktionäre, wirtschaftliche Nachteile mit sich bringen. Wenn beispielsweise zur Sanierung der Gesellschaft nur die Veräußerung der mit Abstand wichtigsten Tochtergesellschaft in Betracht kommt, lässt sich der potentielle Käufer die Gefahr eines mögli-

---

[733] § 5 III 1. b. cc. bbb. S. 54.

[734] Vgl. *Ebenroth* 1987 S. 62, der sich dafür ausspricht, dass soweit es für die Sanierung notwendig ist, die Grundsätze der ungeschriebenen Zuständigkeiten der Hauptversammlung außer Acht gelassen werden können; wohl aber nur in Fällen, in denen eine Einberufung der Hauptversammlung aufgrund § 92 Abs. 2 AktG nicht mehr möglich ist.

cherweise ablehnenden Beschlusses der Hauptversammlung absichern. Denn auch der Käufer unterliegt Zusagen, wie zum Beispiel gegenüber seiner finanzierenden Bank, die im Fall des Scheiterns der Veräußerung rückabgewickelt werden müssen. Diese Absicherung kann zum einen durch eine entsprechende Absenkung des Kaufpreises geschehen, es ist aber auch denkbar, dass der potentielle Käufer aufgrund dieser Unsicherheit von dem Geschäft Abstand nimmt.

Eine weitere Gefahr, die bei der Durchführung einer Hauptversammlung besteht, ist das Risiko von Anfechtungsklagen gegen den Hauptversammlungsbeschluss.[735] Die Anfechtung eines einzelnen Aktionärs kann zu einer jahrelangen Unsicherheit führen. Somit kann ein Beschluss der Hauptversammlung letztendlich zu mehr Verwirrung als Sicherheit führen.

Darüber hinaus würde die Einberufung einer außerordentlichen Hauptversammlung in einer Krisensituation für potentielle Investoren, Kreditgeber und die Öffentlichkeit ein nach außen publiziertes Zeichen darstellen, dass sich die Gesellschaft in der Krise befindet.[736] Es besteht dann die Gefahr, dass Banken von ihrem Recht auf vorzeitige Kündigung Gebrauch machen oder dass Zulieferer nur noch nach Bezahlung offener Rechnungen oder gegen Vorkasse liefern und so die weitere Produktion gefährden. Dies kann dazu führen, dass es für die Gesellschaft in Zukunft teurer wird, Fremdkapital zu erlangen. Darüber hinaus können bestehende Zinsverpflichtungen an die neue Risikolage angepasst werden und somit steigen. Auch kann eine für das Gelingen der Sanierung notwendige Geheimhaltung nicht mehr gewährleistet werden. Welche existenzgefährdenden Auswirkungen Informationen über eine Krise der Gesellschaft haben können, verdeutlicht letztendlich auch der Fall Breuer./.Kirch.[737]

b. Rechtliche Auswirkungen

Neben diesen praktischen Gesichtspunkten bietet dieser Lösungsansatz auch rechtliche Vorteile. Seit der Holzmüller-Entscheidung des BGH ist anerkannt, dass der Aktionär rechtswidrige Eingriffe der Verwaltung in seine mitgliedschaftliche Rechtsstellung mit der Unterlassungs- und Beseitigungsklage bekämpfen kann.[738] Der Aktionär hat danach einen verbandsrechtlichen Anspruch darauf, dass die Gesellschaft seine Mitgliedsrechte achtet und alles unterlässt, was den Aktionär über das durch Gesetz und

[735] Vgl. *Görg* FS Greiner, 2005, S. 51, 54.

[736] Vgl. dazu die Ausführungen des BGH in BGHZ 75, 96, 107 ff.; *Ebenroth* 1987, S. 62.

[737] Etwa ein Monat nach den Äußerungen von Zweifeln an der Kreditwürdigkeit des Kirch-Konzerns durch den damaligen Vorstandssprecher der Deutschen Bank Rolf Breuer meldete KirchMedia Insolvenz an, da die Kirch-Gruppe nach den Äußerungen nicht mehr in der Lage war, zu den vorher existierenden Bedingungen weiteres Kapital aufzunehmen oder bestehende Kredite zu verlängern; vgl. dazu BGHZ 166, 84.

[738] BGHZ 83, 122, 125 ff; 133 ff. („Holzmüller"); im Gegensatz zu den oben dargelegten Voraussetzungen für die Annahme von ungeschriebenen Zuständigkeiten der Hauptversammlung ist die individuelle Klagebefugnis des Aktionärs bei unterstellter Kompetenzüberschreitung der Verwaltung in der Literatur weit überwiegend auf Zustimmung gestoßen, vgl. nur *Bayer* NJW 2000, 2609; *Habersack*, in: Emmerich/Habersack Vor § 311 Rn. 54; *Großfeld/Bondics* JZ 1982, 589, 590 f.; *Kubis*, in: MüKo AktG, § 119 Rn. 98; *Liebscher*, in: Becksch. Hdb. AG, § 14 Rn. 67 *ders*. ZGR 2005, 1, 11; kritisch *Mertens* AG 1990, 49.

Satzung gedeckte Maß hinaus beeinträchtigt.[739] Ein solcher Kompetenzverstoß liegt vor, wenn der Vorstand die Hauptversammlung und damit auch die einzelnen Aktionäre bei einer Entscheidung von der nach der Sachlage gebotenen Mitwirkung ausschließt.[740] Der Unterlassungsanspruch kann dabei grundsätzlich auch im Wege der einstweiligen Verfügung durchgesetzt werden.[741] Ist die Maßnahme erfolgt und ist die Rückabwicklung wegen der Einbeziehung schutzwürdiger Interessen Dritter in die vollzogene Maßnahme nicht möglich, ist die Feststellungsklage statthaft.[742]

Obwohl die Aktionäre im Rahmen ihrer Treuepflicht verpflichtet sind, alles zu unterlassen, was dem Gesellschaftsinteresse widerspricht, besteht grundsätzlich die Gefahr, dass wenn ein Aktionär eine vorbeugende Unterlassungsklage erhebt, die notwendige Sanierungsmaßnahme, auch wenn sie auch weit überwiegenden Interesse der Aktionäre liegt, unterbleiben muss. Wenn der Vorstand nun im Fall der Sanierung von der Verpflichtung zur Vorlage befreit wird, stellt die Nichtvorlage kein Verstoß gegen das Mitwirkungsrecht der Aktionäre dar und kann so keine Unterlassungsklage begründen.

Dasselbe gilt für die nachträgliche Beseitigungsklage. Jeder Aktionär ist berechtigt gerichtlich geltend zu machen, dass eine Maßnahme nachträglich beseitigt wird, die unter Missachtung der Kompetenzordnung zustande gekommen ist.[743] Auch diese Klagemöglichkeit des Aktionärs ist ausgeschlossen, wenn der Vorstand nicht zur präventiven Vorlage verpflichtet wäre. Der Ausschluss der Unterlassungs- bzw. Beseitigungsklage würde die Rechtssicherheit des Vorstands in Sanierungssituationen deutlich verbessern. Zudem bestehen bei einer erfolgreichen Klage auf Beseitigung große Rückabwicklungsschwierigkeiten.[744] Diese würden sich im Fall der Sanierung noch potenzieren.

Darüber hinaus schließt die Befreiung des Vorstands von der Verpflichtung zur präventiven Beteiligung der Hauptversammlung auch etwaige Schadenersatzansprüche gegen den Vorstand wegen eines Verstoßes gegen die Kompetenzverteilung aus. Wenn dieser im Rahmen seines Pflichtenkreis verpflichtet wäre, die Hauptversammlung im Sanierungsfall zu beteiligen, würde ein Verstoß gegen die Pflicht zu einer Haftung gemäß § 93 Abs. 2 AktG führen. Dies wäre jedenfalls in den Fällen unbillig, in denen der Vorstand nachweislich zum Wohl der Gesellschaft gehandelt hat. Wenn der Vorstand aus Sanierungsgründen nicht zur Vorlage einer an sich zustimmungsbedürftigen Sanierungsmaßnahme verpflichtet ist führt dies somit zugleich auch zum Ausschluss einer daraus resultierenden Haftung des Vorstands.

[739] BGHZ 83, 122, 133 („Holzmüller"); vgl. zur verbandsrechtlichen Aktionärsklage ausführlich aus dem jüngsten Schrifttum *Bayer* NJW 2000, 2609; *Adolff* ZHR 169 (2005), 310.

[740] BGHZ 83, 122, 133 („Holzmüller"); vgl. auch *Adolff* ZHR 169 (2005), 310, 315.

[741] LG Duisburg NZG 2002, 643 f.; *Liebscher*, in: Becksch. Hdb. AG,§ 14 Rn. 67; *Schlitt/Seiler* ZHR 166 (2002), 544, 576; a. A. LG Mainz WM 1977, 904 ff.; *Littbarski* 1996, S. 155.

[742] *Kubis*, in: MüKo AktG, § 119 Rn. 98.

[743] Grundlegend zur Aktionärsklage *Keuk-Knobbe* FS Ballerstedt 1975, S. 239, 246 ff.; vgl. auch *Bayer* NJW 2000, 2609, 2610 f.

[744] Vgl. *Schlitt*, in: Semler/Stengel, UmwG, Anh. § 173 Rn.88 f.

2. Nachträgliche Beteiligung der Hauptversammlung

Als eine weitere Lösungsalternative kommt eine nachträgliche Beteiligung der Hauptversammlung an der Sanierungsmaßnahme in Betracht. Der Vorstand ist danach im Sanierungsfall anstatt zur vorherigen Beteiligung der Hauptversammlung dazu verpflichtet, nach Durchführung der Sanierungsmaßnahme auf der nächsten Hauptversammlung über Einzelheiten seines Vorgehens zu berichten und den Aktionären Rede und Antwort zu stehen. Wenn Anzeichen für etwaiges Fehlverhalten des Vorstands bestehen, haben die Aktionäre die Möglichkeit gemäß § 147 Abs. 1 Satz 1 AktG einen Beschluss zu fassen, dass etwaige Schadenersatzansprüche der Gesellschaft gegen die Mitglieder des Vorstands geltend gemacht werden. Wenn dies unterbleibt, können die Aktionäre unter den Voraussetzungen des § 148 Abs. 1 AktG selbst etwaige Schadenersatzansprüche geltend machen. Die Überprüfungsmöglichkeit beschränkt sich jedoch allein auf das Verhalten des Vorstands bei der Auswahl und Durchführung der Sanierungsmaßnahmen. Die Befreiung von der Verpflichtung zur präventiven Beteiligung schließt etwaige Schadensersatzansprüche wegen Verletzung der Pflicht zur Beteiligung der Hauptversammlung gegen den Vorstand, wie oben dargelegt, aus.[745] Darüber hinaus verhindert sie die Möglichkeit einer Unterlassungsklage bzw. Beseitigungsklage gegen die geplante bzw. schon durchgeführte Sanierungsmaßnahme, da der Vorstand insoweit nicht gegen die Kompetenzverteilung verstößt.

Diese Lösungsalternative bietet für die verschiedenen Interessengruppen Vorteile. Der Vorstand kann die in Betracht kommende Sanierungsmaßnahme ohne einen entsprechenden Beschluss der Hauptversammlung und die damit verbundenen oben dargelegten praktischen Probleme durchführen.[746] Dies erleichtert die Durchführung des Sanierungskonzepts und erhöht gleichzeitig die Wahrscheinlichkeit, dass der Fortbestand der Gesellschaft durch die erfolgreiche Sanierung gesichert wird. Dies entspricht auch dem Interesse der Aktionäre. Die Möglichkeit zur Durchführung zeitnaher Sanierungsmaßnahmen ohne die Beteiligung der Hauptversammlung, soll jedoch keineswegs mit der Schaffung eines kontrollfreien Raums einhergehen. Vielmehr müssen die Aktionärsrechte gewahrt bleiben und das Handeln des Vorstands der Kontrolle durch die Aktionäre unterliegen. Die Rechte der Aktionäre werden bei diesem Ansatz dadurch gewahrt, dass sie nachträglich über das Handeln des Vorstands im Sanierungsfall entscheiden können. Die umfassende Information über die durchgeführte Sanierungsmaßnahme ermöglicht, dass etwaiges Fehlverhalten der Organmitglieder erkannt und aufgeklärt werden kann. Wenn entsprechende Anzeichen für ein solches Fehlverhalten erkennbar sind, haben die Aktionäre dann die Möglichkeit im Wege der Geltendmachung einer Schadenersatzklage, das Verhalten der Vorstandsmitglieder gerichtlich überprüfen zu lassen.

Durch diesen Ansatz besteht die Möglichkeit, dass der Vorstand die notwendigen Sanierungsmaßnahmen zeitnah durchführen kann und dass die Interessen der Aktionäre,

[745] § 11 II. 1. b. S. 142 f.

[746] Vgl. zu den praktischen Problemen § 11 II. 1. a. S. 141 f.

die durch die Durchführung der Sanierungsmaßnahme Eingriffe in ihre Mitgliedsrechte erdulden mussten, nachträglich gewahrt werden.

a. Befreiung von der Verpflichtung zur vorherigen Beteiligung

Wie bereits oben dargelegt hat die Befreiung des Vorstands von der Verpflichtung zur präventiven Beteiligung der Hauptversammlung verschiedene Vorteile, die es dem Vorstand ermöglichen, die angestrebte Sanierung der Gesellschaft erfolgreich durchzuführen.[747] Neben der offensichtlichen Lösung des praktischen Problems der zeitlichen Durchführbarkeit der präventiven Beteiligung, ergeben sich die Vorteile sowohl unter praktischen als auch rechtlich Gesichtspunkten. Insbesondere der Ausschluss etwaiger Unterlassungs- bzw. Beseitigungsklagen sowie Schadenersatzklagen gegen Mitglieder des Vorstands, wegen Nichtvorlage des Sanierungskonzepts oder einzelner Sanierungsmaßnahmen verschafft dem Vorstand die Möglichkeit, den Sanierungsplan sicher und zeitnah umzusetzen.

b. Verplichtung zur nachträgliche Vorlage der Maßnahme an die Hauptversammlung?

Neben der Informations- und Auskunftspflicht könnte der Vorstand zusätzlich verpflichtet werden, die durchgeführte Sanierungsmaßnahme der Hauptversammlung nachträglich zur Zustimmung vorzulegen.

aa. Ausschluss von Schadersatzansprüchen?

Denkbar wäre es, dass eine nachträgliche Zustimmung der Hauptversammlung etwaige Schadenersatzansprüche ausschließt. Die haftungsbegründende Pflichtverletzung für einen solchen Schadenersatzanspruch ist nicht die fehlende präventive Beteiligung, die wie oben dargelegt nicht geschuldet wird,[748] sondern knüpft an ein Fehlverhalten des Vorstands in Bezug auf die Auswahl und Durchführung der geeigneten Sanierungsmaßnahme an.

Wie oben dargelegt, besteht nach Meinung des BGH und der Literatur bei allen Maßnahmen, die der Zustimmung der Hauptversammlung aufgrund einer ungeschriebenen Zuständigkeit unterliegen, die Möglichkeit, eine nachträgliche Zustimmung zu erlangen.[749] Die nachträgliche Zustimmung führt jedoch nicht zur Heilung des Verstoßes des Vorstands gegen die Kompetenzordnung, sondern lediglich dazu, dass etwaigen Beseitigungsansprüchen der Aktionäre die Basis entzogen wird.[750]

Wie bereits dargelegt, verstößt der Vorstand im Sanierungsfall durch die Befreiung von der Vorlagepflicht nicht gegen die Kompetenzordnung, wenn er die Sanierungsmaßnahme ohne die präventive Beteiligung der Hauptversammlung durchführt. Es ist

---

747 § 11 II 1. a. S. 141 f.

748 § 11 II. 1 b. S. 142 f.

749 § 11 II S. 138 f.

750 Vgl. *Liebscher*, in: Becksch. Hdb. AG, § 14 Rn. 68; *Habersack*, in: Emmerich/Habersack Vor § 311 Rn. 51.

daher weder das Ziel der nachträgliche Zustimmung des Hauptversammlung, noch wäre sie dafür notwendig, die Heilung des Kompetenzverstoßes zu bewirken. Auch der ursprüngliche Anwendungsbereich der nachträglichen Zustimmung ist durch die Befreiung von der präventiven Vorlagepflicht hinfällig geworden. Nachträgliche Beseitigungsklagen haben aufgrund des fehlenden Verstoßes gegen die Kompetenzordnung der Aktiengesellschaft keine Aussicht auf Erfolg.

Die Möglichkeit des Ausschlusses etwaiger Schadenersatzansprüche durch eine nachträgliche Zustimmung könnte aber aufgrund von § 93 Abs. 4 Satz 1 AktG scheitern. Danach tritt eine Ersatzpflicht des Vorstands nicht ein, wenn die Handlung auf einem gesetzmäßigen Beschluss der Hauptversammlung beruht. Wenn eine qualifizierte Mehrheit das Handeln des Vorstands im Sanierungsfall als rechtmäßig ansieht und daher nachträglich deckt, könnte es auf Bedenken stoßen, wenn einzelne Aktionäre dasselbe Verhalten des Vorstands zum Gegenstand eines Schadenersatzanspruchs machen könnten. Gemäß § 93 Abs. 4 Satz 1 AktG muss die Maßnahme auf dem Beschluss der Hauptversammlung beruhen. Daraus folgt nach allgemeiner Meinung, dass der Beschluss dem Vorstandshandeln vorausgehen muss.[751] Eine nachträgliche Billigung reicht dagegen nicht aus. Die Hauptversammlung kann jedoch gemäß § 93 Abs. 4 Satz 3 AktG auf die Geltendmachung von Schadenersatzansprüchen verzichten. Dies kann jedoch frühestens drei Jahre nach dem Entstehen des Anspruchs geschehen. Somit ist auch ein Verzicht auf etwaige Schadenersatzansprüche in der auf die Sanierung folgenden Hauptversammlung regelmäßig nicht möglich.

Eine nachträgliche Zustimmung der Hauptversammlung kann daher einem entsprechenden Schadenersatzanspruch gegen den Vorstand nicht die Basis entziehen. Dies folgt aus dem insofern eindeutigen Wortlaut des § 93 Abs. 4 Satz 1 AktG.

bb. Teilentlastung des Vorstands?

Eine nachträgliche Zustimmung der Hauptversammlung könnte jedoch zumindest eine Teilentlastung des Vorstands für die durchgeführte Sanierungsmaßnahme bewirken. Die Bedeutung und das Wesen der Entlastung ergibt sich aus § 120 Abs. 2 Satz 2 AktG.[752] Durch die Entlastung billigt die Hauptversammlung danach die Verwaltung der Gesellschaft durch die Mitglieder des Vorstands und des Aufsichtsrats. Die Entlastung des Vorstands bzw. die Verweigerung der Entlastung hat vor allem psychologische Bedeutung.[753] Rechtlich kommt der Entlastung dagegen nur eine relativ geringe Bedeutung zu. Eine verweigerte Entlastung des Vorstands bedeutet nämlich lediglich ein Misstrauensvotum, das keinerlei automatische Rechtsfolgen nach sich zieht.[754] Ein

[751] Allgemeine Meinung vgl. nur *Hefermehl/Spindler*, in: MüKo AktG, § 93 Rn. 117; *Hüffer* AktG, § 93 Rn. 25; *Hopt*, in: Großkomm. AktG, § 93 Rn. 314; *Mertens*, in: Kölner Komm. AktG, § 93 Rn. 115.

[752] Zur Rechtsnatur und zum Inhalt der Entlastung ausführlich aus dem jüngsten Schrifttum vgl. *Weitemeyer* ZGR 2005, 280, 284 ff.

[753] *Kubis*, in: MüKo AktG, § 120 Rn. 2.

[754] *Hüffer* AktG, § 120 Rn. 16; *Kubis*, in: MüKo AktG, § 120 Rn. 33.

Verzicht auf Rückgriffsansprüche seitens der Gesellschaft ist mit der Entlastung gemäß § 120 Abs. 2 Satz 2 AktG nicht verbunden. Auch bewirkt sie keine Umkehrung der Beweislast bei der Geltendmachung von Ersatzansprüchen nach § 93 AktG.[755]

Voraussetzung dafür, dass eine nachträgliche Zustimmung zumindest die psychologische Wirkung einer Entlastung entfaltet, ist, dass eine Teilentlastung des Vorstands überhaupt zulässig ist. In der Rechtsprechung wird vereinzelt vertreten, dass die Hauptversammlung dem Vorstand in Einzelangelegenheiten entsprechend § 120 AktG die Entlastung erteilen kann.[756] Nach der ganz herrschenden Meinung in der Literatur und Rechtsprechung ist eine Entlastung für Einzelmaßnahmen dagegen unzulässig.[757] Zwar könnte ein Erst-Recht-Schluss von der unbeschränkten Entscheidungsfreiheit der Hauptversammlung bei der Entlastung auf die Möglichkeit zur Entlastung für Einzelmaßnahmen für eine Befugnis zur Einzelentlastung sprechen. Dem widerspricht jedoch der Charakter der Entlastung als eine Gesamtbeurteilung der Tätigkeit des Vorstands in der abgelaufenen Berichtsperiode. Eine nachträgliche Zustimmung der Hauptversammlung bewirkt somit auch keine Teilentlastung des Vorstands.

cc. Zwischenergebnis

Da eine nachträgliche Zustimmung somit keine weiteren Rechtfolgen auslöst, ist eine über die Informations- und Auskunftspflicht hinausgehende nachträgliche Beteiligung der Hauptversammlung im Sanierungsfall nicht erforderlich.

c. Überprüfbarkeit des Vorstandshandelns

Auch wenn für den Vorstand, wie oben dargelegt,[758] keine Verpflichtung besteht, die Hauptversammlung im Sanierungsfall präventiv zu beteiligen, schafft dies keinen Raum für ein willkürliches Handeln des Vorstands. Durch die umfassende Aufklärung der Aktionäre über die durchgeführte Sanierungsmaßnahmen und ihre Hintergründe erhalten die Aktionäre ausreichende Informationen, um darüber entscheiden zu können, ob das Vorstandshandeln möglicherweise fehlerhaft war und etwaige Schadenersatzansprüche bestehen könnten. Sie haben dann gemäß § 147 Abs. 1 Satz 1 AktG zunächst die Möglichkeit, Beschluss darüber zu fassen, dass die Gesellschaft Ersatzansprüche gegen die Mitglieder des Vorstands geltend zu machen hat.

Zwar gehört die Geltendmachung etwaiger Ersatzansprüche bereits unabhängig von einem Hauptversammlungsbeschluss zu den Aufgaben des Vorstands und Aufsichtsrats (vgl. §§ 78, 112 AktG). Danach hat das jeweils zuständige Organ eigenverantwortlich das Bestehen von Schadenersatzansprüchen der Gesellschaft gegenüber ande-

---

[755] OLG Düsseldorf AG 1996, 273, 274.

[756] OLG Stuttgart AG 1995, 233, 234.

[757] OLG Düsseldorf AG 1996, 273, 274 f.; *Hüffer* AktG, § 120 Rn. 12 a.E.; *Kubis*, in: MüKo AktG, § 120 Rn. 21; *Mülbert*, in: Großkomm. AktG, § 119 Rn. 42; § 120 Rn. 89; *Sethe* ZIP 1996, 1321, 1325; *Zoellner*, in: Kölner Komm. AktG, § 120 Rn. 37; vgl. auch BGHZ 146, 288, 293 („Altana/Milupa").

[758] § 11 II. 2. a. S. 145.

ren Organmitgliedern aus ihrer organschaftlichen Tätigkeit zu prüfen.[759] Die Durchsetzung etwaiger Schadenersatzansprüche ist aber ohne einen entsprechenden Beschluss der Hauptversammlung vielfach gefährdet, weil für die Verwaltungsorgane die Gefahr besteht, das Gesellschaftsinteresse hinter das eigene Interesse zurücktreten zu lassen.[760] Denn es kann typischerweise nicht erwartet werden, dass derjenige Ansprüche verfolgt, der selbst ersatzpflichtig sein kann bzw. mit dem Ersatzpflichtigen kollegial verbunden ist.[761] Gerade in der Krisensituation wird regelmäßig der Aufsichtsrat in die Sanierungsplanung von Anfang an involviert sein, so dass die durchgeführten Entscheidungen und Maßnahmen häufig auf einem allgemeinen Konsens beruhen.
Ansatzpunkt für entsprechende Schadenersatzansprüche ist, ob der Vorstand in der Krisensituation im Gesellschaftsinteresse alle möglichen Sanierungsmaßnahmen überprüft hat und diejenige ausgewählt und durchgeführt hat, die im Gesellschaftsinteresse am erfolgversprechendsten gewesen ist. Entscheidender Zeitpunkt für die Bewertung der Sanierungsmaßnahme ist natürlich der Zeitpunkt, in dem der Vorstand die jeweilige Maßnahme durchgeführt hat.[762] Der nachträgliche Erfolg bzw. Misserfolg der Sanierungsmaßnahme ist nicht in die Bewertung des Vorstandshandeln mit einzubeziehen. Wenn die Sanierung aufgrund des Vorstandshandelns erfolgreich gewesen ist, ist die Wahrscheinlichkeit einer entsprechenden Klage praktisch sehr gering. Lediglich in den Fällen, in denen augenscheinlich Alternativmaßnahmen ersichtlich waren, die eine erfolgreiche Sanierung mit einem geringeren Eingriff in die Mitgliedsrechte der Aktionäre bewirkt hätten, könnte ein entsprechendes Fehlverhalten des Vorstands festgestellt werden.

Die Schadenersatzansprüche der Gesellschaft gegen die Vorstandsmitglieder richten sich nach § 93 Abs. 2 Satz 1 AktG. Danach sind Vorstandsmitglieder, die ihre Pflichten verletzen, der Gesellschaft zum Ersatz des Schadens daraus entstehenden Schadens verpflichtet. Bei der Geltendmachung von Schadenersatzansprüchen ist insbesondere die in § 93 Abs. 1 Satz 2 AktG kodifizierte „Business Judgement Rule" zu beachten.[763] Danach liegt eine Pflichtverletzung nicht vor, wenn das Vorstandsmitglied bei einer unternehmerischen Entscheidung vernünftigerweise annehmen durfte, auf der Grundlage angemessener Information zum Wohle der Gesellschaft zu handeln. Die Regelung knüpft an eine entsprechende Rechtsprechung des BGH an, wonach eine Schadenersatzpflicht des Vorstands erst in Betracht kommen kann, wenn die Grenzen, in denen sich ein von Verantwortungsbewusstsein getragenes, ausschließlich am Unternehmenswohl orientiertes, auf sorgfältiger Ermittlung der Entscheidungsgrundlage beruhendes unternehmerisches Handeln bewegen muss, deutlich überschritten sind.[764] Die

[759] *Schroer*, in: MüKo AktG, § 147 Rn. 27.
[760] *Hüffer* AktG, § 147 Rn. 1.
[761] *Hüffer* AktG, § 147 Rn. 1.
[762] Vgl. zu der Problematik von Prognosen im Gesellschaftsrecht aus dem jüngsten Schrifttum *Spindler* AG 2006, 677.
[763] Vgl. ausführlich zur „Business Judgement Rule" *Hopt/Roth*, in: Großkomm. AktG, § 116 Rn. 72 ff.; *Hüffer* AktG, § 93 Rn. 4a ff.; *Schäfer* ZIP 2005, 1253 ff.; *Spindler* AG 2006, 677, 680; kritisch *Ulmer* DB 2004, 859 ff.
[764] BGHZ 135, 244, 253 f. („ARAG/Garmbeck").

Ausführungen des BGH basieren auf der bis dato allgemeinen Ansicht in der Literatur, wonach eine Haftung des Vorstands bei Fehlschlägen oder unglücklicher Unternehmensführung nicht in Betracht kommen kann.[765] Die gesetzliche Regelung enthält und bezweckt zugleich den Ausgleich für die Verschärfung des Verfolgungsrechts der Aktionäre.[766] Wenn sich der Vorstand somit in der Krisensituation angemessen über die verschiedenen Sanierungsalternativen informiert hat und auf dieser Basis seine Entscheidung trifft, die nicht von gesellschaftsfremden Motiven geleitet wird, scheidet ein Schadenersatzanspruch der Gesellschaft regelmäßig aus.

Wenn die Aufsichtsrat es trotz entsprechendem Beschluss gemäß § 147 Abs. 1 Satz 1 AktG unterlässt, etwaige Schadenersatzansprüche gegen die Gesellschaft durchzusetzen, besteht gemäß § 148 Abs. 1 AktG für Aktionäre, deren Anteile im Zeitpunkt der Antragstellung zusammen 1% oder einen anteiligen Betrag von 100.000 Euro des Grundkapitals erreichen, die Möglichkeit im eigenen Namen die in § 147 Abs. 1 Satz 1 AktG bezeichneten Ansprüche geltend zu machen. Voraussetzung dafür ist, dass die Aktionärsklage vom Gericht zugelassen wird. Dazu müssen die Voraussetzungen des § 148 Abs. 1 Satz 2 AktG erfüllt sein.[767] Entscheidend in diesem Zusammenhang ist, dass eine entsprechende Klage gemäß § 148 Abs. 1 Satz 2 Nr. 3 AktG nur zugelassen wird, wenn Tatsachen vorliegen, die einen Verdacht rechtfertigen, dass der Gesellschaft durch Unredlichkeit oder grobe Verletzung des Gesetzes oder der Satzung ein Schaden entstanden ist. Die Haftungsklage ist danach nur auf Ausnahmefälle begrenzt, in denen Anzeichen für besonders grobe Pflichtverletzungen durch den Vorstand vorliegen.[768] Im Sanierungsfall kommt demnach eine Geltendmachung von Schadenersatzansprüchen durch die Aktionäre nur dann in Betracht, wenn Hinweise auf grobe Verstöße des Vorstands vorliegen.

d. Parallele zur „Mangusta/Commerzbank"-Rechtsprechung des BGH?

Eine Parallele findet der Lösungsansatz über eine nachträgliche Beteiligung der Hauptversammlung in der jüngsten Rechtsprechung des BGH zum Schutz der Aktionärsinteressen bei der Ausnutzung des genehmigten Kapitals der Gesellschaft unter Ausschluss des Bezugsrechts der Aktionäre.[769] In den sogenannten „Mangusta/Commerzbank"-Entscheidungen hat der BGH entschieden, dass der Rechtsschutz der Akti-

---

[765] Vgl. *Heermann* ZIP 1998, 761; *Hefermehl*, in: Geßler/Hefermehl/Eckhardt/Kropff, AktG, § 93 Rn. 10; *Hopt*, in: FS Mestmäcker, 1996, S. 909, 919; *Horn* ZIP 1997, 1129; ausführlich dazu *Roth* 2001, § 3 S. 74 ff.

[766] RegBegr. BR-Drucks. 3/05 S. 18.; vgl. auch *Schäfer* ZIP 2005, 1253, 1254; *Ulmer* DB 2004, 859.

[767] Vgl. ausführlich zu den Voraussetzungen der Klagezulassung *Hüffer* AktG, § 148 Rn. 5 ff.; *Paschos/Neumann* DB 2005, 1779, 1780 f.

[768] *Hüffer* AktG, § 148 Rn. 8; *Paschos/Neumann* DB 2005, 1779, 1780 f.; *Thümmel* DB 2004, 471, 473 f. zum RegE.

[769] BGH ZIP 2005, 2205 („Mangusta/Commerzbank I"); BGH ZIP 2005, 2207 („Mangusta/Commerzbank II"); vgl. Stellungnahmen zu den „Mangusta/ Commerzbank"-Entscheidungen aus der Literatur *Bungert* BB 2005, 2757; *Busch* NZG 2006, 81; *Drinkuth* AG 2006, 142; *Hirte* EWiR 2006, 35; *ders.* EWiR 2006, 65; *Kubis* DStR 2006, 188; *Krämer/Kiefner* ZIP 2006, 301; *Paschos* DB 2005, 2731; *Waclawik* ZIP 2006, 397; *Wilsing/Siebmann* DB 2006, 881.

onäre in diesem Fall durch einen Informationsanspruch der Aktionäre in der nächsten Hauptversammlung sowie eine Klagemöglichkeit gewährt wird.

aa. „Mangusta/Commerzbank"-Entscheidungen

In seiner „Mangusta/Commerzbank I"-Entscheidung hatte der BGH darüber zu urteilen, ob der Vorstand die Aktionäre vor der Ausübung der Ermächtigung zur Kapitalerhöhung und zum Bezugsrechtsausschluss schriftlich über den Bezugsrechtsauschluss und dessen Gründe zu informieren hat.[770] Der BGH hat eine Vorabberichtspflicht mit der herrschenden Meinung in der Literatur abgelehnt.[771] Gegen eine solche Pflicht spreche insbesondere der Sinn und Zweck des genehmigten Kapitals als eines flexiblen Finanzierungsinstruments, sowie die für den Erfolg eines Finanz- und Beteiligungsgeschäftes erforderliche und notwendige Diskretion. Im Anschluss an das „Siemens/Nold-Urteil"[772] hat der BGH nochmals klargestellt, dass der Vorstand verpflichtet ist, nach Inanspruchnahme der Ermächtigung über die Einzelheiten seines Vorgehens auf der nächsten ordentlichen Hauptversammlung der Gesellschaft zu berichten und Rede und Antwort zu stehen.[773]

In der „Mangusta/Commerzbank II"-Entscheidung[774] hatte der BGH zu entscheiden, ob und gegebenenfalls welche Rechtsschutzmöglichkeiten einem Aktionär gegen die Ausnutzung des genehmigten Kapitals zur Verfügung stehen. Danach können Aktionäre gegen ein kompetenzüberschreitendes Handeln von Vorstand und Aufsichtsrat bei der Ausnutzung einer Ermächtigung zum Bezugsrechtsausschluss im Rahmen des genehmigten Kapitals nicht nur im Wege einer vorbeugenden Unterlassungsklage, sondern auch im Wege der allgemeinen Feststellungsklage gemäß § 256 ZPO vorgehen.[775] Begründet wird die Zulassung eines derartigen Rechtsschutzes damit, dass durch die in der „Siemens/Nold"-Entscheidung beabsichtigte und bewirkte Erleichterung bei der Herbeiführung eines Ermächtigungsbeschlusses zur Schaffung von genehmigten Kapital, nicht zu einer die Mitgliedsschaftsrechte der Aktionäre ungerechtfertigt verkürzenden, unkontrollierten Blankettermächtigung der Geschäftsleitung führen dürfe. Keinesfalls solle der vom Gesetzgeber beabsichtigte Schutz der Aktionäre herabgesetzt und der Kompetenzbereich des Vorstands zu lasten der Hauptversammlung erweitert werden. Angesichts der Lockerung der präventiven Schranken müsse sichergestellt werden, dass im Rahmen der Ausübung der Ermächtigung eine angemessene, systemkonforme gerichtliche Kontrollmöglichkeit zur Verfügung stehe.

---

[770] BGH ZIP 2005, 2205 („Mangusta/Commerzbank I").

[771] Für die hM vgl. nur *Bosse* ZIP 2001, 104, 107; *Hüffer* § 203 Rn. 37; *Krieger*, in: Münch. Hdb. GesR AG, § 58 Rn. 44; *Volhard* AG 1998, 397, 402 f.; **a. A.** *Bayer*, in: Müko AktG, § 203 Rn. 159; *Hirte*, in: Großkomm. AktG, § 203 Rn. 84 ff.; *Lutter*, in: Kölner Komm. AktG, § 203 Rn. 31.

[772] BGHZ 136, 133, 140 („Siemens/Nold").

[773] BGH ZIP 2005, 2205, 2206 („Mangusta/Commerzbank I").

[774] BGH ZIP 2005, 2207 („Mangusta/Commerzbank II"); kritisch dazu *Bungert* BB 2005, 2757, 2759; *Paschos* DB 2005, 2731, 2732.

[775] BGH ZIP 2005, 2207, 2209 („Mangusta/Commerzbank II").

bb. Vergleichbare Interessenlage

Grundlegend dafür, dass man aus den vom BGH in den „Mangusta/Commerzbank"-Entscheidungen festgelegten Grundsätzen zum Schutz der Aktionäre Hinweise auf die Lösung des hier zu untersuchenden Problems ziehen kann, ist, dass eine vergleichbare Interessenslage besteht.

Die der „Mangusta/Commerzbank"-Entscheidung zugrunde liegende Konstellation unterscheidet sich zunächst deutlich von der vorliegenden Fallkonstellation. In der „Mangusta/Commerzbank"-Entscheidung wurde zu lasten der Aktionäre lediglich auf das Erfordernis einer Vorabberichtspflicht des Vorstands verzichtet. Es besteht jedoch schon ein entsprechender Hauptversammlungsbeschluss, der, wenn auch sehr allgemein gehalten, über das genehmigte Kapital unter Ausschluss des Bezugsrechts der Aktionäre entschieden hat.

In der hier vorliegenden Konstellation soll jedoch auf einen vorherigen Hauptversammlungsbeschluss im Fall der Sanierung ganz verzichtet werden. Der Vorstand könnte bei der Sanierung zunächst einmal ohne jegliche Beteiligung der Hauptversammlung handeln. Zu beachten ist aber, dass die Durchführung von Sanierungsmaßnahmen grundsätzlich den Interessen der Aktionäre entspricht. Eine grundsätzliche Zustimmung der Aktionäre zum Handlungsziel des Vorstands, die Sanierung der Gesellschaft, kann deshalb regelmäßig unterstellt werden.

Trotz dieser unterschiedlichen Ausgangskonstellationen bestehen bei diesen Fallkonstellationen vergleichbare Interessen, die eines Ausgleichs bedürfen. In der „Mangusta/Commerzbank"-Entscheidung geht es einerseits um die Bewahrung des hohen Stellenwerts, den das Bezugsrecht nach wie vor im aktienrechtlichen Normgefüge einnimmt und der bei der Bestimmung der Rechtsschutzmöglichkeiten beim Bezugsrechtsausschluss angemessen berücksichtigt werden muss.[776] Anderseits geht es um die Erhaltung der Funktionsfähigkeit des genehmigten Kapitals als ein Institut, das als „prozedurale Erleichterung" gegenüber der ordentlichen Kapitalerhöhung der Verwaltung die Möglichkeit gibt, schnell und flexibel auf unternehmerische Chancen zu reagieren.[777] In der vorliegenden Konstellation geht es einerseits darum, einen effektiven Schutz der Mitgliedsrechte der Aktionäre zu gewährleisten, in die durch die Durchführung der Sanierungsmaßnahme eingegriffen wird. Andererseits geht es um die Sicherung des Fortbestands der Gesellschaft auch im Interesse der Aktionäre, der nur möglich ist, wenn der Vorstand die erforderlichen Sanierungsmaßnahmen flexibel und ohne eine vorherige Beteiligung der Hauptversammlung durchführen kann.

In beiden Konstellationen geht es somit darum, Aktionärsrechte aufgrund zeitlichen Drucks zu beschränken, aber zugleich zu gewährleisten, dass den Aktionären ausreichend Möglichkeiten zustehen, das Verwaltungshandeln nachträglich zu überprüfen und etwaige rechtswidrige Eingriffe durch Schadenersatzleistungen zu kompensieren. Die Absenkung der Anforderungen an das Vorstandshandeln soll jedoch in beiden Konstellationen nicht zu einer Erweiterung des Kompetenzbereichs des Vorstands zu lasten der Hauptversammlung führen. Vielmehr soll im Interesse der Gesellschaft und

[776] Vgl. *Krämer/Kiefner* ZIP 2006, 301, 303.
[777] Vgl. *Krämer/Kiefner* ZIP 2006, 301, 303.

der Aktionäre ein flexibles Reagieren des Vorstands auf sich ergebende Chancen bzw. die Krise der Gesellschaft ermöglicht werden. Obwohl die beiden Grundkonstellationen sich doch sehr stark unterscheiden, besteht eine vergleichbare Interessenslage.

cc. Rückschlüsse aus der „Mangusta/Commerzbank"-Rechtsprechung

Da somit eine vergleichbare Interessenslage in den beiden Fallkonstellationen besteht, stellt sich nun die Frage, welche Rückschlüsse sich aus der „Mangusta/Commerzbank"-Rechtsprechung des BGH auf die Lösung der hier zu untersuchenden Fallkonstellation ziehen lassen. Die Rechtsprechung des BGH zum Schutz der Aktionäre bei der Ausnutzung des genehmigten Kapitals unter Ausschluss des Bezugsrechts verdeutlicht, dass eine nachträglichen Beteiligung der Hauptversammlung mit der Möglichkeit der Geltendmachung von Schadenersatzansprüchen einen höchstrichterlich anerkannten Weg darstellt, wichtige Aktionärsrechte zu schützen. Wenn eine nachträgliche Beteiligung der Hauptversammlung von der Rechtsprechung zum Schutz des Bezugsrechts der Aktionäre herangezogen wird, spricht dies dafür, dass auch im Fall von ungeschriebenen Zuständigkeiten der Hauptversammlung eine nachträgliche Beteiligung einen adäquaten Lösungsansatz darstellt.

e. Stellungnahme

Ein Vergleich mit der aktuellen Rechtsprechung des BGH zeigt, dass eine nachträgliche Beteiligung der Hauptversammlung im Ausnahmefall geboten sein kann, um im Interesse der Gesellschaft ein flexibles Vorstandshandeln zu ermöglichen. Zwar besteht für die Aktionäre im Sanierungsfall nicht die Möglichkeit, im Wege der allgemeinen Feststellungsklage etwaige Kompetenzverstöße des Vorstands gerichtlich überprüfen zu lassen. Wie die oben dargestellten Beispiele verdeutlichen, entspricht es jedoch der Wertung des Aktiengesetzes, dass sich im Fall der Sanierung die Kompetenzordnung zulasten der Aktionäre verschiebt.[778] Eine lediglich nachträgliche Beteiligung der Hauptversammlung verringert die aktive Einflussmöglichkeit der Hauptversammlung erheblich, da sie lediglich auf bereits feststehende Tatsachen reagieren kann. Dieser Verlust an Einfluss ist aber, genauso wie im Fall „Mangusta/Commerzbank", im Hinblick auf das Gesellschaftswohl gerechtfertigt.

3. Vor-Ordnung der Kompetenzen für den Fall der Sanierung

Neben einer nachträglichen Befassung der Hauptversammlung mit den Sanierungsmaßnahmen ist es auch denkbar, dass sich die Gesellschaft und ihre Aktionäre schon im Vorfeld einer Krise mit dem Vorgehen im Fall einer Sanierung beschäftigt. Dabei bieten sich grundsätzlich zwei Lösungsansätze an. Zum einen eine entsprechende Lösung in der Satzung der Gesellschaft und zum anderen ein entsprechender Ermächtigungsbeschluss der Hauptversammlung.

---

[778] § 8 S. 81 ff.

a. Vor-Ordnung durch Satzungsregelungen

Zunächst kommt eine vorherige Regelung der Kompetenzen in der Satzung in Betracht. Dabei sind wiederum zwei Alternativen denkbar. Einerseits könnte die Satzung etwa eine Regelung enthalten, dass die Hauptversammlung grundsätzlich auf eine Beteiligung im Fall von ungeschriebenen Zuständigkeiten verzichtet. Dies würde dann auch im Fall einer kurzfristigen Sanierung dazu führen, dass der Vorstand die erforderlichen Sanierungsmaßnahmen ohne die Beteiligung der Hauptversammlung zeitnah durchführen kann. Andererseits ist es auch denkbar, dass die Satzung eine Ermächtigung an den Vorstand für den Fall einer Krise der Gesellschaft enthält, die erforderlichen Sanierungsmaßnahmen ohne eine entsprechende Beteiligung der Hauptversammlung durchzuführen. Unter dem Gesichtspunkt der Rechtssicherheit hat die Vor-Ordnung zukünftiger Strukturmaßnahmen durch Satzungsbestimmungen große Vorteile, weil sich die Zulässigkeit des Vorstandshandelns dann schon aus dem Gesellschaftsstatut ergibt.[779]

aa. Genereller Verzicht auf ungeschriebene Zuständigkeiten

Grundlegend für die Frage, ob ein grundsätzlicher Verzicht auf ungeschriebene Zuständigkeiten als eine möglicher Lösungsansatz für die hier zu untersuchende Fallkonstellation in Betracht kommt, ist, ob ein solcher Verzicht überhaupt rechtlich zulässig ist.[780] Für die geschriebene Zuständigkeiten der Hauptversammlung stellen § 23 Abs. 5 Satz 1 AktG, § 1 Abs. 3 UmwG klar, dass die Bestimmungen des Aktien- und Umwandlungsrechts zwingenden Charakter haben und weder zu Disposition des Satzungsgebers stehen noch Aufweichungen durch Beschlüsse einer sich ad hoc bildenden Aktionärsmehrheit zugänglich sind.[781] Auch für die ungeschriebenen Zuständigkeiten ist es anerkannt, dass ein genereller Verzicht auf die Beteiligung der Hauptversammlung und damit die Verlagerung dieser Kompetenzen alleine auf den Vorstand nicht möglich ist.[782] Wenn das Aktiengesetz tatsächlich bei der Festlegung der Rechte der Hauptversammlung unvollständig verfahren und daher eine Ergänzung in Anlehnung an Normen des Aktiengesetz notwendig ist, kann diese Ergänzung nicht im Unterschied zu den Normen, die sie fortentwickelt, zur Disposition des Satzungsgebers stehen.[783] Die ungeschriebenen Zuständigkeiten teilen somit grundsätzlich mit den geschriebenen Zuständigkeiten die Qualifikation als ius strictum, da auch die rechtsfortbildend, praeter legem dem geschriebenen Recht abgewonnenen Regeln zum Normbestand des Aktienrechts zuzurechnen sind und daher bei teleologischer Betrachtung zu

---

[779] *Lutter/Leinekugel* ZIP 1998, 805, 807.

[780] Vgl. zu diesem Problemkreis *Grunewald* AG 1990, 133, 134 ff.; *Lutter* FS Stimpel, 1985, S. 825, 846 f.; *ders/Leinekugel* ZIP 1998, 805, 807 ff.; *Martens* ZHR 147 (1983), S. 377, 390 ff.; *Tröger* ZIP 2991, 2029, 2037.

[781] Vgl. *Grunewald* AG 1990, 133, 134; *Lutter/Leinekugel* ZIP 1998, 805, 807; *Tröger* ZIP 2001, 2029, 2038.

[782] *Grunewald* AG 1990, 133, 134; *Lutter* FS Stimpel, 1985, 825, 847; *ders./Leinekugel* ZIP 1998, 805, 808; *Martens* ZHR 147 (1983), 377, 390 f.; *Tröger* ZIP 2001, 2029, 2038; *Westermann* FS Koppensteiner, 2001, S. 259, 269; *Wiedemann*, in: Großkomm. AktG, § 179 Rn. 77.

[783] *Grunewald* AG 1990, 133, 134.

den Vorschriften dieses Gesetzes im Sinne des § 23 Abs. 5 Satz 1 AktG gehören.[784] Eine Satzungsregelung, die einen generellen Verzicht der Hauptversammlung auf eine Beteilung im Fall von ungeschriebenen Zuständigkeiten enthält ist, ist somit schon nicht zulässig und ist deshalb unwirksam. Schon deshalb kommt dieser Ansatz bei der Lösung des Problems nicht in Betracht.

bb. Satzungsermächtigungen für den Sanierungsfall

Ein rechtlich zulässiger Lösungsansatz könnte jedoch eine Satzungsregelung darstellen, die den Vorstand ermächtigt, im Sanierungsfall die erforderlichen Sanierungsmaßnahmen ohne eine Beteiligung der Hauptversammlung durchzuführen, obwohl eigentlich eine Zuständigkeit aufgrund der durch die Gelatine-Entscheidungen modifizierten Holzmüller-Rechtsprechung besteht. In diesem Fall würde die Hauptversammlung rechtstechnisch nicht per Satzungsregelung auf ihre Beteiligungsrechte verzichten, sondern dem Vorstand im vorab eine entsprechende Zustimmung zu den Maßnahmen erteilen.

Für eine generelle Vorab-Zustimmung der Hauptversammlung zu allen Maßnahmen, die einer ungeschriebenen Zuständigkeit der Hauptversammlung unterliegen, muss das gleiche gelten, wie bei einem generellen Verzicht auf ungeschriebene Beteiligungsrechte. Sie bewirkt im Ergebnis dasselbe und ist daher ebenfalls unzulässig.[785]

Fraglich ist aber, ob eine Teilermächtigung für den Fall der Sanierung zulässig ist. *Martens* unterscheidet zwischen einer einzeltatbestandlich ausgeformten Entscheidungskompetenz, die dem Vorstand zuerkannt wird, und einer globalen Vorstandsermächtigung.[786] Danach weicht eine Einzelermächtigung, im Gegensatz zur Globalermächtigung, nicht von der durch die Holzmüller-Rechtsprechung des BGH vorgegebenen Kompetenzzuweisung ab, sondern konkretisiert diese lediglich für den Einzelfall. Demnach wäre eine entsprechende Ermächtigung des Vorstands für den Sanierungsfall möglich. Die Gesellschaft könnte somit eine Regelung in ihre Satzung aufnehmen, die den Vorstand dazu ermächtigt, ohne die Vorgaben der Holzmüller-Rechtsprechung, Sanierungsmaßnahmen durchzuführen.

Dieses Ergebnis begegnet jedoch erheblichen rechtlichen und praktischen Bedenken. Zunächst ist es nur schwerlich möglich, die Kriterien für die Annahme eines Sanierungsfalls hinreichend präzise im Vorhinein zu bestimmen und damit eine ausreichend bestimmte Satzungsregelung zu treffen. Vielmehr könnte nur eine generalklauselartige Regelung in die Satzung aufgenommen werden. Eine inhaltlich zu weit gefasste Satzungsregelung kann aber die Zustimmung zu einer dann konkret gewordenen Strukturmaßnahme nicht vorwegnehmen.[787] Denn diese legitimiert nicht den mit der einzelnen Maßnahme verbundenen Eingriff in die Mitgliedsrechte der Aktionäre.[788] Vor allem in der Phase, in der sich die Gesellschaft in der Krise befindet, die aber noch

[784] *Tröger* ZIP 2001, 2029, 2038.
[785] So i.E. auch *Martens* ZHR 147 (1983), 277, 391 f.
[786] *Martens* ZHR 147 (1983), 277, 391 f.
[787] Vgl. *Lutter/Leinekugel* ZIP 1998, 805, 808.
[788] *Habersack*, in: Emmerich/Habersack Vor § 311 Rn. 51.

nicht existenzbedrohend ist, können die in Betracht kommenden Maßnahmen nur bedingt vorher festgelegt werden. Zudem besteht dann auch die Gefahr, dass der Vorstand unter dem Deckmantel der Sanierung der Gesellschaft auf eine an sich notwendige Beteiligung der Hauptversammlung verzichtet.

Dagegen ist die Bestimmung der Tatbestandsvoraussetzungen in der Phase einer existenzbedrohenden Krise durchaus möglich. So könnte beispielsweise die Satzung den Vorstand ermächtigen, innerhalb der dreiwöchigen Insolvenzantragsfrist des § 92 Abs. 2 AktG alle Maßnahmen ohne eine Beteiligung der Hauptversammlung durchzuführen, also auch die Maßnahmen, die nach den Grundsätzen der Holzmüller-Doktrin einer Zustimmungspflicht unterliegen.

Selbst wenn man über die rechtlichen Bedenken hinwegsieht, bestehen große praktische Bedenken gegen eine solche Satzungsgestaltung. Wenn die Gesellschaft in ihrer Satzung eine Regelung enthält, die detailliert die Kompetenzen der Organe im Fall der Krise bzw. existentiellen Krise festlegt, ist dies für die Öffentlichkeit und dabei insbesondere für den Kapitalmarkt bedenklich, wenn sich die Gesellschaft mit ihrem eigenen „wirtschaftlichen Ende" beschäftigt. Wenn die Gesellschaft von Anfang an eine solche Regelung in die Satzung aufnimmt, können Bedenken bestehen, ob die Gesellschaft ein attraktives Investitionsobjekt ist, wenn der Ablauf beim wirtschaftlichen Niedergang der Gesellschaft schon vorbestimmt wird. Noch bedenklicher ist die spätere Satzungsänderung und Aufnahme einer solchen Klausel. Dies würde dem Kapitalmarkt unvermeidlich signalisieren, dass die Gesellschaft höchst wahrscheinlich über Informationen über eine bereits bestehende oder jedenfalls in absehbarer Zeit bevorstehende Krise der Gesellschaft verfügt. Als Folge könnten daraufhin Kreditgeber der Gesellschaft ihre Investition überprüfen und im schlimmsten Fall für die Gesellschaft existentiell wichtige Darlehensverträge kündigen.

Gegen diese Bedenken spricht, dass es eine Gesellschaft grundsätzlich für einen Investor gerade attraktiv macht, wenn die Gewissheit herrscht, dass der Vorstand in der Krise die erforderliche Flexibilität besitzt, eine zeitnahe und erfolgreiche Sanierung der Gesellschaft durchzuführen. Jedenfalls in den Fällen, in denen nachträglich eine solche Regelung eingeführt wird, spielen diese Überlegungen nur eine zweitrangige Rolle, da es primär im Interesse der Öffentlichkeit liegt zu erfahren, warum die Gesellschaft gerade jetzt eine solche Satzungsänderung beschließt. Vor dem Hintergrund der rechtlichen und insbesondere praktischen Bedenken stellt auch eine einzeltatbestandliche Satzungsermächtigung keinen sachgerechten Lösungsansatz dar.

cc. Zusammenfassung

Eine Vor-Ordnung der Kompetenzen im Sanierungsfall durch entsprechende Satzungsregelungen scheidet aus. Ein genereller Verzicht auf eine ungeschriebene Beteiligung ist rechtlich unzulässig. Eine Teilermächtigung zur Durchführung nach der Holzmüller-Rechtsprechung zustimmungspflichtiger Sanierungsmaßnahmen ohne eine Beteiligung der Hauptversammlung scheidet jedenfalls aus praktischen Gründen aus.

b. Vor-Ordnung durch Hauptversammlungsbeschluss

Als weiterer Lösungsansatz, der eine vorherige Auseinandersetzung mit dem Sanierungsfall voraussetzt, kommt die Fassung eines entsprechenden Ermächtigungsbeschlusses in Betracht. Darin könnte die Hauptversammlung den Vorstand für einen zu bestimmenden Zeitraum ermächtigen, im Sanierungsfall auch die Maßnahmen ohne eine Beteiligung der Hauptversammlung durchzuführen, die eigentlich von einer ungeschriebenen Zuständigkeit der Hauptversammlung erfasst werden.

aa. Zulässigkeit eines Ermächtigungsbeschlusses bei ungeschriebenen Zuständigkeiten

Voraussetzung dafür, dass eine Vor-Ordnung durch einen Ermächtigungsbeschluss im Sanierungsfall überhaupt als Lösungsansatz in Betracht kommt, ist, dass ein solcher Ermächtigungsbeschluss im Rahmen der ungeschriebenen Zuständigkeiten der Hauptversammlung überhaupt zulässig ist.

aaa. Grundsätzliche Zulässigkeit

Im Bereich der geschriebenen Hauptversammlungskompetenzen stehen § 23 Abs. 5 AktG, § 1 Abs. 3 UmwG einer Vor-Ordnung durch Ermächtigungsbeschluss grundsätzlich entgegen.[789] Jedoch gibt es auch gesetzlich geregelte Strukturentscheidungen mit einschneidender Bedeutung für die Gesellschaft und die Aktionäre, bei denen das Aktiengesetz erlaubt, dass der Vorstand ermächtigt wird, eine Strukturmaßnahme durchzuführen und deren Einzelheiten auszuführen (§§ 202 Abs. 2, 204 Abs. 1 Satz 2 AktG – Ermächtigung zur Erhöhung des Grundkapitals im Rahmen des genehmigten Kapitals, § 221 Abs. 2 AktG – Ermächtigung zur Ausgabe von Wandelschuldverschreibungen).[790]

Nach einhelliger Meinung in der Literatur ist vor allem mit Verweis auf die gesetzlich geregelten Ermächtigungstatbestände und das Erfordernis einer flexibleren Handhabung bei den ungeschriebenen Zuständigkeiten eine Verlagerung der Entscheidungsbefugnisse grundsätzlich zulässig.[791] Wenn schon bei Strukturmaßnahmen, die aufgrund einer geschriebenen Zuständigkeit einer Beteiligung der Hauptversammlung bedürfen, die Möglichkeit eines Ermächtigungsbeschluss besteht, muss dies erst Recht für solche Maßnahmen gelten, die einer ungeschriebenen Hauptversammlungskompetenz unterliegen.[792]

---

[789] Vgl. auch *Lutter/Leinekugel* ZIP 1998, 805, 811; *Tröger* ZIP 2001, 2029, 2038.

[790] Vgl. *Lutter/Leinekugel* ZIP 1998, 805, 812; *Reichert*, in: Becksch. Hdb. AG, § 5 Rn. 75.

[791] Aus der Literatur nach der Holzmüller-Entscheidung *Grunewald* AG 1990, 133, 136; *Henze* FS Ulmer, 2003, S. 210, 234; *Lutter/Leinekugel* ZIP 1998, 805, 811; *Reichert*, in: Becksch. Hdb. AG, § 5 Rn. 75; *Tröger* ZIP 2001, 2029, 2038; *Westermann* FS Koppensteiner, 2001, S. 259, 273; aus der Literatur nach den Gelatine-Entscheidungen *Bungert* BB 2004, 1345, 1351; *Habersack*, in: Emmerich/Habersack Vor § 311 Rn. 51; *Reichert* AG 2005, 151, 159; *Simon* DStR 2004, 1528.

[792] Vgl. *Reichert*, in: Becksch. Hdb. AG, § 5 Rn. 75.

bbb. Sachlicher Anwendungsbereich

Während in der Literatur Einigkeit über die grundsätzliche Zulässigkeit eines Ermächtigungsbeschlusses besteht, ist es umstritten, ob ein solcher Ermächtigungsbeschluss bei allen Maßnahmen, die einer ungeschriebenen Zuständigkeit der Hauptversammlung unterliegen, möglich ist oder aber lediglich in den Fällen, in denen eine vergleichbare Interessenslage mit in den gesetzlich geregelten Fällen des Ermächtigungsbeschlusses bei Strukturmaßnahmen vorliegt.

Nach einem Teil der Literatur besteht die Möglichkeit eines Ermächtigungsbeschlusses bei sämtlichen ungeschriebenen Zuständigkeiten.[793] Dagegen nimmt ein anderer Teil der Literatur die Möglichkeit eines Ermächtigungsbeschlusses nur in den Fällen an, in denen eine vergleichbare Interessenslage hinsichtlich der gesetzlich geregelten Tatbestände besteht.[794] Der Grund für die Möglichkeit einer Ermächtigung des Vorstands sowohl zur Ausnutzung des genehmigten Kapitals unter Ausschluss des Bezugsrechts als auch bei der Ausgabe von Wandelpapieren liegt darin, dass der Gesellschaft die Chance gegeben wird, eine bestmögliche Platzierung ihrer Anteile auf dem Kapitalmarkt zu erlangen.[795] Die Beschaffung von Eigenkapital soll durch ein flexibles Instrument ermöglicht werden, das rasche Reaktionen auf die ständigen Schwankungen unterworfenen Marktbedingungen erlaubt.[796] Ein Ermächtigungsbeschluss bei ungeschriebenen Zuständigkeiten kommt danach nur in den Fällen in Betracht, in denen die Gesellschaft um ihrer Funktionsfähigkeit am Markt wegen auf eine gesteigerte Handlungsfähigkeit angewiesen ist.[797]

Die Beteiligung der Hauptversammlung in den Fällen der ungeschriebenen Zuständigkeit ist zwingend erforderlich, da die in Betracht kommenden Maßnahmen tief in die Mitgliedsrechte der Aktionäre eingreifen. Die Möglichkeit der Ermächtigung des Vorstands zur Durchführung der Maßnahme schwächt den Schutz der Aktionäre, da durch eine Ermächtigung begriffsnotwendig dem Vorstand gewisse Kompetenzen übertragen werden. Aufgrund der Wichtigkeit der Maßnahme für die Mitgliedsrechte der Aktionäre, kann eine solche Abschwächung nur in den Fällen möglich sein, in denen besondere Gesellschaftsinteressen den Aktionärsschutz überwiegen. Mit der letztgenannten Meinung kann ein Ermächtigungsbeschluss nur in den Fällen möglich sein, in denen das Erfordernis für ein rasches Handeln des Vorstands im Interesse der Aktionäre und der Gesellschaft besteht.

---

793 *Habersack*, in: Emmerich/Habersack Vor § 311 Rn. 51; *Krieger*, in: Münch. Hdb. GesR AG, § 69 Rn. 9.

794 *Lutter/Leinekugel* ZIP 1998, 805, 811 ff.; vgl. auch *Westermann* FS Koppensteiner, 2001, 259, 275; noch enger *Tröger* ZIP 2001, 2029, 2038 ff.

795 *Tröger* ZIP 2001, 2029, 2038.

796 Vgl. *Bayer*, in: Müko AktG, § 202 Rn. 1; *Hefermehl/Bungeroth*, in: Geßler/Hefermehl/Eckhardt/Kropff, AktG, AktG § 202 Rn. 1; *Hirte*, in: Großkomm. AktG, § 202 Rn. 19; *Hüffer* AktG, § 202 Rn. 2.

797 Vgl. *Lutter/Leinekugel* ZIP 1998, 805, 813.

ccc. Inhaltliche Anforderungen an einen Ermächtigungsbeschluss

Obwohl in der Literatur verschieden Ansichten hinsichtlich des sachlichen Anwendungsbereichs des Ermächtigungsbeschlusses vertreten werden, besteht weitgehend Einigkeit bezüglich der inhaltlichen Anforderungen an einen solchen Ermächtigungsbeschluss.

Die Literaturansichten werden dabei insbesondere von der „Siemens/Nold"-Entscheidung des BGH beeinflusst.[798] In dieser Entscheidung hat der BGH in Abkehr von der „Holzmann"-Entscheidung,[799] judiziert, dass die Hauptversammlung den Vorstand zur Ausnutzung von genehmigten Kapital unter Ausschluss des Bezugrechts der Aktionäre ermächtigen kann, wenn die in Betracht kommende Maßnahme im wohlverstandenen Interesse der Gesellschaft liegt und der Hauptversammlung allgemein und in abstrakter Form bekannt gegeben worden ist. In dieser Entscheidung hat der BGH die Anforderungen an einen Bezugsrechtsauschluss im Rahmen eines genehmigten Kapitals letztlich aus Praktikabilitätsgründen abgemildert, um dem Unternehmen zu ermöglichen, auf den nationalen und internationalen Märkten rasch, flexibel und erfolgreich auf vorteilhafte Angebote oder sich bietende Gelegenheiten reagieren zu können.[800]

Vor diesem Hintergrund lässt die Literatur für einen Ermächtigungsbeschluss ausreichen, dass ein sogenannter „Konzeptbeschluss" gefasst wird.[801] Dies bedeutet, dass der Vorstand nicht verpflichtet ist, die Zustimmung zu bestimmten Verträgen zu erbitten, sondern er kann allgemein, ohne dass bereits vorbereitende Ausführungshandlungen vorgenommen wären, eine hinreichend bestimmte und damit in konzeptioneller Hinsicht klar umrissene Maßnahme genehmigen lassen.[802] Ein Vorratsbeschluss für unternehmerische Konzepte, die noch nicht einmal bis ins Planungsstadium gediehen sind („Wir wissen nicht was wir tun, sorgen aber dafür, dass wir es dürfen"), ist dagegen unzulässig.[803] Es müssen vielmehr sowohl die Essentialia der entsprechenden Maßnahme sowie die wesentlichen zur Umsetzung notwendigen Maßnahmen zum Zeitpunkt des Ermächtigungsbeschlusses feststehen, so dass Inhalt und Grenzen der Ermächtigung entsprechend determiniert werden können.[804]

Um die nötige Flexibilität der geplanten Maßnahme zu erhalten, dürfen die Anforderungen an den Ermächtigungsbeschluss nicht zu streng sein. Damit der Schutz der Aktionäre jedoch gewahrt bleibt, ist es erforderlich, dass die Aktionäre die Grundlinien der geplanten Maßnahme kennen, damit sie sachgerecht über die Ermächtigung

---

[798] BGHZ 136, 133 („Siemens/Nold"); zustimmend *Bungert* NJW 1998, 488; *Kindler* ZGR 1998, 35, 38 ff.; *Volhard* AG 1998, 397; kritisch *Lutter* JZ 1998, 50; *ders.* FS Zöllner, 1998, S. 363, 372 ff.

[799] BGHZ 83, 319 („Holzmann") ; vgl. zu dieser Entscheidung nur *Quack* ZGR 1983, 257; *van Venrooy* BB 1982, 1137.

[800] *Reichert*, in: Becksch. Hdb. AG, § 5 Rn. 75.

[801] *Habersack*, in: Emmerich/Habersack Vor § 311 Rn. 51; *Groß* AG 1996, 111, 114 f.; *Henze* FS Ulmer, 2003, 210, 234; *Krieger*, in: Münch. Hdb. GesR AG, § 69 Rn. 9; *Lutter/Leinekugel* ZIP 1998, 805, 815; *Reichert*, in: Becksch. Hdb. AG, § 5 Rn. 75; *ders.* AG 2005, 151, 159; *Westermann* FS Koppensteiner, 2001, 259, 275.

[802] *Habersack*, in: Emmerich/Habersack Vor § 311 Rn. 51.

[803] *Lutter/Leinekugel* ZIP 1998, 805, 815.

[804] *Reichert*, in: Becksch. Hdb. AG, § 5 Rn. 75; *ders.* AG 2005, 151, 159.

und den mit der geplanten Maßnahme verbundenen Eingriff in ihre Mitgliedsrechte entscheiden können. Mit den Ansichten in der Literatur erfordert ein Ermächtigungsbeschluss bei ungeschriebenen Zuständigkeiten der Hauptversammlung somit, dass der Rahmen und damit die Grundlinien der in Betracht kommenden Maßnahmen schon zum Zeitpunkt der Ermächtigung feststehen.

bb. Möglichkeit einer Ermächtigung des Vorstands zur Durchführung der erforderlichen Sanierungsmaßnahmen?

Fraglich ist nun, ob nach den vorstehenden Ausführungen die Möglichkeit besteht, dass der Vorstand zur Durchführung der erforderlichen Sanierungsmaßnahmen ermächtigt werden kann, die eigentlich einer ungeschriebenen Zuständigkeit der Hauptversammlung unterliegen.

Bezüglich des sachlichen Anwendungsbereichs eines solchen Ermächtigungsbeschlusses besteht eine erforderliche Vergleichbarkeit zu den gesetzlich geregelten Strukturmaßnahmen, bei denen ein Ermächtigungsbeschluss möglich ist. Wie oben dargelegt,[805] besteht auch im Fall der Sanierung im Interesse der Gesellschaft und ihrer Aktionäre ein Bedürfnis für ein rasches und flexibles Handeln des Vorstands. Insofern könnte ein Ermächtigungsbeschluss auch hier als denkbarer Lösungsansatz in Betracht kommen.

Voraussetzung für einen Ermächtigungsbeschluss ist nach den obigen Ausführungen aber auch, dass die Essentialia der in Betracht kommenden Maßnahme schon im Zeitpunkt der Fassung des Ermächtigungsbeschlusses feststehen, damit der Inhalt, insbesondere aber auch die Grenzen der Ermächtigung entsprechend determiniert werden. Wenn der Vorstand für den Sanierungsfall ermächtigt werden soll, die erforderlichen Maßnahmen durchzuführen, kann weder die Art der Maßnahme, noch der Umfang bzw. Rahmen der Ermächtigung festgelegt werden. Wie oben dargelegt,[806] kommen grundlegend verschiedene Sanierungsmaßnahmen in Betracht, die einer ungeschriebenen Zuständigkeit unterliegen. Darüber hinaus ist es nicht vorhersehbar, in welchem Umfang von den in Betracht kommenden Maßnahmen Gebrauch gemacht werden soll. Entscheidendes Kriterium für die Bestimmung der Art und des Umfang der Maßnahme ist dabei insbesondere das Ausmaß der Krise der Gesellschaft, die jedoch im Zeitpunkt der Ermächtigung nicht vorhersehbar ist. Schließlich ist auch die Frage, ob sich die Gesellschaft in einer Krise befindet, die die Durchführung von Sanierungsmaßnahmen erforderlich macht, nicht in dem Maße bestimmbar, wie dies für einen Ermächtigungsbeschluss erforderlich ist.

Selbst wenn ein solcher Ermächtigungsbeschluss rechtlich zulässig wäre, sprechen auch praktische Gesichtspunkte gegen die Fassung eines solchen Beschlusses. Wenn die Gesellschaft beispielsweise den Vorstand für ein Jahr dazu ermächtigen würde, im Sanierungsfall die erforderlichen Sanierungsmaßnahmen durchzuführen, wäre die Ermächtigung, genauso wie eine entsprechende Satzungsbestimmung, für die Öffentlichkeit und insbesondere den Kapitalmarkt ein sicheres Anzeichen dafür, dass die Gesell-

[805] § 11 II. S. 138 ff.

[806] Vgl. zu den verschiedenen Sanierungsmaßnahmen § 9 I. 2. S. 92 ff.

schaft sich selbst möglicherweise in einer Krise sieht. Dies könnte insbesondere für die Beschaffung von Fremdkapital äußerst hinderlich sein, da sich Fremdkapitalgeber ein mögliches Risiko in Form von höheren Zinsbelastungen bezahlen lassen.

Eine Ermächtigung an den Vorstand, die den inhaltlichen Anforderungen an einen solchen Beschluss entspricht, ist für den Sanierungsfall nicht möglich. Somit scheidet die Vor-Ordnung durch einen entsprechenden Beschluss der Hauptversammlung als Lösungsansatz für die hier zu untersuchende Fallkonstellation aus.

4. Durchführung einer „vereinfachten" Hauptversammlung

Als weiterer Lösungsansatz kommt die Durchführung einer „vereinfachten" Hauptversammlung in Betracht. Unter einer „vereinfachten" Hauptversammlung ist eine Hauptversammlung zu verstehen, bei der die Anforderungen an die Einberufung und Durchführung verringert werden, um einen zeitnahen und endgültigen Beschluss der Hauptversammlung zu erhalten. Hier bieten sich zwei verschiedene Modelle an.

Zum einen ist es denkbar, nur eine virtuelle Hauptversammlung durchzuführen. Auf diesem Wege könnte im Internet ein kurzfristiger Aktionärsentscheid darüber entscheiden, ob die geplante Sanierungsmaßnahme durchgeführt werden soll oder nicht. Zum anderen kommt eine „vereinfachte" Präsenshauptversammlung in Betracht. Hier ist insbesondere an eine Verkürzung der Einberufungsfristen, Verringerung der Berichtspflichten sowie eine Einschränkung der Anfechtungsmöglichkeiten der Aktionäre zu denken. Darüber hinaus stellt sich die Frage, inwieweit das Verhalten der Aktionäre gegenüber der Gesellschaft in und nach der Hauptversammlung durch die Treuepflichten geprägt ist.

a. Virtuelle Hauptversammlung

Denkbar ist zunächst die Durchführung einer nur virtuellen Hauptversammlung.[807] Unter einer virtuellen Hauptversammlung ist eine Hauptversammlung zu verstehen, die vollständig ins Internet verlagert wird, so dass eine Präsensversammlung nicht mehr stattfindet.[808] Abzugrenzen ist dieser Fall von der Möglichkeit einer Online-Teilnahme an einer herkömmlichen Präsensversammlung. Mit Hilfe einer rein virtuellen Hauptversammlung könnten so (Ad-hoc-)Aktionärsentscheide beschränkt auf die einzelnen Sanierungsmaßnahmen herbeigeführt werden, die unabhängig von den gesetzlichen Einberufungsvorschriften eine zeitnahe Aktionärsbeteiligung gewährleisten könnten.[809]

---

[807] Vgl. ausführlich zu den Möglichkeiten der Nutzung des Internets im Zusammenhang mit der Vorbereitung und Durchführung einer Hauptversammlung nur *Claussen* AG 2001, 161; *Habersack* ZHR 165 (2001), 172; *Hasselbach/Schuhmacher* ZGR 2000, 158; *Mimberg* ZGR 2003, 21; *Noack* NZG 2003, 241; *Pikó/Preissler* AG 2002, 223; *Riegger*, ZHR 165 (2001), 204, 208; *Zetzsche* 2002; *ders.* BKR 2003, 736.

[808] Vgl. *Riegger*, ZHR 165 (2001), 204, 208.

[809] Vgl. *Habersack* ZHR 165 (2001), 195 ff. der die Möglichkeiten einer erleichterten Stimmrechtsausübung für die Durchführung von Holzmüller-Beschlüssen aufzeigt.

Voraussetzung dafür, dass eine virtuelle Hauptversammlung einen möglichst zeitnahen Beschluss der Hauptversammlung bewirken kann, ist zunächst, dass die Durchführung einer virtuellen Hauptversammlung de lege lata zulässig ist. Dies ist jedoch nach der ganz herrschenden Meinung jedenfalls für den Fall der Publikumsgesellschaft nicht der Fall.[810] Dies wird überwiegend aus § 118 Abs. 1 AktG gefolgert.[811] Gemäß § 118 Abs. 1 AktG üben die Aktionäre ihre Rechte in den Angelegenheiten der Gesellschaft in der Hauptversammlung aus. Aus dieser Vorschrift wird geschlossen, dass die Hauptversammlung eine physische Zusammenkunft an einem Ort voraussetzt. Dies ist aber bei einer rein virtuellen Hauptversammlung nicht gegeben. Teilweise wird zudem auch auf § 121 Abs. 3 AktG verwiesen.[812] Gemäß § 121 Abs. 3 AktG muss die Einladung den Ort der Versammlung beinhalten. Unter einem Ort wird ein abgrenzbarer, realer Raum verstanden. Dieser Voraussetzung würde die virtuelle Hauptversammlung nicht entsprechen.

Nach der derzeitigen Rechtslage ist somit die Durchführung einer virtuellen Hauptversammlung nicht zulässig. Deshalb kann sie nicht zur Durchführung einer „vereinfachten" Hauptversammlung genutzt werden.

b. „Vereinfachte" Präsenshauptversammlung

Aus den vorstehend genannten Gründen ist somit für einen wirksamen Beschluss über eine Sanierungsmaßnahme, die einer ungeschriebenen Zuständigkeit der Hauptversammlung unterliegt, eine Präsenshauptversammlung der Aktionäre notwendig. Wie oben bereits dargelegt, bedarf eine solche Hauptversammlung aufgrund der gesetzlichen Einberufungsfrist und umfassender Vorbereitung einer regelmäßigen Mindestvorlaufzeit von zwei bis drei Monaten.[813] Fraglich ist es daher, ob in dem hier untersuchten Fall eine Abweichung von den Vorschriften über die Einberufung der Hauptversammlung möglich ist. Daneben ist auch eine Beschränkung der Berichtspflichten des Vorstands denkbar, denn die Erstellung umfangreicher Berichte verlängert die Vorbereitungszeit für eine Hauptversammlung. Eine Beschränkung der Berichtspflicht hat zudem die Folge, dass das Anfechtungsrisiko, dass mit einer umfassenden Berichtspflicht einhergeht, deutlich verringert würde. Fraglich ist es weiterhin, ob das Anfechtungsrecht insgesamt in dieser Fallkonstellation eingeschränkt werden kann. Im Hinblick auf das Bestreben eines möglichst zeitnahen und endgültigen Beschlusses der Hauptversammlung würde eine Beschränkung des Anfechtungsrechts dem Vorstand nach der Durchführung der Hauptversammlung die Möglichkeit geben, zeitnah die geplante Maßnahme durchzuführen.

---

[810] Vgl. *Claussen* AG 2001, 161, 166; *Habersack* ZHR 165 (2001), 180 f.; *Hüffer* AktG, § 118 Rn. 5a; *Pikó/Preissler* AG 2002, 223, 224; a. A. *Hasselbach/Schuhmacher* ZGR 2000, 258, 260 ff.

[811] Vgl. nur *Claussen* AG 2001, 161, 166; *Pikó/Preissler* AG 2002, 223, 224.

[812] *Claussen* AG 2001, 161, 166; *Pikó/Preissler* AG 2002, 223, 224.

[813] Vgl. § 10 S. 96 f.; vgl. auch *Lutter/Hommenhoff/Timm* BB 1980, 737, 738; *Geißler* NZG 2000, 719, 720.

aa. Verkürzung der Einberufungsfristen

Um die Hauptversammlung trotz des bestehenden Zeitdrucks an der geplanten Sanierungsmaßnahme beteiligen zu können, ist es zunächst denkbar, die Einberufungsfrist für die Hauptversammlung zu verkürzen. Gemäß § 123 Abs. 1 AktG ist die Hauptversammlung grundsätzlich mindestens dreißig Tage vor dem Tage der Versammlung einzuberufen. Bis zum AktG 1965 bestand dagegen lediglich eine 2-Wochen-Frist für die Einberufung der Hauptversammlung.[814] Diese dreißigtägige Einberufungsfrist dient, wie schon die vor den Änderungen durch das UMAG bestehende Monatsfrist, dem Dispositionsschutz der Aktionäre.[815] Diese sollen sich auf den Termin der Hauptversammlung einrichten und sich vorbereiten können. Da es sich um eine Mindestfrist handelt, kann sie aufgrund § 23 Abs. 5 Satz 1 AktG auch nicht durch Satzungsregelungen verkürzen werden.[816] Denn gemäß § 23 Abs. 5 Satz 1 AktG kann die Satzung von den Vorschriften des Gesetzes nur abweichen, wenn es ausdrücklich zugelassen ist.

Eine Verkürzung der Einberufungsfrist der Hauptversammlung ist de lege lata lediglich in einem Fall zulässig. Gemäß § 16 Abs. 4 WpÜG i.V.m. § 16 Abs. 3 WpÜG kann die gesetzliche Einberufungsfrist nach § 123 Abs. 1 AktG bis auf zwei Wochen vor dem Hauptversammlungstag verkürzt werden, sofern die Hauptversammlung der Zielgesellschaft im Zusammenhang mit einem Angebot nach dem WpÜG steht. Die Zielgesellschaft kann auf diese Weise sofort auf das Angebot reagieren und insbesondere im Falle eines feindlichen Übernahmeangebots aktienrechtlich zustimmungsbedürftige Abwehrmaßnahmen ergreifen.[817] Die Vorschrift verbessert somit die praktische Durchführbarkeit einer Hauptversammlung während der zeitlich begrenzten Angebotsphase.[818]

aaa. Übertragung der Regelungen über die vereinfachte Einberufung der Hauptversammlung des § 16 WpÜG?

Fraglich ist, ob die Regelungen des § 16 WpÜG über die vereinfachte Einberufung einer Hauptversammlung auf den hier zu untersuchenden Fall einer kurzfristigen Sanierung der Aktiengesellschaft übertragen werden können. Voraussetzung dafür ist zunächst, dass die Regelungen des § 16 WpÜG auch in dem vorliegenden Fallgestaltungen praktikabel sind und eine vergleichbare Interessenslage besteht. Darüber hinaus dürfen die Vorschriften des § 16 WpÜG nicht nur auf den geregelten Fall anwendbar sein, sondern müssen auch übertragbar sein.

---

[814] Vgl. zur Entwicklungsgeschichte der Vorschrift *Werner*, in: Großkomm. AktG, § 123 Rn. 2.

[815] Begr. RegE AktG 1965, *Kropff* S. 172; *Hüffer* AktG, § 123 Rn. 1; *Kubis*, in: MüKo AktG, § 123 Rn. 1; *Werner*, in: Großkomm. AktG, § 123 Rn. 2; *Zöllner*, in: Köln Komm. AktG, § 123 Rn. 3, 4.

[816] *Butzke*, in: Obermüller/Werner/Winden, B Rn. 55.

[817] RegBegr. BT-Drucks. 14/7034 S. 57; *Hasselbach*, in: Kölner Komm. WpÜG, § 16 Rn. 55; *Oechsler*, in: Ehricke/Ekkenga/Oechsler, WpÜG, § 16 Rn. 21; *Scholz*, in: Frankfurter Komm. WpÜG § 16 Rn. 271.

[818] *Scholz*, in: Frankfurter Komm. InsO, § 16 Rn. 3.

(1) Praktikabilität der Regelungen aus dem WpÜG

Fraglich ist somit zunächst, ob die Regelungen des § 16 Abs. 4 WpÜG auch im Fall der kurzfristigen Sanierung der Gesellschaft praktikabel sind. Dabei ist zwischen den inhaltlichen und formalen Gesichtspunkten zu unterscheiden.

Gegenstand einer solchen „Sonder-Hauptversammlung“[819] nach § 16 WpÜG kann inhaltlich nur die Frage sein, in welcher Weise auf das Übernahmeangebot reagiert werden soll.[820] Dagegen ist eine Einschränkung des Dispositionsschutzes im Fall der Aufnahme weiterer, nicht im Zusammenhang mit dem Angebot stehender Tagesordnungspunkte nicht gerechtfertigt.[821] In diesem Fall gelten die aktienrechtlichen Einberufungsvorschriften uneingeschränkt.

Wie bereits dargelegt, verkürzt sich in diesem Fall gemäß § 16 Abs. 4 Satz 1 WpÜG die Einberufungsfrist auf zwei Wochen vor dem Tage der Versammlung. Weiterhin ist die Gesellschaft gemäß § 16 Abs. 4 Satz 2 WpÜG bei der Wahl des Versammlungsortes frei. In der Kürze der zur Verfügung stehenden Zeit kann das Auffinden eines geeigneten Versammlungsortes erhebliche praktische Schwierigkeiten bereiten.[822] Durch diese Vorschrift soll die Gesellschaft die nötige Flexibilität bei der Wahl des Versammlungsortes frei von sonstigen gesetzlichen oder satzungsmäßigen Vorgaben erlangen.[823] Gemäß § 16 Abs. 4 Satz 3 WpÜG betragen außerdem die Anmeldefrist und die Frist nach § 125 Abs. 1 Satz 1 AktG vier Tage. Diese Vorschrift verkürzt die Hinterlegungsfrist bei Inhaberaktien, die Anmeldefrist bei Namensaktien und die Frist zur Mitteilung an Kreditinstitute zwingend auf vier Tage.[824] Schließlich bestimmt § 16 Abs. 4 Satz 5 WpÜG, dass Mitteilungen an die Aktionäre, ein Bericht nach § 186 Abs. 4 Satz 2 AktG und fristgerecht eingereichte Anträge von Aktionären, allen Aktionären zugänglich und in Kurzfassung bekannt zu machen sind. Zugänglich machen bedeutet nach der Begründung des Regierungsentwurfs, das Auslegen bei der Gesellschaft und Einstellen auf die Website der Gesellschaft.[825] Die Bekanntmachung in Kurzfassung kann sehr knapp gefasst sein, wenn sie ein Hinweis auf die Fundstelle des Langtextes enthält.[826]

Das in § 16 Abs. 4 WpÜG statuierte Regelungssystem ermöglicht es, die Hauptversammlung innerhalb einer deutlich kürzeren Frist einzuberufen, als dies nach dem Aktiengesetz möglich ist. Die dargestellten Veränderungen stellen eine gesetzlich anerkannte Lösung dar, die Einberufungsfrist der Hauptversammlung unter Wahrung der Aktionärsinteressen zu verkürzen. Dieses Regelungssystem ist auch im Fall einer kurzfristig durchgeführten Sanierung praktikabel. Wenn die Einberufung der Hauptversammlung auf ca. die Hälfte der eigentlichen Einberufungsfrist verkürzt werden kann,

---

[819] Diesen Ausdruck verwendet *Schneider*, in: Assmann/Pötzsch/Schneider, WpÜG, § 16 Rn. 60 ff.
[820] *Steinmeyer/Häger*, WpÜG, § 16 Rn. 11.
[821] *Geibel*, in: Geibel/Süßmann, WpÜG, § 16 Rn. 52, 71.
[822] Begr. RegE BT-Drucks. 14/7034 S. 47; vgl. auch *Schneider*, in: Assmann/Pötzsch/Schneider, WpÜG, § 16 Rn. 68.
[823] Begr. RegE BT-Drucks. 14/7034 S. 47.
[824] Begr. RegE BT-Drucks. 14/7034 S. 47.
[825] Begr. RegE BT-Drucks. 14/7034 S. 47.
[826] Begr. RegE BT-Drucks. 14/7034 S. 47.

ist es für den Vorstand möglich, innerhalb eines kurzen Zeitraums einen entsprechenden Beschluss der Hauptversammlung zu erlangen und somit die in Betracht kommende Maßnahme durchzuführen. Auch die inhaltliche Begrenzung der Hauptversammlung ist im Fall der Sanierung sachgerecht. Gegenstand einer solchen Hauptversammlung kann ebenfalls nur die Frage sein, ob die in Betracht kommende Sanierungsmaßnahme durchgeführt werden soll oder nicht.

(2) Vergleichbare Interessenslage

Damit eine Übertragung des Regelungssystems des § 16 Abs. 4 WpÜG in Betracht kommt, muss darüber hinaus muss eine vergleichbare Interessenslage bestehen. Der Zweck der Sonderregelungen in § 16 WpÜG besteht darin, der Zielgesellschaft die Einberufung und Durchführung der Hauptversammlung soweit möglich, und mit dem Schutz der (Informations-) Rechte der Aktionäre der Zielgesellschaft vereinbar, zu erleichtern, sowie dadurch eine Beschlussfassung der Hauptversammlung innerhalb des engen übernahmerechtlichen Zeitrahmens zu ermöglichen.[827] Die Vorschrift ermöglicht so eine rasche Reaktion auf ein Angebot.[828] Die Zielgesellschaft soll nicht durch den Zwang zur Einhaltung von Formalien der in der Übernahmesituation erforderlichen Flexibilität beraubt werden.[829] Die Durchführung einer solchen Hauptversammlung kann dabei insbesondere auch aufgrund einer ungeschriebenen Zuständigkeit der Hauptversammlung nach den Holzmüller-Grundsätzen erforderlich sein.[830] In der Übernahmesituation liegt es insbesondere auch im Interesse der Aktionäre, durch eine Maßnahme, die der Hauptversammlungszuständigkeit unterliegt, schnell auf das veröffentlichte Angebot reagieren zu können. Dies wäre jedoch unter Beibehaltung der Einberufungsfrist nach dem Aktiengesetz aufgrund der zeitlichen Gegebenheiten nicht möglich. Da der Sinn und Zweck der Einberufungs- und Veröffentlichungsvorschriften im AktG im Schutz der Aktionäre zu sehen ist,[831] muss in den Situationen von diesen Vorschriften abgewichen werden können, in denen im Interesse der Aktionäre eine schnellere Durchführung der Hauptversammlung erforderlich ist. Ein solches Abweichen von den aktienrechtlichen Vorschriften zur Einberufung der Hauptversammlung wurde in § 16 Abs. 4 WpÜG kodifiziert.

Auch in der hier zu untersuchenden Sanierungssituation besteht das Bedürfnis für eine rasche Beteiligung der Hauptversammlung. Der enge zeitliche Rahmen für die Durchführung einer Hauptversammlung wird hier durch die bevorstehende Insolvenz der Gesellschaft hervorgerufen. Da ein Abweichen von den Einberufungsvorschriften, wie bereits oben dargelegt,[832] bei den Maßnahmen, die aufgrund einer geschriebenen Zu-

---

[827] *Hasselbach*, in: Kölner Komm. WpÜG, § 16 Rn. 55.
[828] BT-Drucks. 14/7034 S. 47.
[829] *Reichert*, in: Semler/Volhard, Arbhdb. HV, § 4 Rn. 97.
[830] *Thoma/Stöcker*, in: Baums/Thoma, WpÜG, § 16 Rn. 73.
[831] Vgl. zu § 123 AktG nur *Hüffer* AktG, § 123 Rn. 1; zu § 124 Abs. 2 Satz 2 AktG nur Begr. RegE AktG 1965, *Kropff* S. 174; *Hüffer* AktG, § 124 Rn. 10.
[832] § 11 I. S. 136 ff.

ständigkeit der Hauptversammlung eine Zustimmung der Hauptversammlung verlangen, aufgrund der insofern eindeutigen Rechtslage nicht möglich ist, ist der Handlungsrahmen der Gesellschaft in der Krisensituation schon eingeschränkt. Wenn nun zusätzlich die Maßnahmen, die einer ungeschriebenen Zuständigkeit der Hauptversammlung unterliegen, nicht durchgeführt werden könnten, wäre der Handlungsspielraum auf ein Mindestmaß eingeschränkt. Dies würde aber der Gesellschaft, wie in der Übernahmesituation, die für die Sanierung notwendige Flexibilität nehmen.

Darüber hinaus liegt es, wie bereits oben erwähnt,[833] gerade im Interesse der Aktionäre durch die Hauptversammlung über das weitere Vorgehen der Gesellschaft zur Sanierung der Gesellschaft informiert zu werden und an der Durchführung der einzelnen Sanierungsmaßnahme durch einen entsprechenden Beschluss der Hauptversammlung beteiligt zu werden. Die regulären Einberufungsformalien würden eine Beteiligung der Hauptversammlung an der Maßnahme und damit die Durchführung dieser Maßnahme insgesamt verhindern. Dies widerspricht jedoch genau wie in der Übernahmesituation dem Interesse der Aktionäre. Wenn im Sanierungsfall eine Beteiligung der Hauptversammlung aber nur aufgrund von Normen unterbleiben muss, die unstreitig aktionärsschützenden Charakter haben, ist auch hier eine Abweichung von diesen Normen geboten. Es liegt somit eine vergleichbare Interessenlage in den beiden Konstellationen vor.

(3) Übertragbarkeit auf Sanierungssituation

Schließlich müsste die Regelung des § 16 Abs. 4 WpÜG auch auf eine Fallgestaltung übertragbar sein, die nicht im Zusammenhang mit einer Unternehmensübernahme liegt. Voraussetzung dafür ist, dass der Inhalt der Norm nicht nur auf die Übernahmesituation beschränkt ist.

Ziel des WpÜG ist es, Rahmenbedingungen bei Unternehmensübernahmen und anderen öffentlichen Angeboten zum Erwerb von Wertpapieren zu schaffen, die den Anforderungen der Globalisierung und der Finanzmärkte angemessen Rechnung tragen, und hierdurch den Wirtschaftsstandort und Finanzplatz Deutschland im internationalen Wettbewerb stärken.[834] Sinn und Zweck des Gesetzes ist es somit, Leitlinien für ein faires und geordnetes Angebotsverfahren zu schaffen, ohne dabei Unternehmensübernahmen zu fördern oder zu verhindern.[835] Im Vordergrund des WpÜG steht es somit das Verfahren einer Übernahme gesetzlich zu regeln.

Auch bei der Regelung bezüglich der vereinfachten Einberufung der Hauptversammlung im Zusammenhang mit einem Angebot in § 16 Abs. 4 WpÜG handelt es sich um eine reine Verfahrenregelungen, die keinen besonderen Ausgleich zwischen den Interessen des Erwerbers und der Zielgesellschaft schafft. Ziel dieser Norm ist es lediglich, einen Rechtsrahmen für eine verkürzte Einberufung der Hauptversammlung zu schaffen. Eine besondere Verankerung in der Übernahmesituation hat lediglich der

[833] § 11 II. S. 138 ff.
[834] Begr. RegE BT-Drucks. 14/7034 S. 28.
[835] *Hirte*, in: Kölner Komm. WpÜG, Einl. Rn. 84; *Schneider*, in: Assmann/Pötzsch/Schneider, WpÜG, Einl. Rn. 44.

Auslöser für die verkürzten Einberufungsfristen, die Veröffentlichung des Angebots nach § 16 Abs. 3 WpÜG. Da es sich bei § 16 Abs. 4 WpÜG somit um reine Verfahrensregelungen handelt, können die Regelungen zur verkürzten Einberufungsfrist auch auf die Sanierungssituation übertragen werden.

(4) Zwischenergebnis

Die Regelungen des § 16 Abs. 4 WpÜG lassen sich auf die Sanierungssituation übertragen. Sie bilden eine gesetzlich statuierte Lösung des Konflikts zwischen der Beteiligung der Hauptversammlung und einer raschen Reaktion der Gesellschaft auf eine plötzlich auftretende Situation, die von großer Bedeutung für die Gesellschaft ist.

bbb. Zusammenfasssung

Durch eine Verkürzung der Einberufungsfristen der Hauptversammlung nach dem Muster des § 16 Abs. 4 WpÜG im Sanierungsfall stellt eine „vereinfachte“ Präsenshauptversammlung eine durchaus praktikable Lösungsalternative dar. Das Hauptproblem bei der Durchführung einer Hauptversammlung kann so in einer gesetzlichen, an anderer Stelle anerkannten Form gelöst werden. Die Aktionärsrechte werden durch die Durchführung der Hauptversammlung, wenn auch in vereinfachter Form, im Gegensatz zu den anderen Lösungsansätzen am umfassendsten gewahrt.

bb. Verringerte Informationspflichten

Darüber hinaus könnte es für die Beschleunigung der Vorbereitung und Durchführung der Hauptversammlung erforderlich sein, dass auch die Informationspflichten des Vorstands verringert werden. Wie oben dargelegt, unterliegt der Vorstand bei der Vorlage einer Holzmüller-Maßnahme an die Hauptversammlung einer erweiterten Bekanntmachungspflicht gemäß § 124 Abs. 2 Satz 2 AktG analog[836] und ist zudem verpflichtet, einen schriftlichen Vorstandsbericht zu erstellen und zu veröffentlichen.[837] Die Zusammenstellung entsprechender Informationen für die Aktionäre beansprucht, neben der Suche nach einem angemessenen Versammlungsort, im Rahmen der Vorbereitung der Einberufung der Hauptversammlung den größten Umfang der Arbeit.[838] Dies bedeutet zugleich, dass die Vorbereitungszeit bei der Einberufung durch umfangreiche Berichtspflichten des Vorstands verlängert wird und so ein zustimmender Beschluss der Hauptversammlung verzögert wird. Fraglich ist daher, ob die Informationspflichten im Sanierungsfall modifiziert werden können und müssen.

Ausgangspunkt für die Informationspflichten des Vorstands gegenüber den Aktionären ist, der Hauptversammlung die Informationen zu geben, die sie für eine sachgerechte Entscheidung über die vorlagepflichtige Maßnahme benötigt.[839] Diese Grenze

[836] § 5 III. 1. c. bb. aaa. S. 60.
[837] § 5 III. 1. c. bb. bbb. S. 61 f.
[838] Vgl. zu den praktischen Gesichtspunkten der Vorbereitung der Hauptversammlung *Ek*, in: Hölters Teil XI Rn. 139; *Rappers*, in: Semler/Volhard, Arbeitshdb. HV, § 3 Rn. 1 ff.
[839] BGHZ 146, 288; *Hüffer* AktG, § 119 Rn. 19; *ders.* FS Ulmer 2003, S. 279, 299.

darf auch im Fall der Sanierung nicht unterschritten werden, da sonst eine verständige Entscheidung der Hauptversammlung nicht möglich ist.

aaa. Begrenzung der Informationspflichten auf die Hauptversammlung

Denkbar ist es zunächst, die Informationspflichten des Vorstands auf die tatsächliche Hauptversammlung selbst zu begrenzen. Danach wäre der Vorstand im Rahmen der Einberufung nur noch verpflichtet, die vorlagepflichtige Tatsache bekanntzugeben. Eine inhaltliche Information der Aktionäre über die Maßnahme würde dann nur noch in mündlicher Form in der Hauptversammlung geschehen.

Gegen ein solches Vorgehen sprechen zwei Argumente. Zum einen der Dispositionsschutz der Aktionäre[840]. Die Einberufungsfrist dient neben der Einrichtung auf den tatsächlichen Termin der Hauptversammlung dazu, dass sich die Aktionäre sachlich auf die Hauptversammlung vorbereiten können.[841] Wenn die Aktionäre aber lediglich über die Maßnahme informiert werden sollen, über die abgestimmt werden soll, jedoch keine Informationen über den Inhalt und die Auswirkungen der Maßnahme auf die Gesellschaft erhalten, ist eine sachliche Vorbereitung der Aktionäre auf die Hauptversammlung nicht möglich. Außerdem spricht auch die Komplexität und Bedeutung der Maßnahme für die Mitgliedsrechte der Aktionäre gegen eine solche Begrenzung. Die Maßnahmen, die einer ungeschriebenen Zuständigkeit der Hauptversammlung, insbesondere nach den Gelatine-Entscheidungen des BGH unterliegen, haben für die Gesellschaft und ihr Aktionäre grundlegende Bedeutung. Deshalb ist es notwendig, dass die Aktionäre schon ab der Bekanntmachung über die Einberufung der Hauptversammlung über die vorlagepflichtige Maßnahme informiert werden.

bbb. Verzicht auf das Erfordernis eines „Holzmüller-Berichts“

Denkbar ist es weiterhin, die Anforderungen an vorherige Informationspflicht zu verringern. Dabei käme in Betracht, im Sanierungsfall auf das Bedürfnis eines Vorstandsberichts zu verzichten, wie dies ein Teil der Literatur generell für die Fälle einer ungeschriebenen Zuständigkeit der Hauptversammlung fordert.[842] Ein solcher Verzicht würde die Vorbereitung einer kurzfristig durchzuführenden Hauptversammlung deutlich vereinfachen.

Dass ein entsprechender Vorstandsbericht im Rahmen eines Holzmüller-Beschlusses grundsätzlich bei allen Arten von Vorlagegegenständen erforderlich ist, ist bereits oben ausführlich dargelegt worden.[843] Fraglich ist daher lediglich, ob der Sanierungsfall ein Abweichen von diesen Grundsätzen rechtfertigt. Auch die Regelungen hinsichtlich der Informationspflichten des Vorstands dienen, wie auch oben schon im Bezug auf die Einberufungsfristen dargelegt, dem Schutz der Aktionäre. Wenn nun

[840] Vgl. dazu nur *Hüffer* AktG, § 123 Rn. 1; *Kubis*, in: MüKo AktG, § 123 Rn. 1.
[841] *Hüffer* AktG, § 123 Rn. 1.
[842] Vgl. *Horbach* BB 2001, 893, 897 f.; *Hüffer* AktG, § 119 Rn. 19; *ders.* FS Ulmer 2003, S. 279, 299 f.; *Priester* ZHR 163 (1999), 187, 201 f.; *Zeidler* NZG 1998, 91, 93; wohl auch *Bungert* NZG 1998, 367,370
[843] § 5 III. 1. c. bb. bbb. S. 61 ff.

insbesondere im Interesse der Aktionäre eine kurzfristig durchzuführende Hauptversammlung stattzufinden hat, ist ein Abweichen von den aktionärsschützenden Vorschriften grundsätzlich denkbar. Eine solche Abweichung findet jedoch ihre „natürliche“ Grenze dort, wo eine sinnvolle Hauptversammlung und Abstimmung über den Vorlagegegenstand nicht mehr möglich ist. In Anlehnung an die obige Differenzierung ist zwischen der Zustimmung zu einem Vertrag bzw. Vertragsentwurf und der Zustimmung zu einem Konzept zu unterscheiden.

Wenn die Hauptversammlung in der Krisensituation über die Zustimmung zu einem bestimmten Vertrag, beispielsweise einem Veräußerungsvertrag über eine Tochtergesellschaft, zu entscheiden hat, muss es vor dem Hintergrund einer möglichst zeitnahen Entscheidung möglich sein, auf das Erfordernis eines „Holzmüller-Berichts“ zu verzichten. Durch die Bekanntgabe des wesentlichen Inhalts des Vertrags gemäß § 124 Abs. 1 Satz 2 AktG analog, erhalten die Aktionäre jedenfalls die Grundinformation über die zustimmungspflichtige Maßnahme, die sie für eine sachegerechte Entscheidung benötigen. Der Verzicht auf die zusätzlichen Informationen hinsichtlich der Hintergründe und Auswirkungen des Vertrags ist aufgrund des engen zeitlichen Rahmens gerechtfertigt.

Fraglich ist, ob ein solcher Bericht in Krisensituationen auch bei der Abstimmung über ein strategisches Konzept, wie beispielsweise über ein ganzes Sanierungskonzept, ebenfalls mit dem Verweis auf die zeitnahe Entscheidung der Hauptversammlung entbehrlich ist. Auch bei der Zustimmung zu einem strategischem Konzept ist der Vorstand zur Darstellung dieses und der wesentlichen Einzelschritte im Rahmen der Bekanntmachungspflicht analog § 124 Abs. 2 Satz 2 AktG verpflichtet.[844] Zwar sind hier die Auswirkungen, die das Konzept auf die Gesellschaft und die Mitgliedrechte der Aktionäre hat, wesentlich schwerer zu übersehen, als dass bei der Abstimmung über einen einzelnen Vertrag ist. Jedoch überwiegt auch in dieser Fallkonstellation das Interesse der Gesellschaft und ihrer Aktionäre an der raschen Durchführung der erforderlichen Sanierungsmaßnahmen gegenüber dem Informationsanspruch des einzelnen Aktionärs. Im Einklang mit der oben aufgezeigten Wertung des Gesetzgebers, dass die Aktionärsrechte im Fall der Sanierung hinter dem Gemeinwohl der Gesellschaft zurückzustehen haben,[845] erscheint es hier sachgerecht, dass die Aktionäre auf einen entsprechenden „Holzmüller-Bericht“ verzichten müssen. Denkbar wäre es jedoch als Ausgleich die Auskunftspflichten des Vorstands im Rahmen der Durchführung der Hauptversammlung zu erhöhen.

Zusammenfassend ist festzustellen, dass ein schriftlicher „Holzmüller-Bericht“ bei der Einberufung einer Ad-hoc-Hauptversammlung zwecks Zustimmung zu Sanierungsmaßnahmen entbehrlich ist.

---

[844] Vgl. *Hüffer* AktG, § 124 Rn. 11.
[845] § 8 IV. S. 84 f.

cc. Treuepflichten der Aktionäre

Die Geltung einer mitgliedschaftlichen Treuepflicht entspricht heute auch für das Aktienrecht der allgemeinen Meinung in der Rechtsprechung und Literatur.[846] Entstehungsgrund für die Treupflicht im Verhältnis der Aktionäre zur Gesellschaft sowie unter den Aktionären ist die aus dem von den Gründern abgeschlossenen Organisationsvertrag hervorgegangene Satzung.[847] Für den Inhalt der Treuepflichten ist zwischen gesellschaftsbezogenen und eigennützigen Mitgliedsrechten zu unterscheiden.[848] Bei der Ausübung der eigennützigen Mitgliedsrechte, wie zum Beispiel das Dividendenrecht, hat die Treuepflicht in erster Linie Schrankenfunktion.[849] Danach hat jeder Aktionär die Schranken zu beachten, die sich aus dem Verbot willkürlicher oder unverhältnismäßiger Rechtsausübung ergeben. Bei den gesellschaftsbezogenen Pflichten, wie insbesondere der Stimmrechtsausübung, sind die Aktionäre verpflichtet, diejenigen Handlungen vorzunehmen, die der Förderung der Gesellschaft dienen und Handlungen zu unterlassen, die dem Gesellschaftszweck zuwiderlaufen.[850]

Auch bei der Durchführung der „vereinfachten" Präsensversammlung unterliegen die Aktionäre, wie bei jeder Hauptversammlung, der allgemeinen Treuepflicht. Danach haben die Aktionäre insbesondere alle Handlungen zu unterlassen, die dem Gesellschaftszweck widersprechen und der Gesellschaft Schaden zufügen.[851] Wie oben dargelegt,[852] hat der BGH in seiner „Girmes"-Entscheidung die Treuepflichten der Aktionäre, insbesondere der Minderheitsaktionäre, im Bezug auf das Abstimmungsverhalten in der Hauptversammlung konkretisiert.[853] In dieser Entscheidung hat der BGH festgelegt, dass aufgrund der unter den Aktionären bestehenden Treuepflicht, es dem einzelnen Aktionär nicht erlaubt ist, eine sinnvolle und mehrheitlich angestrebte Sanierung der Gesellschaft – einschließlich einer zum Sanierungskonzept gehörenden Kapitalherabsetzung – aus eigennützigen Gründen zu verhindern.[854]

Für die in Betracht kommende „vereinfachte" Hauptversammlung bedeutet dies, dass die Aktionäre sinnvolle Sanierungsmaßnahmen nicht aufgrund von treuwidrigen

---

846 BGHZ 129, 136 („Girmes"); 103, 184 („Linotype"); BGH NJW 1992, 3167 („Scheich Kamel"); *Dreher* ZHR 157, (1993), 150, 151; *Bungeroth*, in MüKo AktG, Vor § 53a Rn. 18 m.w.N; *Häsemeyer* ZHR 160 (1996), 109, 113; *Henze* BB 1996, 489 ff.; *ders.* ZHR 1998, 186 ff.; *Hüffer* AktG, § 53a Rn. 14; *Jäger* NZG 1999, 238, 239; *Lutter* ZHR 153 (1989), 446, 552 ff.; *Werner* FS Semler, 1993, 419, 423 ff.; vgl. auch *Jilg* 1996, S. 21 ff.

847 *Krieger*, in: Münch. Hdb GesR AG, § 17 Rn. 14; *Henze* BB 1996, 489, 491 ff.; *Hüffer* AktG, § 53a Rn. 14.

848 Vgl. *Hüffer* AktG, § 53a Rn. 16; *Krieger*, in: Münch. Hdb GesR AG, § 17 Rn. 14.

849 *Hüffer* AktG, § 53a Rn. 16.

850 *Hüffer* AktG, § 53a Rn. 16; vgl. ausführlich zu den Auswirkungen der Treuepflicht auf die Stimmrechtsausübung *Beckerhoff*, 1996, S. 47 ff.

851 Vgl. *Häsemeyer* ZHR 160 (1996), 109, 114.

852 § 8 III. S. 84.

853 BGHZ 129, 136 („Girmes"); vgl. Besprechungen von *Bungert* DB 1995, 1749; *Flume* ZIP 1995, 161; *Lutter* JZ 1995, 1053; *Marsch-Barner* ZIP 1996, 853; *Schnorbus* JuS 1998, 877.

854 BGHZ 129, 137 Leitsatz b), vor dieser Entscheidung bereits *Timm* WM 1991, 481, 484.

Motiven blockieren können.[855] In Fall eines für die Existenz der Gesellschaft notwendigen Beschlusses wird man somit eine wie auch immer geartete positive Stimmpflicht des Aktionärs annehmen müssen, wenn ohne seine Beteiligung eine sinnvolle und mehrheitlich angestrebte Sanierung unmöglich ist.[856] Dahinstehen kann letztlich, ob der Aktionär in der Hauptversammlung dazu verpflichtet ist, mit „Ja" zu stimmen oder sich seiner Stimme enthalten muss.[857] Denn in beiden Fällen ist sichergestellt, dass eine mehrheitlich angestrebte Sanierung der Gesellschaft nicht gefährdet ist. Wenn der Vorstand der Hauptversammlung ein nachvollziehbares Sanierungskonzept bzw. eine Sanierungsmaßnahme vorlegt, kann er sich somit der Zustimmung durch die Hauptversammlung sicher sein. Die Treuepflicht der Aktionäre schützt den Vorstand jedoch nicht vor den Folgen fehlerhaften Handelns. Wenn Anzeichen für ein fehlerhaftes Verhalten des Vorstands erkennbar sind, sind die Aktionäre nicht im Gesellschaftsinteresse verpflichtet, die Zustimmung zu der Maßnahme zu erteilen. Vielmehr sind sie dann dazu berechtigt, gegen den Vorschlag des Vorstands zu stimmen. Die Treuepflicht soll die Gesellschaft nur vor willkürlichen Rechtsausübungen der Aktionäre schützen, nicht aber den Vorstand vor den Folgen fehlerhaften Verhaltens.

dd. Anfechtungsrecht der Aktionäre

Wenn man die Hauptversammlung trotz des bestehenden Zeitdrucks an der Sanierung der Gesellschaft beteiligen will, stellt sich zwangsläufig auch die Frage nach dem Anfechtungsrecht der Aktionäre. Wenn der Beschluss über die Zustimmung zu einer Sanierungsmaßnahme angefochten wird, dauert es bis zu einer Entscheidung des Gerichts im Regelfall Jahre. Da ein stattgebendes Urteil den Beschluss der Hauptversammlung rückwirkend vernichtet,[858] entsteht durch eine laufende Anfechtungsklage für die Gesellschaft eine große Unsicherheit, ob die Sanierung in der geplanten Form durchgeführt werden kann. Zu Bedenken ist hier, dass, wie oben dargelegt,[859] ein Verstoß gegen die Vorlagepflicht des Vorstands im Außenverhältnis nicht zur Unwirksamkeit der Sanierungsmaßnahme führt. Dies bedeutet, dass der Vorstand trotz einer anhängigen Anfechtungsklage grundsätzlich die Möglichkeit hätte, die Maßnahme wirksam umzusetzen. Andere zustimmungsbedürftige Maßnahmen, wie beispielsweise die Verschmelzung, können dagegen bei einer anhängigen Anfechtungsklage nicht durchgeführt werden, da die Anfechtungsklage gemäß § 16 Abs. 2 UmwG eine Registersperre auslöst.[860] Wenn der Vorstand jedoch trotz einer anhängigen Anfechtungsklage die Sanierungsmaßnahme durchführt, kann dies gemäß § 93 Abs. 2. Satz 1 AktG zu einer Haftung des Vorstands führen. Denn der Haftungsausschluss des § 93 Abs. 4 Satz 1 AktG findet keine Anwendung, wenn der entsprechende Beschluss der Haupt-

---

[855] Vgl. zur mitgliedschaftlichen Verantwortung für Sanierungsentscheidungen *Häsemeyer* ZHR 160 (1996), 109, 125 ff.

[856] *Görg* FS Greiner, 2005, S. 51, 55.

[857] Vgl. *Görg* FS Greiner, 2005, S. 51, 55.

[858] Ganz h.M. vgl. *Hüffer* AktG, § 248 Rn. 4, 6; *K. Schmidt*, in: Großkomm. AktG, § 248 Rn. 5; *Zöllner*, in: Kölner Komm. AktG, § 248 Rn. 9.

[859] § 5 III. 2. c. S. 70.

[860] Vgl. *Bork*, in: Lutter/Winter, UmwG, § 16 Rn. 9.

versammlung aufgrund der Anfechtungsklage für nichtig erklärt wird. Regelmäßig würde auch im Fall einer ungeschriebenen Zuständigkeit die Erhebung einer Anfechtungsklage praktisch zur Suspendierung der Maßnahme führen. Eine solche Verzögerung der erforderlichen Sanierungsmaßnahme gefährdet aber den Erfolg der angestrebten Sanierung.

aaa. Notwendigkeit einer weiteren Einschränkung des Anfechtungsrechts?

Fraglich ist daher, ob im Rahmen der „vereinfachten" Hauptversammlung auch eine über die anerkannten Grundsätze für eine reguläre Hauptversammlung hinaus gehende Beschränkung des Anfechtungsrechts notwendig ist.

(1) Rechtsmißbräuchliche Anfechtungsklagen

Anerkannt ist für eine Anfechtungsklage im Rahmen einer regulären Hauptversammlung, dass das Anfechtungsrecht bei sogenannten rechtsmissbräuchlichen Anfechtungsklagen ausgeschlossen ist.[861] Insbesondere in den Fällen, in denen die Gesellschaft aufgrund der äußeren Umstände auf einen zeitnahen Beschluss der Hauptversammlung angewiesen ist, sei es bei der Zustimmung zu einer Verschmelzung oder aber auch hier im Fall einer kurzfristigen Sanierung der Gesellschaft, besteht die Gefahr, dass die Aktionäre ihr Anfechtungsrecht aufgrund gesellschaftsfremder Interessen ausnutzen. Solche rechtsmissbräuchlichen Anfechtungsklagen werden ersichtlich mit dem Ziel erhoben, sich für deren Rücknahme Abfindungen zahlen und sich so den Lästigkeitswert der Anfechtungsklage abkaufen zu lassen.[862]

Das UMAG hat bei der Bekämpfung des Anfechtungsmissbrauchs zwar deutliche Akzente gesetzt.[863] Zum einen muss die Aktionärseigenschaft gemäß § 245 Nr. 1, 3 AktG schon vor der Bekanntmachung der Tagesordnung erworben worden sein.[864] Ziel dieser Regelung ist, dass „kritische" Aktionäre nach Bekanntmachung der Tagesordnung nicht mehr die Möglichkeit haben, Aktien mit dem Ziel zu erwerben, gegen bestimmte Beschlüsse eine rechtsmissbräuchliche Anfechtungsklage zu erheben.[865] Zum anderen wurde die Möglichkeit der Gesellschaft zur Durchführung eines Freigabeverfahrens erweitert.[866] Dieses ermöglicht der Gesellschaft bei bestimmten Haupt-

[861] In der Literatur ist es jedoch umstritten, ob die Klage aufgrund fehlender Anfechtungsbefugnis unbegründet oder mangels Rechtsschutzbedürfnisses schon unzulässig ist; vgl. zur h.M. für eine Unbegründetheit BGH AG 1992, 448, 449; OLG Karlsruhe AG 1992, 273; zuletzt LG München I, Urteil v. 24.08.2006, Az.: 5 HK O 1558/06, S. 21; *Hüffer* AktG, § 245 Rn. 26; *ders.*, in: MüKo AktG, § 245 Rn. 58; *Zöllner*, in: Kölner Komm. AktG, § 245 Rn. 89; für eine Unzulässigkeit noch OLG Karlsruhe WM 1991, 1755, 1756; *K. Schmidt*, in: Großkomm. AktG, § 245 Rn. 75 f.; siehe auch *Künzel* FS Heinsius, 1991, S. 425, 428 ff.

[862] *Semler*, in: Münch. Hdb. GesR AG, § 41 Rn. 66; vgl. ausführlich zum Missbrauch des Anfechtungsrechts *Hüffer*, in: MüKo AktG, § 245 Rn. 47 ff.; *Korte* 2003, S. 17 ff.

[863] *Hüffer* AktG, § 245 Rn. 27.

[864] Vgl. auch *Hüffer* AktG, § 245 Rn. 7.

[865] Vgl. *Traichel*, FAZ v. 16.08.2006 S. 21.

[866] Vgl. zu den Möglichkeiten des Freigabeverfahrens *Göz/Holzborn* WM 2006, 157, 161; *Paschos/Johannsen-Roth* NZG 2006, 327; vgl. auch *Traichel*, FAZ v. 16.08.2006 S. 21.

versammlungsbeschlüsse eine Eintragung der Maßnahme ins Handelsregister, obwohl eine Anfechtungsklage gegen den Hauptversammlungsbeschluss erhoben wurde. Eine Eintragung ist dann möglich, wenn die Anfechtungsklage offensichtlich unbegründet ist und das Gesellschaftsinteresse an der Eintragung der Tatsache in das Handelsregister das Individualinteresse des Aktionärs übersteigt. Jedoch stellt insbesondere die Einführung eines „Record-Dates“ keine große Hürde für „kritische“ Aktionäre dar, da diese häufig an allen „interessanten“ Gesellschaften eine Aktie halten. Durch die Erweiterung des Freigabeverfahrens kann jedenfalls in den Fällen, in denen es möglich ist, die Position des Unternehmens wirksam verbessert werden.

(2) Treuwidrige Anfechtungsklagen

In der Literatur wird darüber hinaus diskutiert, ob es neben den missbräuchlichen Anfechtungsklagen auch treuwidrige Anfechtungsklagen gibt, bei denen ebenfalls das Anfechtungsrecht eingeschränkt ist.[867] Danach sind Anfechtungsklagen von Kleinaktionären als treuwidrig anzusehen, wenn die Klagen den Grundsatz der Verhältnismäßigkeit verletzen, die mit der Klage verfolgten Interessen des nur mit einer Minimalquote an der Gesellschaft beteiligten Aktionärs also nicht gewichtig genug sind, um die der Gesellschaft durch die Anfechtung drohenden Nachteile zu rechtfertigen.[868] Die weitergehende Beschränkung des Anfechtungsrechts bei treuewidrigen Anfechtungsklagen ist jedoch abzulehnen. Bei dem Anfechtungsrecht handelt es sich um ein wichtiges, eigennütziges Verwaltungsrecht des Aktionärs. Dieses kann nur aufgrund des Willkürverbots beschränkt werden. Eine Abwägung zwischen den Individual- und Gemeinschaftsinteressen findet nicht statt.

(3) Vollständiger Ausschluss des Anfechtungsrechts

Das Anfechtungsrecht des Aktionärs ist bei einer regulären Hauptversammlung somit nur im Fall einer rechtsmissbräuchlichen Anfechtungsklage eingeschränkt. Denkbar ist es daher, dass Anfechtungsrecht bei einer „vereinfachten“ Hauptversammlung ganz auszuschließen, um eine zeitnahe und endgültige Entscheidung der Hauptversammlung zu ermöglichen. Durch den Ausschluss des Anfechtungsrechts könnte so in der Hauptversammlung eine endgültige Entscheidung über die Zustimmung zu der Sanierungsmaßnahme getroffen werden und der Vorstand im Anschluss an diese mit der Umsetzung beginnen, wenn die Hauptversammlung der Maßnahme zugestimmt hat.

Gegen diese Überlegungen sprechen jedoch gewichtige Gründe. Bei dem Anfechtungsrecht der Aktionäre handelt es sich um ein wichtiges Kontrollinstrument der Aktionäre gegenüber Beschlüssen der Hauptversammlung.[869] Wenn ein zustimmender Beschluss der Hauptversammlung selbst bei groben Verstößen nicht angefochten wer

[867] Für die Möglichkeit von treuewidrigen Anfechtungsklagen *Werner* FS Semler, 1993, S. 419, 424 ff.; ablehnend *Hüffer*, in: MüKo AktG, § 245 Rn. 52; *K. Schmid*, in: Großkomm. AktG, § 245 Rn. 52.
[868] *Werner* FS Semler, 1993, S. 419, 436.
[869] *Hüffer* AktG, § 245 Rn. 3.

den kann, könnte der Vorstand einen entsprechenden Beschluss der Hauptversammlung unter Missachtung jeglicher Frist- und Formvorschriften erzwingen und so die präventive Beteiligung der Hauptversammlung ad absurdum führen. Damit ein ordnungsgemäßer Beschluss der Hauptversammlung zustande kommen kann, bedarf es einer Kontrollmöglichkeit. Sonst ist eine effektive Beteiligung der Hauptversammlung an der geplanten Sanierungsmaßnahme nicht möglich. Die Gefahren, die mit einem Anfechtungsrecht der Aktionäre verbunden sind, rechtfertigen jedenfalls keinen vollständigen Ausschluss der Anfechtung. Auch bei einer „vereinfachten" Präsenshauptversammlung sind somit lediglich die Anfechtungsklagen ausgeschlossen, die rechtsmissbräuchlich sind. Eine weitere Einschränkung des Anfechtungsrechts ist nicht möglich.

ee. Ergebnis

Wenn man die Hauptversammlung trotz des bestehenden Zeitdrucks an der der Sanierungsmaßnahme beteiligen will, stellt eine „vereinfachte" Präsenshauptversammlung einen sachgerechten Lösungsansatz dar. Die Einberufungsfrist ist dabei im Sinne des § 16 Abs. 4 WpÜG auf zwei Wochen zu verkürzen. Zudem werden die Anforderungen an die Berichtspflicht des Vorstands verringert. Im Sanierungsfall ist lediglich eine wesentliche Bekanntmachung analog § 124 Abs. 2 Satz 2 AktG erforderlich, auf das Erfordernis eines „Holzmüller-Berichts" wird dagegen verzichtet. Eine Einschränkung des Anfechtungsrechts über die missbräuchlichen Anfechtungsklagen hinaus findet dagegen nicht statt.

5. Zusammenfassung

Zusammenfassend ist festzustellen, dass sich die folgende Ansätze zur Lösung des aufgezeigten Problems anbieten. Ein ersatzloser Verzicht auf die Beteiligung der Hauptversammlung bei ungeschriebenen Zuständigkeiten im Sanierungsfall, die nachträgliche Befassung der Hauptversammlung mit der bereits durchgeführten Sanierungsmaßnahme sowie die Durchführung einer „vereinfachten Präsenshauptversammlung". Dagegen scheiden die Lösungsansätze über die Vor-Ordnung durch Satzungsregelungen und Hauptversammlungsbeschluss aufgrund von rechtlichen und praktischen Bedenken, sowie dir Durchführung einer rein virtuellen Hauptversammlung aus.

§ 12 Praktische Anwendbarkeit der Lösungsansätze in der Krise und existentiellen Krise der Gesellschaft

In Anlehnung an die oben dargestellte Aufteilung[870] wird im Folgenden anhand zweier verschiedenen zeitlichen Phasen untersucht, welcher der oben dargelegten Lösungsansätze im jeweiligen Zeitraum zu einer interessengerechteren Lösung führt, als dies die

---

[870] § 7 IV. S. 80 f.

herkömmlichen Grundsätze über die Beteiligung der Hauptversammlung bei einer ungeschriebenen Zuständigkeit der Hauptversammlung vermögen.

I. Krise des Unternehmens

Zunächst wird auf den Zeitraum eingegangen, in dem sich das Unternehmen zwar in der Krise befindet, jedoch die Gefahr einer Insolvenz noch nicht gegeben ist. In dieser Phase besteht grundsätzlich noch die Möglichkeit eine Hauptversammlung nach den Vorschriften des AktG durchzuführen. Sanierungen wirken in dieser Phase häufig vorbeugend, um strukturelle Schwächen zu beseitigen oder ökonomische Abläufe abzufedern.[871]

1. Bestimmung des Krisenzeitraums

Fraglich ist aber, ab wann eine solchen Krise der Gesellschaft vorliegt. Wie oben dargelegt, ist die Krise des Unternehmens im rechtlichen Sinne nicht allgemeingültig definiert.[872] Der Gesetzgeber hat lediglich durch eine Reihe von Regelungen Anhaltspunkte für die Stufen einer Unternehmenskrise kodifiziert, die ein Gegensteuern der Geschäftsleitung erfordern lassen.

a. § 92 Abs. 1 AktG als spätester Zeitpunkt

Im Aktienrecht ist eine solche Stufe gemäß § 92 Abs. 1 AktG erreicht, wenn ein Verlust in Höhe der Hälfte des Grundkapitals eingetreten ist. Wenn dies der Fall ist, hat der Vorstand unverzüglich die Hauptversammlung einzuberufen und ihr den Verlust anzuzeigen. In der Literatur besteht Einigkeit, dass der Verlust der Hälfte des Grundkapitals nach § 92 Abs. 1 AktG eine im Aktienrecht normierte Kennzahl für eine erhebliche Krise der Gesellschaft darstellt.[873] Ab diesem Zeitpunkt befindet sich die Gesellschaft jedenfalls in einer Krise.

Umstritten ist aber, wann ein Verlust in der Höhe der Hälfte des Grundkapitals im Sinne des § 92 Abs. 1 AktG vorliegt. Einigkeit besteht lediglich darüber, dass es nicht um den Verlust aus einzelnen Geschäften, sondern um einen Bilanzverlust handeln muss.[874]

Nach der ganz herrschenden Meinung ist mit einem Verlust im Sinne des § 92 Abs. 1 AktG ein Verlust gemeint, der das Gesellschaftsvermögen auf einen Betrag vermindert, der unter der Hälfte des Grundkapitals liegt.[875] Bei der Feststellung des Verlustes

---

[871] Vgl. *Häsemeyer* ZHR 160 (1996), 109, 126.
[872] § 7 II. S. 74 f.; vgl. auch *Gras*, in: Nerlich/Kreplin, § 2 Rn. 1.
[873] *Lutter/Hommelhoff/Timm* BB 1980, 737, 739; *Martens* ZGR 1972, 254 ff.; *Mertens* AG 1983, 173, 175; *Müller* ZGR 1985, 191, 193, 204; *Picot/Aleth*, in: Picot VIII. Rn. 20; *Wiesbrock* NZG 2005, 294, 298;.
[874] *Hefermehl/Spindler*, in: MüKo AktG, § 92 Rn. 9.
[875] BGH WM 1958, 293; OLG Köln AG 1978, 17, 22; *Hefermehl/Spindler*, in: MüKo AktG, § 92 Rn. 9; *Hüffer* AktG, § 92 Rn. 2; *Müller* ZGR 1985, 191, 206 f.

sind aber die Rücklagen der Gesellschaft zu berücksichtigen. Nach dieser Meinung ist somit ein Verlust im Sinne des § 92 Abs. 1 AktG erst dann gegeben, wenn der Verlust trotz Auflösung aller verfügbaren offenen und stillen Reserven die Hälfte des Grundkapitals überschreitet.

Nach der gegenteiligen, insbesondere von *Habersack* vertretenen Ansicht, ist der Verlust dagegen als Jahresfehlbetrag im Sinne des § 266 Abs. 3 lit. A HGB zu interpretieren, der auf der Grundlage der periodischen Rechnungslegung nach §§ 242 ff., 264 ff. HGB zu ermitteln ist.[876] Rücklagen sind demnach bei der Verlustermittelung nicht zu berücksichtigen. Nach dieser Ansicht liegt ein Verlust in der Höhe der Hälfte des Grundkapitals vor, wenn ein Jahresfehlbetrag in der entsprechenden Höhe entstanden ist. Diese Ansicht will die Pflicht zur Verlustanzeige vorverlegen, um den Aktionären die Möglichkeit zu geben, der sich abzeichnende Krise der Gesellschaft durch Kapital- oder sonstige Sanierungsmaßnahmen zu begegnen.

Für die Frage, wie der Verlust des hälftigen Grundkapitals in § 92 Abs. 1 AktG zu verstehen ist, überzeugt die von *Habersack* vertretene Gegenansicht nicht. Wenn darunter der Jahresfehlbetrag zu verstehen wäre, müsste dies in der Norm angelegt sein. § 92 Abs. 1 AktG verwendet jedoch den rechtstechnischen Begriff des Jahresfehlbetrags gerade nicht. Deshalb ist mit der herrschenden Meinung für die Feststellung des Verlustes des hälftigen Kapitals im Sinne des § 92 Abs. 1 AktG, dieser dem gesamten offen ausgewiesenen Eigenkapital also inklusive entsprechender Rücklagen gegenüberzustellen.

b. Früherer Zeitpunkt

Das AktG verpflichtet den Vorstand in § 92 Abs. 1 AktG somit erst zu einem sehr späten Zeitpunkt zur Anzeige des Verlustes der Gesellschaft. Eine Krise der Gesellschaft, die ein Gegensteuern erforderlich macht, tritt jedoch schon zu einem deutlich früheren Zeitpunkt ein. Fraglich ist daher, ob sich die Gesellschaft nicht schon in einem früheren Zeitpunkt in einer Krise befindet, in der ein Abweichen von den Grundsätzen über die ungeschriebenen Zuständigkeiten gerechtfertigt ist. Wenn ein solches Abweichen dem Vorstand ermöglichen soll, zeitnah notwendige Sanierungsmaßnahmen durchzuführen, so setzt dies voraus, dass dies zu einem Zeitpunkt möglich ist, in dem die Krise der Gesellschaft noch bewältigt werden kann. Sind aber auf der Grundlage der handelsrechtlichen Ansatz- und Bewertungsvorschriften bereits sämtliche Rücklagen und etwaige Gewinnvorträge aufgezehrt, so wie dies im Fall von § 92 Abs. 1 AktG nach der herrschenden Meinung der Fall ist, so steht die Gesellschaft schon häufig am Rande der Überschuldung.[877] Aber auch unabhängig vom Vorliegen einer Überschuldung sind Sanierungsmaßnahmen wenig erfolgversprechend, wenn die Rücklagen bereits aufgezehrt sind und eine Unterbilanz in Höhe des halben Grundkapitals besteht. Deshalb muss der in Betracht kommende Zeitraum zu einem früheren Zeitpunkt beginnen.

---

876 *Habersack*, in: Großkomm. AktG, § 92 Rn. 12 ff.

877 Vgl. zu dieser Argumentation *Habersack*, in: Großkomm. AktG, § 92 Rn. 15, aber im Rahmen der Vorverlegung der Mitteilungspflicht des § 92 Abs. 1 AktG.

aa. Indikatoren für Krisenbestimmung

Fraglich ist aber, ob und wie konkret ein solcher Zeitpunkt bestimmt werden kann. Wenn man die oben dargestellte zeitliche Aufteilung der Unternehmenskrisen zugrunde legt,[878] liegt der in Betracht kommende Zeitraum in der Phase zwischen der Erfolgskrise und der Liquiditätskrise. Eine strategische Krise allein reicht nicht aus, von den Grundsätzen über die ungeschriebene Zuständigkeit abzuweichen. Vielmehr muss schon eine verstärkte Erfolgskrise eingetreten sein, die am Rande einer Liquiditätskrise liegt. Dies bedeutet, dass die eingetretenen bilanziellen Fehlbeträge schon die Substanz der Gesellschaft angegriffen haben müssen.

Fraglich ist, ob dieser Eingriff anhand einer einzelnen Kennzahl festgemacht werden kann oder lediglich verschiedene Indikatoren für die Bestimmung des Zeitraums herangezogen werden können. Im Sinne der Rechtssicherheit wäre es sicher wünschenswert, wenn der in Betracht kommende Zeitraum ab dem Vorliegen einer bestimmten Kennzahl, wie im Fall von § 92 Abs. 1 AktG, definiert werden könnte. Da die Krise der Gesellschaft jedoch vielfältige Ursachen haben kann, gibt es keine Kennzahl, die alleine überzeugend eine Krise der Gesellschaft begründet.[879] Vielmehr ist bei der Bestimmung der Krise, bei der ein Abweichen von der Grundsätzen über die ungeschriebenen Zuständigkeiten der Gesellschaft möglich ist, im Einzelfall eine Gesamtschau verschiedener Indikatoren anzustellen.

aaa. Bilanzielle Kennzahlen

Stärkster Indikator für die Bestimmung der Krise der Gesellschaft ist die Bilanz der Gesellschaft. Nach der Wertung des Aktienrechts in § 92 Abs. 1 AktG ist die Krise der Aktiengesellschaft maßgeblich über bilanzielle Kennzahlen zu bestimmen. Dabei bieten sich zwei Alternativen an, wie man einen früheren Anhaltspunkt für eine Krise als § 92 Abs. 1 AktG bestimmt.

(1) Jahresfehlbetrag in Höhe der Hälfte des Grundkapitals

Zum einen könnte man auf die von *Habersack* im Rahmen des § 92 Abs. 1 AktG vertretene Ansicht abstellen, wonach sich die Gesellschaft in der Krise befindet, wenn ein Jahresfehlbetrag von der Hälfte des Grundkapitals vorliegt.[880] Diese Kennzahl stellt ein verlässliches Kriterium dafür auf, ab wann sich die Gesellschaft in einer Krise befindet, in der ein Gegensteuern im Interesse sowohl der Gesellschaft als auch der Aktionäre erforderlich ist.

(2) Substanzieller Vermögensverlust

Zum anderen könnte man die Krise der Gesellschaft wie im Rahmen des § 92 Abs. 1 AktG anhand des Vermögens der Gesellschaft im Vergleich zum satzungsmäßigen

---

[878] Vgl. zu der zeitlichen Unterteilung der Unternehmenskrise § 7 II. 1. S. 75.
[879] Vgl. *Bichlmeier/Engberding/Oberhofer* S. 40 f.
[880] *Habersack*, in: Großkomm. AktG, § 92 Rn. 12 ff.

Grundkapital bestimmen. Im Gegensatz zu § 92 Abs. 1 AktG beginnt die Krise der Gesellschaft dann schon ab dem Zeitpunkt, in dem ein substantieller Verlust des Gesellschaftsvermögen eingetreten ist. Ein solcher ist beispielsweise anzunehmen, wenn ein Verlust in der Höhe eines Viertels des Grundkapitals eingetreten ist. Das diese Kennzahl im Rahmen des § 92 Abs. 1 AktG nach der ganz herrschenden Meinung in der Rechtsprechung und Literatur zur Bestimmung der Krise der Gesellschaft herangezogen wird, verdeutlicht, dass sie ein anerkannter Indikator für den Zustand der Gesellschaft ist.[881] Wenn nun hier ein früherer Krisenzeitraum zu bestimmen ist, bietet es sich an, diesen Indikator zu verwenden und die Anforderungen an die Höhe des Verlustes entsprechend anzupassen.

(3) Stellungnahme

Gegen ein Abstellen auf den Jahresfehlbetrag bei der Bestimmung der Krise der Gesellschaft spricht, dass es sich dabei lediglich um eine Momentaufnahme handelt. Ein Verlust in entsprechender Höhe sagt nichts über die Entwicklung der Gesellschaft in den vergangenen Jahren aus, sondern kann durch einmalige Ereignisse begründet sein. Dagegen stellt das Abstellen auf einen substantiellen Vermögensverlust eine Kennzahl dar, die die tatsächliche Entwicklung der Gesellschaft darstellt. Im Rahmen des § 92 Abs. 1 AktG hat sich diese Kennzahl bei der Bewertung, ob eine Krise der Gesellschaft besteht, bewährt.

bbb. Kreditwürdigkeit der Gesellschaft

Ein weiterer wichtiger Indikator bei der Bewertung, ob eine Krise der Gesellschaft vorliegt, bei der ein Abweichen von den Grundsätzen über die ungeschriebenen Zuständigkeiten möglich ist, ist die Kreditwürdigkeit der Gesellschaft.[882] Wie oben dargelegt, wird die Krise der Gesellschaft, neben der Parallelvorschrift zu § 92 Abs. 1 AktG in § 49 Abs. 3 GmbHG, im GmbH-Recht im Rahmen der Vorschriften zu den eigenkapitalersetzenden Darlehen darüber bestimmt, ob die Gesellschaft zu den marktüblichen Konditionen am Markt noch Kredite erhält.[883]

c. Ergebnis

Der Zeitpunkt, ab dem eine Krise der Gesellschaft vorliegt, lässt sich schwerlich anhand einer bestimmten Kennzahl bestimmen. Vielmehr ist anhand einer Gesamtschau von verschiedenen Indikatoren im Einzelfall zu bewerten, ob sich die Gesellschaft in einer Krise befindet. Den bedeutsamsten Hinweis bei der Bestimmung der Krise bietet dabei die Bilanz. Wenn ein substantieller Verlust des Grundkapitals eingetreten ist, ist vom Vorliegen einer Krise der Gesellschaft auszugehen. Eine Krise liegt spätestens dann vor, wenn die Voraussetzungen des § 92 Abs. 1 AktG erfüllt sind.

---

[881] BGH WM 1958, 293; OLG Köln AG 1978, 17, 22; *Hefermehl/Spindler*, in: MüKo AktG, § 92 Rn. 9; *Hüffer* AktG, § 92 Rn. 2; *Müller* ZGR 1985, 191, 206 f.
[882] Vgl. *Buchta*, in: Hölters XII Rn. 24.
[883] § 7 II. 2. a. S. 75 f.

2. Lösungsansätze

In der Phase der Krise des Unternehmens ist eine Beteiligung der Hauptversammlung aufgrund einer ungeschriebenen Zuständigkeit praktisch noch möglich. Fraglich ist jedoch, ob nicht abweichende Ansätze eine interessengerechtere Lösung des Konflikts bieten.

a. Ersatzloser Verzicht auf das Erfordernis eines Hauptversammlungsbeschlusses

Als erster Lösungsansatz kommt ein ersatzloser Verzicht auf das Erfordernis eines Hauptversammlungsbeschlusses in Betracht. Fraglich ist jedoch, ob die oben dargestellten praktischen Vorteile dieses Ansatzes[884] jedenfalls in dieser Phase überzeugen. Gegen einen ersatzlosen Verzicht auf eine Beteiligung der Hauptversammlung in dieser Phase sprechen die oben dargelegten Gründe für die Beteiligung der Hauptversammlung bei den in Betracht kommenden Maßnahmen. Sie dient dem Schutz der Aktionäre vor den mit den jeweiligen Maßnahmen verbundenen tiefen Eingriffen in ihre Mitgliedsrechte.[885] Dieser Schutz wäre jedoch bei einem ersatzlosen Verzicht auf eine Beteiligung der Hauptversammlung nicht mehr gewährleistet. Die dargelegten praktischen Bedenken[886] rechtfertigen in dieser Phase kein Abweichen von diesen Grundsätzen, zumindest in der Form eines ersatzlosen Verzichts auf die Beteiligung der Hauptversammlung. Zwar entstehen dadurch für die Gesellschaft Nachteile, die den Erfolg der Sanierung beeinträchtigen könnten. Diese sind jedoch nicht so gravierend, dass die Aktionäre deswegen dem tiefen Eingriff in ihre Mitgliedsrechte, der mit der Sanierungsmaßnahme verbunden ist, ohne Reaktionsmöglichkeit ausgeliefert werden.

Gegen einen ersatzlosen Verzicht auf eine Beteiligung der Hauptversammlung spricht auch die Gefahr eines Missbrauchs. Auch wenn die oben genannten Kriterien Anhaltspunkte für das Vorliegen einer Krise der Gesellschaft bieten, steht es letztlich im Ermessen der Geschäftsführung zu entscheiden, wann eine Krise der Gesellschaft anzunehmen ist. Die Beteiligung der Hauptversammlung stellt für die Geschäftsführung, jedenfalls bei den Gesellschaften, bei denen ein hoher Anteil von Streubesitz besteht, immer auch ein Risiko dar, ob die entsprechende Zustimmung der Hauptversammlung erfolgt. Aus diesen Gründen liegt es im Interesse des Vorstands die Sanierungsmaßnahmen möglichst ohne die Beteiligung der Hauptversammlung durchzuführen. Wenn nun in dieser frühen Phase eine Beteiligung der Hauptversammlung mit Verweis auf die Sanierung der Gesellschaft ersatzlos unterbleiben könnte, besteht zum einen die Gefahr, dass der Vorstand den Begriff der Krise extensiv auslegt, um so die Beteiligung der Hauptversammlung zu umgehen. Zum anderen besteht die Gefahr, dass Maßnahmen als Sanierungsmaßnahmen deklariert werden, die eigentlich nicht zur Krisenbewältigung dienen.

Ein ersatzloser Verzicht auf einen entsprechenden Hauptversammlungsbeschluss stellt somit keine sachgerechte Lösung des Problems in diesem Zeitraum dar.

---

[884] § 11 II. 1. S. 141 ff.

[885] § 5 III. 1. a. cc. bbb. (2) S. 45 ff.

[886] § 11 II. 1. S. 141 f.

b. Nachträgliche Befassung der Hauptversammlung

Darüber hinaus ist es aber denkbar, schon in dieser frühen Phase auf eine vorherige Beteiligung der Hauptversammlung zu verzichten und stattdessen die Beteiligung der Aktionäre auf die Zeit nach der Durchführung der Sanierungsmaßnahmen zu verlagern. Fraglich ist aber, ob die lediglich nachträgliche Beteiligung der Hauptversammlung in diesem Zeitraum eine sachgerechte Lösung des Problems darstellt. Durch den erläuterten Lösungsansatz werden die Aktionäre zwar nachträglich über die Sanierungsmaßnahmen informiert und könnten Schadenersatzansprüche gelten machen. Jedoch haben sie keinen aktiven Einfluss auf die Sanierung der Gesellschaft und können etwaige Sanierungsmaßnahmen nicht durch einen entsprechenden Beschluss auf der Hauptversammlung verhindern. Die Aktionäre können somit bei einer grundlegenden Entscheidung für die Gesellschaft nicht aktiv über das weitere Vorgehen entscheiden, obwohl nach der Rechtsprechung des BGH eigentlich eine ungeschriebene Zuständigkeit der Hauptversammlung gegeben ist und die Durchführung einer Hauptversammlung nicht aufgrund zeitlicher Vorgaben unmöglich ist. Die Sanierung der Aktiengesellschaft in diesem Zeitraum rechtfertigt nicht, auf die Durchführung einer Hauptversammlung zu verzichten und den Vorstand lediglich zu verpflichten, die Aktionäre auf der nächsten Hauptversammlung zu informieren.

c. „Vereinfachte" Hauptversammlung

Fraglich ist schließlich, ob nicht der Ansatz über eine „vereinfachte" Hauptversammlung eine interessengerechter Lösung in diesem Zeitraum darstellen könnte, als das Erfordernis einer regulären Hauptversammlung. Wenn man an dem Erfordernis einer regulären Hauptversammlung festhält, müssten aufgrund des oben dargestellten Zeitraums, den die Einberufung und Durchführung einer regulären Hauptversammlung bedarf, schon in dieser frühen Phase sinnvolle und für die Gesellschaft notwendige Sanierungsmaßnahmen unterbleiben oder würden zumindest wesentlich erschwert. Dies liegt aber, wie bereits oben dargelegt,[887] nicht im Interesse der Aktionäre, zu deren Schutz die Hauptversammlung in dieser Form aber durchgeführt werden soll. Es entspricht in dieser Situation vielmehr ihrem Interesse, dass die Gesellschaft durch die Durchführung zeitnaher Sanierungsmaßnahmen aus der Krise geführt wird. Wenn die Gesellschaft in dieser Phase die Möglichkeit hat, durch die Durchführung einer „vereinfachten" Hauptversammlung einen zeitnahen Beschluss der Hauptversammlung zu erlangen, werden zum einen die Aktionärsrechte in ausreichender Form gewahrt und zum anderen besteht die Möglichkeit zeitnahe Sanierungsmaßnahmen durchzuführen. Dieser Ansatz stellt für beide Seiten eine interessengerechte Lösung dar.

Fraglich ist jedoch, wie sich die Möglichkeit zur Durchführung einer Hauptversammlung in „vereinfachter" Form zu dem Erfordernis nach § 92 Abs. 1 AktG verhält, wonach der Vorstand bei einem hälftigen Verlust des Grundkapitals die Hauptversammlung einzuberufen und ihr den Verlust anzuzeigen hat. Wie oben dargelegt, beginnt der

---

[887] § 11 II. S. 138 ff.

Zeitraum, in dem eine vereinfachte Hauptversammlung im Fall einer ungeschriebenen Zuständigkeit zur Sanierung möglich ist, regelmäßig schon vor dem Zeitpunkt, in dem ein Jahresfehlbetrag von der Hälfte des Grundkapitals vorliegt.[888] In diesem Zeitpunkt besteht für den Vorstand nach der ganz herrschenden Meinung noch keine Verlustanzeigepflicht im Sinne des § 92 Abs.1 AktG. In diesem Zeitraum bestehen somit keine Berührungspunkte.

Dies ändert sich ab dem Zeitpunkt, indem ein Verlust des hälftigen Grundkapitals im Sinne des § 92 Abs. 1 AktG eintritt. Der Vorstand ist dann gesetzlich verpflichtet, eine außerordentliche, reguläre Hauptversammlung einzuberufen. Wenn der Vorstand per Gesetz zur Einberufung einer regulären Hauptversammlung verpflichtet ist, könnte in dieser Phase das Bedürfnis für die Durchführung einer vereinfachten Hauptversammlung entfallen, da etwaige Sanierungsmaßnahmen, die einer Beteiligung der Hauptversammlung bedürfen, von der aufgrund § 92 Abs. 1 AktG einberufenen Hauptversammlung beschlossen werden können. Der Sinn und Zweck des § 92 Abs. 1 AktG ist vornehmlich in der Information der Aktionäre über den Eintritt eines außergewöhnlichen Verlusts und der damit verbundenen Krise der Gesellschaft zu sehen.[889] Darüber hinaus soll jedoch auch die Handlungsfähigkeit der Aktionäre hergestellt.[890] Der Hauptversammlung soll es ermöglicht werden, auf die Krise der Gesellschaft durch Sanierungsmaßnahmen, wie insbesondere Kapitalmaßnahmen, zu reagieren.[891] Da der Vorstand gemäß § 92 Abs. 1 AktG verpflichtet ist, bei Vorliegen eines hälftigen Verlustes unverzüglich die Hauptversammlung einzuberufen, besteht zu diesem Zeitpunkt wohl kein praktisches Bedürfnis für die Durchführung einer „vereinfachten" Hauptversammlung. Etwaige Sanierungsmaßnahmen, die aufgrund einer ungeschriebenen Zuständigkeit der Zustimmung der Hauptversammlung bedürfen können dann im Rahmen der nach § 92 Abs. 1 AktG einberufene Hauptversammlung beschlossen werden. Denkbar ist es jedoch auch, dass eine Hauptversammlung nach § 92 Abs. 1 AktG in „vereinfachter" Form stattfindet. Wie oben dargelegt, kann jedoch bei geschriebenen Zuständigkeiten von den gesetzlichen Einberufungs- und Formvorschriften nicht abgewichen werden.[892]

Da der Vorstand aufgrund § 92 Abs. 1 AktG nur verpflichtet ist, die Hauptversammlung einmalig über die Verluste der Gesellschaft zu informieren, besteht im weiteren Verlauf der Sanierung der Gesellschaft weiterhin das Bedürfnis Sanierungsmaßnahmen, die einer ungeschriebenen Zuständigkeit unterliegen, möglichst zeitnah durchzuführen. In dieser Phase kommt es wiederum zu keinen Berührungspunkten zwischen der vereinfachten Hauptversammlung und der Hauptversammlung nach § 92 Abs.1 AktG.

---

[888] § 12 I. 1. b. S. 175 ff.

[889] *Habersack*, in: Großkomm. AktG, § 92 Rn. 2; *Hefermehl/Spindler*, in: MüKo AktG, § 92 Rn. 2; *Hüffer* AktG, § 92 Rn. 1; *Mertens*, in: Kölner Komm. AktG, § 92 Rn. 10; *Müller* ZGR 1985, 191, 195.

[890] *Hüffer* AktG, § 92 Rn. 1.

[891] *Habersack*, in: Großkomm. AktG, § 92 Rn. 2; *Hefermehl/Spindler*, in: MüKo AktG, § 92 Rn. 2; *Hüffer* AktG, § 92 Rn. 1; *Mertens*, in: Kölner Komm. AktG, § 92 Rn. 10.

[892] § 11 I. S. 136 ff.

3. Ergebnis

In der Phase der Krise der Gesellschaft besteht bei der Durchführung einer Sanierungsmaßnahme, die einer ungeschriebenen Zuständigkeit der Hauptversammlung unterliegt, die Möglichkeit eine Hauptversammlung in „vereinfachter Form" durchzuführen. Praktisch ist dies insbesondere in dem Zeitraum vor und nach der Hauptversammlung, die aufgrund § 92 Abs. 1 AktG einberufen werden muss, relevant.

II. „Existentielle" Krise

Der zweite Zeitraum, in dem untersucht wird, ob und wie von den Grundsätzen über die ungeschriebenen Zuständigkeiten der Hauptversammlung abzuweichen ist, ist der Zeitraum einer „existentiellen" Krise der Gesellschaft. Unter einer „existentiellen" Krise ist eine Phase zu verstehen, in der sich die Gesellschaft kurz vor der Insolvenz befindet und der Vorstand gemäß § 92 Abs 2 AktG verpflichtet ist, einen Insolvenzantrag zu stellen. Insbesondere wird hier der Fall untersucht, in der die Gesellschaft aufgrund der kurzfristigen Kündigung eines Darlehens oder sonstiger unvorhersehbarer Umstände plötzlich in eine existenzbedrohende Lage gerät, in der sehr kurzfristig Maßnahmen ergriffen werden müssen, um die Gesellschaft vor der Insolvenz zu bewahren. Der Vorstand unterliegt in dieser Phase schon den zeitlichen Beschränkungen der Insolvenzantragspflicht des § 92 Abs. 2 AktG. Dies bedeutet, dass für eine außergerichtliche Sanierung maximal ein Zeitraum von drei Wochen bleibt. Die Durchführung einer regulären Hauptversammlung nach den Vorschriften des Aktiengesetzes ist aufgrund der Dreiwochenfrist des § 92 Abs. 2 AktG dann nicht mehr möglich. Erschwerend kommt hinzu, dass für das Entfallen der Insolvenzantragspflicht nicht darauf ankommt, dass innerhalb der drei Wochen die Sanierungsmaßnahmen geplant und in der Durchführung ist, sondern dass der Insolvenzantraggrund – bei einer verantwortlichen Prognose - zu diesem Zeitpunkt schon nicht mehr besteht.[893] Dies bedeutet, dass schon ein Sanierungserfolg eingetreten sein muss.

1. Durchführung einer „vereinfachten" Hauptversammlung

Zunächst könnte auch in dieser Phase die Durchführung einer „vereinfachten" Hauptversammlung der sachgerechteste Lösungsansatz sein. Dieser Ansatz ermöglicht, wie oben dargelegt,[894] dem Aktionärsschutz gerecht zu werden und trotzdem dem Vorstand die Möglichkeit zu geben, Sanierungsmaßnahmen zeitnah mit der Beteiligung der Hauptversammlung, ohne die Gefahr einer Haftung, durchführen zu können.
Wie oben dargelegt, kann die Einberufungsfrist durch die Übertragung des § 16 Abs. 4 WpÜG, auf zwei Wochen verkürzt werden und somit eine deutlich schnellere Entscheidung der Hauptversammlung eingeholt werden.[895] Doch selbst bei einer verkürten Einberufungsfrist von zwei Wochen und den verringerten Anforderungen an die Informationspflichten des Vorstands besteht bei einer „existentiellen" Krise aufgrund

[893] Vgl. dazu BGH NJW 1979, 1823, 1826.
[894] § 11 II. 4. b. S. 161 ff.
[895] § 11 II 4. b. aa. S. 162 f.

des engen zeitlichen Rahmens keine Möglichkeit die Hauptversammlung zu beteiligen. Zum einen muss nach der Feststellung des Insolvenzgrunds das weitere Vorgehen der Geschäftsleitung geplant werden. Dabei stehen insbesondere die Überlegungen hinsichtlich der Realisierbarkeit der verschiedenen Sanierungsmaßnahmen im Vordergrund. Der Entscheidung für eine bestimmte Sanierungsmaßnahme gehen zudem Gespräche mit den anderen Sanierungsbeteiligten wie Banken und wichtige Gläubiger voraus. Dieser Vorgang bedarf regelmäßig einer Zeitspanne, die ca. eine Woche beträgt. Wenn sich der Vorstand dann für eine zustimmungsbedürftige Sanierungsmaßnahme entschieden hat, muss er die Hauptversammlung vorbereiten. Auch wenn die Einberufungsmodalitäten vereinfacht sind, bedarf auch dieser Vorgang Zeit. Schließlich muss der Vorstand, wenn die Hauptversammlung zugestimmt hat, die Maßnahme umsetzen, denn von der Insolvenzantragpflicht ist er lediglich dann befreit, wenn der Insolvenzantragsgrund weggefallen ist. Aus diesen praktischen Gründen ist selbst die Durchführung einer vereinfachten Hauptversammlung im Fall einer „existentiellen" Krise regelmäßig nicht möglich und scheidet daher als Lösungsansatz aus.

2. Ersatzloser Verzicht auf das Erfordernis eines Hauptversammlungsbeschlusses

Augrund des dargestellten engen Zeitrahmens ist es durchaus denkbar, in Fall der „existentiellen" Krise auf das Erfordernis einer Beteiligung der Hauptversammlung zu verzichten, wenn ungeschriebene Zuständigkeiten bestehen. Der Vorstand könnte in diesem Fall die erforderlichen Maßnahmen zeitnah durchführen und so die Gesellschaft vor der Insolvenz bewahren. Deshalb fordern Stimmen in der Literatur bei einem akuten Sanierungsbedarf auf eine Beteiligung der Hauptversammlung zu verzichten.[896] Laut *Ebenroth* dürfen die Vorstände der an Sanierungen beteiligten Aktiengesellschaften, soweit dies zur Sanierung notwendig ist, die Grundsätze der Holzmüller-Entscheidung des BGH außer Acht lassen und ohne eine Beteiligung der Hauptversammlung selbst entscheiden, ob die erforderlichen Maßnahmen durchzuführen sind.[897] Dies soll insbesondere in den Fällen gelten, in denen die Frist des § 92 Abs. 2 AktG im Raum steht, die den Vorstand und die übrigen Sanierungsbeteiligten zu schnellem Handeln nötigt und daher keine Zeit für die Einberufung einer (außerordentlichen) Hauptversammlung lässt. Wenn man in diesem Fall die Grundsätze der Holzmüller-Entscheidung anwendet, würde dies dazu führen, dass Unternehmen zur Insolvenz gezwungen werden, obwohl Teilbereiche von ihnen noch gesund und zukunftsträchtig sind. Zudem würde die Öffentlichkeitswirkung der Einberufung und Durchführung einer Hauptversammlung in vielen Fällen den Sanierungserfolg gefährden.[898] So bestehe beispielsweise die Gefahr, dass Banken von ihrem Recht auf vorzeitige Kündigung von Krediten Gebrauch machen oder Zulieferer die weitere Belieferung von der Bezahlung noch offener Rechnungen abhängig machen oder nur noch gegen Vorkasse liefern. *Görg* verweist darüber hinaus auf die Verwirrung, die durch eine

[896] *Görg* FS Greiner, 2005, S. 51, 54; *Ebenroth* 1987, S. 62.
[897] *Ebenroth* 1987, S. 62.
[898] *Ebenroth* 1987, S. 62.

Anfechtung des Hauptversammlungsbeschlusses herbeigeführt werde und jahrelange Unsicherheit begründe.[899]

Die angeführten Gründe für den Verzicht auf eine Beteiligung, insbesondere im Fall einer „existentiellen" Krise, überzeugen. Die Durchführung einer regulären, außerordentlichen Hauptversammlung ist aufgrund der zeitlichen Vorgaben nicht möglich und selbst eine „vereinfachte" Hauptversammlung nach den oben aufgezeigten Grundsätzen ist praktisch regelmäßig nicht durchführbar. Deshalb liegt es nahe, die Lösung dieses Problems hier in dem Verzicht auf die Beteiligung der Hauptversammlung zu sehen. Die Beteiligung der Hauptversammlung stellt ein Instrument zum Schutz der Mitgliedsrechte der Aktionäre dar. Wenn eine vorherige Beteiligung der Hauptversammlung aus den genannten Gründen ausscheidet, kann vor dem Hintergrund des Aktionärsschutzes aber nicht die Konsequenz gezogen werden, dass in diesem Fall eine Beteiligung ganz unterbleibt. Der Schutz der Aktionäre muss vielmehr im Interesse des Erhalts der Funktionsfähigkeit der Gesellschaft in einer anderen Form gewährleistet sein.

Gegen einen vollständigen Verzicht auf die Beteiligung der Hauptversammlung spricht auch, dass die Aktionäre dann keine Möglichkeit hätten umfassend über die geplanten oder durchgeführten Sanierungsmaßnahmen Informationen zu erlangen. Die Informationsrechte der Aktionäre sind im Aktiengesetz auf die Hauptversammlung konzentriert.[900] Zum einen sind die Aktionäre im Rahmen der Einberufung über bestimmte Tagesordnungspunkte zu informieren. Zum anderen besteht gemäß § 131 Abs. 1 AktG ein Auskunftsrecht des Aktionärs in der Hauptversammlung. Darüber hinaus bestehen für die Aktionäre keine Informations- bzw. Auskunftsrechte. Die dargestellte Bedeutung der Maßnahme für die Mitgliedsrechte der Aktionäre verdeutlicht aber, dass die Aktionäre ein Bedürfnis für eine umfassende Information haben. Wenn die Hauptversammlung überhaupt nicht, auch nicht nachträglich, mit der Sanierungsmaßnahme befasst werden müsste, hätten die Aktionäre aber keine Möglichkeit diese Informationen zu erlangen.

Ein ersatzloser Verzicht auf eine Beteiligung der Hauptversammlung entspricht nicht dem mit der Holzmüller-Doktrin verbundenen Schutz der Aktionärsrechte und kommt daher als Lösungsansatz nicht in Betracht.

3. Nachträgliche Beteiligung der Hauptversammlung

Die überzeugende Lösungsalternative im Fall einer „existentiellen" Krise, in der der Aktionärschutz gewährleistet werden kann und trotzdem eine zeitnahe Durchführung wichtiger Sanierungsmaßnahmen gewährleistet ist, ist eine nachträgliche Beteiligung

---

[899] *Görg* FS Greiner, 2005, S. 51, 54.

[900] Vgl. § 131 Abs. 1 Satz 1 AktG wonach dem Aktionär auf Verlangen in der Hauptversammlung Auskunft über Angelegenheiten der Gesellschaft zu erteilen sind, einzige Ausnahme § 131 Abs. 4 Satz 1 AktG; vgl. zum Auskunftsrecht der Aktionärs ausführlich *Hüffer* AktG, § 131 Rn. 2; *Kubis*, in: MüKo AktG, § 131 Rn. 1 ff.

der Hauptversammlung.[901] Wie oben dargelegt, [902] kommt selbst die Durchführung einer „vereinfachten" Hauptversammlung in dieser Phase aufgrund der zeitlichen Rahmenbedingungen nicht in Betracht. Der ersatzlose Verzicht auf die Beteiligung der Hauptversammlung kann vor dem Hintergrund des mit der Maßnahme verbundenen Eingriffs in die Mitgliedsrechte der Aktionäre ebenfalls nicht überzeugen.

Für eine nachträgliche Beteiligung der Hauptversammlung in dieser Phase spricht insbesondere, dass dieser Lösungsansatz einen den Umständen entsprechenden Ausgleich zwischen den Interessen der Aktionäre und dem Interesse der Gesellschaft an ihrem Fortbestand schafft. Da eine Wahrung der Mitwirkungsrechte der Aktionäre in dieser Phase nicht zu verwirklichen ist, muss es zumindest gewährleistet sein, dass die Aktionäre umfassend über das Vorstandshandeln informiert werden und die Möglichkeit erhalten, das Vorstandshandeln im Rahmen einer Schadenersatzklage gerichtlich überprüfen zu lassen. Dies ist durch die Verpflichtung des Vorstands zur nachträglichen Berichterstattung gewährleistet. Der Verzicht auf eine präventive Beteiligung der Hauptversammlung beschränkt zwar im Ergebnis das Mitwirkungsrecht der Aktionäre bei der Sanierung erheblich, dies steht jedoch im Ergebnis im Einklang mit der Wertung des Aktiengesetzes. Wie oben dargelegt, zeigt das Aktiengesetz zum einen an verschiedenen Stellen, dass wichtige Rechte der Aktionäre zurückstehen müssen, wenn es der Sanierung der Gesellschaft dient.[903] Die nachträgliche Beteiligung der Hauptversammlung stellt somit die einzig überzeugende Lösungsalternative im Fall der „existentiellen Krise" der Gesellschaft dar.

---

[901] I. E. auch *Görg* FS Greiner, 2005, S. 51, 55.

[902] § 12 II. 1. S. 181.

[903] § 8 III. S. 84.

§ 13 Ergebnisse des 3. Teils

Die Ergebnisse des dritten Teils der Bearbeitung lassen sie wie folgt thesenartig zusammenfassen.

1. Eine ungeschriebene Zuständigkeit der Hauptversammlung besteht bei den folgenden typischen Einzelsanierungsmaßnahmen: Vollständige Beteiligungsveräußerung an einer operativen Tochtergesellschaft; Anteilsveräußerung an einer operativen Tochtergesellschaft, wenn die Beteiligungsquote unter eine aktienrechtlich relevante Quote fällt, es sich um eine ehemalige 100prozentige Tochter-GmbH handelt; Veräußerung von Unternehmensteilen im Wege des Asset Deal und Ausgliederung des Kerngeschäfts und Beteiligung Dritter.

2. Eine ungeschriebene Zuständigkeit der Hauptversammlung besteht auch bei der Durchführung eines Sanierungskonzepts, das mehrere gleichartige Einzelmaßnahmen enthält, die kumuliert die im ersten Teil genannten Schwellenwerte überschreiten.

3. In der Krise der Gesellschaft kann eine „vereinfachte" Hauptversammlung durchgeführt werden, um zeitnah notwendige Sanierungsmaßnahmen zu ermöglichen. Unter einer „vereinfachten" Hauptversammlung ist eine Hauptversammlung mit verkürzten Einberufungs- und Berichtspflichten zu verstehen. Eine Krise der Gesellschaft bestimmt sich nach einer Gesamtschau verschiedener Indikatoren. Eine Krise liegt jedenfalls vor, wenn ein substantieller Verlust des Grundkapitals eingetreten ist.

4. In einer „existentiellen Krise" der Gesellschaft kann auf eine präventive Beteiligung der Hauptversammlung aufgrund einer ungeschriebenen Zuständigkeit verzichtet werden. Die Aktionäre sind aber auf der nächsten Hauptversammlung ausführlich über die durchgeführten Sanierungsmaßnahmen zu informieren. Unter einer „existentiellen Krise" ist die Phase zu verstehen, in der die Gesellschaft gemäß § 92 Abs. 2 AktG verpflichtet ist, innerhalb von drei Wochen einen Insolvenzantrag zu stellen.

Abkürzungsverzeichnis

a.A.	andere Ansicht
Abs.	Absatz
a.F.	alte Fassung
AktG	Aktiengesetz
Aufl.	Auflage
Az.	Aktenzeichen
Begr. RegE	Begründung Gesetzesentwurf der Bundesregierung
Beil.	Beilage
BFH	Bundesfinanzhof
BGH	Bundesgerichtshof
BGBl.	Bundesgesetzblatt
BT-Drucks.	Bundestags-Drucksachen
BVerfG	Bundesverfassungsgericht
bzw.	beziehungsweise
ca.	circa
ders.	derselbe
dies.	dieselben
d. h.	das heißt
f.	folgende
ff.	fortfolgende
Fn.	Fußnote
FS	Festschrift
GG	Grundgesetz
GmbHG	Gesetz betreffend die Gesellschaften mit beschränkter Haftung
h.M.	herrschende Meinung
i.E.	im Ergebnis
InsO	Insolvenzordnung
m. w. N.	mit weiteren Nachweisen
Nr.	Nummer
n.v.	nicht veröffentlicht
Rn.	Randnummer
S.	Seite
UmwG	Umwandlungsgesetz
v.	vom
Vgl.	Vergleiche
Vorbem.	Vorbemerkung
WpÜG	Wertpapiererwerbs- und Übernahmegesetz
z.B.	zum Beispiel

Literaturverzeichnis

Adler, Hans; Düring, Walther; Schmaltz, Kurt: Rechnungslegung und Prüfung der Unternehmen, Teilband 5, 6. Aufl. 1995 (zit: Adler/Düring/Schmaltz)

Adolff, Johannes: Zur Reichweite des verbandsrechtlichen Abwehranspruchs des Aktionärs gegen rechtswidriges Verwaltungshandeln, ZHR 169 (2005), 310

Adolff, Johannes; Tieves, Johannes: Über den rechten Umgang mit einem entschlusslosen Gesetzgeber: Die aktienrechtliche Lösung des BGH für den Rückzug von der Börse, BB 2003, 797

Altmeppen, Holger: Ausgliederung zwecks Organschaftsbildung gegen die Sperrminorität, DB 1998, 49

ders.: Anmerkung zur Gelatine-Entscheidung, ZIP 2004, 999

Altmeppen, Holger; Roth, Günter: Gesetz betreffend die Gesellschaften mit beschränkter Haftung – GmbHG, 5. Aufl. 2005, (zit.: Bearbeiter, in: Altmeppen/Roth, GmbHG)

Andres, Dirk; Leithaus, Rolf: Insolvenzordnung, 2006, (zit.: Bearbeiter, in: Andres/ Leithaus)

Arnold, Michael: Mitwirkungsbefugnisse der Aktionäre nach Gelatine und Macrotron, ZIP 2005, 1573

ders.: Holzmüller-Informationspflichten gegenüber der Hauptversammlung – Neuigkeiten nach Gelatine?, AG 2005, R 364

Assmann, Heinz-Dieter; Pötzsch, Thorsten; Schneider, Uwe H.: Wertpapiererwerbs- und Übernahmegesetz, Kommentar, 2005, (zit.: Bearbeiter, in: Assmann/Pötzsch/Schneider, WpÜG)

Barz, Carl Hans; Brönner, Herbert; Klug, Ulrich; Mellerowicz, Konrad; Meyer-Landrut, Joachim; Schillling Wolfgang; Wiedeman, Herebert; Würdinger, Hans: Großkommentar Aktiengesetz, 4. Band, §§ 191 - 410, 3. Auflage 1975, (zit.: Bearbeiter, in: Großkomm. AktG, 3. Auflage, 1975)

Baumbach, Adolf; Hueck, Alfred: GmbH-Gesetz, 18. Aufl. 2006, (zit.: Bearbeiter, in: Baumbach/Hueck, GmbHG)

Baumbach, Adolf; Hopt, Klaus J.: Handelsgesetzbuch, 31. Auflage 2003, (zit.: Bearbeiter, in: Baumbach/Hopt, HGB)

Baums, Theodor; Thoma, Georg: Kommentar zum Wertpapiererwerbs- und Übernahmegesetz, 2004, (Bearbeiter, in: Baums/Thoma, WpÜG)

Bayer, Walter: Aktionärsklagen de lege lata und de lege ferenda, NJW 2000, 2609

Becker, Friedwart A.; Horn, Claus-Henrik: Ungeschriebene Aktionärsrechte nach Holzmüller und Gelatine, JuS 2005, 1068

Beckerhoff, Tom: Treuepflichten bei der Stimmrechtsausübung und Eigenhaftung des Stimmrechtsvertreters, 1996

Beisel, Wilhelm; Klumpp, Hans-Hermann: Der Unternehmenskauf, 5. Auflage 2006, (zit.: Bearbeiter, in: Beisel/Klumpp)

Beusch, Karl: Die Aktiengesellschaft – eine Kommanditgesellschaft in der Gestalt einer juristischen Person?, FS Werner 1984, S. 1

Bichlmeier, Wilhelm; Engberding, Antonius; Oberhofer, Hermann: Insolvenzhandbuch: Ein rechtlicher und betriebswirtschaftlicher Leitfaden, 1998

Böckenförde, Björn: Unternehmenssanierung, 2. Auflage 1996

Bosse, Christian: Informationspflichten des Vorstands beim Bezugsrechtsauschluss im Rahmen des Beschlusses und der Ausnutzung eines genehmigten Kapitals, ZIP 2001, 104

Brandstätter, Jörn: Die Prüfung der Sanierungsfähigkeit notleidender Unternehmen, 1993

Brauer, Markus: Die Rechte der Aktionäre beim Börsengang und Börsenrückzug ihrer Aktiengesellschaft, 2005

Bungert, Hartwin: Die Treuepflicht des Minderheitsaktionärs, DB 1995, 1749

ders.: Ausgliederung durch Einzelrechtsübertragung und analoge Anwendung des Unwandlungsgesetzes, NZG 1998, 367

ders.: Die Liberalisierung des Bezugsrechtsausschlusses im Aktienrecht – Zum Siemens/Nold-Urteil des BGH, NJW 1998, 488

ders.: Festschreibung der ungeschriebenen „Holzmüller" - Hauptversammlungszuständigkeiten bei der AG, BB 2004, 1345

ders.: Ausnutzung eines genehmigten Kapitals mit Bezugsrechtsauschluss – Anmerkung zu den Urteilen Mangusta/Commerzbank I und II, BB 2005, 2757

Bürgers, Tobias: Aktienrechtlicher Schutz beim Delisting?, NJW 2003, 1642

Busch, Thorsten: Mangusta/Commerzbank – Rechtsschutz nach Ausnutzung eines genehmigten Kapitals, NZG 2006, 81

Buth, Andrea K.; Hermanns, Michael: Restrukturierung Sanierung Insolvenz, 2. Aufl. 2004, (zit.: Bearbeiter, in Buth/Hermanns)

Claussen, Carsten: Hauptversammlung und Internet, AG 2001, 161

Dreher, Meinrad: Treuepflichten zwischen Aktionären und Verhaltenspflichten bei der Stimmrechtsbündelung, ZHR 157 (1993), 150

Dilger, Eberhard: Aufhebung eines Unternehmensvertrags im GmbH-Konzern, WM 1993, 953

Duden: Fremdwörterbuch, 7. Aufl. 2001

Drinkuth, Henrik: Formalisierte Informationsrechte bei Holzmüller-Beschlüssen?, AG 2001, 256

ders.: Rechtsschutz beim genehmigten Kapital, AG 2006, 142

Ebenroth, Carsten-Thomas: Konzernbildungs- und Konzernleitungskontrolle – Ein Beitrag zu den Kompetenzen von Vorstand und Hauptversammlung, 1987

ders.: Die Kompetenzen des Vorstandes und der Aktionärsschutz in der Konzernobergesellschaft, AG 1988, 1

Ebenroth, Carsten-Thomas/Wilken, Oliver: Zur Aufhebung von Beherrschungs- und Gewinnabführungsverträgen mit einer Einmann-GmbH, WM 1993, 1617

Ehricke, Ulrich; Ekkenga, Jens; Oechsler, Jürgen: WpÜG Kommentar, 2003, (zit.: Bearbeiter, in: Ehricke/Ekkenga/Oechsler, WpÜG)

Eickmann, Dieter; Flessner, Axel; Irschlinger, Friedrich; Kirchhof, Hans-Peter; Kreft, Gerhard; Landfermann, Hans-Georg; Marotzke, Wolfgang; Stephan, Guido: Heidelberger Kommentar InsO, 4. Auflage 2006, (zit.: Bearbeiter, in: HK InsO)

Emmerich, Volker; Habersack, Mathias: Aktien- und GmbH-Konzernrecht, 3. Auflage 2003, (zit.: Bearbeiter, in: Emmerich/Habersack, 3. Auflage, 2003)

dies.: Aktien- und GmbH-Konzernrecht, 4. Auflage 2005, (zit.: Bearbeiter, in: Emmerich/Habersack)

Emmerich, Volker; Sonnenschein, Jürgen: Konzernrecht, 5. Auflage 1993, (zit.: Emmerich/Sonnenschein, Konzernrecht, 5. Auflage, 1993)

Ek, Ralf: Praxisleitfaden für die Hauptversammlung 2005

Fischer, Gero: Krisenbewältigung durch Insolvenzrecht, ZGR 2006, 403

Fleischer, Holger: Zur Leitungssaufgabe des Vorstands im Aktienrecht, ZIP 2003, 1

ders.: Ungeschriebene Hauptversammlungszuständigkeiten im Aktienrecht: Von Holzmüller zu Gelatine, NJW 2004, 2335

ders.: Börseneinführung von Tochtergesellschaften, ZHR 165 (2001), 513

ders. (Hrsg.): Handbuch des Vorstandsrechts, 2006, (zit.: Bearbeiter, in: Fleischer)

Flume, Werner: Die Rechtsprechung des II. Zivilsenats des BGH zur Treuepflicht des GmbH-Gesellschafters und des Aktionärs, ZIP 1995, 161

Frege, Michael; Keller, Ulrich; Riedel, Ernst: Insolvenzrecht, 6. Auflage 2002, (zit.: Frege/Keller/Riedel)

Fuhrmann, Lambertus: Gelatine und die Holzmüller-Doktrin: Ende einer juristischen Irrfahrt?, AG 2004, 339

Gantenberg, Lars: Die Reform der Hauptversammlung durch den Regierungsentwurf eines Gesetzes zur Unternehmensintegrität und Modernisierung des Anfechtungsrechts – UMAG, DB 2005, 207

Geibel, Stephan; Süßmann, Rainer: Wertpapiererwerbs- und Übernahmegesetz (WpÜG), Kommentar, 2002, (zit.: Bearbeiter, in: Geibel/Süssmann, WpÜG)

Geißler, Markus: Rechtliche und unternehmenspolitische Aspekte der vereinfachten Kapitalherabsetzung bei der AG, NZG 2000, 719

Geßler, Ernst: Einberufung und ungeschriebene Hauptversammlungszuständigkeiten, FS Stimpel 1985, S. 771

Geßler, Ernst; Hefermehl, Wolfgang; Eckardt, Ulrich; Kropff; Bruno: Aktiengesetz Kommentar, Band II, §§ 76 - 147, 1974, (zit.: Bearbeiter, in: Geßler/Hefermehl/Eckardt/Kropff, AktG)

dies.: Aktiengesetz Kommentar, Band IV, §§ 179 - 240, 1994, (zit.: Bearbeiter, in: Geßler/Hefermehl/Eckardt/Kropff, AktG)

dies.: Aktiengesetz Kommentar, Band VI, §§ 291 - 410 AktG, 1976, (zit.: Bearbeiter, in: Geßler/Hefermehl/Eckardt/Kropff, AktG)

Goette, Wulf: Anmerkung zu Gelatine-Entscheidungen, DStR 2004, 927

ders.: Aktuelle Rechtsprechung des Bundesgerichtshof zum Aktienrecht (Teil II), DStR 2005, 603 *ders.*: Organisation und Zuständigkeit im Konzern, AG 2006, 522

Görg, Klaus Hubert: Behindern „Holzmüller“ und „ Gelatine“ die Sanierung der Aktiengesellschaft?, FS Greiner 2005, S. 51

Gottwald, Peter (Hrsg.): Insolvenzrechtshandbuch, 3. Aufl. 2006, (zit.: Bearbeiter, in Gottwald)

Götz, Heinrich: Die Sicherung der Rechte der Aktionäre der Konzernobergesellschaft bei Konzernbildung und Konzernleitung, AG 1984, 85

ders.: Leistungssorgfalt und Leistungskontrolle der Aktiengesellschaft hinsichtlich abhängiger Unternehmen, ZGR 1998, 524

Göz, Philipp; Holzborn, Timo: Die Aktienrechtsreform durch das Gesetz für Unternehmensintegrität und Modernisierung des Anfechtungsrechts – UMAG, WM 2006, 157

Götze, Cornelius: Gelatine statt Holzmüller – Zur Reichweite ungeschriebener Mitwirkungsbefugnisse der Hauptversammlung, NZG 2004, 585

Grell, Frank; Demisch, Dominik: Einfallstor Kredit – Rechtliche Hürden bei Debt-Equity-Swaps, FINANCE 02/2006, 34

Groß, Paul: Sanierung durch Fortführungsgesellschaften, 2. Auflage 1988

Groß, Wolfgang: Zuständigkeit der Hauptversammlung bei Erwerb und Veräußerung von Unternehmensbeteiligungen, AG 1994, 266

ders.: Vorbereitung und Durchführung von Hauptversammlungsbeschlüssen zu Erwerb oder Veräußerung von Unternehmensbeteiligungen, AG 1996, 111

ders.: Rechtsprobleme des Delisting, ZHR 165 (2001), 141

Großfeld, Bernhard; Brondics, Klaus: Die Aktionärsklage – nun auch im deutschen Recht, JZ 1982, 589

Grunewald, Barbara: Rückverlagerung von Entscheidungskompetenzen der Hauptversammlung auf den Vorstand, AG 1990, 133

dies.: Gesellschaftsrecht, 6. Aufl. 2005

Haarmann, Wilhelm; Schüppen, Mathias (Hrsg.): Frankfurter Kommentar zum WpÜG, 2. Auflage 2005, (zit.: Bearbeiter, in: Frankfurter Komm. WpÜG)

Habersack, Mathias: Die Aktionärsklage – Grundlagen, Grenzen und Anwendungsfälle, DStR 1998, 533 *ders.*: „Holzmüller“ und die schönen Töchter – Zur Frage eines Vorerwerbsrechts der Aktionäre beim Verkauf von Tochtergesellschaften, WM 2001, 545

ders.: Aktienrecht und Internet, ZHR 165 (2001), 172

ders.: Mitwirkungsrechte der Aktionäre nach Macrotron und Gelatine, AG 2005, 137

Happ, Wilhelm (Hrsg.): Aktienrecht, 2. Auflage 2004, (zit.: Bearbeiter, in: Happ, AktR)

Häsemeyer, Ludwig: Obstruktion gegen Sanierungen und gesellschaftliche Treuepflichten, ZHR 160 (1996), 109

Hasselbach, Kai; Schuhmacher, Stephan: Hauptversammlung im Internet, ZGR 2000, 258

Heckschen, Heribert; Simon, Stefan: Umwandlungsrecht, 2003, (Bearbeiter, in: Heckschen/Simon, UmwR)

Heermann, Peter W.: Unternehmerisches Ermessen, Organhaftung und Beweislastverteilung, ZIP 1998, 761

Heidel, Thomas (Hrsg.): Anwaltskommentar Aktienrecht, 2003, (Bearbeiter, in: Heidel, AnwKomm AktR)

Heinsius, Theodor: Organzuständigkeit bei Bildung, Erweiterung und Umorganisation des Konzerns, ZGR 1984, 383

Hengeler, Hans; Hoffmann-Becking, Michael: Insolvenz im Vertragskonzern, FS Hefermehl 1976, S. 283

Henn, Günther: Handbuch des Aktienrechts, 7. Auflage 2002

Henze, Hartwig: Minderheitenschutz durch materielle Kontrolle der Beschlüsse über die Zustimmung nach § 179a AktG und die Änderung des Unternehmensgegenstandes der Aktiengesellschaft?, FS Boujong 1996, S. 233

ders.: Die Treuepflicht im Aktienrecht, BB 1996, 489

ders.: Treuepflicht der Gesellschafter im Kapitalgesellschaftsrecht, ZHR 162 (1998), 186

ders.: Leitungsverantwortung des Vorstandes – Überwachungspflicht des Aufsichtsrates, BB 2000, 209

ders.: Holzmüller vollendet das 21. Lebensjahr, FS Ulmer 2003, S. 211

Henze, Hartwig; Hoffmann-Becking, Michael(Hrsg.l: RWS Forum Gesellschaftsrecht 2001, (zit.: Bearbeiter, in: Henze/Hoffmann-Becking)

Herrmann, Carl; Heuer, Gerhard; Raupach, Arndt: Einkommensteuer- und Körperschaftsteuergesetz, (zit.: Bearbeiter, in: Herrmann/Heuer/Raupach, EStG)

Hess, Harald; Fechner Dietrich; Freund Konrad, Körner, Frederike: Sanierungshandbuch, 3. Auflage 1998, (zit.: Bearbeiter, in: Hess/Fechner)

Hirte, Heribert: Bezugsrechtsausschluss und Konzernbildung, 1996

ders.: Gesellschaftsrechtliche Voraussetzungen eines Kapitalschnitts, ZInsO 1999, 616

ders.: Anmerkung zur Gelatine- Entscheidung, EWiR 2004, 1161

ders.: Kapitalgesellschaftsrecht, 5. Auflage 2006, (zit.: Hirte KapGesR)

ders.: Anmerkung zu Mangusta Commerzbank I, EWiR 2006, 35

ders.: Anmerkung zu Mangusta Commerzbank II, EWiR 2006, 65

Hirte, Heribert; von Bülow, Christoph: Kölner Kommentar zum WpÜG, 2003, (zit.: Bearbeiter, in: Kölner Komm. WpÜG)

Hoffmann-Becking, Michael (Hrsg.): Münchener Handbuch des Gesellschaftsrechts, Band. IV, Aktiengesellschaft, 2. Aufl. 1999, (zit.: Bearbeiter, in: Münch. Hdb. GesR AG)

Hölters, Wolfgang (Hrsg.): Handbuch des Unternehmens- und Beteiligungskaufs, 6. Auflage 2005, (zit.: Bearbeiter, in: Hölters)

Hommelhoff, Peter: Die Konzernleitungspflicht, 1982

Holzborn, Timo; Israel, Alexander: Die Befreiung vom Pflichtangebot aufgrund eines Sanierungsfalls, WM 2004, 309

Hopt, Klaus J.: Die Haftung von Vorstand und Aufsichtsrat – zugleich ein Beitrag zur corporate governance Debatte, FS Mestmäcker 1996, S. 909

ders.: Das Dritte Finanzmarktförderungsgesetz, FS Drobnig 1998, S. 525

Hopt, Klaus J; Wiedemann, Herbert (Hrsg.): Großkommentar Aktiengesetz §§ 76 - 83, 4. Auflage, 19. Lieferung 2003, (zit.: Bearbeiter, in: Großkomm. AktG)

dies.: Großkommentar Aktiengesetz, §§ 92 - 94, 4. Auflage, 11. Lieferung 1999

dies.: Großkommentar Aktiengesetz, §§ 95 - 117, 4. Auflage, 24. Lieferung 2005 *dies.*: Großkommentar Aktiengesetz, §§ 118 - 120, 4. Auflage, 14. Lieferung 1999

dies.: Großkommentar Aktiengesetz, §§ 121 - 130, 4. Auflage, 4. Lieferung 1993

dies.: Großkommentar Aktiengesetz, §§ 179 - 191, 4. Auflage, 5. Lieferung 1995

dies.: Großkommentar Aktiengesetz, §§ 192 – 206, 4. Auflage, 18. Lieferung 2001

dies.: Großkommentar Aktiengesetz, §§ 241 – 255, 4. Auflage, 4. Lieferung 1996

Horbach, Matthias: Verfahrensfragen bei Holzmüller-Beschlüssen der Hauptversammlung, BB 2001, 893

Horn, Norbert: Heymann Handelsgesetzbuch, 2. Auflage 1995, (zit.: Bearbeiter, in: Heymann, HGB)

ders.: Die Haftung des Vorstands der Aktiengesellschaft nach § 93 AktG und die Pflichten des Aufsichtsrat, ZIP 1997, 1129

Hübner, Ulrich: Die Ausgliederung von Unternehmensteilen in aktien- und aufsichtsrechtlicher Sicht, FS Stimpel 1985, S. 791

Hüffer, Uwe: Die Ausgleichsklausel des § 243 Abs. 2 S. 2 AktG – misslungene Privilegierung der Mehrheitsherrschaft oder Grundlage für bloßen Vermögensschutz des Kapitalanlegers, FS Kropff 1997, S. 128

ders.: Zur Holzmüller-Problematik: Reduktion des Vorstandsermessens oder Grundlagenkompetenz der Hauptversammlung, FS Ulmer 2003, S. 279

ders.: Aktiengesetz, 6. Auflage 2005 (zit.: Hüffer AktG, 6. Auflage)

ders.: Aktiengesetz, 7. Auflage 2006, (zit.: Hüffer AktG)

Jäger, Axel: Wege aus der Krise einer Aktiengesellschaft, NZG 1999, 238

ders.: Die Entwicklung der Judikatur zur AG in den Jahren 2003-2005, NZG 2006, 166

Jänisch, Christian; Moran, Kevin; Waibel, Nicole: Mezzanine-Finanzierung - Intelligentes Fremdkapital und deutsches Steuerrecht, DB 2002, 2451

Jilg, Thomas: Die Treuepflicht des Aktionärs, 1996

Joost, Detlef: „Holzmüller 2000" vor dem Hintergrund des Umwandlungsgesetzes, ZHR 163 (1999), 164

Just, Clemens: Anmerkung zur Gelatine-Entscheidung, EWiR 2004, 573

Kallmeyer, Harald: Umwandlungsgesetz, 3. Auflage 2006, (zit.: Bearbeiter, in: Kallmeyer, UmwG)

Keuk-Knobbe, Brigitte: Das Klagerecht des Gesellschafters einer Kapitalgesellschaft wegen gesetzes- oder satzungswidriger Maßnahmen der Geschäftsführung, FS Ballerstedt 1975, 239

Kimpler, Frank: Probleme im Fall des Bezugsrechtsauschlusses beim genehmigten Kapital und bei der Kapitalerhöhung in der Tochtergesellschaft, DB 1994, 767, 772

Kindler, Peter: Bezugsrechtsausschluss und unternehmerisches Ermessen nach deutschem und europäischem Recht, ZGR 1998, 35

Kirchhof, Hans-Peter; Lwowski; Hans-Jürgen: Münchener Kommentar zur Insolvenzordnung, Band 1, §§ 1 - 102 InsO, 2001, (zit.: Bearbeiter, in: MüKo InsO)

Knops, Kai-Oliver; Bamberger, Heinz Georg; Maier-Reimer, Georg: Recht der Sanierungsfinanzierung, 2005, (zit.: Bearbeiter, in: Knops/Bamberger/Maier-Reimer)

Koppensteiner, Hans-Georg: Holzmüller auf dem Prüfstand des BGH, Konzern 2004, 381

Kort, Michael: Neues zu „Holzmüller“: Bekanntmachungspflichten bei wichtigen Verträgen, AG 2006, 272

Korte, Otto: Zur missbräuchlichen Wahrnehmung der aktienrechtlichen Anfechtungsbefugnis, 2003

Krämer, Lutz Robert; Theiß, Simone: Delisting nach der Macrotron-Entscheidung des BGH, AG 2003, 225

Krämer, Lutz; Kiefner Alexander: Präventiver Rechtsschutz und Flexibilität beim genehmigten Kapital, ZIP 2006, 301

Kropff, Bruno: Über die Ausgliederung, FS Geßler 2003, S. 111

ders.: Aktiengesetz 1965

ders.: Zur Konzernleitungspflicht, ZGR 1984, 112

Kropff, Bruno; Semler Johannes (Hrsg.): Münchener Kommentar zum Aktiengesetz, Band 1 §§ 1 – 53, 2. Aufl. 2000, (zit.: Bearbeiter, in: MüKo AktG)

dies.: Münchener Kommentar zum Aktiengesetz, Band 3, §§ 76 - 117 AktG MitbestG § 76 BetrVG 1952, 2. Aufl. 2003

dies.: Münchener Kommentar zum Aktiengesetz, Band 4, §§ 118 - 147, 2. Aufl. 2003 *dies.*: Münchener Kommentar zum Aktiengesetz, Band 6, §§ 179 - 221, 2. Aufl. 2005

dies.: Münchener Kommentar zum Aktiengesetz, Band 7, §§ 222 - 277, 2. Aufl. 2001

dies.: Münchener Kommentar zum Aktiengesetz, Band 8, §§ 278 - 328, 2. Aufl. 2000

Kubis, Dietmar: Information und Rechtsschutz der Aktionäre beim genehmigten Kapital, DStR 2006, 188

Künzel, Rudolf: Rechtsschutzbedürfnis bei aktienrechtlichen Anfechtungsklagen, FS Heisenius 1991, S. 425

Küting, Karlheinz; Kessler, Harald: Eigenkapitalähnliche Mittel in der Handelsbilanz und im Überschuldungsstatus, BB 1994, 2103

Larenz, Karl: Methodenlehre der Rechtswissenschaft, 3. Auflage 1975

Leist, E: Die Sanierung der Aktiengesellschaft, 1905

Liebscher, Thomas: Konzernbildungskontrolle 1995

ders.: Ungeschriebene Hauptversammlungszuständigkeiten im Lichte von Holzmüller, Macrotron und Gelatine, ZGR 2005, 1

Littbarski, Sigurd: Einstweiliger Rechtsschutz im Gesellschaftsrecht, 1996

Lüders, Jürgen; Wulff, Jakob: Rechte der Aktionäre der Muttergesellschaft beim Börsengang der Tochtergesellschaft, BB 2001, 1209

Lutter, Marcus: Die Rechte der Gesellschafter beim Abschluss fusionsähnlicher Unternehmensverbindungen, DB Beilage 21/1973

ders.: Teilfusionen im Gesellschaftsrecht S. 199, FS Barz 1974, S. 199

ders.: Zur Binnenstruktur des Konzerns, FS Westermann 1974, S. 347

ders.: Organzuständigkeit im Konzern, FS Stimpel 1985 S. 825

ders.: 100 Bände BGHZ: Konzernrecht, ZHR 151 (1987), 444

ders.: Zur Vorbereitung und Durchführung von Grundlagenbeschlüssen in Aktiengesellschaften, FS Fleck 1988, 169

ders.: Die Treuepflicht des Aktionärs, ZHR 153 (1989), 466

ders.: Die entschlussschwache Hauptversammlung, FS Quack 1991, S. 301

ders.: Das Girmes-Urteil, JZ 1995, 1053

ders.: Entscheidungsbesprechung Siemens/Nold-Urteil des BGH, JZ 1998, 50

ders.: Gesellschaftsrecht und Kapitalmarkt, FS Zöllner 1998, S. 363

ders.: Entwicklung und Fortbildung des Rechts durch Entscheidung, Der Bundesgerichtshof und das Aktienrecht, FS BGH II 2000, S. 328

Lutter, Marcus; Winter, Martin (Hrsg.): Umwandlungsgesetz, Kommentar, 3. Auflage 2004, (zit.: Bearbeiter, in: Lutter/Winter UmwG)

Lutter, Marcus; Leinekugel, Rolf: Kompetenzen von Hauptversammlung und Gesellschafterversammlung beim Verkauf von Unternehmensteilen, ZIP 1998, 225

dies.: Der Ermächtigungsbeschluss der Hauptversammlung zu grundlegenden Strukturmaßnahmen – zulässige Kompetenzübertragung oder unzulässige Selbstentmachtung, ZIP 1998, 805

Lutter, Marcus; Hommelhoff, Peter; Timm Wolfram: Finanzierungsmaßnahmen zur Krisenabwehr in der Aktiengesellschaft, BB 1980, 737

Lutter, Marcus; Hommelhoff, Peter: GmbH-Gesetz Kommentar, 15. Auflage 2000, (zit.: Lutter/Hommelhoff, GmbHG)

Marsch-Barner, Reinhard: Treuepflicht und Sanierung, ZIP 1996, 853

Marsch-Barner, Reinhard; Schäfer, Frank: Handbuch börsennotierte AG, 2005, (zit.: Bearbeiter, in: Marsch-Barner/Schäfer)

Martens, Klaus-Peter: Die Anzeigepflicht des Verlustes des Garantiekapitals nach dem AktG und dem GmbHG, ZGR 1972, 254

ders.: Die Entscheidungsautonomie des Vorstandes und die „Basisdemokratie" in der Aktiengesellschaft, ZHR 147 (1983), 377

ders.: Die Organisation des Konzernvorstandes, FS Heisenius 1991, 523

Martinius, Philip; Schiffer, Jack: Anmerkung zu LG München I Urteil vom 04.11.1999, DB 1999, 2460

Maser, Peter; Sommer Alexander: Persönliche Haftung der GmbH-Geschäftsführers in der Insolvenz der Gesellschaft, BB 1996, 65

Maus, Karl Heinz: Unternehmensstrategien in der Unternehmensinsolvenz, DStR 2002, 1059

Mecke, Thomas: Konzernstruktur und Aktionärsentscheid, 1992

Mertens, Hans-Joachim: Anwendbarkeit von § 92 Abs. 1 AktG im Vergleichsverfahren?, AG 1983, 173

ders.: Die Übertragung des ganzen Vermögens ist die Übertragung des (so gut wie) ganzen Vermögens, FS Zöllner 1996, S. 385

ders.: Der Aktionär als Wahrer des Rechts?, AG 1990, 49

Meyer-Cording, Ulrich: Konkursverzögerung durch erfolglose Sanierungsversuche, NJW 1981, 1242

Mimberg, Jörg: Schranken der Vorbereitung und Durchführung der Hauptversammlung im Internet – die Rechtslage nach Inkrafttreten von NaStraG, Formvorschriften-AnpassungsG und TransPuG, ZGR 2003, 21

Mülbert, Peter: Aktiengesellschaft, Unternehmensgruppe und Kapitalmarkt, 2. Auflage 1996

ders.: Rechtsprobleme des Delisting, ZHR 165 (2001), 104

ders.: Abschwächung des mitgliedschaftlichen Bestandsschutzes im Aktienrecht, FS Ulmer 2003 S. 433

ders.: Marktwertmaximierung als Unternehmensziel der Aktiengesellschaft, FS Röhricht 2005, 421

Müller, Welf: Der Verlust der Hälfte des Grund- oder Stammkapitals, ZGR 1985, 191

ders.: Die Entscheidungsspielräume der Verwaltung einer Aktiengesellschaft im Verhältnis zu ihren Aktionären, FS Semler 1993, 195

Müller, Welf; Rödder, Thomas (Hrsg.): Beck' sches Handbuch der AG, 2004, (zit.: Bearbeiter, in: Becksch. Hdb. AG)

Müller-Feldhammer, Ralf: Die übertragende Sanierung – ein ungelöstes Problem der Insolvenzrechtsreform, ZIP 2003, 2186

Nerlich, Jörg; Kreplin, Georg: Münchener AnwaltsHandbuch Sanierung und Insolvenz, 2006, (zit.: Bearbeiter, in: Nerlich/Kreplin)

Noack, Ulrich: „Holzmüller" in der Eigenverwaltung – Zur Stellung von Vorstand und Hauptversammlung im Insolvenzverfahren, ZIP 2002, 1873

ders.: Hauptversammlung der Aktiengesellschaft und moderne Kommunikationstechnik – aktuelle Bestandsaufnahme und Ausblick, NZG 2003, 241 *ders.*: Reorganisation der Schuldnergesellschaft nach neuem Insolvenzrecht, FS Zöllner Band. 1 1998, S. 411

Obermüller, Walter; Werner, Winfried; Winden, Kurt: Die Hauptversammlung der Aktiengesellschaft, 4. Auflage 2001, (zit.: Bearbeiter, in: Obermüller/Werner/Winden)

Paulus, Christoph G.: Die Insolvenz als Sanierungschance – ein Plädoyer, ZGR 2005, 309

Paschos, Nikolaos: Berichtspflichten und Rechtsschutz bei der Ausübung eines genehmigten Kapitals, DB 2005, 2731

Paschos, Nikolaos; Neumann, Kay-Uwe: Die Neuregelungen des UMAG im Bereich der Durchsetzung von Haftungsansprüchen der Aktiengesellschaft gegen Organmitglieder, DB 2005, 1779

Paschos, Nikolaos; Johannsen-Roth, Tim: Freigabeverfahren und Bestandsschutz bei aktien- und umwandlungsrechtlichen Strukturmaßnahmen, NZG 2006, 327

Pentz, Andreas: Übersicht zur höchstrichterlichen Rechtsprechung zum Aktienrecht 2004, BB 2005, 1397

Pfüller, Markus; Anders Dietmar: Delisting-Motive vor dem Hintergrund neuerer Rechtsentwicklungen, NZG 2003, 459

Picot, Gerhard: Handbuch Mergers & Acquisitions, 3. Auflage 2005, (zit.: Bearbeiter, in: Picot, Hdb. M&A)

ders.: Unternehmenskauf und Restrukturierung, 3. Aufl. 2004, (zit.: Bearbeiter, in: Picot)

Picot, Gerhard; Aleth, Franz: Unternehmenskrise und Insolvenz, 1999, (zit.: Picot/Aleth)

Pikó, Rita; Preissler, Tino: Die Online-Hauptversammlung bei Publikumsaktiengesellschaften mit Namensaktien, AG 2002, 223

Poertzgen, Christoph: Organhaftung wegen Insolvenzverschleppung, 2005

Priester, Hans-Joachim: Das gesetzliche Bezugsrecht bei der GmbH, DB 1980, 1925

ders.: Die klassische Ausgliederung – Opfer des UmwG 1994, ZHR 163 (1999), 187

Prütting, Hanns: Allgemeine Verfahrensgrundsätze der Insolvenzordnung, Kölner Schrift zur Insolvenzordnung, 2. Aufl. 2000, (zit.: Bearbeiter, in: Köln. Schrift z. InsO)

Quack, Karlheinz: Die Schaffung genehmigten Kapitals unter Ausschluss des Bezugsrechts der Aktionäre, ZGR 1983, 257

Raiser, Thomas: Recht der Kapitalgesellschaften, 3. Auflage 2001, (zit.: Raiser, 3. Auflage, 2001)

Raiser, Thomas; Veil, Rüdiger: Recht der Kapitalgesellschaften, 4. Auflage 2006, (zit.: Raiser/Veil)

Rattunde, Rolf: Sanierung durch Insolvenz, ZIP 2003, 2103

Rehbinder, Eckhard: Zum konzernrechtlichen Schutz der Aktionäre einer Obergesellschaft, ZGR 1983, 93

ders.: Gesellschaftsrechtliche Probleme mehrstufiger Unternehmensverbindungen, ZGR 1977, 581

Rechenberg, Wolf Georg: Die Hauptversammlung als oberstes Organ der Aktiengesellschaft, 1986

Reichert, Jochem: Die Spaltung im neuen Umwandlungsrecht und ihre Rechtsfolgen, ZHR-Beiheft 68, 25

ders.: Mitwirkungsrechte und Rechtsschutz der Aktionäre nach Macrotron und Gelatine, AG 2005, 150

Riegger, Bodo: Hauptversammlung und Internet, ZHR 165 (2001), 204

Röhricht, Volker; Graf von Westphalen, Friedrich:c Handelsgesetzbuch Kommentar, 2. Auflage 2001, (zit.: Bearbeiter, in: Röhricht/v. Westphalen, HGB)

Rogall, Matthias: Befreiung von der Übernahmeangebotspflicht nach § 37 WpÜG in Sanierungsfällen, AG 2004, 492

Roth, Markus: Unternehmerisches Ermessen und Haftung des Vorstands 2001

Schäfer, Carsten: Die Binnenhaftung von Vorstand und Aufsichtsrat nach der Renovierung durch das UMAG, ZIP 2005, 1253

Schiessl, Maximillian: Ist das deutsche Aktienrecht kapitalmarkttauglich, AG 1999, 442

Schlitt, Michael: Die GmbH & Co. KG in der Insolvenz nach neuem Recht, NZG 1998, 701

Schlitt, Michael; Seiler, Oliver: Einstweiliger Rechtsschutz im Recht der börsennotierten Aktiengesellschaften, ZHR 166 (2002), 544

Schmidt, Andreas (Hrsg.): Hamburger Kommentar zum Insolvenzrecht, 2006, (Bearbeiter, in: Hamburger Komm. InsO)

Schmidt, Karsten: Konkursgründe und präventiver Gläubigerschutz, AG 1978, 337

ders.: Organverantwortlichkeit und Sanierung im Insolvenzrecht der Unternehmen, ZIP 1980, 328

ders.: Die sanierende Kapitalerhöhung im Recht der Aktiengesellschaft, GmbH und Personengesellschaft, ZGR 1982, 519

ders.: Möglichkeiten der Sanierung von Unternehmen durch Maßnahmen im Unternehmens-, Arbeits-, Sozial- und Insolvenzrecht, Gutachten für den 54. Deutschen Juristentag, 1982, (zit.: K. Schmidt, Gutachten für den 54. DJT)

ders.: Wege zum Insolvenzrecht der Unternehmen, 1990, (zit.: K. Schmidt, Wege zum Insolvenzrecht)

ders.: Gesellschaftsrecht, 4. Auflage 2002, (zit.: K. Schmidt, GesR)

ders.: Macrotron oder: weitere Ausdifferenzierung des Aktionärsschutz durch den BGH, NZG 2003, 601

ders.(Hrsg.): Münchener Kommentar zum Handelsgesetzbuch, Band 1, §§ 1-104, 2. Auflage 2005, (zit.: Bearbeiter, in: MüKo HGB)

ders.: Aktienrecht und Insolvenzrecht, AG 2006, 597

Schmidt, Karsten; Uhlenbruck, Wilhelm: Die GmbH in Krise, Sanierung und Insolvenz, 3. Aufl. 2003, (zit.: Bearbeiter, in: K. Schmidt/Uhlenbruck)

Schneider, Matthias; Waschk, Michael: Das Unternehmen zwischen Krise und Insolvenz, 2002, (zit.: Schneider/Waschk)

Schneider, Uwe H.: Die Konzernleitung als Rechtsproblem, BB 1981, 249

Schnorbus, York: Treuepflichten im Aktienrecht und Haftung des Stimmrechtsvertreters – BGHZ 129, 136, und OLG Düsseldorf, ZIP 1996, 1211, JuS 1998, 877

Schockenhoff, Martin: Informationsrechte der HV bei Veräußerung eines Tochterunternehmens, NZG 2001, 921

v. Schorlemer, Benedikt; Stupp, Mathias: Kapitalerhöhung zu Sanierungszwecken – zur Reichweite der Zustimmungspflichten des Minderheitsgesellschafters mit Sperrminorität, NZI 2003, 345

Schütten, Mathias; Schaub, Bernhard (Hrsg.): Münchener Anwalts Handbuch zum Aktienrecht, 2005, (zit.: Bearbeiter, in: MAH AktR)

Schwark, Eberhard; Geiser, Frank: Delisting, ZHR 161 (1997), 739

Seibert Ulrich; Schütz, Carsten: Der Referentenentwurf eines Gesetzes zur Unternehmensintegrität und Modernisierung des Anfechtungsrechts – UMAG, ZIP 2004, 252

Semler, Johannes: Einschränkung der Verwaltungsbefugnisse in der Aktiengesellschaft, BB 1983, 1566

ders.: Leitung und Überwachung der Aktiengesellschaft, 2. Auflage 1996

ders.: Zur aktienrechtlichen Haftung der Organmitglieder einer Aktiengesellschaft, AG 2005, 231

Semler, Johannes; Stengel, Arndt: Umwandlungsgesetz, 2003, (zit.: Bearbeiter, in: Semler/Stenegel, UmwG)

Semler, Johannes; Volhard, Rüdiger: Arbeitshandbuch für die Hauptversammlung, 2. Auflage 2003, (zit.: Bearbeiter, in: Semler/Volhard, Arbhdb. HV)

dies.: Arbeitshandbuch für Unternehmensübernahmen, Band 1, 2001, (zit.: Bearbeiter, in: Semler/Volhard, Arbhdb. Unternehmensübernahmen)

Semler, Johannes; Peltzer Martin: Arbeitshandbuch für Vorstandsmitglieder, 2005, (zit.: Semler/Peltzer)

Seydel, Eberhard: Konzernbildungskontrolle bei der Aktiengesellschaft, 1995

Sethe, Rolf: Die aktienrechtliche Zulässigkeit der sogenannten „Teilentlastung", ZIP 1996, 1325

Simon, Stefan: Von Holzmüller zu Gelatine – Ungeschriebene Hauptversammlungszuständigkeiten im Lichte der BGH-Rechtsprechung, Teil 1 DStR 2004, 1482, Teil 2 DStR 2004, 1528

Smid, Stefan (Hrsg.): Insolvenzordnung, 2. Auflage 2002, (zit.: Bearbeiter, in: Smid, InsO)

Spindler, Gerald: Prognosen im Gesellschaftsrecht, AG 2006, 677

Stadler, Markus: Die Sanierung von Aktiengesellschaften unter Einsatz von Wandelgenussrechten, NZI 2003, 579

Staub, Hermann: Großkommentar Handelsgesetzbuch, 4. Auflage 1995, (zit.: Bearbeiter, in: Staub, HGB)

Steck, Kai-Uwe: „Going private" über das UmwG, AG 1998, 460

Steffan, Bernhard: Sanierung in der Insolvenz, Wpg-Sonderheft 2003, 148

Steinmeyer, Roland; Häger, Michael: Kommentar zum Wertpapiererwerbs- und Übernahmegesetz, 2002, (zit.: Steinmeyer/Häger, WpÜG)

Streit, Georg: Delisting Light – Vereinfachung des freiwilligen Rückzugs von der FWB, ZIP 2002, 1279

Sünner, Eckhart: Aktionärsschutz und Aktienrecht, AG 1983, 169

Teichmann, Christoph: Austrittsrecht und Pflichtangebot bei Gründung einer europäischen Aktiengesellschaft, AG 2004, 67

Thümmel, Roderich C.: Organhaftung nach dem Referentenentwurf des Gesetzes zur Unternehmensintegrität und Modernisierung des Anfechtungsrechts (UMAG) - Neue Risiken für Manager?, DB 2004, 471

Tilch, Horst; Arloth, Frank: Deutsches Rechts-Lexikon Band 2, 3. Auflage 2001

Timm, Wolfram: Die Aktiengesellschaft als Konzernspitze, 1980

ders.: Hauptversammlungskompetenzen und Aktionärsrechte in der Konzernspitze, AG 1980,172

ders.: Kurzkommentar LG Heidelberg, Urt. V. 16.03.1988, EWiR 1988, 945

ders.: Minderheitenschutz und unternehmerische Entscheidungsfreiheit im Mutterunternehmen, ZHR 153 (1989), 60

ders.: Treuepflichten im Aktienrecht , WM 1991, 481

ders.: Die Auswirkungen einer Realteilung des herrschenden Unternehmens auf Beherrschungs- und Gewinnabführungsverträge, DB 1993, 569

ders.: Anmerkung zu OLG Köln v. 24.11.1992, ZIP 1993, 114

Traichel, Christian: Das Freigabeverfahren kann Unternehmen retten, FAZ 16.08.2006 S. 21

Tröger, Tobias: Vorbereitung von Zustimmungsbeschlüssen zu Strukturmaßnahmen, ZIP 2001, 2029

ders.: Informationsrechte der Aktionäre bei Beteiligungsveräußerungen, ZHR 165 (2001), 593

Uhlenbruck, Wilhelm: Gesetzliche Konkursantragspflichten und Sanierungsbemühungen, ZIP 1980, 73

ders.: Sanierung und Reorganisation als drittes Insolvenzverfahren im künftigen Recht?, KTS 1981, 513

ders.: Gerichtliche oder außergerichtliche Sanierung? – Eine Schicksalsfrage Not leidender Unternehmen, BB 2001, 1641

ders.: Insolvenzordnung, 12. Auflage 2003, (zit.: Bearbeiter, in: Uhlenbruck, InsO)

Ulmer, Peter: Ungeschriebene Mitwirkungsbefugnisse der Hauptversammlung?, AG 1975, 15

ders.: Haftungsfreistellung bis zur Grenze grober Fahrlässigkeit bei unternehmerischen Fehlentscheidungen von Vorstand und Aufsichtsrat, DB 2004, 859

van Venrooy, Gerd: Entscheidungsbesprechung Holzmann-Entscheidung, BB 1982, 1137

Vetter, Eberhard: Zur Aufhebung eines Beherrschungs- und Gewinnabführungsvertrags im GmbH-Recht, ZIP 1995, 345

Veil, Rüdiger: Aktuelle Probleme im Ausgliederungsrecht, ZIP 1998, 361

Volhard, Rüdiger: "Siemens/Nold" - Die Quittung, AG 1998, 397

Vollmer, Lothar; Grupp, Alexander: Aktionärsschutz beim Börsenein- und austritt, ZGR 1995, 459

Wackerbarth, Ulrich: Aktionärsrechte beim Börsengang einer Tochter – obey the law, if not the spirit, AG 2002, 14

Waclawik, Erich: Die Aktionärskontrolle des Verwaltungshandelns bei der Ausnutzung des genehmigten Kapitals der Aktiengesellschaft, ZIP 2006, 397

Wahlers, Henning W.: Konzernbildungskontrolle durch die Hauptversammlung der Obergesellschaft 1995

Wahrig-Burfeind, Renate: Wahrig Deutsches Wörterbuch, 7. Auflage 2005

Wank, Rolf: Richterliche Rechtsfortbildung und Verfassungsrecht, ZGR 1988, 314

Weber, Klaus (Hrsg.): Creifelds Rechtswörterbuch, 18. Auflage 2004, (zit.: Creifelds)

Weber, Martin: Sanierung, Denotierung und Delisting, ZInsO 2001, 385

ders.: Börsennotierte Gesellschaften in der Insolvenz, ZGR 2001, 422

Weiss, Susanne; Buchner, Markus: Wird das UMAG die Haftung und Inanspruchnahme der Unternehmensleiter verändern?, WM 2005, 162

Weißhaupt, Frank: Der „eigentliche“ Holzmüller-Beschluss, NZG 1999, 804

ders.: Holzmüller-Informationspflichten nach den Erläuterungen des BGH in Sachen Gelatine, AG 2004, 585

Weitemeyer, Birgit: Die Entlastung im Aktienrecht – neueste Entwicklungen in Gesetzgebung und Rechtsprechung, ZGR 2005, 280

Wellensiek, Jobst: Übertragende Sanierung, NZI 2002, 233

Werner, Winfried: Zuständigkeitsverlagerungen in der Aktiengesellschaft durch Richterrecht, ZHR 147 (1983), 429

ders.: Zur Treupflicht des Kleinaktionärs, FS Semler, 1993, 419

Westermann, Harm Peter: Organzuständigkeit bei Bildung, Erweiterung und Umorganisation des Konzerns, ZGR 1984, 352

ders.: Individualrechte und unternehmerische Handlungsfreiheit im Aktienrecht, ZHR 156 (1992), 203

ders.: Die Holzmüller-Doktrin – 19 Jahre danach, FS Koppensteiner 2001, S. 259

Wiedemann, Herbert: Die Unternehmensgruppe im Privatrecht 1988

Wiesbrock, Michael: Rechtsfragen der Befreiung vom Pflichtangebot nach WpÜG in Sanierungsfällen, NZG 2005, 294

Wirth, Gerhard; Arnold, Michael: Anlegerschutz beim Delisting von Aktiengesellschaften, ZIP 2000, 111

Wilsing, Hans-Ulrich: Der Regierungsentwurf des Gesetzes zur Unternehmensintegrität und Modernisierung des Anfechtungsrechts, DB 2005, 35

Wilsing, Hans-Ulrich; Siebmann, Silja: Die Wiederveräußerung eigener Aktien außerhalb der Börse gem. § 71 Abs. 1 Nr. 8 Satz 5 AktG, DB 2006, 881

Wimmer, Klaus (Hrsg.): Frankfurter Kommentar InsO, 4. Auflage 2005, (zit.: Bearbeiter, in: Frankfurter Komm. InsO)

Wirth, Gerhard: Vereinfachte Kapitalherabsetzung zur Unternehmenssanierung, DB 1996, 867

Wittig, Arne: Das Sanierungsprivileg im Übernahmerecht, FS Kirchhoff 2003, S. 533

Wollburg, Ralph; Gehling, Christian: Umgestaltung des Konzerns – Wer entscheidet über die Veräußerung von Beteiligungen einer Aktiengesellschaft?, FS Lieberknecht, 1997, S. 513

Würdinger, Hans: Aktienrecht und das Recht der verbundenen Unternehmen, 4. Aufl. 1981

Zeidler, Finn: Die Hauptversammlung der Konzernmutter – ungeschriebene Zuständigkeiten und Information der Aktionäre, NZG 1998, 91

Zetzsche, Dirk: Die virtuelle Hauptversammlung, 2002

ders.: Die virtuelle Hauptversammlung, BKR 2003, 736

Zimmermann, Klaus; Pentz, Andreas: „Holzmüller"- Ansatzpunkt, Klagefristen, Klageantrag, FS Müller 2001, S. 151

Zöllner, Wolfgang (Hrsg.): Kölner Kommentar zum Aktiengesetz, Band 1 §§ 1 - 147, 1985, (zit.: Bearbeiter, in: Kölner Komm. AktG)

ders.: Kölner Kommentar zum Aktiengesetz, Band 2, §§ 148 - 290, 1985

ders.: Kölner Kommentar zum Aktiengesetz, Band 3, §§ 291 - 410 AktG EG AktG, 1985

ders.: Kölner Kommentar zum Aktiengesetz, Band 5/1, §§ 179 - 240, 2. Auflage 1995

Zöllner, Wolfgang; Noack, Ulrich (Hrsg.): Kölner Kommentar zum Aktiengesetz, Band 6, §§ 15 - 22 §§ 291 - 328, 2. Auflage 2000, (zit.: Bearbeiter, in: Kölner Komm. AktG, 2. Auflage, 2000)

dies.: Kölner Kommentar zum Aktiengesetz, Band 6, §§ 15 - 22 §§ 291 - 328, 3. Aufl. 2004, (zit.: Bearbeiter, in: Kölner Komm. AktG)

Studien zum deutschen und europäischen Gesellschafts- und Wirtschaftsrecht

Herausgegeben von Ulrich Ehricke

Band 1 Detlef Laub: Die Nachgründung nach § 52 AktG als kapitalerhaltende Norm. Auswirkungen auf den Tatbestand und seine Anwendung nach dem Umwandlungsgesetz (UmwG). 2004.

Band 2 Michael Silvio Kusche: Die aktienrechtliche Zulässigkeit der Durchführung einer Due Diligence anlässlich eines Unternehmenskaufes. Mit Due Diligence-Checkliste für die Zielgesellschaft. 2005.

Band 3 Thomas Stephan Oldemanns: Vorratsgründung und Mantelverwendung – Alternativmöglichkeiten zum gesetzlichen Gründungsverfahren? 2005.

Band 4 Gunnar Isenberg: Die Geschäftsordnung für die Organe der Aktiengesellschaft. 2005.

Band 5 Anette Gärtner: Die Umsetzung der Verbrauchsgüterkaufrichtlinie in Deutschland und Großbritannien. 2006.

Band 6 Tobias Teufer: Alternative Beilegung privater Wettbewerbsstreitigkeiten. Kartellmediation, Kartellschiedsgerichtsbarkeit und Wettbewerbsvergleich im Spannungsfeld zwischen Privatautonomie und staatlicher Regelung. 2006.

Band 7 Axel Godron: Das Weisungsrecht des Franchisegebers unter besonderer Berücksichtigung eines Konzerncharakters von Franchisesystemen. 2006.

Band 8 Nadin Pia Sondermann: Die kartellrechtliche Beurteilung von Unterkostenpreisen marktmächtiger Unternehmen auf europäischer Ebene, im Vereinigten Königreich und in Deutschland. 2007.

Band 9 Anne Maria Arnold: Die erbrechtliche Nachfolge in der Partnerschaftsgesellschaft. Unter besonderer Berücksichtigung berufsrechtlicher Implikationen. 2006.

Band 10 Tobias Felix D. Plath: Das Lebensversicherungsunternehmen in der Insolvenz. Unter besonderer Berücksichtigung des Gesetzes zur Umsetzung aufsichtsrechtlicher Bestimmungen zur Sanierung und Liquidation von Versicherungsunternehmen und Kreditinstituten vom 10. Dezember 2003. 2007.

Band 11 Philipp Jansen: Ungeschriebene Zuständigkeiten der Hauptversammlung bei der Sanierung der Aktiengesellschaft. 2007.

www.peterlang.de

FSC
www.fsc.org
MIX
Papier | Fördert gute Waldnutzung
FSC® C083411

Kolibri 360 GmbH
Ferdinand-Jühlke-Straße 7
99095 Erfurt, Deutschland
produktsicherheit@kolibri360.de

Druck:
CPI Druckdienstleistungen GmbH
im Auftrag der
Kolibri 360 GmbH
Ferdinand-Jühlke-Str. 7
99095 Erfurt